普通高等教育"十一五"规划教材

高等院校国际贸易类教材系列

国际贸易通关实务

张立英　主　编

蒋晓梅　吴瑱阳　副主编

科学出版社

北　京

内 容 简 介

本书紧密结合进出口贸易的通关实践,系统地介绍了我国对外贸易管理制度、报关制度和报关管理制度,将不同类型的进出口商品和物品按照一般进出口货物、保税货物和特殊货物进行有机的分类,在此基础上分别对 3 类通关业务进行详细介绍。为满足读者对报关专业技能方面知识的需求,本书也着力介绍了进出口商品归类、进出口税费的计算和报关单的填制等技能性知识。为了帮助读者在短时间内全面了解本领域的法律法规,本书在最后专门安排了一章来介绍与通关工作有关的法律法规。

本书适合国际经济与贸易和国际物流等相关专业本科生使用,也可作为报关员资格统一考试的培训和学习指导用书。

图书在版编目(CIP)数据

国际贸易通关实务/张立英主编. —北京:科学出版社,2009
(普通高等教育"十一五"规划教材·高等院校国际贸易类教材系列)
ISBN 978-7-03-024752-0

I. 国… II. 张… III. 国际贸易-海关手续-中国-高等学校-教材
IV. F752.5

中国版本图书馆 CIP 数据核字(2009)第 096154 号

责任编辑:田悦红 / 责任校对:耿 耘

责任印制:吕春珉 / 封面设计:东方人华平面设计部

科 学 出 版 社 出版
北京东黄城根北街 16 号
邮政编码:100717
http://www.sciencep.com
厚 诚 则 铭 印刷

科学出版社发行   各地新华书店经销

*

2009 年 7 月第 一 版   开本:787×1092 1/16
2016 年 7 月第四次印刷   印张:20 1/2
字数:486 000

定价:41.00 元

(如有印装质量问题,我社负责调换〈厚诚则铭〉)

销售电话 010-62136230 编辑部电话 010-62132460(HF02)

高等院校国际贸易类教材系列
编 委 会

序　言

近年来，美国金融业出现波动，进而演变成世界性金融危机。这次美、欧等发达经济体陷入金融危机，影响到了全球贸易的稳定运行，而且金融危机的爆发使得一些国家和地区转而采取更为保守的贸易政策，全球范围的贸易保护主义威胁增大，对我国的出口、投资、消费产生了一定的影响，这是我们必须面对的现实。

然而，我们也必须认识到国际贸易是国民经济的重要组成部分，它对我国现代化建设和全社会发展产生了巨大而深远的影响。自改革开放以来，我国对外贸易的快速增长已取得了举世瞩目的成就。随着我国加入 WTO 及区域性国际组织，我国的经济活动国际化趋势日渐明显，各企业的国际交流及贸易活动越来越多，熟悉国际交流与贸易规则及惯例、不断加强国际间的交流与合作，成为众多企业经营的重心，因而对国际经济贸易或商务管理人才的需求与日俱增。中国出口产业总体竞争力仍然是比较强的，全球金融危机和经济下滑将催生新一轮国际产业的调整，这对于中国外贸企业来讲，既是很大的挑战，也是获得新发展的机遇。2009 年中国经济发展的内在动能依然充足，国民经济和金融体系的基本面是健康的。随着调整和优化结构，统筹城乡发展将带来巨大和长期的投资与消费需求。中国投资环境和基础设施不断改善，增长潜力很大，迄今为止外商对中国直接投资热情不减。所以，从中长期看，中国外贸发展前景依然十分光明。随着新一轮世界经济贸易的复苏，国际贸易专业人才将是市场经济中最紧缺的人才之一，随着我国改革开放的深入，国际贸易人才仍然是急需人才。

为了从战略的角度培养适应复杂国际经济形势的人才，本教材系列将传统国际贸易业务与现代电子商务和世界贸易组织规则相结合，体现了与时俱进和操作性、理论性兼备的特点。本教材系列包括国际贸易理论与政策、国际贸易实务、国际商法、国际结算、国际通关实务、外贸函电、世界市场行情分析、期货理论与实务、世界贸易组织、国际商务英语、国际货运代理、国际市场营销、国际贸易电子商务、外贸谈判技巧等，充分体现了现代教学思想，强调理论与实践教学并重，突出学生素质、能力和创新思维的培养。在教学内容方面突出科学性、先进性和系统性，并处理好理论与现代技术的关系，提高教学水平。在实践教学中培养学生的动手能力、创新能力、解决问题的能力；在教学方法上能调动学生的主动性和积极性；在教学手段上充分应用现代教学技术和方法，提高了授课效率和课堂效果。本教材系列的作者均为第一线教师，体系与内容经数年教学实践中反复推敲，日臻完善和成熟。

本教材系列是以国际货物贸易、国际服务贸易和国际技术贸易三大部分为主体，对各种有关的对外贸易经营方式分别加以阐述：1. 力求在概念的阐述上详细深入，并伴有实例参照，使分析更加具体、透彻，有助于读者了解和掌握传统国际货物贸易、国际服务贸易和国际技术贸易的实务以及电子商务贸易的最新知识和运作方式，以适应我国外贸事业的新发展。2. 以我国进出口贸易实践为背景，采用最新的国际贸易法律和惯例，全面地介绍了从事国际贸易的基本业务知识和程序、具体操作技能、主要法律惯例。3. 融知识性、实用性和可操作性为一体，可作为国际贸易、世界经济等专业的理想教材，也是财经专业学生、广大经济工作者了解和学习国际经济、国际贸易和国际商务的良师益友。

通过本教材系列的学习，有关专业学生不但理论知识扎实，而且有较强的实际操作能力和用外语进行商务沟通的能力，能够成为在跨国公司、外向型企业和外资企业等从事国际商务活动的国际商务师及国际化经营的高级管理人才，或者成为在涉外经济贸易部门及政府机构从事对外经营管理、政策法规制定与实施以及国际化商务活动策划的综合性高级专门人才。

高等院校国际贸易类教材系列编委会
2009 年 6 月

前　言

　　《中华人民共和国海关法》以立法的形式明确地表述了海关的职能：中华人民共和国海关是国家进出关境监督管理机关。海关不仅要依法监管进出境的运输工具、货物、行李物品、邮递物品和其他物品，而且还要负责征收关税和其他税、费，查缉走私，同时担负编制海关统计的任务，即以实际的进出口货物作为统计和分析对象，通过搜集、整理和加工处理进出口货物报关单位或经海关核准的其他报关单证，对进出口货物的品种、数量、价格、国别（地区）、经营单位、境内目的地、境内货源地、贸易方式、运输方式等项目分别进行统计。通过对这些全面准确的统计数据的综合分析，了解和掌握对外贸易运行的态势，为我国制定对外贸易政策、进行宏观调控提供了重要的决策依据。

　　2008 年我国的外贸进出口总额已达 25 616.3 亿美元，同比增长 17.8%，其中出口 14 285.5 亿美元，增长 17.2%；进口 11 330.9 亿美元，增长 18.5%。预计 2009 年将继续保持较高的增长势头。这些数据是在货物进出关境时由海关总署下的 42 个关区 753 个海关业务单位统计得到的，覆盖了 7 600 多个税号的上万种商品。面对这样繁杂的工作，客观上需要一支训练有素的专业队伍和一套行之有效的操作规范，否则很难实现海关的统计职能。

　　随着我国海关事业的蓬勃发展，专业分工的不断细化，客观上需要一大批高素质的专门报关人员，以使通关工作更加高效有序。本书的编写正是基于上述考虑，通过 10 章内容全面系统地介绍了我国外贸管理制度、进出口报关方面的专业知识及相关的法律法规。本书的编者皆为国内专门从事报关专业教学的一线教师，语言通俗易懂，知识实用准确。由于本书篇幅不长，知识点集中，因此既可选做授课教材，亦可作为自学读本。

　　进出口通关工作涉及面广，环节多，变化快，是一项政策性和实践性都非常强的工作。随着我国对外贸易的不断发展，科技水平的不断提高，国家政策法规也在不断变化和调整之中。这些调整一方面使各项规章制度不断地建立健全，另一方面也向该领域的从业人员提出了挑战。所以从事通关工作及相关领域的专业人士必须时刻关注国家各方面政策法规的变化，不断地更新自己的知识，提高自己的业务水平和技能。本书在编写的过程中也时刻注意这方面的问题，力求紧密结合进出口业务的实际，紧密结合海关总署最新发布的法规及操作规程，行之有效地将该领域的知识有机地呈现给广大读者。

　　全书共分 10 章，其中绪论、第一至三章由张立英编写，第四至六章由蒋晓梅编写，第七至九章由吴琪阳编写，第十章由张立英和蒋晓梅共同编写。全书由张立英统稿。本书在编写的过程中，得到了沈阳师范大学国际商学院领导和同仁的支持与帮助，得到了西安邮电学院秦成德教授的指导与鼓励，借此向他们表示由衷的感谢。同时，本书的全体编者要向科学出版社的领导和编辑表示深深的谢意。

在本书即将出版之际，全体编者也向同行的各位老师、学者和从事实际工作的业界人士表示深深的谢意，因为没有前人的探索和实践就不会有本书的诞生。在为本书收集资料的过程中，编者竭尽全力注明资料的来源，并将参阅的主要资料列入参考文献之中。尽管如此恐怕还有疏漏，有些资料未能注明出处，在此请求各相关作者谅解。

由于编者水平有限，书中不足之处在所难免，请相关读者慷慨赐教，以便改进。

目　　录

绪　　论

《国际贸易通关实务》是一门政策性和实践性都很强的专业课程。之所以选择"通关"这个概念作为书的名字而没有选择"报关"，有以下两个原因。第一，报关和通关是两个不尽相同的概念。报关强调的是"申报"，立足点在海关的监管对象上，即进出口的货物、物品和运输工具的收发货人或其代理人向海关办理进出境的手续及有关海关事务的过程。而通关除了包括上述内容以外，还包括海关对进出境货物、物品、运输工具依据海关相关法律法规进行监督管理的过程，即通关涉及内容要比报关广泛。第二，由于本书将目标读者设定为国际贸易、国际物流等涉外专业的普通高等院校的在校学生，一方面考虑其将来的就业，满足其对技能知识的需求；另一方面更要体现本专业的专业教育需求。本书将从海关监管的角度透视我国外贸管理体制，使读者能更深刻地理解我国外贸管理体制的全貌，使学过的专业知识在这里得到重新梳理和强化。

众所周知，当今世界各国都不同程度地存在贸易管制。实行贸易管制主要有两个出发点：一是保护本国市场和本国经济利益；二是从国家安全角度考虑，出于政治或军事方面的考虑。我国为了保护对外贸易秩序，促进和发展对外贸易，保障合法贸易的正当权益，保护民族工业，保障国家经济安全，促进社会主义市场经济的健康发展，实现我国的战略目标，颁布了一系列的对外贸易法律、行政法规及部门规章，确立了一系列的规章制度，其中包括对外贸易经营者注册登记制度、出入境检验检疫制度、外汇管理制度、出口退税制度等。对于这些规章制度，除了依靠外贸企业自觉遵守之外，还必须依靠行政执法部门的强有力的管理才能实现。海关就是这样一个行政部门，它作为我国进出境的监督管理机关，根据《中华人民共和国海关法》（以下简称《海关法》）等法律规章代表国家在口岸行使有效的进出境监督管理职能。通过海关有效的监管，国家制定的各项政策得到落实，贸易管制目标得以实现。

本书的内容就是按上述思路进行编排的，第一章侧重介绍我国外贸管理的主要制度，由此来透视我国外贸管理制度的管理目标。第二章主要介绍海关的职能、权力和组织机构。我国外贸管理制度的管理目标要通过海关的监管来实现。从第三至九章主要介绍围绕海关为实现我国外贸管制的目标，履行其监管职能所作的一系列制度性的安排。最后一章介绍我国通关工作中涉及的主要法律法规。

在本书的学习中，应注意把握国际环境变化对各国外贸管理政策和措施的影响。在制定有关规章时应考虑以下几个方面。

1. 关税已不再构成市场准入的主要障碍

在全球贸易自由化的大趋势下，在多边贸易规则的规范和约束下，全球的关税水平不断下降，关税对贸易影响的程度在逐步降低。通过关税与贸易总协定（GATT）主持的八轮谈判，发达国家的平均关税水平已经降至 4%以下，发展中国家的平均关税水平也已降至12%以下。为了巩固乌拉圭回合的谈判结果，各国皆按承诺的时间表，在继续减低关税，如加拿大已将平均关税减到1.6%以下，并且对大部分药品和玩具取消了进口关税。美国加权平均关税为1.6%，实行 0 税率的税目已占18.5%，0.1%～10%税率的税目占 64%。日本 60%的税目税率低于 5%。我国目前的关税总水平已降至 9.8%。

2. 对外贸易救济措施和保障措施不断加强，有逐渐演化为新壁垒的倾向

从全球贸易发展动态来看，随着关税水平的降低，对贸易影响的程度逐渐减弱，各国都加强了对外贸易救济措施和保障措施的研究和实施。许多研究表明，补贴、贸易救济措施（包括反倾销、反补贴、保障措施）是目前国际贸易中受非议最多的非关税措施之一。按世界贸易组织原则，成员国在进口产品倾销、补贴和进口激增给国内产业造成损害的情况下，可以使用反倾销、反补贴和保障措施来保护国内产业不受损害。为了维护我国市场上国内外商品的自由贸易和公平竞争秩序，我国依据世贸组织的《反倾销协议》、《补贴与反补贴措施协议》、《保障措施协议》以及《中华人民共和国对外贸易法》的有关规定，制定和颁布了《中华人民共和国反倾销条例》、《中华人民共和国反补贴条例》和《中华人民共和国保障措施条例》。反倾销和反补贴措施针对的是价格歧视这种不公平的行为，而保障措施针对的则是进口成品激增的情况。

3. 以配额为代表的传统非关税措施在国际贸易中的地位逐渐被削弱

在科技不断创新、消费者对产品安全及品质要求提高、社会责任与环保议题更加受到重视的背景下，以配额为代表的传统非关税措施在国际贸易中的地位逐渐被削弱，以技术性贸易措施为代表的新型非关税措施大量涌现并被广泛采用，它们对国际贸易的规模及流向产生了相当大的影响。

目前，严格的技术标准，复杂的质量认证，名目繁多的在包装、标志、卫生及环保等方面的要求构成了国际贸易的主要壁垒。据有关部门统计，技术性贸易措施在各种非关税措施中所占比重已升至 60%左右，若将与其有关的其他限制性贸易措施考虑进来，这一比重则高达 80%，其中与标准相关的内容又是技术性贸易措施中限制贸易的最主要因素。

4. 环境、健康和安全成为发达国家管理贸易的重点

在美国、日本和欧盟的市场上，贸易管理的重点是环境、健康和安全，对产品质量的要求都很高，以此为由而实施的贸易限制性措施，占这些国家（地区）非关税措施使用的70%～80%。这些措施的实施无疑将提高生产和出口的成本，极大地抬高了市场准入的门槛。

5. 发展中国家是非关税壁垒的最大受害者

受非关税措施影响的产品大多集中在劳动密集型、低附加值的产品上，如玩具、消费类电子产品、食品、农产品等，而这些都是与发展中国家利益密切相关的产品，这在

一定程度上影响了发展中国家的出口竞争力。而在应对非关税壁垒的过程中,众多的发展中国家和不发达国家成为最易受冲击的群体。

综上所述,无论是读者在自学过程中,还是教师在教学过程中,都要紧密结合当前国内外的贸易背景,动态地理解通关工作中的各项法律法规,以掌握好国际贸易的通关工作方面的知识。

随着全球经济的发展和电子信息技术的进步,国际贸易的通关也呈现出以下发展趋势。

1. 国际海关管理的现代化和便利化

从 2008 年 1 月 1 日起,欧盟海关实行"经认证的经营者"制度,即 AEO。随着全球经济的增长,市场竞争模式已从传统的产品竞争演变为价值链的竞争。在航运、贸易、信息、金融等高度关联的国际化产业链中,航空、航运和物流居于基础地位。这就要求报关行业不能单单从报关这一环节考虑问题,而必须融入国际物流中,把与产品的上、下游合作融入市场价值链当中,协助国际物流加快通关。

2. 通关过程的信息化和透明化

报关企业处在信息化管理的最前沿,电子口岸的建立促使报关企业必须实施电子化管理,无论是电子预录入、电子申报,还是企业内部操作流程、客户信息,都需要电子化管理。

随着市场运行的不断规范,报关企业内部各操作信息、海关的即时信息与报关企业管理系统都达到了共享,使信息沟通更加及时,于是通关过程的透明化成为大势所趋。

阅 读 资 料

深圳边检总站近年来致力于科技强警,打造电子化口岸,在深圳与中国香港之间建造了一条条无形的电子化通道,提高了两地人流物流的通关速度,促进了深、港社会经济的发展。

一个满载的货柜卡车通过海关通道,来到边检出境通道。只需在通道一侧的电子读卡器上按下指纹,其个人及车辆资料立即显示在边检中控室的电脑屏幕上。经比对无误后,值班民警便发送放行指令。整个闸口验放的时间只用了 5 秒。

原来让车辆如此便捷通关的是深圳边检总站自主研发的"快捷通"系统。据了解,"快捷通"是为了提高车辆的通关速度而研制的计算机智能化综合应用系统。该系统集成了远程电子预报、指纹/面向双生物特征的识别与对比技术、智能化自动定位等多种技术,做到了远距离自动识别车辆牌号,及时调取车辆及司机资料,计算机自动对比司机指纹和面相,完成出入境边防检查的各项查验手续,实现了"通道无人值守、司机自助操作过关、检查员一人监管多条通道"的目标。大大提高了通关效率,降低了检查人员的工作强度。该系统投入使用以来,深圳边检车辆查验通道再没有出现过货柜车因通关速度缓慢而堵塞口岸的现象。

(资料来源: http://www.sznews.com.)

第一章
我国对外贸易管理制度

教学目标

- 掌握对外贸易经营者的登记备案制度的概念、内容和实施方法
- 掌握出入境检验、检疫制度的概念、内容和实施方法
- 掌握进、出口许可证和出口配额管理制度的概念、内容
- 掌握外贸外汇管理制度的概念、内容

学习要点

- 对外贸易经营者的登记备案制度
- 出入境检验、检疫制度

♻ 导入案例

加入世界贸易组织以来，中国认真履行加入条件的承诺。2004 年 4 月 6 日，第十届全国人大常委会第八次会议修订通过了《中华人民共和国对外贸易法》(以下简称《外贸法》)，放开了对外贸易经营权，规定对对外贸易经营者开始实行登记备案制度。据此，中华人民共和国商务部于 2004 年 6 月 25 日发布了第 14 号令，出台了《对外贸易经营者备案登记办法》，并于 7 月 1 日开始施行。这标志着中国提前半年履行了关于放开外贸权的承诺。

对外贸易管理制度是指一国政府为了国家的宏观经济利益、国内外政策需要以及履行所缔结或加入国际条约的义务，对本国对外贸易活动实施有效管理的各种对外贸易制度、政策和措施的总称。中华人民共和国商务部在国务院授权下，通过授权各省、自治区、直辖市、计划单列市对外贸易经济合作厅、局管理全国各地区对外经济贸易事务。通过加强组织协调和监督检查，完善中国对外贸易立法，保证对外贸易顺利发展。对外贸易管理制度主要包括对外贸易经营者的登记备案制度；出入境检验检疫制度；进、出口许可证和出口配额管理制度；外贸外汇管理制度等。

学习本章后，学生将会掌握以上各项制度。

第一节　对外贸易经营者备案登记制度

一、对外贸易经营者的含义

根据《外贸法》规定，对外贸易经营者是指依法办理工商登记或者其他执业手续，依照本法和其他有关法律、行政法规的规定从事对外贸易活动的法人、其他组织或个人。主要包括以下几种：①隶属于对外经济贸易部和各省、市、自治区的专业外贸公司；②外商投资企业，该种类型企业可获得自行进口本企业所需设备、物资、原料的权利以及出口本企业生产产品的权利，不需另行得到批准，但其进口的设备和物资不能在国内市场上销售，也不能转卖给其他企业；③有权从事自营进出口的生产企业，生产企业必须经过有关部门批准才能自营进出口业务，并应承担相应义务；④对外经营科技产品的科研院所；⑤被赋予进出口经营权的商业、物资企业。

二、对外贸易经营者备案登记的管理机构

《对外贸易经营者备案登记办法》第二条明确规定：从事货物进出口或者技术进出口的对外贸易经营者，除了法律、行政法规和商务部规定不需要备案登记的对外贸易经营者，一律向中华人民共和国商务部或商务部委托的机构办理备案登记。对于未按照本办法办理备案登记的对外贸易经营者，海关不予办理进出口的报验手续。在本办法实施以前，已经依法取得货物和技术进出口经营资格、且仅在原核准经营范围内从事进出口经营活动的对外贸易经营者，不再需要办理备案登记手续；对外贸易经营者如超出原核准经营范围从事进出口经营活动，仍需按照本办法办理备案登记。

对外贸易经营者备案登记工作实行全国联网和属地化管理。商务部委托符合条件的地方对外贸易主管部门即备案登记机关负责办理本地区对外贸易经营者备案登记手续；备案登记机关凭商务部的书面委托函和备案登记印章，通过商务部备案登记网络办理备案登记手续。商务部还明确规定：对外贸易经营者不得伪造、变造、涂改、出租、出借、转让和出卖《对外贸易经营者备案登记表》（以下简称《登记表》）。

三、对外贸易经营者备案登记的程序

对外贸易经营者在本地区备案登记机关办理备案登记。登记程序如下。

1）领取《登记表》。对外贸易经营者可以通过中华人民共和国商务部政府网站（www.mofcom.gov.cn）下载，或到所在地备案登记机关领取《登记表》。

2）填写《登记表》。对外贸易经营者应按《登记表》要求认真填写相关信息，确保所填写内容的完整性、准确性和真实性。认真阅读《登记表》背面的条款，并由企业法定代表人或个体工商负责人签字、盖章。

3）向备案登记机关提交如下材料：①按要求填写的《登记表》；②营业执照复印件；

③组织机构代码证书复印件；④对外贸易经营者为外商投资企业的，还应提交外商投资企业批准证书复印件；⑤依法办理工商登记的个体工商户（独资经营者），须提交合法公证机构出具的财产公证证明；⑥依法办理工商登记的外国（地区）企业，须提交经合法公证机构出具的资金信用证明文件。

备案登记机关自收到对外贸易经营者提交的上述材料之日起 5 日内办理备案登记手续，在《登记表》上加盖备案登记章。备案登记机关在完成备案登记手续的同时，应当完整准确地记录和保存备案登记者的备案登记信息，建立备案登记档案。经备案登记后的外贸企业就可以在批准的经营范围内从事经营活动了。

四、对外贸易经营者备案登记的失效、变更和撤销

对外贸易经营者应在进行备案登记后的 30 日内到当地的海关、检验检疫、外汇、税务等部门办理开展对外贸易业务所需的相关手续，逾期未办，《登记表》自动失效。《登记表》上的任何登记事项发生变更时，对外贸易经营者应按照有关规定，提供相关材料在 30 日内办理《登记表》的变更手续，逾期未办理变更手续的，其《登记表》自动失效。备案登记机关收到对外贸易经营者提交的书面材料后，应当即时予以办理变更手续。对外贸易经营者已在工商部门办理注销手续或被吊销营业执照的，自营业执照注销或被吊销之日起，《登记表》自动失效。

根据《外贸法》的相关规定，商务部决定禁止有关对外贸易经营者在 1 年以上 3 年以下的期限内从事有关货物或者技术的进出口经营活动的，备案登记机关应当撤销其《登记表》；处罚期满后，对外贸易经营者可依据本办法重新办理备案登记。备案登记机关应当在对外贸易经营者撤销备案登记后将有关情况及时通报海关、检验检疫、外汇、税务等部门。

阅 读 资 料

2009 年 1 月，广州市新备案登记对外贸易经营者 81 家。其中，外商投资企业 6 家，占 7.41%；私营企业 75 家，占 92.59%。截至 2009 年 1 月，广州市备案登记对外贸易经营者累计 8025 家。其中，国有企业 587 家，占 7.31%；集体企业 114 家，占 1.42%；外资企业 526 家，占 6.55%；私营企业 6764 家，占 84.29%；个体户 34 家，占 0.42%。

（资料来源：www.qincai.net.）

第二节　我国货物、技术进出口许可管理制度

我国对货物、技术进出口实行许可证管理制度。该制度既包括许可证的管理范围，也包括准许进出口有关证件的审批和管理制度本身的程序。许可证管理范围包括禁止进

出口货物和技术、限制进出口货物和技术、自由进出口货物和技术及自由进出口中部分实行自动许可管理的货物。进出口许可证制度作为一项非关税措施，是中外各国管理进出口的一种常见手段，在国际贸易中被广泛运用。

一、禁止货物、技术进出口许可管理制度

（一）禁止进口的管理制度

为维护国家安全和社会公共利益，保护人民的生命健康，履行中华人民共和国所缔结或者参加的国际条约和协定，国务院对外经济贸易主管部门（以下简称国务院外经贸主管部门）会同其他国务院有关部门，依照《外贸法》第十七条，制定、调整并公布禁止进口货物、技术目录。海关依法对禁止进口目录商品实施监督管理。对列入国家公布禁止进口商品目录的商品及其他法律法规命令禁止或停止进口的商品，任何企业不得经营进口。

《外贸法》第十七条规定，属下列情形之一的货物、技术国家禁止进口：①危害国家安全或社会公共利益的；②为保护人的生命或者健康，必须禁止进口的；③破坏生态环境的；④根据中华人民共和国所缔结或者参加的国际条约、协定的规定，需要禁止进口的。

1. 禁止进口货物的管理规定

我国政府明令禁止进口的货物包括列入由国务院对外经贸主管部门或会同国务院有关部门制定的《禁止进口货物目录》商品、国家有关法律明令禁止进口的商品及其他因各种原因禁止进口的商品。

1）列入《禁止进口货物目录》的商品。目前，我国公布了 6 批《禁止进口货物目录》。①2000 年由对外经济贸易合作部发布第一批《禁止进口货物目录》。该目录是从我国国情出发，为履行我国所缔结或者参加的与保护世界自然生态环境相关的一系列国际条约和协定而公布的，其目的是为了保护我国自然生态环境和生态资源。如国家禁止进口属破坏臭氧层物质的"四氯化碳"；禁止进口属世界濒危物种管理范畴的"犀牛角"和"虎骨"；②2001 年由中华人民共和国对外贸易经济合作部、海关总署、国家质量监督检验检疫总局联合发布第二批、第三批、第四批、第五批《禁止进口货物目录》。第二批目录均为旧机电产品类，是国家对涉及生产安全（压力容器类）、人身安全（电器、医疗设备类）和环境保护（汽车、工程及车船机械类）的旧机电产品所实施的禁止进口管理；③第三批、第四批、第五批《禁止进口货物目录》所涉及的是对环境有污染的固体废物类。涉及城市垃圾、医疗废物、含铅汽油、淤渣等 13 类废物；④由商务部、海关总署和国家环保总局联合发布第六批《禁止进口货物目录》。该目录所涉及的是对人、动物、环境有害的青石棉、氟乙酸钠、二噁英等 17 种商品，自 2006 年 1 月 1 日起实施。

2）依据《中华人民共和国固体废物污染环境防治法》，对未列入《国家限制进口的可用作原料的废物目录》的废物、不符合环保规定的废物以及受放射性污染的废旧金属

禁止进口。

3）依据《中华人民共和国进出境动植物检疫法》，对来自疫区或不符合我国卫生标准的动物和动物产品禁止进口。

4）其他因各种原因禁止进口的商品如下：①以 CFC—12 为制冷工质的汽车及汽车空调压缩机和汽车空调器；②属右置方向盘的汽车；③旧服装、国产手表复进口、Ⅷ因子制剂等血液制品、黑人牙膏（"DARK—LE"、"DARLIE"）等；④氯酸钾、硝酸铵（2007年新增）；⑤货物及其包装上带有违反"一个中国"原则内容的物品。

2. 禁止进口技术管理规定

根据《外贸法》、《技术进出口管理条例》以及由原外经贸部、原国家经贸委联合发布的《禁止进口限制进口技术管理办法》的有关规定，国务院外经贸主管部门会同国务院有关部门，制定、调整并公布禁止进口的技术目录。属于禁止进口的技术，不得进口。

目前《中国禁止进口限制进口技术目录》所列名的禁止进口的技术涉及林业、印刷业和记录媒介的复制、石油加工、炼焦及核燃料加工业、化学原料及化学制品制造业、医药制造业、非金属矿物制品业、黑色金属冶炼及压延加工业、有色金属冶炼及压延加工业、交通运输设备制造业、电气机械及器材制造业 10 个技术领域的 38 项技术。

（二）禁止出口的管理制度

为了保护国家生态环境和重要资源，以及珍贵文物和高端技术等，我国明令禁止如下货物和技术的出口。

1. 禁止出口货物的管理规定

1）目前，我国《禁止出口货物目录》共五批。第一、三批为保护生态环境和资源而定，如四氯化碳、犀牛角、虎骨、麝香（2007年新增）、防风固沙用发菜和麻黄草；第二批为保护森林资源而定：木炭；第四批：硅砂、石英砂及其他；第五批：涉及 3 个税号及商品，如未经化学处理的森林凋落物，经化学处理的森林凋落物，泥炭（草炭）。

2）有关法律法规明令禁止出口的货物。根据《中华人民共和国濒危野生动植物进出口管理条例》，禁止出口未定名的或者新发现并有重要价值的野生动植物及其产品以及国务院野生动植物主管部门禁止出口的濒危野生动植物及其产品；依据《中华人民共和国文物保护法》和其他规定禁止出口的文物。

3）其他原因禁止出口的商品。我国规定禁止出口劳改产品、原料血浆、商业性出口的野生红豆杉及其部分产品以及列入《我国现阶段不对国外交换的水产种殖资源目录》的物种，包括成体、幼苗和卵等。

2. 禁止出口技术的管理规定

2008 年 11 月 1 日施行的《中国禁止出口限制出口技术目录》的 150 项技术中的 33

项技术被列为禁止出口范围。涵盖了农、林、畜牧、渔、纺织、化学原料及化学制品制造、医药制造、有色金属、交通运输设备制造、通信设备制造、仪器仪表制造、电信和信息传输服务等 34 个行业。

二、限制货物、技术进出口许可管理制度

国家实行限制进口管理的货物、技术，必须依照国家有关规定取得国务院对外经贸主管部门或者由其会同国务院有关部门许可，方可进口。

《外贸法》第十六条规定，属下列情形之一的货物、技术国家限制进口：①为维护国家安全或者社会公共利益，需要限制进口的；②为建立或者加快建立国内特定产业，需要限制进口的；③对任何形式的农业、牧业、渔业产品有必要限制进口的；④为保障国家国际金融地位和国际收支平衡，需要限制进口的；⑤根据中华人民共和国所缔结或者参加的国际条约、协定的规定，需要限制进口的。

（一）限制进出口货物管理规定

1. 限制进口货物的配额管理

限制进口货物的配额管理是指对商品的进口数量直接或间接加以限制以配合实现本国经济发展目标的一种管理手段。各国为了发展本国经济，在一定时期内根据国内产业结构的特点和行业发展规划，需要适量的进口以调节市场供应。但是，过量的进口又会严重损害国内相关工业的发展，直接影响进口结构、产业结构以及危及国家外汇收支地位。

对于限制进口货物的管理，我国于 2002 年 1 月 1 日开始实施的《中华人民共和国货物进出口管理条例》中明确规定，"国家规定有数量限制的进口货物，实行配额管理；其他限制进口货物，实行许可证件管理；实行关税配额管理的进口货物，其目录由国务院外经贸主管部门会同国务院有关经济管理部门制定、调整并公布；属于关税配额内进口的货物，按照配额内税率缴纳关税，属于关税配额外进口的货物，按照配额外税率缴纳关税；实行配额管理的限制进口货物，由国务院外经贸主管部门和国务院有关经济管理部门按照国务院规定的职责划分进行管理。"

根据上述规定，我国限制进口货物管理可按照其管理方式划分为进口配额管理关税配额管理和进口非配额管理。

（1）进口配额管理

进口配额是指在一定时期内（一般是 1 年），国家对部分商品的进口规定数量限额，在限额内，经国家批准后允许进口，如超出限额则不准进口。进口配额管理是一种国家管理贸易的行政管理手段，是我国进出口许可管理制度最重要的组成部分。国家通过对一些重要商品以规定绝对数量的方式来达到限制进口的目的。

进口配额由国务院对外经济贸易主管部门或者国务院有关部门在各自的职责范围内，根据申请者的进出口实绩、能力等条件，按照公正、公开和公平竞争的原则进行分配（配额的分配方式和办法由国务院规定）。

目前，我国与世界上大多数国家一样采用配额与许可证结合的管制方式，即申请者取得配额证明后，到国务院外经贸主管部门及其授权发证机关，凭配额证明申领《进口货物许可证》，凭"许可证"办理进口通关、外汇核销等进口手续。采用这种配额与许可证结合使用的管理方式有利于对配额数量的掌控，防止超额进口，同时有利于政府各部门之间建立有效的监督机制。

（2）关税配额管理

关税配额是指一定时期内（一般是 1 年），国家对部分商品的进口制定进口数量总额，在限额内实行优惠税率，如超出限额则按照配额外税率征收。一般情况下，配额税率优惠的幅度很大，如小麦，税率相差达 70 余倍。国家通过这种行政管理手段对一些重要商品通过提高其采购成本来实现限制进口的目的，因此关税配额管理是国家针对有数量限制进口商品进行管理的一种手段。我国 2007 年实施关税配额管理的农副产品有小麦、大米、玉米、棉花、食糖、羊毛、及毛条；实施进口关税配额管理的工业品尿素、磷酸氢二铵等。

阅 读 资 料

《中华人民共和国货物进出口管理条例》以专门的章节对关税配额管理作了明确的规定，主要内容有：实行关税配额管理的进口货物目录，由国务院外经贸主管部门会同国务院有关经济管理部门制定、调整并公布；属于关税配额内进口的货物，按照配额内税率缴纳关税、属于关税配额外进口的货物，按照配额外税率缴纳关税；关税配额可以按照对所有申请统一办理的方式分配；按照对所有申请统一办理的方式分配关税配额的，进口配额管理部门应当在每年 12 月 31 日前作出是否发放配额的决定；进口经营者凭进口配额管理部门发放的关税配额证明，向海关办理关税配额内货物的报关验放手续；关税配额持有者未使用完其持有的年度配额的，应当在当年 9 月 15 日前将未使用的配额交还进口配额管理部门；未按期交还并且在当年年底前未使用完的，进口配额管理部门可以在下一年度对其扣减相应的配额；进口配额管理部门应当根据本条例的规定制定有关关税配额的具体管理办法，对申请人的资格、受理申请的部门、审查的原则和程序等事项作出明确规定并在实施前予以公布等。

（3）进口非配额管理

进口非配额限制是指在一定时期内根据国内政治、工业、农业、商业、军事、技术、卫生、环保、资源保护等领域需要，以及为履行我国所加入或缔约的有关国际条约规定，以经国家行政许可并签发许可证件的方式来实现限制进口的目的。

非配额限制管理是我国目前进出口许可制度限制进口管理中范围最大、涉及管理部门及管理证件最多的管理，主要包括特定机电产品进口、濒危物种进口、可利用废物进口、药品进口、音像制品进口、黄金及其制品进口、无线电设备进口以及民用爆破器材进口等进口许可管理。

上述各项管理所涉及的各类许可证件是由国务院对外经济贸易主管部门或者国务院有关部门在各自的职责范围内，根据国家有关法律法规及国际公约的有关规定制定并调整各自的许可证件审批和发放程序以及资格条件。

阅 读 资 料

《中华人民共和国货物进出口管理条例》规定，实行许可证管理的限制进口货物，进口经营者应当向国务院外经贸主管部门或者国务院有关部门提出申请。进口许可证管理部门应当自收到申请之日起 30 天内决定是否许可；进口经营者凭进口许可证管理部门发放的进口许可证，向海关办理报关验放手续；前款所称进口许可证，包括法律、行政法规规定的各种具有许可进口性质的证明、文件及许可证件。

2. 限制出口货物的配额管理

《中华人民共和国货物进出口管理条例》规定，国家规定有数量限制的出口货物，实行配额管理；其他限制出口货物，实行许可证件管理。

实行配额管理的限制进口货物，其目录由国务院外经贸主管部门会同国务院有关经济管理部门制定、调整并公布。配额可通过直接分配的方式，也可通过招标的方式分配。出口经营者凭出口配额发放部门发放的配额证明，到各地外经贸主管部门申领出口许可证，凭以办理出口报关手续。

（二）限制进出口技术的管理规定

我国限制进出口技术实行目录管理。根据《外贸法》、《技术进出口管理条例》以及由国务院外经贸主管部门发布的《禁止进口限制进口技术管理办法》、《两用物项和技术出口许可证管理目录》、《中国禁止出口限制出口技术目录》的有关规定，由国务院外经贸主管部门会同国务院其他有关部门制定、调整并公布限制进出口的技术目录。属于目录范围的限制进出口的技术，实行许可证管理；未经国家许可，一律不得进出口。

凡是进出口的技术属于限制范围的，应当向国务院外经贸主管部门提出技术进出口申请，国务院外经贸主管部门收到申请后，应当会同国务院有关部门对申请进行审查，技术进出口申请经批准的，由国务院外经贸主管部门发给《中华人民共和国技术进出口许可意向书》，进出口经营者取得技术进出口许可意向书后，可以对外签订技术进、出口合同。技术进出口合同签订后，应当向国务院外经贸主管部门申请技术进出口许可证。经审核符合发证条件的，由国务院外经贸主管部门颁发《中华人民共和国技术进出口许可证》凭以向海关办理进出口通关手续。

目前列入《中国禁止进口限制进口技术目录》（商务部发布，自 2007 年 11 月 22 日起施行）中属限制进口的技术包括农业、食品制造业、纺织业、化学原料及化学制品制造业、非金属矿物制品业、黑色金属冶炼及压延加工业、有色金属冶炼及压延加工业、通用设备制造业、电气机械及器材制造业、仪器仪表及文化、办公用机械制造业、银行业、环境管理业等 14 个技术领域的 87 项技术；列入《中国禁止出口限制出口技术目录》（2008 年 11 月 1 日施行）中的 117 项，属限制出口技术，涵盖了农、林、畜牧、渔、纺织、化学原料及化学制品制造、医药制造、有色金属、交通运输设备制造、通信设备制造、仪器仪表制造、电信和信息传输服务等 34 个行业。

三、自由货物、技术进出口管理制度

除上述国家禁止、限制进出口货物、技术外的其他货物，均属于自由进出口范围。自由进出口货物、技术虽不受限制，但基于监测出口情况的需要，国务院外经贸主管部门和国务院有关经济管理部门可以按照国务院规定的职责划分对自由进出口的技术实行进出口技术合同登记管理，即进出口属于自由进出口的技术应当向国务院外经贸主管部门进行登记，国务院外经贸主管部门应当自收到本条例第十八条规定的文件之日起 3 个工作日内，对技术进出口合同进行登记并颁发技术进出口合同登记证，申请人凭技术进出口许可证或者技术进出口合同登记证，办理外汇、银行、税务、海关等相关手续。

除禁、限管制的商品、技术外，都属于自由进出口管理商品。但基于监督的需要，我国对部分货物实行进出口自动许可管理，对技术进出口则实行合同登记管理。

（一）货物自动进出口自动许可管理

实行自动许可的进出口货物，收发货人在办理海关报关手续前提出自动许可申请的，国务院对外贸易主管部门或者其委托的机构予以许可，一律核发《自动进口许可证》。进出口收发货人凭以办理报关手续。对于未办理自动许可手续的，海关不予放行。

（二）技术进出口合同登记管理

只要是非禁限的、属于自由进出口的技术，技术进出口当事人可向国务院对外贸易主管部门或者其委托的机构提交技术进出口合同登记申请书、技术进出口合同副本及合同当事人的法律地位的证明文件等材料，办理合同备案登记。外贸部门收到备案申请后的 3 个工作日内进行登记，并颁发《技术进出口合同登记证》，申请人可持证凭以办理通关手续。

阅 读 资 料

《2009 年出口许可证管理货物目录》（节选）

2009 年实行出口许可证管理的 50 种货物，分别实行出口配额许可证、出口配额招标和出口许可证管理。

1）实行出口配额许可证管理的货物是：玉米、大米、小麦、玉米粉、大米粉、小麦粉、棉花、锯材、活牛（对港澳）、活猪（对港澳）、活鸡（对港澳）、煤炭、焦炭、原油、成品油、稀土、锑及锑制品、钨及钨制品、锌矿砂、锡及锡制品、白银、铟及铟制品、钼、磷矿石。

2）实行出口配额招标的货物是：蔺草及蔺草制品、碳化硅、氟石块（粉）、滑石块（粉）、轻（重）烧镁、矾土、甘草及甘草制品。

阅 读 资 料（续）

　　3）实行出口许可证管理的货物是：活牛（对港澳以外市场）、活猪（对港澳以外市场）、活鸡（对港澳以外市场）、冰鲜牛肉、冻牛肉、冰鲜猪肉、冻猪肉、冰鲜鸡肉、冻鸡肉、消耗臭氧层物质、石蜡、锌及锌基合金、部分金属及制品、铂金（以加工贸易方式出口）、汽车（包括成套散件）及其底盘、摩托车（含全地形车）及其发动机和车架、天然砂（含标准砂）、钼制品、柠檬酸、维生素C、青霉素工业盐、硫酸二钠。

第三节　外贸外汇管理制度

　　我国从 1994 年实行汇率并轨后，外汇管理政策呈现逐渐放松的态势。我国对外贸外汇的管理主要体现为对贸易外汇账户的管理，具体表现为银行结售汇制度和进出口收付汇核销制度。

一、银行结售汇制度

　　银行结售汇制度是银行结汇制度和银行售汇制度的总称。

（一）银行结汇制度

　　按照《中华人民共和国外汇管理条例》的相关规定，我国对境内机构经常项目下的贸易收入实行银行结汇制度，即我国针对境内机构的贸易项下的外汇收入，可以按照国家有关规定保留或者卖给经营结汇、售汇业务的金融机构。

　　2007 年国家外汇管理局发布外汇管理体制重要改革措施：取消境内机构经常项目外汇账户限额，境内机构可根据自身经营需要，自行保留其经常项目外汇收入，即实行"意愿结售汇政策"。该政策的实施，不仅是外汇体制的改变，而且是外汇政策的一个重大转变。改革开放以来，我国在国际收支管理和资本项目管理的问题上，一直是鼓励外汇的流入而限制外汇流出。这是一种不平衡的管理思路，但在当时外汇短缺条件下是必要的，然而随着我国外汇储备增加，它已经不适应我国目前发展的需要。因此，在目前情况下，我国有必要循序渐进、对称地管理资本的流入和流出。

（二）银行售汇制度

　　《中华人民共和国外汇管理条例》规定：经常项目外汇支出，应当按照国务院外汇管理部门关于付汇与购汇的管理规定，凭有效单证以自有外汇支付或者向经营结汇、售汇业务的金融机构购汇支付。

　　银行售汇是指经营结汇、售汇业务的金融机构根据交易日当天的外汇牌价卖出指定外币，收进等值本币的行为。该行为从企业的角度讲，称为"购汇"。

　　1996 年 12 月 1 日，我国接受了国际货币基金组织协定第八条款，实现了人民币经常项目可自由兑换，所有正当的、有实际交易需求的经常项目用汇都可以对外支付。但这并不意味着境内企业和个人可以随意购买外汇，《中华人民共和国外汇管理条例》规定：经常项目外汇收支应当具有真实、合法的交易基础。经营结汇、售汇业务的金融机构应当按照国务院外汇管理部门的规定，对交易单证的真实性及其与外汇收支的一致性进行合理审查。据此，经营结汇、售汇的金融机构仍按国家的有关规定对经常项目外汇收支进行真实性审核。也就是说，境内机构和个人经常项目下的用汇，需持规定的有效凭证到外汇指定银行或外汇局进行审核后，才可以到银行购买外汇或从其外汇账户中对外支付。

二、进出口收付汇核销制度

为了监督企业在货物出口后及时、足额地收回货款，进口付汇后及时、足额地收到货物，堵塞进出口收付汇环节的逃、骗汇漏洞，打击套汇、逃汇等非法活动，以保证正常的外汇收支活动，促进国际收支平衡，我国在1991年和1994年开始实行出口收汇核销制度和进口付汇核销制度。

（一）出口收汇核销制度

出口收汇核销制度的含义和核销的基本流程如下。

1. 出口收汇核销制度的含义

所谓出口收汇核销制度，是国家为了加强对出口收汇的管理，确保国家外汇收入，防止外汇流失，指定外汇管理部门对出口企业的外汇收入情况进行监督检查的一种制度。它以出口货物的价格为标准，核对是否有相应的外汇收回国内的一种管理办法。出口单位凭出口收汇核销单报关出口，收汇后到外汇管理局办理核销，再向税务机关申请出口退税。

为适应我国加入世贸组织后出口贸易发展的新形势，进一步完善出口收汇管理，提高核销管理效率，促进对外贸易发展，国家外汇管理局于2003年10月1日发布了《出口收汇核销管理办法》，按照该办法，国家对出口单位收汇核销实行分类管理，除保留原有的逐笔核销外，新增了批次核销和自动核销两种管理方式，提高了外汇局的工作效率，简化了企业出口收汇核销程序，降低了企业的经营管理成本，充分体现了出口收汇核销监管手段和监管水平的提升。

> **知识拓展**
>
> ### 出口核销的方式
>
> 按照《出口收汇核销管理办法实施细则》的有关规定，国家外汇管理局根据各地业务量和出口单位的具体情况，分别采取逐笔核销、批次核销和自动核销3种办法。逐笔核销是指由出口单位按核销单证逐一进行汇报，由外汇管理局为出口单位逐一办

理核销手续。此方法适用于高风险收汇及无法全额收汇的企业。批次核销是指由出口单位集中报告，而外汇管理局按核销单与核销专用联总量对应的原则为企业办理核销手续。适用于一般出口单位全额收汇核销。而自动核销适用于电子报关、国际收支申报率高的出口荣誉企业的一般贸易项下的全额收汇业务。

2. 出口收汇核销的基本流程

根据 2003 年发布的《出口收汇核销管理办法》和《出口收汇核销管理办法实施细则》的有关规定，出口单位在出口前应向当地的外汇管理局申领出口收汇核销单，如实填写有关出口货物情况。货物报关验放后，海关在核销单上盖章，并与报关单一起退还给出口企业。再由出口企业附发票等单据送当地外汇管理局备案。待收汇后凭结汇水单或收账通知向外汇管理局销案。具体操作如下：①具有进出口经营权的出口企业，首先到海关办理"中国电子口岸"入网手续，办理企业法人 IC 卡和企业操作员 IC 卡电子认证手续，然后向当地外汇管理局登记备案；②出口企业凭"中国电子口岸"企业操作员 IC 卡及其他凭证申领出口外汇核销单；③外汇管理局核发核销单后，将核销单电子底账数据传输给"中国电子口岸"数据中心；④出口企业在报关前，通过"中国电子口岸出口收汇系统"向属地海关进行出口核销单的出口前的口岸备案；⑤出口企业领单后 90 天内，向海关出具核销单、注明核销单编号的出口报关单和其他有关单据，向海关报关。⑥海关核准无误后，在核销单"海关核放情况" 栏处加盖"验讫章"，退还出口企业；⑦出口企业于报关后 15 天（异地报关为 25 天）内，将出口报关单、出口外汇核销单存根、发票和汇票副本交外汇管理局核销备案；⑧银行结汇后，在出口收汇核销结水单或收账通知上注明核销单号交出口企业；⑨出口企业持经海关签章的收汇核销单、结水单或收账通知及其他有关文件，到外汇管理局办理核销；⑩外汇管理局在核销单上加盖"已核销"章后，将核销单和报关单（出口退税专用）给出口企业，凭以办理出口退税。

（二）进口付汇核销制度

进口付汇核销制度和核销程序如下。

1. 进口付汇核销制度的含义

为完善贸易进口付汇核销监管，根据《中华人民共和国外汇管理条例》的规定，凡境内经营进口业务的企业，以通过银行购汇或从现汇账户支付的方式，向境外支付有关进口商品的货款、预付款、尾款等都应当依法办理付汇核销手续。

根据国家外汇管理局《贸易进口付汇核销监管暂行办法》的规定，境内机构在办理进口付汇手续时，应到外汇管理局办理列入"对外付汇进口单位名录"手续。未被列入该名录的单位，应到外汇管理局办理"进口付汇备案表"。

下列进口付汇应当在付汇或开立信用证前由进口单位逐笔向所在地外汇局申请并办理"进口付汇备案表"手续，外汇指定银行凭备案表为其办理进口付汇手续：①不在"对外付汇进口单位名录"上的；②被列入"由外汇局审核真实性的进口单位名单"的；③付汇后９０天以内（不含 90 天）不能到货报关的；④进口单位到其所在地外汇局管辖的市、县以外的外汇指定银行付汇的。

2．进口付汇核销程序

1）进口单位办理付汇时应当按规定如实填写核销单（一式三联），属于货到付款的还应当填写有关"进口货物报关单"的编号和报关币种及金额，将核销单连同其他付汇单证一并送外汇指定银行审核。

2）外汇指定银行在办理付汇手续后，应当将核销单第一联按货到汇款和其他结算方式分类，分别装订成册并按周向进口单位所在地外汇局报送；将第二联退进口单位，将第三联与其他付汇单证一并留存 5 年备查。

3）外汇指定银行对凭备案表付汇的，应当将备案表第一联与核销单第三联一并留存备查；将第二联与核销单第二联退进口单位留存；将第三联与核销单第一联报送本银行所在地外汇局。

4）进口单位应当按月将核销表及所附核销单证报外汇管理局审查；应当在有关货物进口报关后一个月内向外汇管理局办理核销报审手续。

5）在办理核销报审时，对已到货的，进口单位应当将正本进口货物报关单等核销单证附在相应核销单后（凭备案表付汇的还应当将备案表附在有关核销单后），并如实填写"贸易进口付汇到货核销表"；对未到货的，填写"贸易进口付汇未到货核销表"。

6）外汇管理局审查进口单位报送的核销表及所附单证后，应当在核销表及所附的各张报关单上加盖"已报审"章，留存核销表第一联，将第二联与所附单证退进口单位。

7）进口单位应当将核销表及所附单证保存 5 年备查。

8）外汇指定银行应当于每月 5 日前向外汇局报送"贸易进口付汇统计月报表"。

第四节　其他外贸管理制度

阅 读 资 料

从 2000 年 1 月 1 日起，全国各口岸的检验检疫机构实行"先报检，后报关"的查验制度。由检验检疫机构与海关协调，正式启用"入境货物通关单"和"出境货物通关单"，对检验检疫范围内的货物，海关一律凭报关地出入境检验检疫局签发的"通关单"验放。以信息化管理为基础，改进人员、货物和运输工具的检验方式。重点推行"一次报验、一次取样、一次检验检疫、一次卫生除害处理、一次收费、一次颁证放行"的"六个一"和"检验检疫一口对外"的新型检验检疫监管模式，进一步提高通关速度。

一、进出口商品检验检疫制度

进出口商品检验检疫制度是指由国家进出口商品检验检疫部门依据我国有关法律、行政法规以及我国政府所缔结的或者加入的国际条约、协定，对进出境的货物、物品及其包装物、交通运输工具、运输设备和人员实施检验检疫和监督管理的法律依据和行政手段的总和。该制度是我国对外贸易管理制度的重要组成部分，在实现对外贸易健康发展，保证进出口商品的质量，维护对外贸易各方的合法权益方面发挥了巨大作用。

（一）进出口商品实施检验检疫的范围

检验检疫包括进出口商品检验、动物检疫、植物检疫和卫生检疫 4 个方面。根据《中华人民共和国进出口商品检验法》及其实施条例、《中华人民共和国进出境动植物检疫法》及其实施条例、《中华人民共和国国境卫生检疫法》及其实施细则、《中华人民共和国食品卫生法》等相关的法律法规的相关规定，列入检验检疫的实施范围的商品如下。

1. 进出口商品检验

凡列入《商检机构实施检验的进出口商品种类表》的进出口商品和其他国家法律法规及有关国际条约规定须经出入境检验检疫机构检验方可进出境。进出口商品检验主要包括以下 3 个方面。

1）进口商品安全质量许可。国家对涉及安全、卫生和环保要求的重要进口商品实施进口商品安全质量许可制度并公布《实施进口审批安全质量许可制度目录》。列入目录的商品须获得国家出入境检验检疫局签发的进口商品安全质量许可证书并批准在食品上使用《安全标志》后，方可进入中国市场。

2）进口废料原料装运前检验。针对我国允许作为原料进口的废物实施装船前检验制度，以防止境外有害废物向我国扩散。

3）出口商品质量许可。我国对重要的出口商品实施质量许可制度，未获得质量许可的商品不允许出口。我国已对机械、电子、轻工、玩具、医疗器械等 76 类商品实行出口质量许可制度。

2. 动植物检疫

国家检验检疫机构依法对进境、出境、过境的动植物及其产品、装载动植物及其产品的容器、包装物、铺垫物等实行检疫，对来自疫区的运输工具、进境拆卸的废旧船舶也要进行检疫。

3. 食品卫生监督检验

由检验检疫机构依法对进出口食品及食品添加剂、食品容器、包装材料和食品用工具设备依照国家卫生标准进行监督检验，检验合格后，方可进出口。

4. 出口商品运输包装检验

对列入《商检机构实施检验的进出口商品种类表》和其他法律、法规规定必须经检验检疫机构检验的出口商品的运输包装，必须经指定的检验机构进行性能检验，未经检验或检验不合格的，不得用于盛放出口商品。对于出口危险货物的包装容器也必须经指定的商检机构进行性能鉴定和使用鉴定后，方可使用。

5. 外商投资财产鉴定

在中外合作、合资等经济活动中，各地检验机构应企业、组织及机构的委托对外商投资的财产进行鉴定。

6. 货物装载和残损鉴定

对出口易腐烂变质食品、冷冻品的船舱、集装箱等运输工具的适货检验；对列入《商检机构实施检验的进出口商品种类表》以外的入境货物经收用货单位验收发现质量不合格或残损、短缺，需检验检疫局出证索赔的。

7. 一般原产地证与普惠制产地证签证管理

出入境检验检疫机构是签发一般原产地证的官方机构，同时也是我国政府授权签发普惠制产地证的唯一机构。

（二）报检单位及报检员资格

根据《中华人民共和国进出口商品检验法》和《中华人民共和国进出口商品检验法实施管理条例》的规定，进出口企业可自行办理报检手续，亦可委托报检企业代办。如采用快件方式进出口商品的，应委托进出境快件经营企业代办报检手续。

报检单位首次报检前，须持本单位营业执照和政府批文向检验检疫局申请办理登记备案手续，取得报检单位代码后，方能向检验检疫局报检。

申领原产地证书的，必须预先向检验检疫局申请注册登记，填好表格，经检验检疫局注册调查合格并同意注册登记后，才具备申领原产地证的资格。

报检人员应通过全国报检员资格统一考试取得"报检员资格证"之后，向检验检疫机构申请注册，经审核予以注册并颁发《报检员证》。我国检验检疫部门将逐步实施凭"报检员证"报检的管理制度。

（三）报检单证

报检人在填写报检单时，要书写规范、字迹清楚并加盖报检单位公章。出入境报检时提供与检验检疫有关的单证资料如下。

1. 出境报检

出境报检时，除了应填写出境货物报检单外，还要提供对外贸易合同或销售确认书或订单；在信用证结算方式下，需要提供信用证，非信用证结算方式下，要在报检单上注明结算方式；实施卫生注册及质量许可证管理的货物，应提供出入境检验检疫机构签发的卫生注册/质量许可证副本，并在报检单上注明卫生注册号或质量许可证号；法定检验检疫的货物，外包装在报检时应提供"出境货物运输包装容器性能检验结果单"正本；报检人还要提供发票、装箱单等必要的单证，出口生产企业代外贸出口单位报检的，须有外贸出口单位委托出口生产企业向检验检疫局报检的委托书。有特殊情形的，还应按要求提供有关文件。

2. 进境报检

进境报检时，应填写"进境货物报检单"，并提供合同、发票和提（运）单等有关单证。有特殊情况的还要提供有关证明，如实施卫生注册及安全质量许可管理的货物，应提供有关的审批文件。

（四）报检的时间和地点

报检人必须在规定的时间和地点向出入境口岸检验检疫部门提出报检申请，如报检人对检验检疫证、单有特殊要求的，应在报检单上注明并提供相关文件。

1. 出境报检时间和地点的规定

1）出境货物最迟应于报关或装运前 10 天在货物所在地检验机构办理报检。对于个别检验检疫周期较长的货物，应留有相应的检验检疫时间；如在产地检验后，需要在异地报关地检验检疫局出具通关单的，还应考虑查验换单的时间。

2）出境的运输工具和人员应在出境前向口岸检验检疫机构报检或申报。

3）需隔离检疫的出境动物在出境前 60 天预报，隔离前 7 天报检。

2. 进境报检时间和地点的规定

1）对进境货物，应在进境前或进境时向进境口岸、指定的或到达站的检验检疫机构办理报检手续；进境的运输工具及人员应在入境前或入境时申报。

2）入境货物需对外索赔出证的，应在索赔有效期前 4 天内向到货口岸或货物到达地的检验检疫机构报检，如预计时间不够，报检单位应向国外发货人要求延长索赔期。

3）输入微生物、人体组织、生物制品、血液及其制品或种畜、禽及其精液、胚胎、受精卵的，应当在入境前 30 天报检。

4）输入其他动物的，应当在入境前 15 天报检。

5）输入植物、种子、种苗及其他繁殖材料的，应当在入境前 7 天报检。

二、出口退税制度

出口退税制度是一个国家税务当局针对出口产品退还其在国内生产、流通、出口环节已经缴纳的间接税（增值税、消费税）的税收制度。实行出口退税的目的是使出口货物以不含税的价格进入国际市场，以增强其在国际市场上的竞争力，并避免对跨国流动物品重复征税。对出口产品实行退税是国际通行的做法，符合世界贸易组织规则。我国从 1985 年开始实行出口退税政策，1994 年财税体制改革以后继续加大出口退税力度。出口退税政策的实施，对增强我国出口产品的国际竞争力，扩大出口，保证国际收支平衡，促进国民经济持续健康发展发挥了重要作用。

我国出口货物退税制度主要包括退税税种，退税对象（退税的货物范围）、接受退税人（退税的企业范围）、退税的计算方法等内容。

（一）出口退税的税种

根据我国国家税务总局 2005 年 5 月 1 日开始实施的《出口货物退（免）税管理办法》的有关规定，出口商自营或委托出口的货物，除另有规定外，可在货物报关出口并在财务做销售核算后，凭有关凭证报送当地国税局退还或免征其增值税和消费税。

增值税是对在中华人民共和国境内的销售货物或者提供加工、修理修配劳务以及进口货物的单位和个体征收的一种间接税。其具有以下特点：①征税范围广泛，一切有形动产、货物以及工业性劳务即加工、修理、修配劳务等都是增值税的征税对象；②多环节课税，又称道道征税，即对货物的生产（包括进口）和流通过程中的每一个销售环节都要课税；③实行税款抵扣制，即在每一征税环节都允许纳税人将应税货物或者应税劳务由以前环节转嫁而来的增值税进行抵扣。

消费税是指对我国境内生产、委托加工和进口《中华人民共和国消费税暂行条例》规定中列举的消费品征收的一种间接税。其具有以下特点：①征税范围窄，只选择特殊货物（消费品）为征税对象，一般只起特殊调节作用；②单环节课税，只在消费品生产或流通的个别环节征收一次。

（二）出口退税的实施对象

出口退税的实施对象，是指实施退税的客体，即出口的货物。其范围如下。

1. 退税的货物必须是属于增值税和消费税范围的已税货物

已税货物包括除了直接向农业生产者收购的免税农产品以外的所有增值税应税货物及烟酒化妆品等 11 类列举征收消费税的消费品。如果货物的生产、流通在中华人民共和国境内不征税或者享受免税，或者虽已纳税但不能提供已税证明，则该货物不能享受出口退税的待遇。

2. 退税的货物必须是出口货物或者视同出口货物

出口货物是指在中华人民共和国报关离境的货物。这里的离境是指货物经过海关管辖范围离开中华人民共和国国境，货物运往出口加工区、保税物流园区等海关监管的特殊封闭区域也应视为离境。

视同出口货物一般由两部分构成：一是没有直接出口，但最终为境外所消费的货物，如对外承接修理修配业务耗用的货物；二是虽在境内消费，但出于公平或对等原则的考虑视同出口的货物，如在国际招标中国内中标的机电产品，由于境外中标产品进口时免征进口税收，为维护公平竞争，视同出口产品，再如按外交对等原则供外国驻华使馆人员消费的货物等。

3. 退税的货物必须是在财务上已进行出口销售的货物

出口退税的制度只适用于贸易性的出口货物，而对于非贸易性的出口货物，如礼品、样品、展品等因其在财务上未做销售处理，就不能按规定退税。

（三）出口退税的接受人

出口退税的接受人是指接受退税之人，即发生货物出口行为的企业。目前我国对个人包括个体经营者出口的货物不予退税。

出口企业一般由三部分构成：一是经有关部门批准或备案享有进出口经营权的企业；二是自身没有进出口经营权，委托有进出口经营权的外贸企业代理出口自产货物的生产企业；三是发生视同出口货物行为的特殊企业。

特殊企业具体包括：①将货物运出境外用于对外承包项目的对外承包工程公司；②对外承接修理修配业务的企业；③将货物销售给外轮、远洋国轮而收取外汇的外轮供应公司、远洋运输供应公司；④在国内采购货物并运往境外作为在国外投资的企业；⑤利用外国政府贷款或国际金融组织贷款，通过国际招标机电产品的中标企业；⑥境外带料加工装配业务所使用出境设备、原材料和散件的企业；⑦利用中国政府的援外优惠贷款和合资合作项目基金方式出口货物的企业；⑧对外进行补偿贸易，以及对港澳台地区贸易而享受退税的企业；⑨国家旅游局所属中国免税品公司。

（四）出口退税的计算

1. 增值税的退税计算

按照国家税务总局《出口货物退（免）税管理办法》的有关规定，出口货物应退增值税税额，依进项税额计算。具体计算方法如下。

1）出口企业将出口货物单独设立库存账和销售账记载的，应依据购进出口货物增值税专用发票所列明的进项金额和税额计算。对库存和销售均采用加权平均价核算的企业，也可按适用不同税率的货物分别以下列公式计算，即

应退税额＝出口货物数量×加权平均进价×税率（退税）

2）出口企业兼营内销和出口货物且其出口货物不能单独设账核算的，应先对内销货物计算销项税额并扣除当期进项税额后，再依下列公式计算出口货物的应退税额：

若

$$销项金额×税率（增值税）\geqslant 未抵扣完的进项税额$$

则

$$应退税款＝未抵扣完的进项税额$$

若

$$销项金额×税率（增值税）＜未抵扣完的进项税额$$

则

$$应退税额＝销项金额×税率$$

$$结转下期抵扣进项税额＝当期未抵扣完的进项税额－应退税额$$

销项金额是指按出口货物离岸价（FOB）和外汇牌价计算的人民币金额。税率是指计算该项货物退税的税率。

凡从小规模纳税人购进特准退税的出口货物的进项税额，应按下列公式计算确定，即

$$进项税额＝\frac{普通发票所列（含增值税的）销售金额}{1＋征收率}×退税率$$

其他出口货物的进项税额依增值税专用发票所列的增值税税额计算确定。

例如，枫叶服装厂于2008年6月出口T恤衫50 000打，其中，①40 000打以FOB价成交，每打200美元，人民币与美元的汇率为USD100＝CNY698；②10 000打以CIF价成交，每打235美元（其中海运费25美元，保险费10美元）。当期实现内销28 500打，销售收入38 560 000元，销项税额为6 835 000元，当月可抵扣的进项税额为11 600 000元，增值税为17%，退税率为13%。计算应交税额和应退税额。

1）出口自产货物销售收入为

40 000×200×6.98＋10 000×（235－25－10）×6.89＝69 800 000（元）

2）计算当期应纳税额为

当期内销的销项税额＋出口销项税额－当期全部进项税额

＝6 835 000＋69 800 000×17%－11 600 000＝7 101 000（元）

3）计算当期应退税额为

应退税额＝销项金额×税率＝69 800 000×13%＝9 074 000（元）

注：如果该出口企业从小规模纳税人购进特准退税的出口货物，则计算退税时就要先将采购价中扣除17%的增值税后，再乘以出口退税率。

2. 消费税的退税计算

外贸企业出口和代理出口货物的应退消费税税款，凡属从价计征消费税的货物都应根据外贸企业从工厂购进货物时征收消费税的价格计算。凡属从量计征消费税的货物应

依货物购进和报关出口的数量计算。其具体计算退税的公式为

应退消费税税款＝出口货物的工厂销售额（出口数量）×税率（单位税额）

有出口经营权的生产企业自营出口的消费税应税货物，依据其实际出口数量予以免征。

知识拓展

普遍优惠制（generalized system of preferences）是发达国家给予发展中国家出口制成品和半制成品（包括某些初级产品）一种普遍的、非歧视的和非互惠的关税优惠制度。普遍的，即发达国家对发展中国家所有出口制成品和半制成品给予普遍的进口关税优惠待遇；非歧视的，即应使所有发展中国家都无歧视和无例外地享受普惠制待遇；非互惠的，即非对等的，发达国家应单方面给予发展中国家特别的关税减让，而不要求发展中国家给予对等优惠。实施普惠制的目标是通过给惠国对受惠国的受惠产品给予减免关税优惠待遇，使受惠国增加出口收益，促进工业化，加速国民经济发展。

至今，世界上共有40个给惠国，实施13个普惠制方案，其中土耳其和欧盟27个成员国（包括法国、英国、爱尔兰、德国、丹麦、意大利、比利时、荷兰、卢森堡、希腊、西班牙、葡萄牙、奥地利、芬兰、瑞典、匈牙利、爱沙尼亚、拉脱维亚、塞浦路斯、马耳他、立陶宛、斯洛文尼亚、捷克、斯洛伐克、波兰、罗马尼亚、保加利亚）共同实施一个给惠方案，其余12国包括瑞士、挪威、列支敦士登、日本、加拿大、澳大利亚、新西兰、俄罗斯、白俄罗斯、哈萨克斯坦、乌克兰和美国各自执行本国的给惠方案。现在，除美国外，其余39个给惠国均宣布给予中国普惠制待遇。

出口商品要取得关税优惠待遇必须符合给惠国普惠制方案及其原产地规则，并需要提供我国出入境检验检疫机构签发的普惠制原产地证明书。

小　结

对外贸易管理制度是指一国政府为了国家的宏观经济利益、国内外政策需要以及履行所缔结或加入国际条约的义务，而确立实行各种制度、设立相应管理机构和规范对外贸易活动的总称。

外贸经营者的登记备案制度是指从事货物进出口或者技术进出口的对外贸易经营者，除了法律、行政法规和商务部规定不需要备案登记的外贸经营者，一律向中华人民共和国商务部或商务部委托的机构办理备案登记。对于未按照本办法办理备案登记的对

外贸易经营者，海关不予办理进出口的报验手续。

我国对货物、技术进出口实行许可证管理制度，既包括准许进出口有关证件的审批和管理制度本身的程序，也包括以国家各类许可为条件的其他行政管理手续。进出口许可证制度作为一项非关税措施，是中外各国管理进出口的一种常见手段，在国际贸易中广泛运用。

我国从 1994 年实行汇率并轨后，对外贸外汇的管理主要是体现在对贸易外汇账户的管理，具体表现为银行结售汇制度和进出口收付汇核销制度。

进出口商品检验检疫制度是指由国家进出口商品检验检疫部门依据我国有关法律、行政法规以及我国政府所缔结的或者参加的国际条约、协定，对出入境的货物、物品及其包装物、交通运输工具、运输设备和进出境人员实施检验检疫和监督管理的法律依据和行政手段的总和。

出口退税制度是一个国家税务当局针对出口产品退还其在国内生产、流通、出口环节已经交纳的间接税（增值税、消费税）的税收制度。目的是使出口货物以不含税价格进入国际市场，增强其在国际市场上的竞争力，并避免对跨国流动物品重复征税。

案例分析

欧盟自 2007 年 9 月以来，共对中国钢铁产品和制品发起七起反倾销调查，产品涉及铁和非合金钢管、碳钢紧固件、热浸镀锌板、冷轧不锈钢板、预应力钢绞线、盘条和无缝钢管等。

欧盟委员会于 2007 年 12 月对我国热浸镀锌板发起反倾销调查，涉案金额高达 12.06 亿美元，涉及近 200 家中国企业。中国政府希望欧方在相关反倾销案件裁决中，能继续保持客观、公正的立场，依据 WTO 规则作出裁决。2008 年 12 月 11 日，本案起诉方欧洲钢铁工业联合会通知欧盟委员会撤回反倾销调查。2009 年 2 月 7 日，欧盟决定终止对中国出口热浸镀锌板的反倾销调查程序，这是欧盟自 1979 年开始对华反倾销以来的最大案件。

（资料来源：http://www.p5w.net）

思考题

利用网上资源了解欧盟反倾销程序的体系，试分析欧盟如何通过反倾销程序设计来保护国内产业以及我国企业在不同程序阶段应如何积极应对？

分析提示

首先，要积极应诉；其次，重视复审对涉案出口商利益的影响；第三，重视反倾销程序的时限要求；第四，善用相关反倾销制度；第五，个体企业也要积极应诉。

自测题

一、选择题

1. 我国目前对对外贸易经营者的管理实行（　　）。
   A. 审批制度　　　　　　　　　B. 备案登记制度
   C. 自由放任　　　　　　　　　D. 登记和核准制度

2. 我国对外贸易管理制度是由一系列管理制度构成的综合管理制度，主要包括（　　）。
   A. 进出口许可证制度　　　　　B. 海关监管制度
   C. 出入境检验检疫制度　　　　D. 出口退税制度

3. （　　）属于我国禁止进口的范围。
   A. 犀牛角和虎骨　　　　　　　B. 右置方向盘汽车
   C. 未列入《国家限制进口的可用作原料的废物目录》和《自动进口许可管理类可用作原料的废物目录》的固体废物
   D. 列入《国家限制进口的可用作原料的废物目录》和《自动进口许可管理类可用作原料的废物目录》的固体废物

4. 国家规定有数量限制的进口货物实行（　　）管理。
   A. 进口许可证　　　　　　　　B. 关税配额
   C. 配额招标　　　　　　　　　D. 自动进口许可证

5. "入境货物通关单"适用于（　　）。
   A. 列入《法定检验目录》的商品　　B. 进口可用作原料的废物
   C. 进口旧机电产品　　　　　　　　D. 进口捐赠的医疗器械

二、判断题

1. 出口退税制度是一个国家税务当局针对出口产品退还其在国内生产、流通、出口环节已经缴纳的直接税的税收制度。（　　）

2. 除禁、限管制的商品、技术外，都属自由进出口管理商品。但基于监督的需要，我国对部分货物实行进出口自动许可管理，对技术进出口则实行合同登记管理。（　　）

3. 根据国家外汇管理局《贸易进口付汇核销监管暂行办法》的规定，境内机构在办理进口付汇手续时，应到外汇管理局办理列入"对外付汇进口单位名录"手续。（　　）

4. 接受退税人，即发生货物出口行为的企业，简称出口企业。目前我国对个人包括个体经营者出口的货物不予退税。（　　）

5. 报检单位首次报检前，须持本单位营业执照和政府批文向检验检疫局申请办理登记备案手续，取得报检单位代码后，方能向检验检疫局报检。（　　）

第二章
报关制度与海关管理

教学目标

- 掌握报关的概念
- 了解我国报关制度的产生和发展
- 掌握海关的性质和任务，了解海关的权力及其组织结构

学习要点

- 报关的概念
- 海关的性质和任务

♻ 导入案例

据海关统计，2009 年 1～2 月我国外贸进出口总值 2 667.7 亿美元，比去年同期（下同）下降 27.2%。其中出口 1 553.3 亿美元，下降 21.1%；进口 1 114.4 亿美元，下降 34.2%。贸易顺差 438.9 亿美元，增加 59.6%。其中一般贸易进出口 1 304.1 亿美元，下降 25.5%，占同期我国进出口总值的 48.9%，比去年同期提高 1.2 个百分点。其中出口 713.4 亿美元，下降 20.4%，占同期出口总值的 45.9%；进口 590.7 亿美元，下降 30.9%，占同期进口总值的 53%。同期，加工贸易进出口 1 078.6 亿美元，下降 29.9%。

据海关统计，在我国进出口中，外商投资企业仍占据主导地位，集体、私营企业及其他企业进出口降幅低于总体降幅 11 个百分点。

今年前 2 个月，我国与欧盟、美国、日本三大贸易伙伴的贸易表现均优于同期我国对外贸易总体水平，与上述 3 个贸易伙伴的双边贸易降幅分别低于总体降幅 7 个、9.8 个和 1.5 个百分点。其中欧盟继续为我国第一大贸易伙伴，中欧双边贸易总额 487.8 亿美元，下降 20.2%。美国为第二大贸易伙伴，中美双边贸易总额 3 94.3 亿美元，下降 17.4%。日本为第三大贸易伙伴，中日双边贸易总额 285.6 亿美元，下降 25.7%。

由此可见，海关具有统计进出口贸易的功能。学习本章后，学生将会对海关的性质和任务有一个全面的了解。

（资料来源：www.customs.gov.cn）

第一节 报关制度

一、我国海关的产生和发展

据史料记载，我国早在西周时期就开始设"关"，负责履行军事和政治性质的防卫，同时负责检查出入境物品、控制重要物资流向的任务。那时的"关"事实上已经具备了海关的雏形。但我国正式以"海关"命名的边境管理机构出现于清朝。1684年，清政府统一台湾后，废止禁海令，指定云台山、宁波、厦门、黄埔为对外开放的4处贸易口岸。经过两次鸦片战争，清政府被迫与列强签订一系列的不平等条约。从此，中国的关税自主权丧失殆尽。更有甚者，由于列强的巧取豪夺，清政府的海关行政管理权、海关税款收支保管权、海关缉私权等被逐一剥夺。1911年的辛亥革命，结束了中国的封建专制统治，但海关主权仍然把持在帝国主义列强手中。中国海关管理虽然随着国家局势变革有不同程度的变化，但其半殖民地的性质却始终没有改变。

中华人民共和国成立以后，海关总署在北京宣告成立，标志着中国独立自主的社会主义海关的诞生，宣告了帝国主义控制下的半殖民地性质的海关的终结。1951年，《中华人民共和国暂行海关法》和《中华人民共和国海关进出口税则》先后颁布实施，初步确立了中国海关法律体系的框架。

1987年，《中华人民共和国海关法》（以下简称《海关法》）颁布实施，以法律形式确立了海关的性质、任务和管理体制。随后，陆续颁布实施了一系列海关管理法规、规章，建立起比较完善和系统的海关法律体系。2000年，《海关法》经第九届全国人民代表大会常务委员会第十六次会议修订后重新发布，并于2001年1月1日起实施，为市场经济体制下海关执法活动提供了更加完备的法律基础。2002年，海关总署根据新形势的要求，提出了"依法行政、为国把关、服务经济、促进发展"的海关工作新方针，自此，海关工作又翻开了新的历史篇章。

二、报关制度

（一）报关的含义

从字面意义上说，"报"指的是申报，"关"指的是海关。从专业的角度讲，报关有广义和狭义之分，广义的报关指进出口货物的收发货人、进出境物品的所有人、进出境运输工具的负责人或代理人就其进出口货物、进出境物品或进出境运输工具向海关办理进出境手续及有关海关事务的全过程。而狭义的报关则是指企业的报关人员就企业的进出口货物、物品备齐所需单证向海关申报的行为。本书中采用的是广义的报关概念。

《海关法》第八条、第九条明确规定了进出境运输工具、货物、物品，必须通过设立海关的地点进境或者出境，并依法办理海关手续。进出口货物，除另有规定的外，可以由进出口货物收发货人自行办理报关纳税手续，也可以由进出口货物收发货人委托海关准予注册登记的报关企业办理报关纳税手续。所以，报关制度是以法律的形式确定下来的一种管理制度，进出口企业及相关的从业人员必须遵守。

（二）报关制度的沿革

新中国成立之初，大部分报关业务由专业的报关行或海关事务经纪人来完成。随着国营进出口公司在对外贸易中逐步占据主导地位，报关均由各外贸公司直接办理，各口岸海关只在货运单上加盖"放行章"即可，海关监管职能丧失殆尽，报关制度也荡然无存。直到1972年，外贸部发出"关于实施海关对进出口货物监管办法的通知"，进出口货物的申报、查验制度才得以恢复。

党的十一届三中全会以后，我国实行了改革开放政策。从1980年起，对于进出口货物全国实行统一的报关制度，启用了新格式的进出口货物报关单。1985年2月海关总署制定了《中华人民共和国海关对报关单位实施注册登记制度的管理规定》，报关单位的注册登记制度确立下来。

1987年7月1日颁布实施的《海关法》，第一次以国家法律的形式对报关注册登记、报关企业、代理报关企业、报关员的管理作了明确的规定，为我国报关管理制度的建立和完善奠定了坚实的基础。

随着1988年H883报关自动化工程试点成功和1992年《商品名称及编码协调制度》的顺利实施，海关总署于1992年9月制定了《海关对报关单位和报关员管理规定》，明确指出报关制度发展的方向是报关专业化、社会化和网络化。1994年10月，发布了《中华人民共和国海关对专业报关企业的管理规定》。次年又颁布了《中华人民共和国海关对代理报关企业的管理规定》。这些对报关企业和代理报关企业实施管理的重要法规，标志着中国的报关工作正在向专业化、社会化迈进。

为了加强对报关员的管理和规范报关员的行为，海关总署分别于1997年4月和7月发布了《中华人民共和国海关对报关员的管理规定》和《报关员资格全国统一考试的暂行规定》。2000年7月8日，第九届全国人大第十六次会议通过了《关于修改〈中华人民共和国海关法〉的决定》。新的《海关法》以法律的形式将报关管理制度进一步规范化、法制化，使得中国的报关制度正在走向完善。

三、报关的范围

按照《海关法》第二条规定，海关对进出境的运输工具、货物、行李物品、邮递物品和其他物品依法进行监管。据此，进出境运输工具的负责人、进出口货物的收发货人和进出境物品的所有人，在上述运输工具、货物及物品进出境时必须如实申报，配合海关的监管工作。报关据此分为进出境运输工具报关、进出境货物报关和进出境物品报关3项内容。

（一）进出境运输工具报关

《海关法》明确规定，进出境运输工具到达或者驶离设立海关的地点时，运输工具负责人应当向海关如实申报，交验单证，并接受海关监管和检查。停留在设立海关的地点的进出境运输工具，未经海关同意，不得擅自驶离。进出境运输工具从一个设立海关的地点驶往另一个设立海关的地点的，应当符合海关监管要求，办理海关手续，未办结海关手续的，不得改驶境外。

进境运输工具在进境以后向海关申报以前，出境运输工具在办结海关手续以后出境以前，应当按照交通主管机关规定的路线行进；交通主管机关没有规定的，由海关指定。

进出境船舶、火车、航空器到达和驶离时间、停留地点、停留期间更换地点以及装卸货物、物品时间，运输工具负责人或者有关交通运输部门应当事先通知海关。

运输工具装卸进出境货物、物品或者上下进出境旅客，应当自觉接受海关监管。货物、物品装卸完毕，运输工具负责人应当向海关递交反映实际装卸情况的交接单据和记录。上下进出境运输工具的人员携带物品的，应当向海关如实申报，并接受海关检查。

海关检查进出境运输工具时，运输工具负责人应当到场，并根据海关的要求开启舱室、房间、车门；有走私嫌疑的，应当开拆可能藏匿走私货物、物品的部位，搬移货物、物料。

海关根据工作需要，可以派员随运输工具执行职务，运输工具负责人应当提供方便。

（二）进出境货物报关

《海关法》规定，进口货物自进境起到办结海关手续止，出口货物自向海关申报起到出境止，过境、转运和通运货物自进境起到出境止，应当接受海关监管。

进口货物的收货人应当自运输工具申报进境之日起十四日内，出口货物的发货人除海关特准的之外，应当在货物运抵海关监管区后、装货的二十四小时以前，向海关申报。超期申报的，由海关征收滞报金。

进口货物的收货人、出口货物的发货人应当向海关如实申报，交验进出口许可证件和有关单证。国家限制进出口的货物，没有进出口许可证件的，不予放行。

进出口货物应当接受海关查验。海关查验货物时，进口货物的收货人、出口货物的发货人应当到场，并负责搬移货物，开拆和重封货物的包装。海关认为必要时，可以径行开验、复验或者提取货样。

（三）进出境物品报关

《海关法》规定，个人携带进出境的行李物品、邮寄进出境的物品，应当以自用、合理数量为限，并接受海关监管。进出境物品的所有人应当向海关如实申报，并接受海关查验。对于海关加施的封志，任何人不得擅自开启或者损毁。

进出境邮袋的装卸、转运和过境，应当接受海关监管。邮政企业应当向海关递交邮件路单，并且应当将开拆及封发国际邮袋的时间事先通知海关，海关应当按时派员到场监管查验。

经海关登记准予暂时免税进境或者暂时免税出境的物品，应当由本人复带出境或者复带进境。过境人员未经海关批准，不得将其所带物品留在境内。

享有外交特权和豁免的外国机构或者人员的公务用品或者自用物品进出境，依照有关法律、行政法规的规定办理。

四、报关的分类

1. 按报关的对象划分

按报关的对象不同可将报关工作分为进出境运输工具报关、进出境物品报关和进出境货物报关。进出境运输工具报关是将进出境的运输工具作为货物、人员及其携带物品的进出境的载体，其报关内容主要是向海关直接交验随附的、符合国际商业运输惯例的、能反映运输工具进出境合法性及其所载货物、物品情况的合法证件、清单和其他运输单证，报关手续较简单。

进出境物品报关是指个人以运输、携带进出境的行李物品、邮寄进出境物品和其他类型物品的报关。这些物品属于非贸易性质，因此海关在自用、合理的数量范围内予以免证、免税放行。

进出境货物报关在所有报关业务中最为重要。为了实现监管目标，海关制定了一系列的报关管理规范，并要求该项工作由专业人员办理。

2. 按报关的目的划分

按报关的目的可将报关分为进境报关、出境报关和转关报关。

3. 按报关主体划分

根据报关主体不同可将报关分为自理报关和代理报关。自理报关是指进出口收发货人自行办理报关业务。代理报关是指报关企业受进出口收发货人的委托，根据报关协议代理其办理报关业务。

阅 读 资 料

委托报关协议通用条款

委托方责任 委托方应及时提供报关报检所需的全部单证，并对单证的真实性、准确性和完整性负责。

委托方负责在报关企业办结海关手续后，及时履约支付代理报关费用，支付垫支费用，以及因委托方责任产生的滞报金、滞纳金和海关等执法单位依法处以的各种罚款。

阅 读 资 料（续）

负责按照海关要求将货物运抵指定场所。

负责与被委托方报关员一同协助海关进行查验，回答海关的询问，配合相关调查，并承担产生的相关费用。在被委托方无法做到报关前提取货样的情况下，承担单货相符的责任。

被委托方责任　负责解答委托方有关向海关申报的疑问。

负责对委托方提供的货物情况和单证的真实性、完整性进行"合理审查"，审查内容有：（一）证明进出口货物实际情况的资料，包括进出口货物的品名、规格、用途、产地、贸易方式等；（二）有关进出口货物的合同、发票、运输单据、装箱单等商业单据；（三）进出口所需的许可证件及随附单证；（四）海关要求的加工贸易（纸质或电子数据的）及其他进出口单证。

因确定货物的品名、归类等原因，经海关批准，可以看货或提取货样。

在接到委托方交付齐备的随附单证后，负责依据委托方提供的单证，按照《中华人民共和国海关进出口报关单填制规范》认真填制报关单，承担"单单相符"的责任，在海关规定和本委托报关协议中约定的时间内报关，办理海关手续。

负责及时通知委托方共同协助海关进行查验，并配合海关开展相关调查。

负责支付因报关企业的责任给委托方造成的直接经济损失，所产生的滞报金、滞纳金和海关等执法单位依法处以的各种罚款。

负责在本委托书约定的时间内将办结海关手续的有关委托内容的单证、文件交还委托方或其指定的人员（详见《委托报关协议》"其他要求"栏）。

赔偿原则　被委托方不承担因不可抗力给委托方造成损失的责任。因其他过失造成的损失，由双方自行约定或按国家有关法律法规的规定办理。由此造成的风险，委托方可以投保方式自行规避。

不承担的责任　签约双方各自不承担因另外一方原因造成的直接经济损失，以及滞报金、滞纳金和相关罚款。

收费原则　一般货物报关收费原则上按当地《报关行业收费指导价格》规定执行。特殊商品可由双方另行商定。

法律强制　本《委托报关协议》的任一条款与《海关法》及其他有关法律、法规不一致时，应以法律、法规为准。但不影响《委托报关协议》其他条款的有效。

协商解决事项　变更、中止本协议或双方发生争议时，按照《中华人民共和国合同法》有关规定及程序处理。因签约双方以外的原因产生的问题或报关业务需要修改协议条款的，应协商订立补充协议。双方可以在法律、行政法规准许的范围内另行签署补充条款，但补充条款不得与本协议的内容相抵触。

第二节　海关的性质和任务

一、我国海关的性质

《海关法》第二条规定："中华人民共和国海关是国家的进出关境监督管理机关。海关依照本法和其他有关法律、行政法规，监管进出境的运输工具、货物、行李物品、邮递物品和其他物品，征收关税和其他税、费，查缉走私，并编制海关统计和办理其他海关业务。"该规定以立法的形式明确表述了中国海关的性质与任务。

1. 海关是国家行政机关

我国的国家机关包括享有立法权的立法机关，享有司法权的司法机关和享有行政管理权的行政机关。海关是国家的行政机关之一，从属于国家行政管理体制，属我国最高国家行政机关——国务院的直属机构。海关不论对内对外都代表国家依法独立行使行政管理权。

2. 海关是国家行政监督管理机关

海关履行国家行政制度的监督职能。海关依照有关法律、行政法规并通过法律赋予的权力，制定具体的行政规章和行政措施，对特定领域的活动开展行政监督管理，以保证其按国家的法律规范进行。

海关实施监督管理的范围是进出关境及与之有关的活动，监督管理的对象是所有进出关境的运输工具、货物、物品。

关境是世界各国海关通用的概念，指同一部海关法的管辖范围或实行同一关税制度的领域。在一般情况下，关境等于国境，但对于关税同盟的每个成员国来说，其关境大于国境，如欧盟。如果在国内设立自由港、自由贸易区等特定区域，由于进出这些特定区域的货物都是免税的，因而该国的关境小于国境。我国的关境范围包括除享有单独关境地位的地区以外的中华人民共和国的全部领域，包括领水、领陆和领空。目前我国的单独关境区包括中国香港特别行政区、中国澳门特别行政区和中国台湾、澎湖、金门、马祖等地区。在单独关境内，各自实行单独的海关制度。因此，我国的关境范围小于国境范围。本书所讲的"进出境"均指进出"关境"。

3. 海关的监督管理是国家行政执法活动

海关通过法律赋予的权力，对特定范围内的社会经济活动进行监督管理，并对违法行为依法实施行政处罚，以保证这些社会经济活动符合国家的法律规范。因此，海关的监督管理是保证国家有关法律、法规实施的行政执法活动。

海关执法的依据是现行的《海关法》和其他全国人民代表大会或全国人民代表大会

常务委员会制定的相关法律法规，以及国务院制定的行政法规。海关事务属于中央立法事权，立法者为全国人大及其常委会以及国家最高权力机关的最高执行机关——国务院，除此以外，海关总署可以根据法律和国务院的法规、决定、命令，制定规章，作为执法依据的补充。省、自治区、直辖市人民代表大会和人民政府不得制定海关法律规范，其制定的地方法规、地方规章也不是海关执法的依据。

二、海关的任务

《海关法》明确规定海关有四项基本任务：监督进出境的运输工具、货物、行李物品、邮递物品和其他物品；征收关税和其他税、费；查缉走私；编制海关统计和办理其他海关业务。简称：监管、征税、缉私和统计。除了这四项基本任务外，海关的职责还包括知识产权海关保护、海关对反倾销及反补贴的调查等。

1. 海关监管

海关监管是海关的最基本任务。根据监管物件的不同，海关监管分为运输工具监管、货物监管和物品监管三大体系，每个体系都有一整套规范的管理程式与方法。监管是海关最基本的任务，海关的其他任务都是在监管工作的基础上进行的。除了通过备案、审单、查验、放行、后续管理等方式对进出境运输工具、货物、物品的进出境活动实施监管外，海关监管还要执行或监督执行国家其他对外贸易管理制度，如进出口许可证制度、外汇管理制度、进出口商品检验检疫制度、文物管理制度等的实施，从而在政治、经济、文化、道德、公众健康等方面维护国家利益。

2. 征收税费

海关的另一项重要任务是代表国家征收关税和其他税、费（增值税、消费税等）。海关征税的基本法律依据是《海关法》、《中华人民共和国进出口关税条例》。"关税"是指由海关代表国家，按照《海关法》和进出口税则，向进出口商、收发货人就所进出口的货物、进出境物品征收的一种间接税。关税是国家财政收入的重要来源，也是国家宏观经济调控的重要工具。关税的征收主体是国家，《海关法》明确将征收关税的权力授予海关，由海关代表国家行使征收关税职能。因此，未经法律授权，其他任何单位和个人均不得行使征收关税的权力。

3. 查缉走私

走私是指进出境活动的当事人或相关人违反《海关法》及有关法律、行政法规，逃避海关监管，偷逃应纳税款、逃避国家有关进出境的禁止性或者限制性管理，非法运输、携带、邮寄国家禁止、限制进出口或者依法应当缴纳税款的货物、物品进出境，或者未经海关许可并且未缴应纳税款、交验有关许可证件，擅自将保税货物、特定减免税货物以及其他海关监管货物、物品、进境的境外运输工具在境内销售的行为。它以逃避监管、偷逃关税、牟取暴利为目的，扰乱经济秩序，冲击民族工业，腐蚀干部群众，毒化社会风气，引发违法犯罪，对国家危害性极大，必须予以严厉打击。

查缉走私是指海关依照法律赋予的权力，在海关监管场所和海关附近的沿海沿边规定地区，为发现、制止、打击、综合治理走私活动而进行的一种调查和惩处活动。查缉走私是海关为保证顺利完成监管和征税等任务而采取的保障措施。

《海关法》规定："国家实行联合缉私、统一处理、综合治理的缉私体制。海关负责组织、协调、管理查缉走私工作"。这一规定从法律上明确了海关打击走私的主导地位以及有关部门的执法协调。海关是打击走私的主管机关，查缉走私是海关的一项重要任务。海关通过查缉走私，制止和打击一切非法进出境货物、物品的行为，维护国家进出口贸易的正常秩序，保障社会主义现代化建设的顺利进行，维护国家关税政策的有效实施，保证国家关税和其他税、费的依法征收，保证海关职能作用的充分发挥。为了严厉打击走私犯罪活动，根据党中央、国务院的决定，我国组建了专司打击走私犯罪的海关缉私警察队伍，负责对走私犯罪案件的侦查、拘留、执行逮捕和预审工作。

根据我国的缉私体制，除了海关以外，公安、工商、税务、烟草专卖等部门也有查缉走私的权力，但这些部门查获的走私案件，必须按照法律规定，统一处理。各有关行政部门查获的走私案件，应当给予行政处罚的，移送海关依法处理；涉嫌犯罪的，应当移送海关侦查走私犯罪公安机构、地方公安机关依据案件管辖分工和法定程序办理。

4. 海关统计

《中华人民共和国海关统计条例》第二条对海关统计工作做了如下定义：海关统计是海关依法对进出口货物贸易的统计，是国民经济统计的组成部分。

海关统计以实际进出口货物为统计对象，通过搜集、整理、分析我国对外贸易进出口货物原始资料（报关单），全面准确反映我国对外贸易进出口货物情况及国家制定对外贸易政策运行的情况，为进一步制定宏观经济调控措施提供重要依据。我国海关统计制度规定，凡能引起我国境内物质资源储备增加或减少的进出口货物，列入海关统计范围。进出境物品超过自用、合理数量的，均列入海关统计。

1992年1月1日，海关总署以国际通用的《商品名称及编码的协调制度》为基础，编制了《中华人民共和国海关统计商品目录》，把税则与统计目录的各类编码统一起来，规范了进出口商品的命名和归类，使海关统计逐步与国际接轨。

在上述4项基本任务中，监管是基础，其他任务是在此基础上的延伸，同时它们又反过来为前者服务。

阅 读 资 料

我国从2002年1月1日起开始履行入世关税减让义务。2007年关税总水平已经由9.9%降至9.8%。其中，农产品平均税率为15.2%，工业品平均税率为8.95%。

从2008年1月1日起，我国进一步调整进出口关税，调整后的关税总水平为9.8%。

此次调整主要涉及最惠国税率、年度暂定税率、协定税率和特惠税率等方面。调整后，农产品平均税率为 15.2%，工业品平均税率为 8.9%。除进一步降低部分商品进口关税外，我国将进一步限制高能耗、高污染产品出口。这些措施是为了减少能源消耗型和污染型产业的生产，配合国内的节能减排工作，同时也是为了平衡贸易结构。

第三节　海关的权力

海关的权力是指国家为保证海关依法履行职责，通过《海关法》及其他法律法规赋予海关行使监管职责的权能。海关权力属于公共行政职权，其行使受到一定范围和条件限制，自然应当受到执法监督。

一、海关权力的特点

海关权力作为一种行政职权，除了一般行政权力的单方性、强制性、无偿性等基本特征之外，还具有特定性、独立性、效力先定性等特征。

1. 特定性

《海关法》第二条规定："中华人民共和国海关是国家的进出关境（以下简称进出境）监督管理机关。"从法律上明确了海关享有对进出境监管的主体资格，其他机关不具有该项权力。海关权力的特定性还体现在海关权力的适用范围是特定的，即进出关境监督管理领域，不能作用其他场合。

2. 独立性

《海关法》第三条规定："海关依法独立行使职权，向海关总署负责。海关管理实行垂直领导的管理体制，不受地方政府或个人的干预。"

3. 效力先定性

海关效力先定性表现在海关行政行为一经做出，就应推定其合法而必须遵照执行（先执行再申辩）。

二、海关权力的内容

根据《海关法》及其他法律法规，海关的权力包括行政法规制定权、行政许可权、税费征收权、行政监督检查权、行政强制权、行政处罚权、其他行政处理权。

1. 行政法规制定权

行政法规制定权是指海关依照国家法律、法规的授权，针对海关业务制定和颁布具有行政约束力的规则、条例、办法的权力。

2. 行政许可权

行政许可权是指对报关企业注册登记许可、对从事海关监管货物的仓储、转关运输货物的境内运输、加工贸易备案、变更和核销业务的许可及对报关员从业资格的许可等权力。

3. 税费征收权

税费征收权是指海关代表国家对进出口货物、物品征收关税及其他税费；根据法律、行政法规及有关规定对特定的进出口货物、物品减征或免征关税；对经海关放行后的有关进出口货物、物品，发现少征或者漏征税款的，有依法追征、补征税款的权力。

4. 行政监督检查权

行政监督检查权是实现其行政管理职能的保证。主要包括以下具体权力。

1）检查权。主要是针对进出境运输工具、有藏匿走私货物嫌疑的场所和走私嫌疑人进行检查。有走私嫌疑的运输工具，在海关监管区和海关附近沿海沿边规定地区外，须经直属海关关长或者其授权的隶属海关关长批准，才能进行检查，但不能检查公民住处。对走私嫌疑人身体检查应在海关监管区和海关附近沿海沿边规定地区内进行。

2）查验权。海关对进出境的货物、物品有权进行查验以确定货物、物品申报是否属实。必要时，可径行提货，鉴别其合法性。

3）查阅、复制权。海关有权查阅进出境人员的证件、查阅复制与进出境运输工具、货物、物品相关的合同、发票、账册等其他进出境贸易的资料。

4）查问权。海关有权对违法人或违法嫌疑人进行查问。

5）查询权。海关在调查走私案件时，经直属海关关长或者其授权的隶属海关关长批准，对涉嫌单位和涉嫌人员在金融机构、邮政企业的存款、汇款进行查询。

6）稽查权。进出口放行之日起 3 年内或者保税货物、减免税进口货物在监管期限内及其后的 3 年内，海关可以对与进出口货物直接相关的企业、单位的会计账簿、会计凭证、报关单证及其他有关资料和有关的进出口货物进行稽查。有关细节请参阅《中华人民共和国海关稽查条例》。

5. 行政强制权

海关行使行政强制权是《海关法》及相关法律法规得以贯彻施行的重要保障。具体表现如下。

1）扣留权。《海关法》第六条的第一、二、三、四款明确规定，对违法进出境运输工具、货物、物品可以扣留。对有走私嫌疑的运输工具、货物、物品和走私犯罪嫌疑人，经直属海关关长或者其授权的隶属海关关长批准，可以扣留但对走私犯罪嫌疑人，扣留时间不超过二十四小时，在特殊情况下可以延长至四十八小时。在海关监管区和海关附近沿海沿边规定地区以外，海关在调查走私案件时，对有走私嫌疑的运输工具和除公民住处以外的有藏匿走私货物、物品嫌疑的场所，经直属海关关长或者其授权的隶属海关关长批准，可以进行检查，有关当事人应当到场；当事人未到场的，在有见证人在场的情况下，可以径行检查；对其中有证据证明有走私嫌疑的运输工具、货物、物品，可以扣留。

2）滞报金、滞纳金征收权。海关有权对超过法定申报期限的进出口的货物征收滞报金；有权对进出口货物的纳税义务人未按法定期限缴纳进出口税费征收滞纳金。

3）提取货物变卖、先行变卖权。海关对下列情况之一者可依法先行变卖：①进口货物超过3个月未向海关申报的；②进口货物收货人或所有人声明放弃的；③海关依法扣留货物、物品，不宜长期保留的，经直属海关关长或其授权的隶属海关关长批准；④规定期限内未申报而又不宜长期保留以及误卸或溢卸且不宜长期保留的；

4）强制扣缴、变价抵缴关税权。超过规定期限不纳税，经直属海关关长或授权隶属海关关长批准，对纳税义务人、担保人扣等额银行存款、变卖应税货物或其他货物等财产，以变卖所得抵缴税款。

5）税收保全。进出口纳税义务人在规定的纳税期内有明显的转移、藏匿其应税货物及其他财产迹象的，海关可责令纳税义务人提供担保；不能提供纳税担保时，经直属海关关长或授权隶属海关关长批准，可采取扣等额金融存款、货物或其他财产的保全措施。

6）抵缴、变价抵缴罚款权。当事人逾期不履行处罚决定而又不申请复议或向人民法院提起诉讼时，作出处罚决定的海关可以将其保证金抵缴或将其被扣留货物、物品或运输工具依法变价抵缴。

6. 行政处罚权

海关有权对尚未构成走私罪的违法当事人处以行政处罚，包括对走私的物品没收，对有关当事人的罚款以及对违规报关员、走私行为人的警告、处罚、暂停资格和取消报关资格权。

7. 其他权力

1）佩带和使用武器权。《海关法》第六条第七款规定："海关为履行职责，可以配备武器。"

2）连续追缉权。《海关法》第六条第六款规定："进出境运输工具或者个人违抗海关监管逃逸的，海关可以连续追至海关监管区和海关附近沿海沿边规定地区以外，将其带回处理。"

3）行政裁定权。《海关法》第四十三条规定："海关可以根据对外贸易经营者提出的书面申请，对拟作进口或者出口的货物预先作出商品归类等行政裁定。进口或者出口相同货物，应适用相同的商品归类行政裁定。海关对所作出的商品归类等行政裁定，应当予以公布。"

4）行政奖励权。《海关法》第十三条规定："海关建立对违反本法规定逃避海关监管行为的举报制度。任何单位和个人均有权对违反本法规定逃避海关监管的行为进行举报。海关对举报或者协助查获违反本法案件的有功单位和个人，应当给予精神的或者物质的奖励。海关应当为举报人保密。"对举报违法案件，可给予奖励。

三、海关权力行使原则

海关按照《海关法》和国家有关法律、法规，在国家赋予的职权范围内自主地、全权地行使海关监督管理权，不受地方政府（包括同级党的机构）和有关部门的干预。在行使权力时应遵循下面原则。

1. 合法原则

合法的原则主要体现在以下4个方面。

1）主体资格合法。海关有行政权，缉私警察有侦查权。

2）行使权力以法律规范为依据。《海关法》第二条规定："中华人民共和国海关是国家的进出关境（以下简称进出境）监督管理机关。海关依照本法和其他有关法律、行政法规，监管进出境的运输工具、货物、行李物品、邮递物品和其他物品（以下简称进出境运输工具、货物、物品），征收关税和其他税、费，查缉走私，并编制海关统计和办理其他海关业务。"

3）行使权力的方法、手段、步骤、时限程序要合法。

4）一切行政违法主体(包括海关及管理相对人)都应承担相应的法律责任。

2. 适当原则

权力的行使以公平性、合理性为基础，以正义性为目标。海关执法人员出于国家利益考虑，在验、征、放、减、罚的管理活动中拥有很大的自由裁量权。为了自由裁量权的合理运用，我国在制度上安排了两个监督途径：行政监督（行政复议程序）和司法监督（行政诉讼程序）。

3. 依法独立行使原则

海关实行高度集中统一管理体制和垂直领导方式，地方各级海关只对海关总署负责。《海关法》第三条规定："国务院设立海关总署，统一管理全国海关。国家在对外开放的口岸和海关监管业务集中的地点设立海关。海关的隶属关系，不受行政区划的限制。海关依法独立行使职权，向海关总署负责。"

4. 依法受到保障原则

《海关法》第七条规定："各地方、各部门应当支持海关依法行使职权，不得非法干预海关的执法活动。"第十二条规定："海关依法执行职务，有关单位和个人应当如实回答询问，并予以配合，任何单位和个人不得阻挠。海关执行职务受到暴力抗拒时，执行有关任务的公安机关和人民武装警察部队应当予以协助。"

四、海关权力的监督

海关权力的监督是指执法监督，具体指特定的监督主体依法对海关行政机关和执法人员的行政执法活动实施的监察、检查，以确保海关权力在法定范围内运行，同时也使当事人的合法权利得到有效的保护。《海关法》专门将第七章列为执法监督。

海关在依法执行公务过程中，不仅要接受来自党、群、国务院、法院、检察院、审计、司法等行政部门、司法机关的监督，还要接受管理相对人、上下级、机关内部各部门以及社会舆论的监督。

第四节　海关的管理体制与机构

《海关法》规定，国务院设立海关总署，统一管理全国海关。海关实行垂直领导的体制，即隶属海关由直属海关领导，向直属海关负责；直属海关由海关总署领导，向海关总署负责。这种管理体制有助于彻底贯彻海关16字工作方针：依法行政、为国把关、服务经济、促进发展。

一、海关的管理体制

新中国成立初期，海关总署隶属国务院，实行垂直领导。后划归对外贸易部领导。直至1980年又重新受国务院的直接领导，并于1987年1月，以立法形式确立了这种隶属关系。

1）海关总署属国务院直属部门，并且以法律的形式加以确定。
2）采取集中统一的垂直领导体制，海关隶属关系不受行政区划限制。
3）海关独立行使职权，向海关总署负责。有力地保证了海关各项监督管理职能的实施。

二、设关原则

《海关法》第三条已经明确我国的设关原则，即在对外开放的口岸、海关监管业务集中的地点。

对外开放口岸是指经国务院批准，允许运输工具及所载人员、货物、物品直接出入国（关）境的机场、港口、车站以及允许运输工具及所载人员、货物、物品直接出入国（关）境的边境通道。我国规定在对外开放的口岸必须设置海关和出入境检验检疫机构。目前，共有国家批准的海、陆、空一类口岸253个，此外还有省级人民政府原来批准的二类口岸近200个。

海关监管业务集中的地点是指转关运输监管、保税加工监管等地方。

三、海关的组织机构

中华人民共和国海关是国家的进出境监督管理机关，实行垂直管理体制，在组织机构上分为3个层次：第一层次是海关总署；第二层次是广东分署，天津、上海2个特派员办事处，41个直属海关和2所海关学校；第三层次是各直属海关下辖的562个隶属海关机构。此外，在布鲁塞尔、莫斯科、华盛顿以及中国香港等地设有派驻机构。中国海关现有关员（含海关缉私警察）48000余人。

1. 海关总署

海关总署是中国海关的领导机关，是国务院下属的正部级直属机构，在国务院领导下负责统一管理全国海关机构、人员、经费及业务，是海关系统最高领导部门。海关总署下设广东分署，在上海和天津设立特派员办事处作为其派出机构。海关总署机关内设15个部门，并管理6个直属事业单位、4个社会团体和3个驻外机构。根据《国务院关于机构设置的通知》（国发〔1998〕5号），海关总署的主要职责任务为：①研究拟定海关工作的方针、政策、法律、法规和发展规划并组织实施和监督检查；②研究拟定关税征管条例及实施细则，组织实施进出口关税及其他税费的征收管理，依法执行反倾销、反补贴措施；③组织实施进出境运输工具、货物、行邮物品和其他物品的监管，研究拟定加工贸易、保税区、保税仓库、保税工厂及其他保税业务的监管制度并组织实施；④研究拟定进出口商品分类目录，拟定进出口商品原产地规则，组织实施知识产权海关保护；⑤编制国家进出口贸易统计，发布国家进出口贸易统计信息；⑥统一负责打击走私工作，组织查处走私案件，组织实施海关缉私，负责对走私犯罪案件进行侦查、拘留、执行逮捕、预审工作；⑦制定海关稽查规章制度，组织实施海关稽查；⑧研究拟定口岸对外开放的整体规划及口岸规范的具体措施和办法，审理口岸开放；⑨垂直管理全国海关，管理全国海关的组织机构、人员编制、工资福利、教育培训及署管干部的任免；⑩研究拟定海关科技发展规划，组织实施海关信息化管理，管理全国海关经费、固定资产和基本建设；⑪开展海关领域的国际合作与交流；⑫承办国务院交办的其他事项。

2. 直属海关

海关总署下设直属海关共有41个，除我国香港、澳门、台湾地区外，分布在全国30个省、自治区、直辖市。其主要职责有：①对关区通关作业实施运行管理，包括执行总数业务参数、建立并维护审单辅助决策参数、对电子审单通道判别进行动态维护和管理、对关区通关数据和相关业务数据进行有效监控和综合分析；②实施关区集中审单、组织和指导隶属海关开展接单审核、征收税费、查验、放行等通过作业；③组织实施对各类海关监管场所、进出境货物和运输工具的实际监控；④组织实施贸易管制措施，税收征管、保护和加工贸易海关监管、企业分类管理和知识产权进出境保护；⑤组织开展关区贸易统计、业务统计和统计分析工作；⑥组织开展关区调查、稽查和侦查工作；⑦按规定程序及权限办理各项业务审核、审批、转报和注册备案手续；⑧开展对外执法协调和行政纠纷、争议的处理；⑨开展对关区各项业务的执法检查、监督和评估。

3. 隶属海关

隶属海关是由直属海关领导，负责办理海关业务的海关。是进出境监督管理职能的基本执行单位。其主要职责有：①开展接单审核、征收税费、验估、查验、放行等通过作业；②对辖区内加工贸易实施海关监管；③对进出境运输工具及其燃料、物料、备件等实施海关监管，征收船舶吨税；④对各类海关监管场所实施监控；⑤对通关、转关及保税货物的存放、移动、放行或其他处置实施实际监控；⑥开展对运输工具、进出口货物、监管场所的风险分析，执行各项风险处置措施；⑦办理辖区内报关单位通关注册备案业务；⑧受理辖区内设立海关监管场所、承运海关监管货物业务的申请；⑨对辖区内特定减免税货物实施海关后续监管。

4. 海关缉私警察机构

海关缉私警察是一支专门打击走私犯罪的警察队伍。根据需要，1998年设立"海关总署走私犯罪侦查局"，2003年1月1日起，更名为"海关总署缉私局"，实行海关总署和公安部双重领导，以海关领导为主的体制，同时在广东分署和各直属海关设立分局。

知识拓展

根据我国《刑法》规定，下列行为，以走私罪论处：（一）直接向走私人非法收购国家禁止进口物品的，或者直接向走私人非法收购走私进口的其他货物、物品，数额较大的；（二）在内海、领海运输、收购、贩卖国家禁止进出口货物、物品的，或者运输、收购、贩卖国家限制进出口货物、物品，数额较大，没有合法证明的；（三）逃避海关监管将境外固体废弃物运输进境的。

对直接向走私人收购国家禁止进口物品的，或者直接向走私人非法收购走私进口的其他货物、物品的行为要以走私罪论处应当符合以下两个条件：（1）行为人在境内必须直接向走私人非法收购国家禁止进口或者走私进口的其他货物、物品，即所谓的"第一手交易"，如果不是直接向走私分子收购走私进境的货物、物品，而是经过第二手、三手甚至更多的收购环节后收购的，不能以走私罪论处。（2）直接向走私人非法收购走私进口的其他货物、物品的，必须达到数额较大，才能构成犯罪，如果是武器、弹药、核材料或者伪造的货币和淫秽物品等违禁品的，则没有数额的限制。根据我国《刑法》规定，收购的个人走私货物、物品偷逃应缴税额在五万元以上，即为"数额较大"。

知识拓展（续）

在内海、领海运输、收购、贩卖国家禁止进出口货物、物品的行为，或者运输、收购、贩卖国家限制进出口货物、物品的行为要以走私罪论处必须符合以下两个条件。

1）行为人必须在内海、领海运输、收购、贩卖国家禁止进出口物品或者国家限制进出口的货物、物品。"内海"是指我国领海基线以内包括海港、领湾、海峡、直基线与海岸之间的海域，它属于我国内水的范围（司法解释包括内河的入海口水域）。"领海"是指邻接我国陆地领土和内水的一带海域。我国的领海宽度从领海基线量起为十二海里。

2）在内海、领海运输、收购、贩卖国家禁止进出口或者限制进出口的货物、物品，必须达到数额较大，没有合法证明，才构成犯罪。本项所称"国家限制进出口的货物、物品"，是指国家对进口或者出口实行配额或者许可证管理的货物、物品。这里的"合法证明"，是指有关主管部门颁发的进出口货物、物品许可证、准运证等能证明其来源、用途合法的证明文件。只有数额达到较大，又无合法证明的，才以走私罪论处。

以各种方式逃避海关监管，向海关隐瞒、掩饰擅自将境外固体废弃物偷运入境的，以走私罪论处。对于这种危害国家和个人利益的走私行为，要给予严厉打击。

（资料来源：http://mpc.people.com.cn）

小　结

报关指进出口货物的收发货人、进出境物品的所有人、进出境运输工具的负责人或代理人就其进出口货物、进出境物品或进出境运输工具向海关办理进出境手续及有关海关事务的全过程。《海关法》第八条、第九条明确规定了进出境运输工具、货物、物品，必须通过设立海关的地点进境或者出境，并依法办理海关手续。

《海关法》第二条规定："中华人民共和国海关是国家的进出关境监督管理机关。海关依照本法和其他有关法律、行政法规，监管进出境的运输工具、货物、行李物品、邮递物品和其他物品，征收关税和其他税、费，查缉走私，并编制海关统计和办理其他海关业务。"以立法的形式明确表述了中国海关的性质与任务。

海关的权力是指国家为保证海关依法履行职责，通过《海关法》及其他法律法规赋予海关行使监管职责的权能。海关权力属于公共行政职权，其行使受到一定范围和条件限制，自然应当受到执法监督。

《海关法》规定，国务院设立海关总署，统一管理全国海关。海关实行垂直领导的体制，即隶属海关由直属海关领导，向直属海关负责；直属海关由海关总署领导，向海关总署负责。这种管理体制有助于彻底贯彻海关 16 字工作方针：依法行政、为国把关、服务经济、促进发展。

案例分析

2008 年 2 月 26 日，宁波海关北仑口岸的海关查验官员在对 2 只报批为木制家具的集装箱进行常规查验时发现疑点：这两只集装箱装满木制仿古家具，大约 600 多件，其中夹杂着贴金的人像、蹲狮，白雕花鸟等。海关人员怀疑其中有些物品是文物，于是将货柜扣留。后经专家鉴定，其中有 200 多件属国家禁止、限制出境的文物。

（资料来源：都市快报.2008-03-08）

思考题

请问哪些文物属于国家禁止出口？走私国家禁止文物应受到怎样的处罚？

自测题

一、选择题

1.《海关法》第八条、第九条明确规定了（　　　）进出境，必须通过设立海关的地点进境或者出境，并依法办理海关手续。

　　A. 运输工具　　　　　　　　　　B. 货物
　　C. 物品　　　　　　　　　　　　D. 人员

2. 按照《海关法》规定，我国海关的任务主要有（　　　）。

　　A. 监管　　　　　　　　　　　　B. 征收税费
　　C. 查缉走私　　　　　　　　　　D. 海关统计

3. 海关权力作为一种行政职权，除了一般行政权力的单方性、强制性、无偿性等基本特征之外，还具有（　　　）。

　　A. 特定性　　　　　　　　　　　B. 独立性
　　C. 效力先定性等特征　　　　　　D. 排他性

4. 下列属于报关员执业禁止的行为有（　　　）。

　　A. 假借海关名义向委托人索取财物的　　B. 转借本人报关证的
　　C. 同时在两个报关单位执业的　　　　　D. 控告海关人员违法的

5. 下列不属于报关单位的有（　　　）。

　　A. 沈阳进出口公司　　　　　　　B. 进出境货物的携带人
　　C. 出口产品加工厂　　　　　　　D. "长风"号集装箱船

二、判断题

1. 海关实行高度集中统一管理体制和垂直领导方式,地方各级海关只对海关总署负责。（　　　）

2. 海关在依法执行公务过程中，不仅要接受来自党、群、国务院、法院、检察院、审计、司法等行政部门、司法机关的监督，还要接受管理相对人、上下级、机关内部各

部门以及社会舆论的监督。（　　）

3. 进出口纳税义务人在规定的纳税期内有明显的转移、藏匿其应税货物及其他财产迹象的，海关可责令纳税义务人提供担保；不能提供纳税担保时，经直属海关关长或授权隶属海关关长批准，可采取扣等额金融存款、货物或其他财产的保全措施。（　　）

4. 海关可以根据对外贸易经营者提出的书面申请，对拟作进口或者出口的货物预先作出商品归类等行政裁定。（　　）

5. 我国的关境范围包括除享有单独关境地位的地区以外的中华人民共和国的全部领域，包括领水、领陆和领空。（　　）

第三章
报关管理制度

教学目标

- 了解报关管理制度的含义及我国报关制度的形成和发展
- 掌握报关单位管理制度的含义及内容
- 掌握报关员制度的含义及内容

学习要点

- 重点掌握我国报关制度的含义及内容
- 重点掌握报关单位的注册登记制度和报关员的管理制度

导入案例

华隆进出口贸易有限公司是经海关总署批准，在中国工商行政管理局、中华人民共和国贸发局注册的报关企业。以代理进出口报关、拖车、海运、深港散货快件、单证等为主营业务，长期为各地区企业代办进出口报关业务。公司主营业务如下：

（一）代理报关

本公司专业代理进出口报关。凡贵厂（司）合同到期、或无进出口权、进出口时不方便或不能办理进出口通关所需单证时，本公司均能代为办理。委托单位只需要提供货物的名称、数量、型号规格、毛重、净重、总金额、出口目的地等。我司即可代理报关、清关。同时提供报关时所需各类单证。

（二）代办原产地证及进出口所需证书（1个工作日即可办妥）

1）一般原产地证（C/O）、普惠制产地证（FORM A）、智利产地证（FORM F）、东盟产地证（FORM E）、亚太产地证（FORM M）。

2）各国大使馆加签的C/O、FORM A、发票、合同、证明书等。

3）DVD、MP3、摄像头、显示器一类产品的FORM A。优惠快捷办理熏蒸/消毒证书、动物、植物检疫证书、健康证书、卫生证书、兽医证书等。

以上可见我国进出口报关之一斑，学习本章后，学生可以全面掌握我国报关管理制度。

第一节　报关管理制度概述

报关管理制度是指海关依法对报关单位的报关资格审定、批准及对报关单位的报关行为进行规范和有效管理的业务制度。报关管理制度是实现海关职能的制度保障。它是报关单位和报关员的报关行为准则，是实现海关进出境监督管理职能、维护国家进出口经济贸易活动正常秩序的重要保证。

一、我国报关管理制度的形成

为了维护国家的主权，新中国成立伊始，就制定了进出口商就进出口货物应向海关申报的报关制度，统一使用新的报关单证。由于长期以来对外贸易都是经国家批准的国营对外贸易专业公司经营，进出口货物全部在外贸部统一领导下，有组织、有计划地进行，报关均由各外贸公司单独直接办理，报关管理对象较为单一。因此，这个阶段的报关管理只是一种形式上的管理，没有充分体现海关管理机关的职能。

党的十一届三中全会以来，随着全党工作重心的转移和对外开放政策的不断深入，我国对外经济贸易活动的经营成分和贸易方式发生了很大的变化。面对众多初涉报关业务的企业及报关员，为了提高报关质量和效率，加大打击违规、走私、偷逃税款的不法行为，海关开始重视加强对企业报关资格审批以及报关人员的培训、考核和发证工作。1985 年 2 月，海关总署发布了《中华人民共和国海关对报关单位实施注册登记制度的管理规定》。这个规定明确了报关单位的范围和报关员的资格条件，明确了报关单位和报关员的权利、义务和法律责任，对报关单位提出了注册登记的要求。该规定是我国海关第一个比较完善的全国统一的报关管理制度的法规文件，是我国海关报关制度基本形成的一个重要标志。

二、我国报关管理制度的发展和完善

1987 年 7 月 1 日，《海关法》颁布实施，首次以国家法律的形式对报关注册登记、专业报关企业、代理报关企业、报关员的管理作出规定，为我国报关管理制度的发展和完善提供了坚实的法律基础。《海关法》的有关规定，明确了海关对企业、单位的进出口货物报关权的审批权力，解决了长期以来存在的进出口经营权、国际货运代理权与报关权相混淆的问题，为海关加强报关管理工作提供了充分的法律依据。随着《海关法》的颁布实施，我国海关报关管理制度逐步迈入规范化、法制化轨道。

1992 年，《中华人民共和国海关对报关单位和报关员的管理规定》公布实施，进一步明确了报关企业或者有权经营进出口业务的企业必须由海关注册登记后才能具有向海关办理报关纳税手续的资格，并将报关单位分为代理报关单位（指专业报关企业和代理报关企业）和自理报关单位两大类，对其申请注册登记的条件资格作了明确的规定；明确了报关员的资格条件以及报关员的报关行为规则、义务和法律责任；首次明确了经电子计算机传送数据的报关单与手工填写的报关单具有同等的法律效力，规定在实现计算机报关的口岸，代理和自理报关单位或报关员应当负责将报关单上的申报数据录入计算机，不具备自行录入报关数据条件的可委托数据录入服务单位代为录入；明确提出报关管理制度改革方向是报关专业化、社会化和网络化，支持专业报关企业的发展。

1994 年 10 月 24 日，《中华人民共和国海关对专业报关企业的管理规定》公布实施。1995 年 7 月 6 日，《中华人民共和国海关对代理报关企业的管理规定》公布实施。1997 年 4 月 8 日，《中华人民共和国海关对报关员管理规定》公布实施。这些规定进一步明确了专业和代理报关企业的性质、开办的法定程序和其主要业务范围，明确了报关员的资格考试办法、审定、注册和年审制度以及报关员的权利和义务，明确了专业和代理报关企业及报关员的法律责任。这些规定的实施，积极推进了报关管理制度的进一步法制化、规范化。同时，也使我国的报关管理制度向国际化迈进了一大步。

2001 年 1 月 1 日起，新修订的《海关法》以法律的形式明确规定了向海关办理报关纳税手续的企业及人员的主体资格，报关企业及其委托人的法律地位和法律责任，企业的报关注册登记，报关从业人员资格，报关企业和报关人员的业务守则等内容，将我国的报关管理制度进一步法制化和规范化，使我国的报关管理更加适应外贸体制的改革与中国加入 WTO 的要求，标志着我国报关管理制度走向完善。

第二节　报关单位管理制度

为了加强对报关纳税的企业及人员的主体资格的管理，规范报关行为，明确报关单位的法律地位和法律责任，《海关法》和相关行政法规、规章，明确了一系列报关单位管理制度，其中包括报关单位的注册登记制度、报关单位的年审制度、报关单位的分类管理制度和异地报关备案制度。

一、报关单位的注册登记制度

《海关法》第九条、第十一条明确规定，进出口货物，除另有规定的外，可以由进出口货物收发货人自行办理报关纳税手续，也可以由进出口货物收发货人委托海关准予注册登记的报关企业办理报关纳税手续。

（一）报关单位的主体资格

具备报关单位资格的企业包括的类型和具备的基本条件如下。

1. 报关单位的类型

根据《海关法》的规定，可以向海关办理报关注册登记的单位有两类：一是进出口货物收发货人，主要包括有进出口经营权的内资公司、外商投资企业等；二是报关企业，它们是按照规定经海关准予注册登记，接受进出口货物收发货人的委托，以进出口收发货人的名义，向海关办理代理报关业务，从事报关服务的境内企业法人。报关企业主要包括专业报关企业、代理报关企业。其他企业和单位，海关一般不接受申请办理报关注册登记。

2. 报关单位注册登记应具备的基本条件

考虑到两类报关单位的不同性质，海关对其规定了不同的报关注册登记条件。对于报关企业，海关要求企业必须拥有固定的服务场所和提供服务的必要设备；注册资本金不低于 150 万元人民币；拥有 5 名以上的报关从业人员，报关业务负责人具有 5 年以上的从事对外贸易工作的经验或报关工作经验；无因走私违法行为被海关撤销注册登记许可的记录和海关监管所需要的其他条件。

对于进出口货物的收发货人，其注册登记的条件比报关企业简单。凡是依照《外贸法》的规定，经过对外经济贸易主管部门登记备案，有权从事对外贸易经营活动的境内法人或者其他组织均可直接向海关办理注册登记。

（二）报关单位注册登记的程序

报关单位注册登记制度是指进出口货物收发货人、报关企业依法向海关提交规定的申请材料，经注册地海关依法审核，准许其办理报关业务的管理制度。一般包括申请、海关审查、颁发证书 3 个步骤。

1. 报关注册登记的申请

符合海关规定条件的单位，向海关办理报关注册登记，应当向海关提出书面申请，并递交规定的文件资料，包括上级部门的批准文件、工商行政管理部门核发的营业执照以及海关规定的其他文件。

报关企业需向海关领取并填写《报关注册登记申请书》、《企业情况登记表》、《企业管理人员情况登记表》及海关规定的其他材料，如海关总署批准设立专业报关企业的文件或国家主管部门许可从事国际货运代理业务、国际船舶代理业务的证明文件、《营业执照》副本复印件、税务登记证书副本复印件、银行开户许可证复印件、企业法定代表人、报关业务负责人情况、企业报关专用章（印模）等。

进出口货物收发货人需领取并填写《报关注册登记申请书》、《企业情况登记表》、《企业管理人员情况登记表》及海关规定的其他材料，并同时交验国家主管部门或其授权部门批准的进出口经营许可文件或进出口权登记证明文件、企业合同章程及政府主管部门对合同章程的批准文件、法人营业执照复印件、法律规定的部门出具的验资报告复印件、税务登记证书副本复印件、银行开户许可证复印件、企业法定代表人情况、报关业务负责人情况、企业报关专用章（印模）等。

2. 报关注册登记的海关审查

海关对企业的资格条件进行审查的内容包括报关服务场所和提供服务的必要设备情况，企业性质、经营范围、企业承担经济法律责任的能力以及各种文件的真实性、合法性等。海关针对报关企业申请不同的报关类型分别采取不同的审查方式，其审查内容和重点也不相同的。

对自理报关单位，主要需审查企业有关文件的真实性和合法性、企业注册地址、企业的性质等，从而确认是否符合注册的条件。

对代理报关企业，主要是评估当时当地报关服务市场的情况，核实企业是否已开展经营国际运输代理或国际运输工具代理业务、企业承担经济、法律责任的能力如何、企业有关文件的真实性和合法性等。

对专业报关企业则应根据当时当地报关服务市场的情况，审查申办人各项条件是否符合开办的要求，其承担经济、法律责任的能力及企业有关文件的真实性和合法性等。

3. 颁发报关注册登记证书

海关对企业提交的文件、资料予以审核后，在规定的期限内进行审批，作出批准或不予批准的决定。经海关审核准予注册登记的单位，由海关颁发《报关注册登记证书》，并按规定为企业编制"报关注册编码"，给予海关注册登记编号（又称经营单位代码）。经报关注册登记的企业，即成为报关单位，可以在规定的经营地域或口岸范围开展报关业务。

（三）报关单位的变更登记及注销登记

报关单位的变更登记及注销登记具体如下。

1. 变更登记

已办理报关注册登记的报关单位，其在海关注册登记的有关事项，如报关单位名称、企业性质、法定代表人（负责人）、注册资本、经营范围等发生变更，应当自政府主管部门批准变更后在规定的时间内到注册地海关办理变更登记手续。办理海关变更登记手续应遵循如下程序：①报关单位持其上级主管部门签发的与变更事项有关的批准文件，到工商部门办理变更登记手续；②报关单位在办理工商部门的变更登记手续后在规定的时间内，持变更后的营业执照和与变更事项有关的其他文件，到原报关注册地海关办理变更登记手续；③海关对报关单位申请变更登记的文件资料进行审核后，修改或重新核发《报关注册登记证书》；④已办理异地报关备案登记手续的报关单位，在原报关注册地海关办理变更登记手续后，经原报关注册地海关核准，制发关封，到异地报关备案海关办理相应的变更登记手续。

2. 注销登记

报关单位经海关办理注册登记后，遇有丧失经营许可、解散、破产或经营期限到期等情形时，应事先以书面形式向注册地海关报告。在办结海关有关手续后，由报关注册地海关收回并注销原签发的《报关注册登记证书》。

办理了异地报关备案的报关单位，由原报关注册地海关在收回《报关备案证明书》，办理注销登记手续后，交寄至异地报关备案地海关注销异地报关备案。海关注销注册登记范围如下：①报关单位被国家有关主管部门取消经营许可的；②报关单位被工商行政管理部门注销登记或吊销营业执照的；③企业破产、解散的；④分公司上级公司被海关注销、撤销注册登记的；⑤情况变化，不符合注册登记条件的；⑥其他应当注销注册登记的情形。

二、异地报关备案制度

一般而言，在海关办理了报关注册登记的企业，只能在企业所在地海关所辖关区各口岸办理进出口货物的报关手续。但企业在实际进出口业务中，常常需要在所属海关以外的口岸办理进出口手续，因而产生了异地报关的需要。为了促进对外贸易的发展，方便企业开展正常的进出口业务，我国海关允许符合一定条件的报关单位开展异地报关业务。

（一）异地报关备案制度的含义

异地报关备案制度是指已经在所在地海关办理了报关注册登记手续的报关单位，为取得在其他海关所辖关区报关的资格，而在有关主管海关办理报关备案审批手续的海关管理制度。该制度一般只适用于自理报关单位。办理了异地报关备案的企业，除了在企业所在地海关所辖关区各口岸办理进出口货物的报关外，还可以在备案地海关所辖关区内各口岸办理报关手续。报关单位办理异地报关备案时应具备3个条件：第一，申请异地报关备案的报关单位，一般是自理报关单位；第二，申请异地报关备案的报关单位必须已在企业所在地海关办理了报关注册登记手续；第三，申请异地报关备案的报关单位必须已通过海关年审或尚在报关有效期内。

（二）异地报关备案的程序

异地报关备案应按照如下程序进行。

1. 异地报关备案的申请

向报关注册地海关递交异地报关备案的申请时应提交下列文件资料：①《自理报关单位备案申请书》、《企业情况登记表》，有报关员备案的还需《报关员情况登记表》；②《报关单位注册登记证书》原件及复印件；③企业印章、报关专用章（印模）；④企业管理类别通知单等。

2. 异地报关备案的注册地海关审核

注册地海关对申请企业呈交的文件资料进行审核，同意异地报关备案的，按如下程序处理：首先，在《自理报关单位备案申请书》"主管海关意见栏"做同意批注并加盖"注册备案专用章"；其次，在《报关单位注册登记证书》原件"备案情况"栏内批注备案情况，一并退交申请企业；再次，当材料齐全、完整、符合要求后，与企业递交的有关文件、资料一起制作"关封"；最后，"关封"由申请企业送有关海关办理异地报关备案核销手续。

3. 异地报关备案的备案地海关审核及证书颁发

申请企业在向备案地海关递交原注册地海关制作的"关封"，经备案地海关审核申请企业递交的文件、资料，确认齐全、有效且同意有关申请的，在《自理报关单位备案申请书》备案地海关意见栏签批同意意见，并将第二联交企业送回注册地海关；将企业情况登记表录入"企业档案数据库"后再经关员在"企业档案数据库"审批，将企业纳入计算机管理系统；向申请企业签发《自理报关单位报关备案证明书》。至此，申请企业即可在异地备案地海关辖区内各口岸办理报关业务了。

企业在备案地海关办结异地报关备案手续后，向注册地海关交回关封，海关在其《报关单位注册登记证书》的"备案情况"栏内加盖"注册备案专用章"，退回申请企业。

根据规定，代理、专业报关企业一般不得开展异地报关业务。如特殊情况需要办理异地报关业务时，应当经注册地海关同意后，报海关总署审批。经同意，再办理上述备案手续。其申请手续与自理报关单位的申请手续相同。

知识拓展

关　封

关封是用于海关内部联系、交接有关单证所使用的印有"海关关封"字样的可以加封的信封。在办理异地报关登记备案时，需要在当地海关制作一个关封拿到对方海关进行登记。具体的资料有：自理报关备案申请书（一式两份），企业情况登记表，注册登记证明书原件及复印件，当地海关的备案登记证明书，企业报关专用章加盖在申请书左下角。经当地海关审核批准后将那些资料放在一个海关的信封里，注明异地海关之后封口，备案关封制发完毕。对于经海关施封的资料、物品不得私自开启。

三、报关单位的海关年审制度

对已经在海关登记注册的企业实施年度审核制度，是海关对企业实施管理的另一项重要内容。海关对报关单位实行年审的目的是审核企业在上一年度的进出口活动及报关活动是否运转正常，是否存在拖欠关税和其他税款的行为，确保企业报关活动符合海关的各项管理要求。

（一）报关单位海关年审制度的概念

海关对报关单位年度审核制度是指报关单位每年在规定的期限内，向海关递交规定的文件资料，由海关依法对其报关资格进行年度审核，以确定其是否具备继续开展报关业务的资格和条件的一项海关管理制度。海关年审的主要内容包括报关单位的年报关量、报关业务情况及遵守海关各项规定情况等。

（二）报关单位海关年审的时限

根据海关规定,非外商投资企业(指除外商投资企业以外所有已在海关办理报关注册登记的进出口货物收发货人、报关企业)作为报关单位申报年审的时间为每年的 1 月 1 日至 4 月 30 日。每年 1 月 1 日至 5 月 31 日为海关年审工作时间,5 月 31 日以前完成审核工作。对于外商投资企业,海关与相关部门对其实行联合年检,每年 1 月 1 日至 5 月 31 日为联合年检的工作时间。外商投资企业向各行政管理部门提交年检申报材料的时间为每年的 1 月 1 日至 4 月 30 日,联合年检各部门的审核工作应于 5 月 31 日前完成。

未经海关同意,不在规定期限内参加海关年审的,海关公告通知其参加年审。自公告发布之日起 30 日内报关单位必须向海关申报年度审核,逾期海关将注销其报关注册登记。

（三）报关单位海关年审的程序

报关单位海关年审的程序如下。

1. 报关单位递交申报材料

1）非外商投资企业的海关年审申报材料。报关企业和自理报关的非外商投资企业向注册地海关办理年审手续,需要到注册地海关领取《海关注册登记年审报告书》和《报关员年审报告书》,认真填写完毕后连同《企业情况登记表》和有关文件资料向注册地海关申报。《报关员年审报告书》一般包括企业报关注册登记事项的执行及变动情况,进出口业务量及税费缴纳情况,年报关业务量及差错率,企业经营管理情况,遵守海关各项规定的情况,协助海关查验、征税、核销表现突出的情况,以及走私违法情事等内容。

2）外商投资企业提交的年审申报材料。外商投资企业向工商行政管理部门领取并填写《联合年检报告书》、经会计师事务所审计的年度资产负债表和损益表复印件、《报关注册登记证书》及全部报关员证件、《外商投资企业进出口报关业务情况表》及《报关员年审报告书》等。

2. 海关审核

海关审核企业递交的年审资料,符合年审要求的,在企业《年审报告书》上批注同意年审意见,并在《报关注册登记证书》"年审"栏上批注是否通过年审并加盖印章,其中《年审报告书》由海关留存,《报关注册登记证书》由企业留存。

已经办理异地报关备案的企业,应于通过年审后,在备案地海关发生第一笔报关业务前,持报关备案证明书到异地备案地海关办理异地报关备案企业年审手续。办理异地报关备案年审手续时,向备案海关递交以下文件资料:原报关注册地海关已经年审的《报关注册登记证书》复印件;异地报关备案海关签发的《报关备案证明书》正本;经原报关注册地海关审核合格并签印的《企业年审报告书》复印件。异地报关备案海关审核企业档案数据,对通过主管海关年审的企业在《报关备案证明书》"年审"栏内批注年审情况,加盖印章后退还报关企业。《报关注册登记证书》复印件及《年审报告书》复印件由异地报关备案海关留存。不按期办理异地报关备案年审手续的，将自动失去异地报关资格。

3. 年审结果

通过年审的，海关予以延长 1 年报关有效期，在有效期内可以继续从事报关业务。未通过年审的，海关不再接受其办理报关纳税等海关事务。

报关企业办理海关注册登记之日起，在规定的时限未发生报关业务的或者 1 年内所属报关员有多人次走私或严重违反海关规定行为的，海关将不予通过年度审核，不再接受其办理报关纳税等海关事务。如需办理报关业务，应当在规定期满后重新申请注册登记。

四、报关单位的分类管理制度

为鼓励企业守法自律，提高海关管理效能，保障进出口贸易的安全与便利，按照 2008 年 4 月 1 日起施行的《中华人民共和国海关企业分类管理办法》规定，海关对注册登记的进出口货物收发货人设置 AA、A、B、C、D 5 个管理类别，其中 AA 类和 A 类企业适用相应的通关便利措施。

对 A 类企业，海关将实施"属地报关、口岸验放"，优先派员到企业结合生产或装卸环节实施查验，业务现场优先办理货物申报、查验、放行手续，在进口货物起运后抵港前或出口货物运入海关监管场所前提前办理报关手续，优先安排在非工作时间和节假日办理加急通关手续，按规定实行银行保证金台账"空转"或不实行银行保证金台账制度，优先办理加工贸易备案、变更、报核等手续，优先办理报关注册登记手续，优先组织对报关员的报关业务培训和岗位考核等一系列通关便利措施。

对 AA 类企业，作为中国海关"经认证的经营者"，可以享受比以往更加优惠和便利的政策措施。除享受 A 类通关便利措施外，海关还将实行信任放行，指派专人负责协调解决企业办理海关事务的疑难问题，报关单电子数据经电子审核后直接进入现场验放环节办理复核、验放手续，对进出口货物一般不予开箱查验等通关便利措施。

对 B 类企业适用常规管理措施，而对 C、D 类企业，海关则要在审单、查验、核查等通关、加工贸易业务开展和后续管理环节实行严密的监管措施。

知识拓展

银行保证金台账制度

"台账"是借用了工业会计的术语，是指以台、份为单位登记原材料收发和产成品出产等情况的表册，它针对每一个项目单独记账。在加工贸易中对列入限制类目录的加工贸易商品，加工企业要将与进口料件税款等值的保证金存入海关在中国银行设立的指定账户，即实行进口料件银行保证金台账制度。所谓"实转"管理，就是企业如果开展限制类商品的加工贸易生产，就要在合同备案时向银行缴纳台账保证金。海关根据信誉、守法程度情况把企业分成 A、B、C、D 4 类。新政策规定，企业按照海关管理类别缴纳台账保证金，A 类和 B 类企业缴纳 50% 的保证金；C 类企业缴纳全部

知 识 拓 展（续）

保税进口料件应缴进口关税和进口环节增值税之和 100%的保证金。如果企业并不用缴纳保证金，即企业可以凭借加工贸易手册申请进口原料，进口时不用实际缴纳进口关税和增值税，即通常所言的银行保证金台账"空转"。

第三节　报关员管理制度

由于进出口货物的报关手续比较复杂，办事人员不仅需要精通海关方面的法律、法规和办理通关手续的技能，还要熟悉外贸、税务和商品方面的知识，因此，我国海关规定进出口货物的报关纳税等海关事务必须由经海关注册的专业的报关员来操作。

一、报关员的定义

报关员是指取得报关员资格，依法在海关注册，向海关办理报关纳税等海关事务的人员。由于他们代表企业向海关办理进出口货物的报关手续，因而，报关员是联系报关单位与海关之间的桥梁，其报关行为在海关工作中起着重要的作用。报关员业务水平的高低和报关质量的好坏直接影响着正常通关速度，进而影响着海关的工作效率。

根据海关规定，报关员只能受雇于一个从事进出口业务、有对外贸易经营权的企业或者报关企业，并代表该企业向海关办理报关纳税手续，禁止报关员非法接受他人委托从事报关业务。

二、报关员资格的获取

随着我国对外贸易的飞速发展，企业对报关员的需求日益增长。报关员作为向社会提供专门化服务的职业已引起社会的关注。报关职业要求报关员必须具备一定的学识水平和实际业务能力，必须熟悉与货物进出口有关的法律、对外贸易、商品知识，必须精通海关法律、法规、规章并具备办理海关手续的技能。为此，《海关法》第十一条规定："未依法取得报关从业资格的人员，不得从事报关业务。"我国以法律形式明确了报关员资格审查制度。

我国报关员资格的取得是通过报关员资格全国统一考试的形式进行的。海关通过对符合报名条件的人员进行全面、系统的业务知识水平和能力的考试，来检验其是否符合报关职业的基本要求。报关员资格全国统一考试工作由海关总署组织、领导。海关总署负责确定考试原则，制定考试大纲，审定考试命题，指导监督各地海关组织实施考试，处理考试工作中的重大问题。各地海关根据海关总署授权，负责承办报名、资格审查、组织考试和颁发资格证书工作。报关员资格考试实行公正、公平、公开的原则，采取全国统一报名日期、统一命题、统一时间闭卷笔试、统一评分标准、统一阅卷和统一录取的方式进行。报关员资格考试科目包括报关业务基础、外贸业务基础和基础英语。海关总署在统一考试前 3 个月对外公告考试办法。

考试合格的考生，应在名单公布之日起 6 个月内向原报名海关提交《报关员资格证书申请表》、准考证、学历证和身份证等材料申请报关员资格。

除当场作出决定外，海关应当自受理申请之日起 20 个工作日内作出是否授予报关员资格的决定。并自作出授予决定之日起 10 个工作日内颁发报关员资格证。取得资格者可按相关规定凭此向海关申请注册。

三、报关员的注册

（一）报关员注册的含义

报关员注册是指通过报关员资格考试、取得《报关员资格证书》的人员，由所属企业向所在地海关申请登记备案并获取报关员证件的行为。有下列情况之一者《报关员资格证书》自动失效：自资格证书签发之日起 3 年内未注册成为报关员的；连续 2 年脱离报关员岗位的。

我国报关员不是自由职业者。首先，要由报关单位为其向海关申请注册登记。该报关单位已经依法在海关办理了注册登记手续，可以在海关从事报关纳税等事务。目前，我国海关不接受由报关员以个人名义向海关申请的注册登记。其次，一名报关员，只能受聘于一家报关单位。该报关单位必须是与报关员签订了劳动合同的相关企业。再次，报关员的报关行为是一种职务行为。报关员注册登记，是由所属单位以企业的名义为其申请的，因而报关员的报关行为，是基于企业的授权而从事的，并不是以本人的名义办理报关纳税等手续。因此，报关员报关行为的法律责任要由所属企业而不是由报关员本人来承担。但是，报关员明知企业的行为违法而故意实施，应当承担连带责任。

（二）报关员的注册程序

报关员注册的具体程序如下。

1. 由企业向海关提出注册申请

通过报关员资格考试取得《报关员资格证书》者，如需注册成为报关员，应由其所属的已在海关注册登记的企业向所在地海关提出报关员注册的申请。需要出具下列文件或资料：①《报关员注册申请书》；②海关核发的《报关单位注册登记证书》；③申请注册人所属报关单位的用工劳动合同或证明申请注册人为本企业正式职工的人事证明文件；④申请注册人有效的身份证件；⑤申请注册人的近期免冠照片（大一寸）两张；⑥海关需要的其他文件或资料。

2. 海关审核

海关对申请报关员注册的企业、单位提交的上述有关文件或资料进行审核，确定其真实性、合法性、有效性，作出是否符合注册条件的审核意见，并决定是否给予注册。海关可以根据报关单位进出口报关业务的需要，核定企业的报关员数量。对提供无效证明文件或者超出业务需要、已注册报关员人数过多的企业的申请，海关可以不予办理注册。

3. 颁发《报关员资格证书》

海关对符合报关员注册条件的人员予以办理注册手续，根据企业的性质，颁发不同的《报关员资格证书》，并在《报关员资格证书》上批注。

《报关员资格证书》是报关员在取得职业资格的前提下，最终取得从业资格的证明文件。报关员可以凭此向海关办理报关纳税等海关事务。海关对进出口货物收发货人和报关企业的报关员分别发给两种不同颜色的《报关员资格证书》。以便能快速地区分其报关业务范围，对其实施不同的管理措施。《报关员资格证书》有效期为 1 年，跨年度使用必须履行报关员年审手续。

为了加强对报关员的管理，我国在部分海关实行报关员条码管理，对持有《报关员资格证书》的报关员核发报关员条码卡。因此，报关员在报关时，根据不同情况，在交验报关单及有关单据时，应同时出示《报关员资格证书》或交验报关员条码卡。如果报关员条码卡显示的身份与报关单的有关数据不符，海关将不接受报关。报关员条码卡也需每年接受海关年审。

报关员调动工作单位，应持调出和调入双方企业的证明文件向调入企业所在地海关重新办理注册登记手续，经海关核准后，换发新的报关员证或报关员条码卡。对本单位脱离报关员工作岗位和被企业解聘的报关员，企业应及时收回其《报关员资格证书》和报关员条码卡，交海关办理注销手续。因未办理注销手续而发生的经济法律责任由企业自行负责。

四、报关员异地备案

报关员异地备案是指已在主管海关办理了报关员注册手续的报关员，为取得在异地海关所辖关区报关的资格，随所属报关单位在异地海关办理报关备案审批手续的行为过程。经批准异地报关备案的报关员，可代表所属企业，在异地备案地海关所辖关区各口岸办理报关手续。

对国有外贸公司或大中型企业的报关员，如果其所在企业已在异地海关备案，确有业务需要的，可以由企业向海关申请报关员的跨关区异地备案手续。备案后，报关员凭证报关。对于除此以外的报关单位的报关员，原则上不予办理报关员的异地备案手续。对于代理报关企业，经海关总署批准企业异地报关备案的，因确属业务需要，也可办理适当数量的报关员异地报关备案手续。

五、报关员的海关年审

报关员年度审核是指报关员随所属企业每年在规定的期限内向海关递交相应的文件资料，由海关对其报关情况进行审核，以确定其是否具有继续从事报关业务资格的海关管理制度。报关员年审的程序如下。

1. 年审申报

报关员必须在所属企业年审的同时参加年审。报关员申请海关年审，应实事求是地填写《报关员年审报告书》中的各项内容，说明办理报关业务和遵守海关法规等情况。并由所在企业负责人审阅签章；将《报关员资格证书》和《年审报告书》一并交海关办理年审手续。

2. 海关审核

海关根据报关员填写的内容，《报关员资格证书》的记录及报关员条码管理系统中对报关员日常报关行为的记录情况，充分了解并考核报关员业务水平和守法状况，综合评定报关员是否可以继续从事报关业务。

3. 通过年审的处理

对于年审合格者，即对于符合通过年审条件的，海关在《报关员资格证书》上签注延长报关有效期，并做电子备案。在有效期内报关员可持证继续办理报关业务。报关员有下列情形之一者，年审不合格：①经常出现报关差错等不负责任行为，屡教不改的；②领取报关员证件之日起1年内或连续1年未报关的；③未经海关同意，逾期1个月以上不参加年审的；④未经企业授权擅自招揽报关业务的；⑤不履行报关员管理规定所列报关员义务，情节严重的。

年审不合格的报关员，向海关书面申请参加海关组织的报关业务培训。经考试合格后，海关准予继续从事报关业务；无正当理由不参加培训者，视为自动放弃报关资格，报关资格证件自动失效。

六、报关员的权利、义务和行为规范

通过报关员资格考试取得《报关员资格证书》者，必须受雇于一个有报关权的企业并向海关注册，经海关批准后方能成为报关员，代表所属企业向海关办理报关业务。报关员在执业过程中有如下权利和义务。

（一）报关员的权利

报关员具有以下权利：①根据海关规定，代表所属报关单位办理进出口货物报关纳税等海关事务；②有权拒绝办理所属企业交办的单证不真实，手续不齐全的报关业务；③根据海关法及有关规定，对海关的行政处理决定享有陈述、申辩和申诉的权利，对海关处罚不服的，有权向海关申请复议，或者向人民法院起诉；④有权根据国家法律法规对海关工作进行监督，并有权对海关工作人员的违法、违纪行为进行检举、揭发和控告；⑤有权参加执业培训。

（二）报关员的义务

报关员必须履行以下义务：①遵守国家有关法律、法规和海关规章，熟悉所申报货物的基本情况；②提供齐全、正确、有效的单证，准确填制进（出）口货物报关单，并按有关规定办理进出口货物的报关手续；③海关检查进出口货物时，应按时到场，配合海关的查验工作；④配合海关对企业的稽查和对走私、违规案件的调查；⑤协助本企业完整保存各种原始报关单证、票据、函电等业务资料；⑥参加海关组织的报关业务培训；⑦妥善保管海关核发的《报关员资格证书》和相关文件；⑧承担海关规定报关员办理的与报关业务有关的工作。

（三）报关员的行为规范

报关员代表所属企业向海关办理报关业务时，应遵循下列行为规范：①不得同时兼任两个或两个以上报关单位的报关工作；②应在企业所在地海关关区内办理本企业授权承办的报关业务；③应持有效的报关员证件办理报关业务，其签字应在海关备案，报关员证件不得转借、涂改，专业、代理报关企业的报关员办理报关业务，应交验委托单位的委托书；④必须随所在企业每年按期参加年审，填报《报关员年审报告书》，说明办理报关业务和遵守海关法规等情况；⑤调往其他企业从事报关工作，应持调出、调入双方企业的证明文件以及有效的报关员资格证书，向调入企业所在地海关申请办理重新注册手续；⑥遗失报关员证件，应自证件遗失之日起 15 日内向海关递交情况说明，并登报声明作废。海关于声明作废之日起 3 个月后予以补发，期间不得办理报关业务。

七、报关员考核管理制度

为了维护报关秩序，提高报关质量，进一步加强对报关员行为有效监管，海关总署制定了《海关对报关员记分考核管理办法》，已于 2005 年 1 月 1 日起施行。从该《办法》施行后，全国海关将对报关员统一实施记分考核管理。

（一）报关员考核管理的含义

所谓报关员记分考核管理，是指海关在注册登记、年度审核等传统管理手段的基础上，运用计算机技术对报关员日常工作进行动态监控，并对其报关单填制不规范、报关行为不规范以及违反海关监管规定或者有走私行为未被海关暂停执业、撤销报关从业资格的行为进行量化记分考核的管理方式。

（二）海关对报关员记分行为分类

海关对报关员记分从行为上分为以下四大类。

1. 报关单填制不规范

由于报关单填制不规范导致报关前后的删改而产生的记分。主要包括海关电子审单系统接受电子数据报关单后进行逻辑处理时，发现差错自动将报关单退回；海关接受纸质报关单申报后，报关单证及其内容因报关员填制不规范导致需要修改或撤销；影响海关统计等行为。

2. 报关行为不规范

由于报关行为不规范导致报关单被退回或撤销而被记分。主要包括未按规定在纸质报关单及随附单证上加盖报关专用章及其他印章，或者使用印章不规范的；未按规定在纸质报关单及随附单证上签名盖章或由其他人代表签名盖章的；出借本人报关员证件、借用他人报关员证件或者涂改报关员证件内容的；因报关员原因，导致海关退回或撤销报关单的。

3. 违反海关监管规定

报关员由于违反海关监管规定被海关予以行政处罚，但未被暂停执业、取消报关从业资格的，记20分。

4. 因走私被海关予以行政处罚，但未被暂停执业、取消报关从业资格

报关员因走私被海关予以行政处罚，但未被暂停执业、取消报关从业资格的，记30分。各种行为详细记分情况请参阅《记分考核管理办法》。

八、报关员记分管理的救济办法

按照《记分考核管理办法》规定，报关员对记分的行政行为有异议的，应从收到电子或纸质告知单7日内向作出记分行政行为的海关部门提出书面申辩；海关应在接到申辩7日内作出答复，如属记分错误应及时更正。报关员对答复不服的，可按《中华人民共和国行政复议法》、《中华人民共和国行政诉讼法》的规定提起行政复议或诉讼。

对于记分达到30分的报关员，应按照海关通知的时间、地点参加岗位考核，等待重新注册上岗。如拒不参加考核，主管海关可将报关员的姓名和所在单位等情况对外公告。

记分考核是海关对报关业务水平不高且记分达到一定分值的报关员实行岗位考核的一种管理和教育措施，时刻提醒报关员认真履行岗位职责，提高业务水平。而对于记满分的报关员，中止其报关员证效力，不再接受其办理报关手续，是基于报关员的报关行为无端浪费海关管理资源、影响通关效率，海关必须加强管理的需要，是具体的行政行为，而非行政处罚，其目的和意义在于海关向企业、报关员发出了一个警示信号，时刻警醒和督促企业和报关员自觉增强诚信守法自律意识，努力提高报关业务素质和服务水平，主动减少报关差错和报关不规范、走私违法行为发生，促进通关效率提高。

阅 读 资 料

中国改革开放三十年来，涌现出了八万余人的报关从业大军，这些"报关员"的国家职业称谓，经中国报关协会几年的努力，终于在2006年9月21日，被国务院劳动和社会保障部正式批准并纳入《中华人民共和国职业分类大典》的分类体系：经济业务人员。报关员职业的申报成功，是报关员职称评定的先决条件，意味着为我国改革开放辛勤耕耘的报关从业人员，在依法安置"职业户口"的前提下，即将按照国家制定的职业标准实行职称评定工作。这一系统工程的实现，必将成为中国报关员职

阅 读 资 料（续）

业化建设进程中的一个重要里程碑。

2007年12月7日，国务院劳动和社会保障部办公厅、海关总署办公厅联合向全国各省、自治区、直辖市劳动和社会保障厅（局）、全国海关系统颁发了《报关员国家职业标准（试行）》（以下简称《标准》），这是我国报关行业第一部国家职业标准。《标准》的颁布，标志着中国报关行业职业化建设进入了一个新的发展阶段，不仅为全国八万余人的报关从业大军拓展了自身发展的道路，也必将给报关行业的建设与发展带来深远影响。

（资料来源：http://ibdaily.mofcom.gov.cn）

小　结

报关管理制度是指海关依法对报关单位的报关资格审定、批准及对报关单位的报关行为进行规范和有效管理的业务制度。报关管理制度是实现海关职能的制度保障。它的根本作用在于确保海关对进出境运输工具、货物、物品的监管、征收税费、查缉走私、编制统计和办理其他海关业务任务的顺利完成。它是实现海关进出境监督管理职能、维护国家进出口经济贸易活动正常秩序的重要保证。

为了加强对报关纳税的企业及人员的主体资格的管理，规范报关行为，明确报关单位的法律地位和法律责任，《海关法》和相关行政法规、规章，明确了一系列报关单位管理制度。其中包括报关单位的注册登记制度、报关单位的年审制度、报关单位分类管理制度和异地报关备案制度。

进出口货物，除另有规定的外，可以由进出口货物收发货人自行办理报关纳税手续，也可以由进出口货物收发货人委托海关准予注册登记的报关企业办理报关纳税手续。进出口货物收发货人、报关企业办理报关手续，必须依法经海关注册登记。

由于进出口货物的报关手续比较复杂，我国海关规定进出口货物的报关纳税等海关事务必须由专业的报关员来操作。为了提高报关质量、加快通关速度，海关对报关员工作管理除了进行正常的注册登记、年度审核外，还运用计算机技术对报关员日常工作进行动态监控，并对其报关单填制不规范、报关行为不规范以及违反海关监管规定或者有走私行为未被海关暂停执业、撤销报关从业资格的行为进行量化记分考核的管理方式。

案例分析

AEO 制度

世界海关组织（WCO）制定了一套保护和便利日益增长的国际商业、国际贸易的标准，并通过2005年海关合作理事会年会通过的《全球贸易安全与便利标准框架》（以下简称《框架》）进行推广。大多数的成员向世界海关组织表示了启动实施《框架》的意愿，中国代表团也正式在实施意向书上签了字，表示将逐步实施《框架》中的有关内容。

《框架》包括了四个核心元素、两个支柱、17 项标准和关于这 17 项标准的技术性条款。四个核心元素包括：要求提前递交进出口及转运货物的电子信息；采用一致的风险管理手段；应进口国的合理要求，出口国海关对出口的高风险集装箱和货物进行查验以及要求海关要向满足该标准的商界提供相应的便利。

基于上述四个要素，《框架》提出了保障供应链安全的两大支柱，即海关与海关之间的合作安排和海关与商界之间的伙伴关系。

海关与海关之间的合作安排，包括了"海关应遵照世界海关组织在综合供应链管理指南（ISCM guidelines）方面规定的海关监管程序进行操作"等 11 项标准，涉及供应链管理、查验权力和查验技术、风险管理和布控、电子信息交换、绩效和安全评估以及工作人员的廉政等海关监管工作的各个方面。这些标准还将鼓励海关和其他政府部门之间的合作，帮助政府实施统一的边境管理和控制，并通过采取必要措施，使政府能够扩大海关在这个领域的权限和职责。

海关与商界之间的伙伴关系，包括 6 项标准，企业应执行以海关设定的安全标准为参数的自我评估程序、供应链经营者本身应采取的安全措施、授权认证的取得、新技术的采用、与海关的合作与交流以及获取贸易便利的条件等。其中，取得"认证经营者"的地位并得到供应链中其他各方的承认对从事国际贸易的企业来说是最重要的，这将使其可以得到各方的信任并得到各项贸易便利措施所带来的好处，比如由于查验率降低而使得货物的通关速度加快，因为建立了一套国际标准，实现了一致性和可预见性，减少多样而复杂的报告要求，从而节约了时间和成本等。

为实施这些标准，《框架》还就每项标准制定了详细的实施细则（也称技术性规定）。AEO（authorized economic operation），即"经授权的经营者"在《框架》中被定义为："以任何一种方式参与货物国际流通，并被海关当局认定符合世界海关组织或相应供应链安全标准的一方，包括生产商、进口商、出口商、报关行、承运商、理货人、中间商、口岸和机场、货站经营者、综合经营者、仓储业经营者和分销商。"

在考虑授予企业 AEO 资格时，除了首先证明该企业没有违反海关法规的记录外，世界海关组织还要求企业在以下方面符合相关条件与要求：①具有对商业记录进行管理维护的相应能力；②经济可靠性；③磋商、合作与沟通；④教育、培训及提高意识；⑤信息的交换、取得及保密；⑥货物安全；⑦装运工具的安全；⑧经营场所安全；⑨人员安全；⑩贸易伙伴安全；⑪风险管理和灾后重建；⑫测评、分析和提高；⑬自动化和科技发展。

经过认证的经营者可以获得如下益处：①快速通关，降低转运时间和仓储费用；②AEO 企业提供有价值的信息渠道；③易受阻或危险等级提高时期的特别措施；④优先考虑参加任何新的货物通关改革项目。

（资料来源：http://www.customs.gov.cn）

◈ 思考题

该项制度的实施会对我国的对外贸易产生怎样的影响？

自测题

一、选择题

1. 报关企业注册时应具备的条件有（　　）和海关监管所需要的其他条件。

    A. 资本金不低于 150 万元人民币

    B. 拥有 5 名以上的报关从业人员

    C. 报关业务负责人具有 5 年以上的从事对外贸易工作的经验或报关工作经验

    D. 无因走私违法行为被海关撤销注册登记许可的记录

2. 根据海关的规定，成立报关企业应该由（　　）批准。

    A. 国家商务部　　　　　　　　　　B. 国家工商局

    C. 海关总署　　　　　　　　　　　D. 所在地海关

3. （　　）不属于报关人。

    A. "长虹"号集装箱远洋货轮　　　　B. 辽宁轻工进出口公司

    C. 进出口货物的携带人　　　　　　D. 服装加工企业

4. 由进出口货物的经营单位出具正式的委托书后，报关企业可以代理其办理通关事宜。这里的"经营单位"可以是（　　）。

    A. 没有进出口经营权的企业　　　　B. 有进出口经营权的企业

    C. 外商投资企业　　　　　　　　　D. 工贸公司

5. 下列说法不正确的是（　　）。

    A. 取得报关员资格证的人员必须受聘于某个报关单位，由该单位为其向海关办理注册登记后才能成为报关员

    B. 报关单位的进出口报关事宜应由报关员代表本单位向海关办理

    C. 报关员基于所在单位授权的报关行为，其法律责任由报关员本人承担

    D. 对被解聘的报关员，报关单位应及时收回其报关员证，交海关办理注销手续，因未办注销手续而发生的经济法律责任由报关单位承担。

二、判断题

1. 我国报关企业目前大多采用直接代理报关形式，即委托人委托报关企业以报关企业的名义向海关办理进出口报关手续。（　　）

2. 报关企业和进出口收发货人须经海关注册登记许可后方可向海关办理报关单位注册登记手续。（　　）

3. 鸿运进出口公司承揽一笔来料加工业务，委托一个体企业加工，该个体企业可以自己名义向海关办理报关手续。（　　）

4. 报关员调到其他企业从事报关工作，应持调入企业证明文件重新向调入企业所在地海关办理注册手续。（　　）

5. 进出口货物，除另有规定的外，可以由进出口货物收发货人自行办理报关纳税手续。（　　）

第四章
一般进出口货物的通关

↘ 教学目标

● 掌握一般进出口货物的申报、查验、纳税及结关 4 个程序的具体规定以及海关相关管理规范

↘ 学习要点

● 一般进出口货物申报的时间、地点、方式、期限及需要准备的各种单证
● 海关查验的方式、方法及海关结关的程序和要求

♻ 导入案例

沈阳红星机械进出口公司从英国进口精密数控磨床三台（列入法检商品，属于自动许可证管理，实行"一批一证制管理"）。2009年3月1日，装载该批货物的"保罗号"轮船申报入境，沈阳红星机械进出口公司申请国家出入境检验检疫部门的检验，获得"入境货物通关单"，并申请了自动进口许可证，填写了进口货物报关单，连同其他单证一起向海关申报进口。正式申报前，沈阳红星机械进出口公司向海关申请查看进口货物，经批准查看货物后，发现其中一台与合同规定规格不符，沈阳红星机械进出口公司随即向英国出口商交涉，对方同意赔偿，并重新发运一台与合同规定规格完全相符的精密数控磨床，但要求沈阳红星机械进出口公司将不符合合同规定规格的精密数控磨床削价留购。沈阳红星机械进出口公司同意留购，并于2009年3月19日向海关申报进口，在缴纳了相关税费和4天的滞报金后，该公司提取了该批货物。

学习本章后，学生可以掌握完整的进出口货物通关程序。

第一节　一般进出口货物概述

一、一般进出口货物的含义

一般进出口货物是指在进出境时，依法向海关缴纳了应征的进出口税费并办结了所有必要的海关手续，海关放行后不再进行监管的货物。一般进出口货物在办结海关手续后，可以直接进入生产或消费领域，包括一般进口货物和一般出口货物。

一般进出口货物应与一般贸易货物相区别。在我国，一般贸易货物是指中国境内有进出口经营权的企业按照一般贸易方式单边进出口的货物，是国际贸易的交易方式之一；而一般进出口货物则是指按照海关一般进出口监管制度办结海关手续的进出口货物，是海关监管方式之一。

两者之间也存在一定的联系：一般贸易货物在通关时，如果按照一般进出口监管制度来办理海关手续，它就是一般进出口货物；如果按照特定减免税监管制度办理海关手续，它就变成特定减免税货物；如果按照保税监管制度办理海关手续，它又成了保税货物。

二、一般进出口货物的特征

一般进出口货物都具有以下基本特征。

1. 进出境时须缴纳进出口税费

按照《海关法》及其他有关法律、行政法规的规定，一般进出口货物的收发货人在进出境时，应当依法向海关缴纳应纳税费。

2. 进出口时提交相关的许可证件

一般进出口货物如果属于国家限制或特殊进出口货物，必须按照国家法律、行政法规的规定，由进出口货物收发货人或其代理人向海关提交相关的进出口许可证件。

3. 海关放行后即办结了海关手续

海关在征收完应征税款，审核了相关的进出口许可证件并对货物进行实际查验（或按照相关规定不予查验），按照规定签章放行后，就意味着海关手续已经全部办结，海关不再监管，进出口货物收发货人或其代理人就可以办理提取进口货物或装运出口货物的手续，这时，进出口货物就可以直接进入生产和消费领域流通。

三、一般进出口货物的范围

实际进出口的货物，除特定减免税货物外，都属于一般进出口货物的范围，主要包括以下 10 种货物。

1）一般贸易进口货物。

2）一般贸易出口货物。

3）转为实际进口的保税货物；暂准进境货物或转为实际出口的暂准出境货物。

4）易货贸易、补偿贸易进出口货物。

5）不批准保税的寄售代销贸易货物。

6）承包工程项目实际进出口货物。

7）外国驻华商业机构进出口陈列用的样品。

8）外国旅游者小批量订货出口的商品。

9）随展览品进境的小样品。

10）免费提供的进口货物，例如：①外商在经济贸易活动中赠送的进口货物；②外商在经济贸易活动中免费提供的试车材料等；③我国在境外的企业、机构向国内单位赠送的进口货物。

第二节　一般进出口货物的申报

一般进出口货物的报关程序有4个基本环节：进出口申报、配合海关查验、缴纳税费、提取或装运货物。海关对进出口货物予以查验、审核、征税后放行。申报是进出口货物通关的起点。

一、一般进出口货物申报概述

（一）一般进出口货物申报的含义和申报人

一般进出口货物申报的含义和申报人的资格具体如下。

1. 申报的含义

申报是指进出口货物的收发货人、受委托的报关企业，依照《海关法》以及有关法律、行政法规和规章的要求，在规定的期限、地点，采用电子数据报关单或纸制报关单形式，向海关报告实际进出口货物的情况，并接受海关审核的行为。

2. 申报人

向海关申报进出口，可以是预先在海关依法办理了注册登记手续的进出口货物的收发货人，也可以是受委托的报关企业。负责办理具体申报手续的人员，必须是通过国家海关总署报关员资格全国统一考试，并在海关注册登记的报关员。

（二）一般进出口货物申报的地点

一般进出口货物申报的地点包括一般情况下的申报地点和特殊情况下的申报地点

两个方面，具体如下。

1. 一般申报地点

通常情况下，进口货物的申报地点在货物的进境地海关；出口货物的申报地点在货物的出境地海关。进境地是指货物进入关境的口岸；出境地是指货物运出关境的口岸。

2. 特殊情况下的申报地点

1）发货人申请并经过海关同意，进口货物的收货人或其代理人可以在设有海关的货物指运地海关申报，出口货物的发货人或其代理人可以在设有海关的货物启运地海关申报。货物指运地是指转关运输进口货物指定运达的地点，或海关监管货物国内转运时的到达地；货物启运地是指转关运输出口货物办理报关发运的地方，或海关监管货物国内转运时的始发地。

2）货物、特定减免税货物和暂准进境货物，在进境后，因故改变使用目的，从而改变货物性质转为一般进口时，进口货物的收货人或其代理人应当在货物所在地的主管海关申报。

（三）一般进出口货物的申报期限

一般进出口货物的申报期限包括一般申报期限和特殊情况下的申报期限，具体如下。

1. 一般申报期限

通常情况下，进口货物的申报期限是自装载货物的运输工具申报进境之日起 14 日内，如果申报期限的最后一天是法定节假日或休息日，顺延至法定节假日或休息日后的第一个工作日；出口货物的申报期限是货物运抵海关监管区后、装货前的 24 小时。

2. 特殊情况下的申报期限

经海关批准予以集中申报的进口货物，进口货物自装载货物的运输工具申报进境之日起 14 日内，出口货物在运抵海关监管区后、装货的 24 小时前，按照"中华人民共和国海关进出口货物集中申报清单"（以下简称"集中申报清单"）格式录入电子数据向海关申报，自海关审结"集中申报清单"电子数据之日起 3 日内，持"集中申报清单"及随附单证，到货物所在地海关办理交单验放手续，在次月 10 日内（保税货物在次月底）之前，对一个月内以"集中申报清单"申报的数据进行归并，填制进出口货物报关单到海关办理集中申报手续。

经电缆、管道或其他特殊方式进出境的货物，出口货物收发货人或其代理人应当按照海关的规定定期申报。

（四）一般进出口货物的申报日期

一般进出口货物申报日期具体如下。

1. 申报日期的含义

申报数据被海关接受的日期称为申报日期，不论以电子数据报关单方式申报，还是以纸制报关单方式申报，只要是海关接受申报数据的日期就为申报日期。

2. 申报日期的作用

进出口货物收发货人或其代理人的申报数据被海关接受之日起，其申报的数据就产生了法律效力，进出口货物收发货人或其代理人自此向海关承担"如实申报"、"如期申报"等法律责任。

3. 申报日期的确定

以电子数据报关单方式申报的，申报日期为海关计算机系统接受申报数据时记录的日期。电子数据报关单如被海关计算机检查后退回，则视为海关不接受申报，进出口货物收发货人或其代理人应当按照要求修改后重新申报，此时，申报日期为海关接受重新申报的日期。

在先采用电子数据报关单申报，后又提交纸制报关单申报的情况下，申报日期为海关接受电子数据报关单申报的日期。

如果只采用纸制报关单方式申报，申报日期则为海关工作人员在纸制报关单上作记处理的日期。

（五）一般进口货物超期申报的处理

对于一般进口货物超期申报的处理如下。

1. 进口货物超期申报的处理方式

进口货物自装载货物的运输工具申报进境之日起 14 日内未向海关申报进口，海关将依法征收滞报金。滞报金应当由进口货物收货人于当次申报时缴清。进口货物收货人要求在缴清滞报金前先放行货物的，海关可以在其提供与应缴纳滞报金等额的保证金后放行。

根据《海关法》第三十条的规定，进口货物自装载货物的运输工具申报进境之日起，超过 3 个月仍未向海关申报的，货物由海关依法提取变卖处理；对属于不宜长期保存的货物，海关可以根据实际情况提前予以处理。变卖所得价款在扣除运输、装卸、储存等费用和税款后，尚有余款的，自货物依法变卖之日起一年内，经收货人申请，予以发还；其中属于国家对进口有限制性规定的，收货人应当提交许可证件；对于不能提供许可证件的货物，其变卖处理的余款不予发还。逾期无人申请或者不予发还的余款，上缴国库。

2. 进口货物滞报金的征收方法

进口货物的滞报金按日征收，日征收金额为进口货物完税价格的0.5‰。即

$$滞报金额＝进口货物完税价格×0.5‰×滞报天数$$

滞报金以人民币"元"为计征单位，不足人民币1元的部分免予计征；滞报金的起征点为人民币50元。

3. 滞报天数的确定

滞报金的计征起始日为运输工具申报进境之日起第15日，滞报金起始日如遇法定节假日，则顺延至其后第1个工作日；截止日为海关接受申报之日（即申报日期）。起始日与截止日均计入滞报天数。

进口货物收货人在向海关传送报关单电子数据申报后，如果没有在规定期限内或核准的期限内提交纸制报关单，被海关以撤销电子数据报关单申报处理、进口货物收货人重新向海关申报，因而产生滞报的，则滞报天数的确定以自运输工具进境之日起第15日为起始日，以海关重新接受申报之日为截止日。

进口货物收货人申报并经海关依法审核，必须撤销原电子数据报关单重新申报而产生滞报的，如果进口货物收货人申报并经海关审核同意，则滞报天数的确定，以撤销原电子数据报关单之日起第15日为起始日，以海关重新接受申报之日为截止日。

进口货物因收货人在运输工具申报进境之日起超过3个月仍未向海关申报，而被海关依法提取变卖处理，如果收货人申请发还余款的，滞报金的征收，以自运输工具申报进境之日起第15日为起始日，以该3个月期限的最后一日为截止日。

例如，北京宏光进出口公司以CIF秦皇岛USD500 000.00的价格进口一批货物，装载该批货物的船舶于2009年3月2日申报进境，宏光公司于2009年3月24日（当日人民币对美元汇率中间价为6.8301）向海关申报，被征收滞报金人民币13660元。

本案例中，该批货物的最迟申报期限为3月16日，3月17日以后为滞报期。该公司3月24日申报，共滞报8天。因此，应缴纳的滞报金计算为

$$滞报金额＝进口货物完税价格×0.5‰×滞报天数$$
$$＝USD500 000.00×6.8301×0.5‰×8$$
$$＝13660.2（元）$$

4. 不征收滞报金的情况

根据《中华人民共和国海关征收进口货物滞报金办法》（海关总署令第128号）第十五条的规定，有下列情形之一的，海关不予征收滞报金：①收货人在运输工具申报进境之日起超过3个月未向海关申报，进口货物被依法变卖处理，余款按《海关法》第三十条规定上缴国库的；②进口货物收货人在申报期限内，根据《海关法》有关规定向海关提供担保，并在担保期限内办理有关进口手续的；③进口货物收货人申报并经海关依法审核，必须撤销原电子数据报关单重新申报，因删单重报产生滞报的；④进口货物经

海关批准直接退运的；⑤进口货物应征收滞报金金额不满人民币 50 元的。

5. 减免滞报金的情况

根据《中华人民共和国海关征收进口货物滞报金办法》（海关总署令第 128 号）第十二条的规定，有下列情形之一的，进口货物收货人可以向海关申请减免滞报金：①政府主管部门有关贸易管理规定变更，要求收货人补充办理有关手续或者政府主管部门延迟签发许可证件，导致进口货物产生滞报的；②产生滞报的进口货物属于政府间或国际组织无偿援助和捐赠用于救灾、社会公益福利等方面的进口物资或其他特殊货物的；③因不可抗力导致收货人无法在规定期限内申报，从而产生滞报的；④因海关及相关执法部门工作原因致使收货人无法在规定期限内申报，从而产生滞报的；⑤其他特殊情况经海关批准的。

进口货物收货人申请减免滞报金的，应当自收到海关滞报金缴款通知书之日起 30 个工作日内，以书面形式向申报海关提交申请书，申请书应当加盖公章。收货人应当对申请书及相关证明材料的真实性、合法性、有效性承担法律责任。

二、一般进出口货物申报步骤

一般进出口货物的申报有 3 个步骤：备好申报单证、申报前看货取样、正式申报。

（一）备好申报单证

申报单证是进出口报关的必备材料，在报关前必须准备好有关单证，具体要求如下。

1. 一般进出口货物申报时需要的单证

（1）报关单（证）

任何货物的申报，都必须有报关单（证）。报关单（证）是由报关员按照海关规定格式填制的申报单（证），即进出口货物报关单或带有进出口货物报关单性质的单或证（如保税区、出口加工区进出境备案清单，ATA 单证册，过境货物报关单，快件报关单等等）。任何货物的进出口申报，都必须填制报关单（证）。

（2）随附单证

随附单证是与报关单（证）一起向海关提交、用来佐证、补充报关单（证）内容的一些单证。随附单证又分为基本单证与特殊单证。

一般来说，任何货物的申报，都必须有基本单证。基本单证是指进出口货物的货运单证和商业单证，包括进口提货单据、出口装货单据、商业发票、装箱单等。

特殊单证包括进出口许可证件、国家外经贸主管部门的批准文件、加工贸易手册（纸制手册、电子手册与电子账册）、特定减免税证明、作为有些货物进出境证明的原进出口货物报关单证、出口收汇核销单、原产地证明书、担保文书、贸易合同等。特殊单证仅对某些特殊货物而言，如租赁贸易货物进口时，除必要的单证外，还必须持有租赁合同向海关申报，而一般货物的申报就不需要贸易合同。

2. 备好申报单证应坚持的 3 个原则

1）基本单证、特殊单证必须齐全、有效、合法。
2）报关单（证）的填制必须真实、准确、完整。
3）报关单（证）与随附单证数据必须一致。

（二）申报前看货取样

申报前看货取样是进口货物收货人确定货物的品名、规格、型号等的必要行为，只有准确把握货物的具体情况才能正确报关并顺利通关。

1. 看货取样的条件

为了确定申报货物的品名、规格、型号等，便于准确申报，进口货物的收货人在向海关申报前，可以向海关提出"看货取样"的书面申请，获得海关书面批准后，到场查看进口货物的实际情况，或提取货样；在看货取样时，海关派工作人员到现场监管。

2. 特殊商品看货取样的条件

看货取样如涉及动植物及其产品以及其他须依法提供检疫证明的货物，如需提取货样，应当按照国家的有关法律规定，事先取得主管部门签发的书面批准证书。提取货样后，到场监管的海关工作人员与进口货物的收货人在海关开具的取样记录和取样清单上签字确认。

（三）正式申报

正式申报可以采用电子数据报关单申报方式和纸制报关单申报方式，而且两种申报方式均具有法律效力。

1. 电子数据报关单申报

（1）电子数据报关单申报的含义
电子数据报关单申报是指进出口货物的收发货人、受委托的报关企业通过计算机系统，按照《中华人民共和国海关进出口货物报关单填制规范》的要求，向海关传送报关单电子数据，并备齐随附单证的申报方式。
（2）电子数据报关单申报的方式
电子数据报关单申报的方式有 4 种，进出口货物的收发货人或其代理人可以选择终端申报方式、自行 EDI 方式、委托 EDI 方式和网上申报方式中的任何一种适用方式，将报关单的内容录入海关电子计算机系统，生成电子数据报关单。一旦接到海关发送的"接受申报"报文和"现场交单"或"放行交单"通知，就表示电子申报成功。
进出口货物收发货人或其代理人如果在录入报关单数据的计算机上接收到海关发

送的"不接受申报"报文后，应当根据报文提示修改报关单内容，并重新申报。

海关审结电子数据报关单后，进出口货物的收发货人或其代理人应当自接到海关"现场交单"或"放行交单"通知之日起 10 日内，持打印的纸制报关单，备齐规定的随附单证，到货物所在地海关提交书面单证，同时办理相关的海关手续。

在实行无纸通关项目的海关，进出口货物的收发货人或其代理人可以单独以电子数据报关单方式向海关申报。

2. 纸制报关单申报

纸制报关单申报方式是指进出口货物的收发货人或其代理人，按照海关的规定填制纸制报关单，备齐随附单证，向海关当面递交的申报方式。

通常情况下，进出口货物的收发货人或其代理人可以按照先后顺序，先以电子数据报关单的形式向海关申报，后提交纸制报关单。但在某些边远地区，海关没有配备电子通关系统，进出口货物的收发货人或其代理人可以单独以纸制报关单的形式向海关申报。

3.申报内容的修改与申报的撤销

《海关法》第二十六条规定：海关接受申报后，报关单证及其内容不得修改或者撤销；确有正当理由的，经海关同意，方可修改或者撤销。

（1）申报内容的修改与申报的撤销的条件

进出口货物收发货人或者其代理人确有如下正当理由之一的，可以提出修改、撤销报关单的申请：①由于报关人员操作或者书写失误造成所申报的报关单内容有误，并且未发现有走私违规或者其他违法嫌疑的；②出口货物放行后，由于装运、配载等原因造成原申报货物部分或者全部退关、变更运输工具的；③进出口货物在装载、运输、存储过程中因溢短装、不可抗力的灭失、短损等原因造成原申报数据与实际货物不符的；④根据贸易惯例先行采用暂时价格成交、实际结算时按商检品质认定或者国际市场实际价格付款方式需要修改申报内容的；⑤由于计算机或网络系统等方面的原因导致电子数据申报错误的；⑥其他特殊情况经海关核准同意的。

（2）申请修改与撤销时应提交的文件

修改申报内容或撤销申报时应向海关提交下列文件：①《进出口货物报关单修改/撤销申请表》；②可以证明进出口实际情况的合同、发票、装箱单等相关单证；③外汇管理、国税、检验检疫、银行等有关部门出具的单证；④应税货物的海关专用缴款书、用于办理收付汇和出口退税的进出口货物报关单证明联等海关出具的相关单证。

（3）不允许修改与撤销的情况

海关已经决定布控、查验的以及涉案的进出口货物的报关单在办结前不得修改或者撤销。

（4）办理修改或撤销申报的程序

进出口货物的收发货人或其代理人向原接受申报的海关提出申请，并递交申请材料，海关进行审查并作出相关受理或不予受理文书。能够当场作出审查决定的，直接制发准予或者不予修改、撤销的决定书，不再制发受理文书。

除可以当场决定外，海关应当自受理申请之日起 20 日内审查完毕，作出《准予修改/撤销进出口货物报关单决定书》或者《不予修改/撤销进出口货物报关单决定书》，并完成相关操作，特殊情况下，海关审查时限可以延长 10 日。

办理申报的修改或撤销，海关不收取费用。

（5）特殊情况下的修改或撤销

海关如果发现进出口货物报关单需要进行修改或撤销，但是进出口货物的收发货人或其代理人并未提出申请，此时，海关应当通知进出口货物的收发货人或其代理人。进出口货物的收发货人或其代理人应当填写"进出口货物报关单修改/撤销确认书"，对进出口货物报关单进行修改或撤销的内容进行确认，确认后，海关完成对进出口货物报关单的修改或撤销。

在进口货物放行后或者出口货物办结海关手续后，进出口货物收发货人或其代理人提出申请，且申请修改或撤销的内容涉及进出口货物报关单的商品编号、商品名称及规格型号、币制、单价、总价、原产国（地区）、最终目的国（地区）、贸易方式（监管方式）、成交方式之一的，海关按照行政许可审查程序办理；其他情形的删改单申请不适用行政许可审查程序，海关直接决定是否批准，并在《进出口货物报关单修改/撤销申请表》上予以批注。

4．特殊申报

（1）集中申报

根据《中华人民共和国海关进出口货物集中申报管理办法》（海关总署令第 169 号），从 2008 年 5 月 1 日起，报纸等时效性较强的货物，危险品或者鲜活、易腐、易失效等不宜长期保存的货物，公路口岸进出境的保税货物等 3 类货物进出口时，可适用集中申报通关方式。集中申报是海关对频繁进出口、通关时效要求高的货物所采取的特殊通关方式，旨在便利收发货人办理申报手续，提高通关效率。

根据《中华人民共和国海关进出口货物集中申报管理办法》（海关总署令第 169 号）第九条规定，经海关核准可以适用集中申报通关方式的收发货人，应当在载运进口货物的运输工具申报进境之日起 14 日内，出口货物在运抵海关监管区后、装货的 24 小时前填制《集中申报清单》，超过这一期限申报的，应当以报关单方式申报。构成滞报的，还应当按照有关规定缴纳滞报金。

集中申报企业应当向海关提供有效担保，并在每次货物进、出口时，按照要求向海关报告货物的进出口日期、运输工具名称、提（运）单号、税号、品名、规格型号、价格、原产地、数量、重量、收（发）货单位等海关监管所必需的信息，海关可准许先予查验和提取货物。

在集中申报之后，收发货人应对一个月内以《集中申报清单》申报的数据进行归并，填制进出口货物报关单，一般贸易货物在次月 10 日之前、保税货物在次月底之前到海关办理集中申报手续。

涉嫌走私或者违规，正在被海关立案调查的收发货人、因进出口侵犯知识产权货物被海关依法给予行政处罚的收发货人、适用 C 类或者 D 类管理类别的收发货人，不适用集中申报通关方式。

境内其他地区进出海关特殊监管区域、保税监管场所的货物需要按照集中申报方式办理通关手续的，除海关另有规定以外，也按此办理。

集中申报采用向海关进行电子数据报关单申报的方式。

一般贸易货物集中申报手续不得跨年度办理。

（2）提前申报

《中华人民共和国海关进出口货物申报管理规定》第十八条规定：经海关批准，进出口货物的收发货人或其代理人可以在取得提（运）单或载货清单（舱单）数据后，向海关提前申报，并按照海关的要求交验有关随附单证、进出口货物批准文件及其他需提供的证明文件。

"提前申报"是海关为了加速企业通关，在货到之前提前进行单证审核，使货物到港后就能提货的一项便捷通关措施。与其他便捷通关措施一样，"提前申报"必须要与企业的资信状况相联系，所以企业进行"提前申报"的前提是"经海关批准"。

"提前申报"一般要求进出口货物的舱单数据已传输到海关，并且进出口货物的品名、规格、数量等要素已确定无误。对于经过海关总署批准的便捷通关企业也可实行"无舱单的提前申报"，但这些企业的报关货物在海关放行时也必须核销舱单，也就是说，此种情况下舱单至迟在海关放行前传输到海关。

根据《海关总署关于采取临时保障措施的进口商品提前报关有关问题的通知》（署监函〔2002〕414 号）的规定，"凡实施临时保障措施的商品，除享受便捷通关措施的企业外，一律不允许提前申报。"

在进出口货物的品名、规格、数量等已确定无误的情况下，且进境舱单已传输到海关并经海关确认后（无舱单提前申报的情况除外），进口货物的收货人或代理人可以在进口货物启运后、抵港前或出口货物运入海关监管场所前 3 日内，提前向海关办理报关手续，并按照海关的要求交验有关随附单证、进出口货物批准文件及其他需提供的证明文件。

（3）特殊运输方式的申报

经电缆、管道、输送带或者其他特殊运输方式输送进出口的货物，经海关同意，可以定期向指定海关申报。

5. "属地申报，口岸验放"的通关新模式

《关于决定实施跨关区"属地申报，口岸验放"通关模式》（海关总署公告 2006 年第 43 号）中规定，为进一步适应区域经济发展的要求，充分体现守法便利的原则，简化海关手续，提高通关效率，海关总署决定实施跨关区"属地申报，口岸验放"的通关新模式，并于 2006 年 9 月 1 日起实施。

"属地申报，口岸验放"是指符合海关规定条件的企业进出口货物时，可自主选择向属地海关任一海关单位申报，在货物实际进出境地的口岸海关（以下简称口岸海关）办理货物验放手续的一种通关方式。

凡进出口企业拟采用"属地申报，口岸验放"通关模式的，需向所在地直属海关提出书面申请。直属海关参照海关对企业分类管理标准等对申请企业进行审核，并提出是否同意的书面答复意见。

口岸海关接受并确认进境运输工具负责人或其代理人申报的舱单电子数据后，进口货物的收货人或其代理人即可选择"属地申报，口岸验放"方式，录入《进口货物报关单》电子数据，向属地海关进行申报。

除海关另有规定的以外，出口货物的发货人或其代理人在出口口岸订舱后，即可选择"属地申报，口岸验放"方式，录入《出口货物报关单》电子数据，向属地海关进行申报。

出口货物运抵口岸海关监管场所后发生退关的，由发货人或其代理人向属地海关申请。属地海关审核无误后，出具出口退关证明，交发货人提交口岸海关办理退关手续。

对因海关规定或国家许可证件管理（"许可证件"中不包括"进（出）境货物通关单"），须在属地或口岸进行申报并办理验放手续的进出口货物，不适用于"属地申报，口岸验放"通关模式。

第三节　一般进出口货物的查验与放行

海关接到进出口货物收发货人或其代理人的申报后，为了核实其申报的实际情况，将依法对进出口货物予以查验，并征收应缴纳的进出口税费，最后予以放行。

一、海关查验

（一）海关查验概述

海关查验是海关工作的重要内容具体如下。

1. 海关查验的含义

海关查验是指为了确定进出境货物收发货人向海关申报的内容是否与进出口货物的真实情况相符，或者为确定商品的归类、价格、原产地等，依法对进出口货物进行实际核查的执法行为。

2. 海关查验的目的

海关查验的目的是确定进出境货物的性质、原产地、货物状况、数量、价值等是否与货物的申报单上已填报的详细内容相符；检查进出口货物收发货人或其代理人是否存在伪报、瞒报、申报不实的情况。为海关的征税、统计、后续管理提供可靠的资料。

3. 海关查验的对象

根据《海关法》规定，海关查验的对象包括进出境的货物、物品和运输工具。具体来说，主要实际核对和检查进出境货物和物品的品名、规格型号、数（重）量、价值和原产地等是否与申报内容相符；实际检查进出境运输工具是否有改装、夹藏，是否符合海关监管要求等情况。

（二）海关查验的时间

海关查验的时间具体如下。

1. 一般查验时间

海关查验前，一般将查验决定以书面形式通知进出口货物收发货人或其代理人，约定查验的时间，查验时间一般安排在海关正常工作时间内。

2. 特殊查验时间

在一些进出口业务繁忙的口岸，经进出口货物收发货人或其代理人请求，海关可以在正常工作时间以外安排实施查验。

3. 优先查验

对于危险品或者鲜活、易腐、易烂、易失效、易变质等不宜长期保存的货物，以及因其他特殊原因需要"紧急验放"的货物，经进出口货物收发货人或其代理人申请，海关可以优先安排实施查验。

（三）海关查验的地点

海关查验有其专门的地点，具体如下。

1. 一般查验地点

海关查验一般在海关监管区内的专门查验场地进行。

2. 特殊查验地点

某些不宜在查验场地开拆的特殊货物，如危险品、防尘防静电品或鲜活品，经货主申请，海关可以派员到监管区外的装卸作业环节查验货物。

（四）海关查验的方式

海关查验的方式根据不同方面可有以下划分方法。

1. 按照操作方式划分

海关查验主要有人工查验和设备查验两种方式。

人工查验包括外形查验、开箱查验。外形查验是指对外部特征直观、易于判断基本属性的货物的包装、运输标志和外观等状况进行查验核实；开箱查验是指将货物从集装箱、货柜车厢等箱体中取出，并拆除外包装后，对货物实际状况进行查验核实。

设备查验是指利用技术检查设备对货物进行透视扫描，根据扫描形成的图像来分析验核货物的实际状况是否与申报内容相符。使用机检查验的方式，如果没有发现异常情况，海关一般不再开拆货物包装。

设备查验方式速度比较快，对货主和海关的工作都有好处，是目前海关倡导的"非侵入式查验"的发展方向。但这种查验方式也有其局限性，并非所有的货物都可适用。一般来讲，这种查验方式对集装箱装载的大宗单一商品、不宜直接开拆的商品、有夹藏嫌疑的商品和危险品等货物较为适宜。如果货物属以上范围，货主可以向海关提出设备查验的要求。

2. 按查验过程的详细程度来划分

海关查验按查验过程的详细程度还可以分为彻底查验、抽查和外形查验3种方式。

彻底查验是指对货物逐件开箱（包）查验，详细验核货物的品种、规格、数（重）量等方面的状况是否与申报相符，属最高等级要求的查验方式，一般适用于有走私违规嫌疑的货物。

抽查是指按一定比例对货物有选择地开箱（包）验核货物状况，属一般等级的查验方式，适用于普通情况的货物。

外形查验是指仅对货物的外形包装、标记和装运单证等进行外形查看并验核其是否与申报相符，属最低等级的查验方式，适用于风险程度低的货物和机械设备、散装、裸装货物等。

总之，货物具体适用哪种查验方式，视风险程度而定，高风险的货物彻底查验，低风险的货物简单查验。海关一般根据货物的实际情况及执法需要，确定具体的查验方式。

（五）径行开验与复验

《海关法》第二十八条规定，海关认为必要时，可以对进出口货物径行开验、复验或者提取货样。

径行开验是指海关在进出口货物收发货人或其代理人不在场的情况下，对进出口货物进行开拆包装查验。有下列情形之一者，海关可以径行查验：①进出口货物有违法嫌疑的；②经海关通知查验时间，进出口货物收发货人或其代理人届时未到场的。

海关径行查验时，存放货物的海关监管场所经营人、运输工具负责人应当到场协助，并在查验记录上签名确认。有下列情形之一者，海关可以复验：①初次查验未能查明货物的真实属性，需要对已查验货物的某些性状作进一步确认的；②货物涉嫌走私违规，需要重新查验的；③进出口货物收发货人或其代理人对海关查验结论有异议，提出复验要求并经海关同意的；④其他海关认为必要的情形。

需要指出的是，已经参加过查验的查验人员不得参加对同一票货物的复验。

（六）免验

海关相关法规规定，进出口货物因特殊情况需要免验的，由货主直接向海关总署申请，经海关总署批准可以免验。

二、进出口货物收发货人或其代理人配合查验

海关查验货物时，进出口货物收发货人或其代理人应当到场，履行应承担的义务，配合海关的查验工作；同时依法行使自己的权利。

（一）进出口货物收发货人或其代理人配合查验时需要履行的义务

海关查验货物时，收发货人或其代理人应当依法履行如下义务。

1. 及时到场或委托代理人及时到场

当海关通知查验时，货主或其委托代理人应及时到达指定的查验作业区配合海关查验。如果超过规定时间未到场又没有合理的理由，海关将径行开拆货物查验，可能由此导致的相关损失由货主自负。例如，一些不宜直接开拆的货物被海关开拆，导致损失等。所以，货主应清楚海关的查验通知，及时到场配合。

2. 搬移、开拆和重封货物

海关相关法规规定，货主应负责搬移货物，开拆和重封货物包装。在实际查验中，海关根据情况对卸货有不同的要求。例如，彻底查验是将货物全部卸下，逐件开箱；抽查是卸下部分货物，有选择地开箱。因此，货主应根据海关的卸货要求，自行或委托口岸搬运公司搬移、开拆和重封货物，并负责由此产生的相关费用。

3. 提供资料、回答询问

海关相关法规规定，如海关查验需要，货主应提供必要的资料并如实回答海关人员的询问。当海关通知查验时，货主最好备齐相关资料，如装箱单、备案合同、产品说明书、品牌授权书或其他有助于说明货物性质、数(重)量、产地等的资料，到达查验区解释说明，回答询问。

4. 特殊情况提前告知

海关相关法规规定，因进出口货物所具有的特殊属性，容易因开启、搬运不当等原因导致货物损毁，需要查验人员在查验过程中予以特别注意的，进出口货物货主或其代理人应当在海关实施查验前声明。

5. 协助取样送检

海关并非对每一票查验货物都要送检化验。但是，如果海关对货物的性质有怀疑而要求送检时，货主就有配合海关取样送检的义务。《海关化验工作制度》规定，海关对进出口货物要求取样送检时，货主或其代理人应及时到场；在海关查验人员的监督下按照取样要求进行取样(特殊样品应由相关专业技术人员提取)，并提供有关单证和技术资料，如产品说明书、生产工艺流程等。

6. 确认《海关进出境货物查验记录单》

查验结束后，进出口货物收发货人或其代理人应认真阅读查验人员填写的《海关进出境货物查验记录单》，审阅《海关进出境货物查验记录单》上的记录与开箱的实际情况、货物残损情况及造成残损的原因、提取货样的情况、查验结论等是否符合实际。

如果《海关进出境货物查验记录单》准确清楚，配合查验人员应当立即签名确认；如不签名的，海关查验人员在查验记录中予以注明，并由货物所在监管场所的经营人签名证明。

（二）进出口货物收发货人或其代理人配合查验时享有的权利

进出口货物收发货人或其代理人配合海关查验货物时享有以下权利。

1. 申请复验

货主如对海关查验结论有异议，可以提出复验的要求。海关批准同意后，将对已查验的货物进行复验。复验时海关将另外安排人员进行，原来的查验人员不得参加。

2. 损坏赔偿

海关在查验进出口货物时，损坏被查验货物的，应当赔偿实际损失。这是一条对海关具有很强约束力、充分维护货主权利的规定。即海关在查验货物时，不管海关在主观上有无过错，只要在客观上给被查验货物造成损坏，就必须赔偿货物的实际损失。

海关对查验的赔偿是有条件的，仅仅限于在实施查验过程中，由于查验人员的责任造成被查验货物损坏的直接经济损失，并根据被损坏货物及其部件的受损程度，或者根据修理费来确定赔偿金额。下列情况不属于海关赔偿范围：①进出口货物收发货人或其代理人搬移、开拆、封装货物或保管不善造成的损失；②易腐、易失效货物在海关正常工作程序所需要时间内（含扣留或代管期间）所发生的变质或失效；③海关正常查验时不可避免的磨损；④在海关查验之前已发生的损坏和海关查验之后发生的损坏；⑤由于不可抗拒的原因造成货物的损坏、损失。

进出口货物收发货人或其代理人在海关查验时，对货物是否受损坏未提出异议，事后发现货物有损坏的，海关不负赔偿责任。

3. 申请担保放行

在确定货物归类、估价或者办结其他海关手续前，进出口货物收发货人或其代理人要求放行货物的，海关应当在其提供与其依法应当履行的法律义务相适应的担保后放行。如果在查验过程中，海关要求对货物取样送检、而货物的交货时间很紧，货主可以向海关申请担保放行。在符合有关担保规定的前提下，海关将允许办理担保后放行。

4. 要求保密

海关相关法规规定，在取样送检过程中，如果所提供技术资料涉及商业秘密，货主或其代理人应事先声明，海关应为其保密。如果海关工作人员泄露企业的商业秘密，将会受到相关的纪律处分。因此，协助海关送检，不必担心泄密的问题。

（三）进出口货物快速通过查验的方法

进出口货物收发货人或其代理人要想尽快通过海关查验应做好以下工作。

1. 整齐堆放货物

货物应尽量堆放整齐，如果一个货柜中有多个品种货物，最好是分区摆放，把相同品种的货物放在一起，以便海关抽查。如果不注意货物的摆放，整个货柜的货物乱堆乱放，搅在一起，就会给海关查验增添难度，必然增加装卸和查验的时间，最终给自己造成损失。

2. 备好资料并及时到场

在海关通知查验后，货主应及时备齐有助于说明货物品名、规格、数(重)量、产地、价值等情况的资料，如装箱单、提单、备案合同、发票、产品说明书等，在规定时间内赶到海关查验区配合查验。

这些资料及时提供给海关，将会缩短货物查验时间、减少双方意见分歧；而且，一些不宜直接开拆的货物也能够及时向海关解释说明以免损失。由于一些进出口企业所在地离海关查验区较远，这些资料难以及时送达，因此最好是在通关时由代理人(如运输公司、报关企业)携带，这样当海关要求查验时就能及时提供。

3. 收货前检验

目前，企业往往是通过传真、电子邮件或电话与外商商谈进出口业务，对进出口货物最多仅是看过样品。而进口商品经多个环节、远涉千山万水到达我国口岸时，其规格、数(重)量、性质等情况有时与原来合同不一致(如对方发错货)，这时候，如果企业还是依照原来合同的规格、数量、重量向海关申报就会出现单货不符的情况。这种情况下，被海关查验发现，势必受到处罚。由于《海关法》允许货主在申报前查看货物或者提取货样。因此，货主可根据实际情况行使这个权利。如果对进口货物的情况不能确定，最好是先验看过货物再申报，否则可能产生不良后果。

4. 及时更新知识产权备案

近年来，海关对知识产权的保护越来越重视，这方面相应的案件纠纷也越来越多。目前，各地海关在查验过程中核实进出口货物是否涉嫌某品牌侵权时，一般是通过海关内部网络上的知识产权备案库来核查该品牌权利人是否授权给货主。如果属于已经授权的企业则没有问题，如果发现是未授权企业则要通过海关法规部门联系权利人核实情况。由于贸易情况千变万化，权利人授权的企业是不断变化的，但是不少权利人没有及时向海关申请更新授权企业名单，从而导致不必要的纠纷和通关延误。因此，拥有受海关保护的知识产权权利人应及时申请更新授权企业资料，以保护自己的合法权利不受损害。

5. 守法是快速通过查验的诀窍

目前，各地海关都推出不少有助于加快通关、加快查验的优惠措施，如加急通关、预约通关等。最近还推出了"属地申报、口岸验放"的快速通关模式。但是，这些快速通关措施往往只适用于高信用企业，不是所有企业都可以享受。因此，企业要想享有海关提供的优惠通关措施，减少查验的概率和简化查验过程，最好的途径就是严格遵守海关相关法律法规，争取成为高信用企业，这既是对海关工作最好的配合，也是自身发展国际贸易最好的保障。

三、征收/缴纳税费

进出口货物收发货人或其代理人在将报关单（证）及随附单证提交给货物进出境指定海关后，该海关将对报关单证进行审核，对需要查验的货物，在海关查验后，由海关核对计算机计算的税费（包括进出口关税、增值税、消费税、船舶吨税以及滞报金、滞纳金等费用），开具税款缴款通知书和收费票据。

进出口货物收发货人或其代理人在接到海关开具的税款缴款书后，在规定的时间内，到指定银行办理税款缴纳手续。一旦收到银行缴款成功的信息，即可报请海关办理货物放行手续。

有关税费的计算与缴纳的具体操作，详见本书第七章有关内容。

四、海关放行

（一）海关放行的含义

海关放行是指海关在接受进出口货物的申报、审核电子数据报关单和纸制报关单及随附单据、查验货物、征收税费或接受担保以后，对进出口货物作出结束海关进出境现场监管的决定，并在进口货物提货凭证或出口货物装货凭证上签盖"海关放行章"，允许进出口货物离开海关监管现场的工作环节。

海关放行后，进出口货物收发货人或其代理人就可以签收进口提货凭证或出口货物装货凭证，即可凭以到货物进出境地的港区、机场、车站、邮局等地的海关监管仓库办理提取或装运货物的手续，这时，进出口货物就可以直接进入生产或消费领域。

（二）海关放行的操作

海关放行的具体操作如下。

1. 海关放行的一般过程

海关放行一般由海关在进口货物提货凭证或出口货物装货凭证上加盖"海关放行章"，进出口货物收发货人或其代理人就可以签收进口提货凭证或出口货物装货凭证，凭以提取进口货物，或将出口货物装运到运输工具上离境。

对于实行"无纸贸易"申报方式的海关，海关作出现场放行决定时，通过计算机将决定放行的信息发送给进出口货物收发货人或其代理人、海关监管货物管理人。然后，进出口货物收发货人或其代理人从计算机上自行打印海关通知放行的凭证，凭以提取进口货物，或将出口货物装运到运输工具上离境。

2. 签发报关单证明联

海关放行后，如果进出口货物收发货人或其代理人申请办理有关货物的进出口报关单证明联，则海关需要签发相关报关单证明联。常见的证明有以下几种。

1）进口付汇证明。对于需要在银行或国家外汇管理部门办理进口付汇核销的进口货物，经报关员申请、海关审核后，海关即可在符合条件的进口货物报关单上签名、加盖海关验讫章，作为进口付汇证明联签发给报关员，并同时通过电子执法系统向银行或国家外汇管理部门发送证明联电子数据。

2）出口收汇证明。对于需要在银行或国家外汇管理部门办理出口收汇核销的出口货物，经报关员申请、海关审核后，海关即可在符合条件的出口货物报关单上签名、加盖海关验讫章，作为出口收汇证明联签发给报关员，并同时通过电子执法系统向银行或国家外汇管理部门发送证明联电子数据。

3）出口收汇核销单。对于需要办理出口收汇核销的出口货物，报关员应当在申报时向海关提交由国家外汇管理部门核发的"出口收汇核销单"。海关放行货物后，由海关工作人员在"出口收汇核销单"上签字、加盖海关单证章。出口货物发货人凭出口货物报关单收汇证明联和"出口收汇核销单"办理出口收汇核销手续。

4）出口退税证明。对于需要在国家税务机构办理出口退税的出口货物，报关员应当向海关申请签发出口货物报关单退税证明联。海关经审核，对符合条件的予以签发并在证明联上签字、加盖海关验讫章，交给报关员，并同时通过电子执法系统向银行或国家税务机构发送证明联电子数据。

5）进口货物证明书。对于进口汽车、摩托车等交通运输工具，报关员应当向海关申请签发"进口货物证明书"，进口货物收货人凭以向国家交通管理部门办理汽车、摩托车等的牌照申领手续。海关放行汽车、摩托车后，向报关员签发"进口货物证明书"，同时，将"进口货物证明书"上的内容通过计算机发送给海关总署，再传输给国家交通管理部门。

海关已签发的报关单证明联、核销联因遗失、损毁等特殊情况需要补签的，进出口货物的收发货人、受委托的报关企业应当自原证明联签发之日起1年内向海关提出书面申请，并随附有关证明材料，海关审核同意后，可予以补签。海关在证明联、核销联上注明"补签"字样，并按规定收取工本费。

（三）海关放行的意义

对于一般进出口货物，海关放行就意味着进出口货物收发货人或其代理人已经办理完所有的海关手续，海关不再对其进行监管，放行即等于结关。

对于保税货物、特定减免税货物、暂准进出境货物以及部分其他特殊进出境货物，海关虽然放行，但进出口货物收发货人或其代理人并未办完所有的海关手续，海关在一定时期内还将对其进行监管，因此，此类货物的海关进出境现场放行并不等于结关。

《海关法》第四十五条规定，自进出口货物放行之日起三年内或者在保税货物、减免税进口货物的海关监管期限内及其后的三年内，海关可以对与进出口货物直接有关的企业、单位的会计账簿、会计凭证、报关单证以及其他有关资料和有关进出口货物实施稽查。具体办法由国务院规定。所以，对于报关企业来说，从海关放行之日起，有关此项进出口业务的相关单证要保存三年，以备相关部门日后的稽查。

> **知识拓展**
>
> **文物进出口的相关规定**
>
> 根据《中华人民共和国文物保护法》，下列具有历史、艺术、科学价值的文物，受国家保护：①具有历史、艺术、科学价值的古文化遗址、古墓葬、古建筑、石窟寺和石刻；②与重大历史事件、革命运动和著名人物有关的，具有重要纪念意义、教育意义和史料价值的建筑物、遗址、纪念物；③历史上各时代珍贵的艺术品、工艺美术品；④重要的革命文献资料以及具有历史、艺术、科学价值的手稿、古旧图资料等；⑤反映历史上各时代、各民族社会制度、社会生产、社会生活的代表性实物。
>
> 具有科学价值的古脊椎动物化石和古人类化石同文物一样受国家的保护。
>
> 文物分为珍贵文物、禁止出境的文物、一般文物等类别。珍贵文物是指国家博物馆馆藏一、二、三级文物；禁止出境的文物是指有损国家荣誉、有碍民族团结、在政治上有不良影响的文物；上述以外的，为一般文物。
>
> 按规定，珍贵文物禁止出境，一般文物限制出境。旅客携带和个人邮寄文物出境，必须事先向海关申报，经国家文化行政管理部门指定的省、自治区、直辖市文化行政管理部门进行鉴定，并发给许可出口凭证。准许出口的文物必须经由指定口岸运出。对经鉴定不能出境的文物，国家可以征购。

知识拓展（续）

具有重要历史、艺术、科学价值的文物，除经国务院批准运往国外展览的以外，一律禁止出境。

旅客入境带进文物，数量不受限制，海关准予进口。如需要复带出境的，应在入境时向海关详细申报，内容包括品名、数量、年代、规格、质地、款式等，必要时需提供照片，经海关核查无讹后，登记备核。复带文物出境时，海关凭入境时的申报登记核放。

携带、邮寄、托运个人家存文物（含已故现代著名书画家的作品）出口，必须向海关申报，并交验文化行政管理部门制发的《文物出境许可证明》，海关凭证明文件核查文物上钤盖的鉴定标志放行。

已向海关申报，但不能交验文化行政管理部门开具的《文物出境许可证明》和钤盖的鉴定标志的，不准出口，应予退运，并于3个月内由当事人处理。

携运、邮寄文物出口，不向海关申报，不论是否藏匿，海关都将依法处理。

新中国成立以来制作的文物仿制品和复制品，不属文物范围。携带文物仿制品和复制品出境，除国家另有规定的外，在自用、合理数量范围以内的准予带出。

已故现代著名书画家的作品，除经文化行政管理部门鉴定准予出境的外，不准携运出境。

对一般现代书画作品，旅客携带出境的，在自用、合理数量范围以内，邮寄的在规定的限值内，海关准予出口。

（资料来源：www.tywanda.cn）

小　结

一般进出口货物是指在进出境时，依法向海关缴纳了应征的进出口税费并办结了所有必要的海关手续，海关放行后不再进行监管的货物。一般进出口货物在办结海关手续后，可以直接进入生产或消费领域流通。

一般进出口货物的报关程序包括四个环节：申报、查验、纳税与放行。

申报是一般进出口货物通关的起点。通常情况下，进口货物的申报期限是，自装载货物的运输工具申报进境之日起14日内；进口货物的申报期限是货物运抵海关监管区后、装货的24小时以前。超过法定的申报期限，海关将按进口货物完税价格的0.5‰/日征收滞报金；进口货物自装载货物的运输工具申报进境之日起，超过三个月仍未向海关申报的，货物由海关依法提取变卖处理；对属于不宜长期保存的货物，海关可以根据实际情况提前予以处理。正式申报可以采用电子数据报关单申报方式和纸制报关单申报方式，而且两种申报方式均具有法律效力。

查验是海关代表国家行使货物监管权的有效体现，是海关履行监管职能的一项基本工作，进出口货物收发货人或其代理人应当予以配合。对于不宜长期保存的货物和需要"紧急验放"的货物，海关可以优先安排实施查验。海关查验时，进出口货物收发货人或其代理人应到场配合，并且可以申请查验时的货物损坏赔偿。

海关在接受进出口货物的申报、审核电子数据报关单和纸制报关单及随附单据、查验货物、征收税费或接受担保以后，在进口货物提货凭证或出口货物装货凭证上签盖"海关放行章"，进出口货物收发货人或其代理人就可以凭以提取或装运货物，办结海关手续。海关放行就意味着一般进出口货物的报关程序结束，海关不再对进出口货物实行监管。

案例分析

大连恒昌贸易公司以 CIF 大连 USD8900/吨从英国进口 HHM5502BN 薄膜级低压高密度聚乙烯 200 吨（列入法检范围，属自动许可证管理并实行"一批一证"制），进口合同中的溢短装条款规定，装载数量为 ±5%。该批货物于 2008 年 9 月 16 日晚十点左右由"女王号"轮载运，到达大连大窑湾港，9 月 18 日申报进境。恒昌贸易公司申报前看货取样时，发现不但实际到货 210 吨，而且其中混有型号为 HHMTR_144 的同类商品 20 吨。恒昌贸易公司随即与英国出口商交涉，英商同意补偿 HHM5502BN 货物 10 吨，同时，英商要求将型号为 HHMTR_144 的商品降价销售给恒昌贸易公司，但恒昌贸易公司不同意留购。

思考题

1. 恒昌贸易公司最迟应于什么时间向海关申报？否则，海关将如何处理？
2. 恒昌贸易公司申报时，应提交哪些单证？
3. 恒昌贸易公司申报时，货物数量应报多少？英商同意补偿进口的 10 吨货物如何办理海关手续？
4. 恒昌贸易公司不同意留购的型号为 HHMTR_144 的同类商品 20 吨应如何处理？

自测题

一、选择题

1. 下列货物中，海关放行即为结关的货物是（　　）。
   A. 暂准进出境货物　　　　　　　　B. 特定减免税货物
   C. 一般进出口货物　　　　　　　　D. 保税仓储货物
2. 下列选项中属于海关赔偿范围的是（　　）。
   A. 在海关查验货物的过程中，由于报关单位陪同人员搬移货物时造成的货物损坏
   B. 易腐、易失效货物在海关工作程序所需的时间内发生的货物变质或失效
   C. 海关查验人员在查验过程中造成的货物损坏，并在查验记录上签注
   D. 货物查验后，货物在入库时收货人发现被查验货物损坏

3. 下列货物中属于一般进出口货物的是（　　　）。
　　A. 保税货物转内销货物　　　　　　B. 特定减免税货物
　　C. 易货贸易货物　　　　　　　　　D. 保税物流中心从境外进口的货物
4. 中国石化公司从伊拉克进口原油 30 万吨，由一艘船舶装运进口。在进口报关时，除应提交《进口货物报关单》外，还应向海关提交下列（　　　）单证。
　　A. 发票、装箱单、提货单　　　　　B. 合同
　　C.《自动进口许可证》　　　　　　　D. 进口许可证
5. 进出口货物收发货人或其代理人配合海关查验的工作主要有（　　　）。
　　A. 负责搬移货物，开拆和重封货物的包装
　　B. 回答查验关员的询问
　　C. 负责提取海关需要进一步检验、化验或鉴定的货样
　　D. 签字确认查验记录

二、判断题

1. 进出口货物收发货人或其代理人的申报数据被海关接受之日起，其申报的数据就产生法律效力，进出口货物收发货人或其代理人自此向海关承担"如实申报"、"如期申报"等法律责任。（　　　）

2. 一般进出口货物也称一般贸易货物，是指在进出境环节缴纳了应征的进出口税费并办结了所有必要的海关手续，海关放行后不再进行监管的，可以直接进入生产和流通领域的进出口货物。（　　　）

3. 经电缆、管道、输送带或者其他特殊运输方式输送进出口的货物，经海关同意，可以集中向指定海关申报。（　　　）

4. 通常情况下，进口货物的申报期限是自装载货物的运输工具进境之日起 14 日内；出口货物的申报期限是货物运抵海关监管区后、装货的 24 小时以前。（　　　）

5. 负责向海关办理一般进出口货物具体申报手续的人员，可以是预先在海关依法办理了注册登记手续的进出口货物的收发货人，也可以是受委托的报关企业。（　　　）

第**五**章
保税货物的通关

▶ **教学目标**

- 掌握保税货物的含义及通关程序
- 掌握银行保证金台账制度
- 掌握企业分类管理制度
- 了解不同保税场所的功能及其货物通关程序

▶ **学习重点**

- 重点掌握保税货物的含义及通关程序
- 重点掌握银行保证金台账制度
- 重点掌握企业分类管理制度

♻ **导入案例**

　　东莞裕隆进出口公司（加工贸易 A 类管理企业）从韩国购进价值 30000 美元的涤纶长丝一批，委托福州华宁针织制品公司（加工贸易 B 类管理企业）加工生产女士丝袜出口。由于经营单位东莞裕隆进出口公司与生产企业福州华宁针织制品公司之间的合作为跨关区异地加工，因此，由东莞裕隆进出口公司到华宁针织制品公司所在地主管海关福州海关申请办理加工贸易合同备案手续，并在福州按加工贸易 B 类管理企业的身份办理银行保证金台账，按进口料件应征税款的 50%缴纳了保证金。在该加工合同履行期间，因韩国发货有误，部分原料未能及时到货，为了确保履行成品出口合同，东莞裕隆进出口公司报经主管海关核准，使用本企业其他进口非保税料件进行内部串换。合同执行完毕后，尚有剩余料件，拟结转加工。

　　由此可见，保税货物的通关有其独自的特点，学习本章后，学生可以全面了解保税货物的通关。

第一节 保税货物概述

一、保税货物的含义

对保税货物实行海关监管是国际上通行的做法，它对发展本国经济，促进国际贸易的健康发展发挥着重要作用。由于各国实行保税制度的目的不同，海关保税制度所涉及的范围也有差异，因此，各国对保税货物的解释也不同。

《海关法》对"保税货物"解释为："经海关批准未办理纳税手续进境，在境内储存、加工、装配后复运出境的货物。"根据《海关法》的解释，作为海关监管货物之一的保税货物是指那些在境内从事特定方式加工或储存的进口货物，在其尚未确定最终流向的前提下，给予其在海关监管之下暂免纳税的待遇。所以，保税货物的通关程序和海关监管方式有别于一般进出口货物的通关程序。

二、保税货物的特征

根据保税货物的概念，保税货物具有以下 3 个特征。

1. 目的特定

保税货物是为特定目的而进口的，即进行贸易活动（在境内储存后复运出境）和加工制造活动（加工、装配），从而将保税货物与为其他目的暂时进口的货物（如工程施工、科学实验、文化体育活动等）区别开来。

2. 纳税暂免

《海关法》第四十九条规定："经海关批准暂时进口或者暂时出口的货物，以及特准进口的保税货物，在货物收发货人向海关缴纳相当于税款的保证金或者提供担保后，准予暂时免纳关税。"保税货物本应办理纳税手续进境，但可以经海关批准暂时免纳，而不是免税，待货物最终流向确定后，海关再决定征税或免税。

3. 复运出境

保税货物之所以暂免纳税，是因为保税货物进境后并没有在境内流通，最终复运出境，这是构成保税货物的重要前提。从法律上说，保税货物未按一般货物办理进口和纳税手续，因此，保税货物必须以原状或加工后产品复运出境，这既是海关对保税货物的监管原则，也是经营者必须履行的法律义务。

如果保税货物进境后转内销，此时，保税货物就变成一般进口货物，需要缴纳正常税费，按照一般进口货物的通关程序办理进口手续后，才能在境内流通。总之，对保税货物的处理，应当按照其最终的流向区别对待。

三、保税货物的类型

按照海关实施监管的形式，保税货物可以划分为以下 3 种类型。

1. 保税加工货物

保税加工货物通常指加工贸易保税货物，是指经海关批准，未办理纳税手续进境，在境内加工、装配后复运出境的货物，具体分为来料加工、进料加工两种形式。保税加工货物同时包括保税工厂货物、保税集团货物等。

2. 仓储保税货物

仓储保税货物是指经海关批准保税进境，经过一段时间的储存后又复运出境的货物，主要包括保税仓库货物、保税物流中心（A、B 型）货物等。

3. 区域保税货物

区域保税货物主要指进口保税区、出口加工区、保税物流园区等海关特殊监管区域的货物。1990 年 9 月海关总署颁布了《海关对进出上海外高桥保税区货物、运输工具和个人物品的管理办法》，开创了"区域保税"的先河。

四、保税货物的基本通关程序

保税货物通关的基本程序包括 4 个环节：合同备案、进口货物、储存或加工后复运出口、核销结案。

1. 合同备案

合同备案是指经营保税货物的单位持有关批准文件、对外签约的合同及其他有关单证，向主管海关申请办理合同登记备案手续，海关核准后，签发有关登记手册。

合同登记备案是经营保税货物的单位向海关办理货物保税进口的第一道手续，须在保税货物进口前办妥，它是保税业务的开始，也是经营者与海关建立承担法律责任和履行监管职责的法律关系的起点。

2. 进口货物

经营保税货物的单位在办理了合同备案手续后，在保税货物实际进境时，经营单位或其代理人可以持海关核发的该批保税货物的《登记手册》及其他单证，向进境地海关申报，办理进口手续。

3. 储存或加工后复运出口

保税货物实际进境后，必须储存在海关指定的场所或交付给海关核准的加工生产企业进行加工制造。保税货物储存期满或加工成成品后再复运出境。此时，经营单位或其代理人应持该批保税货物的《登记手册》及其他单证，向出境地海关申报办理出口手续。

4. 核销结案

保税货物实际离境后，经营单位应持有关加工贸易登记手册、进出口货物报关单及其他有关资料，在备案合同期满或加工产品出口后的一定期限内，向合同备案海关办理核销手续；海关对保税货物的进口、储存、加工、使用和出口情况进行核实并确定最终征免税意见后，对该备案合同予以核销结案。这一环节是保税货物整个通关程序的终点，意味着海关与经营单位之间的监管法律关系的解除。

第二节　保税加工货物的通关

一、保税加工货物概述

（一）保税加工货物的含义

保税加工货物主要指加工贸易货物，即经海关批准未办理纳税手续进境，在境内进行加工、装配后复运出境的货物。

保税加工货物包括专为加工、装配出口产品而从国外进口，且海关准予保税的原材料、零部件、元器件、辅助材料（以下简称料件）以及用上述料件生产的产品、半成品。

知识拓展

加 工 贸 易

加工贸易俗称"两头在外"，即料件从境外进口，在境内加工装配后的成品运往境外的贸易。目前，加工贸易是我国对外贸易的主要方式之一。加工贸易主要有两种方式，即来料加工和进料加工。两者的区别如表5.1所示。

表5.1　来料加工与进料加工的区别

类　别	料件来源	货物所有权	交易性质	风险承担	收益方式	成品去向
进料加工	外　国	我国厂商	货物买卖	我国厂商	利　润	外　国
来料加工	外　国	外国厂商	委托加工	外国厂商	加工缴费	外　国

（二）海关对保税加工货物的监管模式

海关对保税加工货物的监管模式主要有两种。

1. 物理围网监管

物理围网监管是指经国家批准,在关境内或关境线上划出一块地方,采用物理围网,由海关进行封闭式监管,使企业在围网内专门从事保税加工业务。包括出口加工区和跨境工业区。

在境内的保税加工封闭式监管模式主要为出口加工区,经过几十年的探索,已经形成一整套的监管制度。该制度将在本章第四节中加以介绍。

在关境线上的保税加工封闭式监管模式为跨境工业区,目前我国只有一处,即珠澳跨境园区。珠澳跨境园区是经国务院批准设立、由珠海园区和澳门园区两部分组成、由中国海关和中国澳门海关共同监管的海关特殊监管区域。其中,设在澳门特别行政区的部分为澳门园区,由中国澳门海关按照澳门特别行政区的有关法律进行监管;设在珠海经济特区部分的为珠海园区,由中国海关按照《海关法》及其他法律法规进行监管。

珠海园区具有双重性,既具有保税区的功能,又具备出口加工区的功能;既可以从事保税物流,也可以从事保税加工,还可以从事国际贸易,是海关综合保税监管的特殊区域;海关在珠海园区派驻机构,依法对进出园区的货物、物品、运输工具以及园区内企业、场所实行围网隔离设施、卡口、视频监控系统 24 小时的监管;海关对区内企业实行电子账册和计算机联网管理制度。

2. 非物理围网监管

非物理围网监管的监管模式分为纸质手册管理和计算机联网监管。纸质手册管理是一种传统的监管方式,海关采用加工贸易纸质登记手册对加工贸易合同内容实施备案,经营单位凭纸制登记手册进出口,并记录进口料件、出口产品的实际情况,最终凭以办理核销结案手续,其主要标志是以合同为单元进行监管。

随着对外贸易与现代科技的高速发展,这种传统的监管方式将逐渐被计算机联网监管模式所取代。

计算机联网监管主要采用计算机手段实现海关对加工贸易企业实施联网监管。无论建立电子账册或电子手册,还是备案、进口、出口、核销等环节,海关全部通过计算机进行对企业的监管。

作为一种高科技的监管手段,计算机联网监管模式体现了海关管理科学严密、企业通关便捷高效的特点,受到了普遍欢迎,将成为海关对保税加工货物监管的主要模式。

计算机联网监管方式又分为两种:一种是针对大型企业、以建立电子账册为主要标志、以企业为单元的监管制度;另一种是针对中小企业、以建立电子手册为标志、以合同为单元的监管制度。

（三）海关对保税加工货物监管的基本环节

海关对保税加工货物监管分以下 5 个环节。

1. 商务审批

从事保税加工贸易的前提是必须经过商务主管部门的审批后，才能进入向海关办理备案的程序。

从事加工贸易的企业首先要到商务主管部门办理合同审批手续，经过审批后，凭借商务主管部门出具的《加工贸易业务批准证书》和《加工贸易企业经营状况和生产能力证明》两个文件以及商务主管部门审批同意的加工贸易合同到海关备案。

如果申请计算机联网监管，则从事加工贸易的企业首先必须到商务主管部门办理加工贸易经营范围的审批手续，由商务主管部门对加工贸易企业与海关联网监管的申请作出前置审批，然后凭借商务主管部门出具的《经营范围批准证书》和《加工贸易企业经营状况和生产能力证明》，到海关申请联网监管，同时建立电子账册、电子手册。

2. 备案保税

海关批准保税是通过受理备案来实现的，凡是准予备案的加工贸易料件在进口时，可以暂不办理纳税手续，即保税进口。

海关受理加工贸易料件备案的原则如下。

1）合法经营。申请保税的料件或保税申请人本身不属于国家禁止的范围，且获得有关主管部门的许可，有合法进出口证明。

2）复运出境。申请保税的货物流向明确，进境加工、装配后的最终流向必须是复运出境，且申请保税的单证能够证明进出基本是平衡的。

3）可以监管。申请保税的货物无论在进出口环节，还是在境内加工、装配环节，都必须在海关可监管之下进行，不会因为某种不合理因素造成监管的失控。

3. 暂缓纳税

专为加工出口产品而进口的料件，按照实际加工复出口产品所耗用料件的数量予以免缴进口关税和进口环节增值税、消费税（即用在出口成品上的料件可以免税）。

但是，如果专为加工贸易而进口的料件及制成品，因故最终没有复运出境，经批准转内销时，必须按一般进出口货物办理通关手续。此时，不仅要补缴应税税款，还要缴纳缓税利息（边角料和出口加工区、珠海园区的保税货物除外），如属许可证管理，则同时提交许可证。从这个角度上说，没有复运出境的进口料件与制成品的应税税款不是在进口时缴纳，而是在确定其最终流向（内销）时才缴税，所以是纳税暂缓。因此，料件进境时未办理纳税手续，须适用海关事务担保，担保手续按照加工贸易银行保证金台账制度执行。

4. 监管延伸

相当于一般进出口货物而言，海关对保税加工货物的监管，在地点与时间上都需要延伸。地点上，保税加工的料件运离进境地口岸海关监管场所后进行加工、装配的地方，都是海关继续监管的场所。在时间上，保税加工的料件在进境地被提取，海关监管工作并没有结束，而是继续监管直至加工、装配后复运出境或者办结正式进口手续，最终核销结案为止。这里涉及两个期限：

1）准予保税的期限。经海关批准保税后在境内加工、装配、复运出境的时间即准予保税的期限是有限制的：①纸质手册或电子手册管理的保税加工期限，原则上不超过1年，经批准可以延长，延长的最长期限也是1年；②联网监管模式纳入电子账册管理的料件保税期限，从企业的电子账册记录第一批料件进口之日起，到该电子账册被撤销为止；③出口加工区和珠海园区保税加工期限，原则上从加工贸易料件进区到加工贸易成品出区办结海关手续为止。

2）申请核销的期限。申请核销的期限为加工贸易的经营人向海关申请核销的最后日期，具体如下：①纸质手册或电子手册管理的保税加工报核期限是在纸质手册或电子手册有效期到期之日起或最后一批成品出运后30天内；②电子账册管理的保税加工报核期限，一般以180天为一个报核周期，首次报核是从海关批准电子账册建立之日起算，满180天后的30天内报核；以后则从上一次的报核日期起算，满180天后的30天内报核；③出口加工区经营保税加工业务的企业每180天向海关申报一次保税加工货物的进出境、进出区的实际情况；④珠海园区内经营保税加工业务的企业，自开展有关业务之日起，应当每年向海关办理一次报核手续。

5. 核销结关

保税加工的料件进境后要进行加工、装配，改变了原进口料件的形态，复运出口的商品不再是原进口的商品，因而，保税加工货物的核销是非常复杂的工作。海关在核销时，不仅要确认进出数量是否平衡，而且还要确认成品是否由进口料件生产。海关核销结束后，其对保税加工货物的监管也随之结束。

二、纸质手册管理下的保税加工货物的通关

作为保税加工货物的监管模式之一，纸质手册管理的对象是用于来料加工、进料加工、外商投资企业履行产品出口合同、保税工厂、保税集团等形式下进出口的保税加工货物，其主要特征是以合同为单元进行监管，基本通关程序是合同备案、货物进出口报关、合同报核。

（一）合同备案

合同备案的具体内容如下。

1. 合同备案的含义

加工贸易企业有经营企业与加工企业两种，两者可以是同一家企业。国家规定：开展加工贸易业务的企业应当由经营企业到加工企业的所在地主管海关办理加工贸易合同备案手续。合同备案是指加工贸易企业持合法的加工贸易合同，到主管海关备案，申请保税并领取"加工贸易登记手册"，或其他准予备案凭证的行为。

对于符合规定，即通过商务主管部门审批并获得加工贸易业务批准证和必需的许可证件的加工贸易合同，海关应当在规定的期限内予以备案，并核发"加工贸易登记手册"，或其他准予备案的凭证。对不予备案的合同，海关应当书面告知经营单位。

2. 合同备案的步骤

1）企业报商务主管部门审批合同，申领　"加工贸易业务批准证"和"加工贸易企业经营状况和生产能力证明"批准文件。

2）向有关部门申领必要的许可证。

3）将合同相关内容预录入与主管海关联网的计算机。

4）海关审核、备案；需要开设台账的企业，在海关领取"台账开设联系单"（载明台账金额和保证金金额）。

5）不需要领取台账的企业，直接向海关领取"加工贸易登记手册"或其他备案凭证；需要开设台账的企业，凭"台账开设联系单"到银行开设台账，领取"台账登记通知单"，凭"台账登记通知单"到海关领取"加工贸易登记手册"。

3. 合同备案需要的单证

1）商务主管部门签发的"加工贸易业务批准证"和"加工贸易企业经营状况和生产能力证明"。

2）加工贸易合同或合同副本。

3）加工贸易合同备案申请表以及企业加工贸易合同备案呈报表。

4）必需的许可证件或其复印件。

5）确定单耗和损耗率所需资料。

6）其他备案所需要的单证。

4. 备案时需要相关许可证件的货物

1）消耗臭氧层物质、易制毒化学品、监控化工品——进出口许可证或两用物项进出口许可证复印件。

2）音像制品、印刷品——新闻出版署印刷复制司的批准文件。

3）地图产品及附有地图的产品——国家测绘局的批准文件、样品或样图。

4）进口工业再生废料——环保总局的《进口废物批准证书》。

5. 国家禁止、限制、允许加工贸易备案的商品

国家对加工贸易商品实行分类管理，将加工贸易商品分为：禁止类、限制类与允许类3类。

禁止类的加工贸易商品有：①国家明令禁止进出口的商品；②为种植、养殖而进口的商品；③可能引起高能耗高污染的商品；④低附加值、低技术含量的商品；⑤其他列名的加工贸易禁止类商品。

限制类的加工贸易商品有：①初级形状的聚乙烯、聚酯切片（塑料原料）；②涤纶长丝、化学短纤维（化纤原料）；③钢材中的铁及非合金钢材、不锈钢；④棉花、棉纱、棉坯布；⑤食糖、植物油（非经化学改性）；⑥天然橡胶；⑦羊毛，冻鸡。

除了禁止类、限制类商品外，其他为允许类加工贸易商品。

6. 保税额度

海关准予备案的合同项下的料件，全额保税；海关不予备案的合同项下的料件、试车材料、未列名消耗性物料等，不予保税，进口时按一般进口货物照章征税。

7. 台账制度

台账制度的核心是海关对不同地区的加工贸易企业和加工贸易涉及的进出口商品实行分类管理，对部分不同等级企业进口的开展加工贸易的部分料件，由银行按照海关计算的金额征收保证金。

海关将从事加工贸易的企业按报关单位分类管理中"收发货人的审定标准"分为AA类、A类、B类、C类、D类5个管理级别实施管理。企业根据自己企业的管理类别，或"不转"即不设台账；或"空转"即设台账不交保证金；或"半实转"即设台账但减半支付保证金；或"实转"即设立台账并交保证金。具体规定如表5.2所示。

表5.2　加工贸易银行保证金台账分类管理示意

保证金台账分类管理内容		限制类商品		允许类商品	
		东部	中西部	东部	中西部
AA类企业	纸质手册	半实转	空转	不转	不转
	电子手册半实转	空转	不转	不转	
	电子账册	半实转	空转	不转	不转
A类企业	纸质手册	半实转	空转	空转	空转
	电子手册	半实转	空转	不转	不转
	电子账册	半实转	空转	不转	不转
B类企业	纸质手册	半实转	空转	空转	空转
	电子手册	半实转	空转	空转	空转
	电子账册	半实转	空转	空转	空转

保证金台账分类管理内容		限制类商品		允许类商品	
		东部	中西部	东部	中西部
C类企业	纸质手册	实转	实转	实转	实转
	电子手册	实转	实转	实转	实转
	电子账册	实转	实转	实转	实转
D类企业		不准	不准	不准	不准
特殊监管区域企业		不转	不转	不转	不转

（资料来源：海关总署报关员资格考试教材编写委员会. 2008. 报关员资格全国统一考试教材. 北京：中国海关出版社）

东部地区的AA类、A类、B类企业从事限制类商品（进口料件，或进口料件、出口成品均属于限制类商品）加工贸易台账保证金计算公式为

进口料件台账保证金＝（进口限制类料件的关税＋进口限制类料件的增值税）×50%

$$进口料件、出口成品台账保证金 = 进口料件备案总值 \times \frac{限制类成品备案总值}{全部出口成品备案总值} \times 22\% \times 50\%$$

C类企业从事限制类商品加工贸易台账保证金计算公式为

台账保证金＝（进口全部料件的关税＋进口全部料件的增值税）×100%

8. 加工贸易分类管理内容

1）任何类企业都不得开展禁止类商品的加工贸易。

2）D类企业不得开展加工贸易。

3）C类企业只要开展加工贸易，无论何类商品何类地区，必须按应征税款的数额，缴纳保证金(实转)。

4）属于东部地区的A类、B类企业加工限制类产品，缴纳应征税款50%的保证金（半实转）；属中西部地区的A类、B类企业加工限制类产品，设台账不付保证金（空转）。

为了简化手续，对为生产出口产品而进口的属于国家规定的 78 种列名的客供服装辅料（如拉链、纽扣、花边、垫肩等）、金额不超过 5 000 美元的合同，除 C 类企业外，可以不设台账，免领手册，直接凭出口合同备案准予保税后，凭海关在备案出口合同上的签章和编号直接进入进出境报关阶段。

进口进入在 1 万美元及以下的 78 种列名的可供服装辅料，除 C 类企业外，可以不设台账。

9. 备案的凭证

1）不设台账的合同。不设台账的合同在准予备案后，由企业直接向受理合同备案的主管海关领取海关签章的加工贸易手册。

2）设台账的合同。设台账的合同，由企业凭银行签发的"银行保证金台账登记通

知单,"到合同备案的主管海关领取海关签章的加工贸易手册。

如果多口岸报关周转困难或涉及异地深加工结转,企业可以申领"加工贸易登记手册"分册,分册载有总册的部分内容,有独立编号,进出口报关时可与总册分开使用,但必须同时报核。

10. 合同备案的变更

已经在海关登记备案的加工贸易合同,如果品名、规格、金额、数量、加工期限、单损耗、商品编码等发生变化时,必须向主管海关办理合同备案变更手续,开设台账的合同还须变更台账。

如果贸易性质不变、商品品种不变、合同变更的金额小于 1 万美元(含 1 万美元)以及合同延长不超过 3 个月的合同,企业可以直接到海关、银行办理变更手续,无须再经商务主管部门重新审批。

企业被调整为 D 类管理时,已备案合同经核准,可缴纳全额台账保证金后继续执行,但不得变更或延期合同。

商品由允许类转为限制类的,已备案合同不用缴纳台账保证金。允许类或限制类转为禁止类的,已备案合同按国家即时发布的规定办理。

11. 与合同备案相关的事宜

(1)异地加工贸易备案申请

异地加工贸易是指一个直属海关的关区内加工贸易经营企业,将进口料件委托另一个直属海关关区内的加工生产企业加工,产品回收后,再组织出口的加工贸易。

海关对从事异地加工贸易的加工企业与经营企业均实行分类管理,并按较低类别进行管理。

异地加工贸易合同备案步骤:首先,经营企业持 "加工贸易批准证"、"加工贸易企业经营状况和生产能力证明"、"异地加工贸易申请表",向经营单位所在地海关申报,海关予以审核批复后,申领"关封";其次,经营单位持"关封"和合同备案的必要单证,向加工地海关办理备案并设台账。

(2)加工贸易单耗申报

加工贸易单耗是指加工贸易企业在正常加工条件下,加工单位成品所耗用的料件量,包括净耗和工艺损耗。净耗是指在加工后,料件通过物理变化或者化学反应存在或者转化到单位成品中的量。工艺损耗是指因加工工艺的原因,料件在正常加工过程中除净耗外所必需耗用的、但不能存在或转化到成品中的量,包括有形损耗和无形损耗。下面的工艺损耗率是指工艺损耗占所耗用料件的百分比,即

$$单耗 = \frac{净耗}{1-工艺损耗率}$$

加工贸易企业在备案、货物进出口、内耗以及报核中,应向海关如实申报加工贸易单耗,即加工贸易项下料件和成品的商品名称、商品编号、计量单位、规格型号和品质;

加工贸易项下成品的单耗；加工贸易同一料件有保税和非保税料件的，应当申报非保税料件的比例。

（3）加工贸易外发加工申请

外发加工是指经营企业因自身工序工艺或技术限制，经海关批准并办理相关手续后，委托承揽企业对加工的出口产品生产环节中的个别工序进行加工，在规定期限内将加工后的产品运回本企业，并最终复出口的行为。

外发加工的成品、剩余料件及生产过程中产生的边角料、残次品、副产品等加工贸易货物，经过经营企业所在地主管海关批准，可以不运回本企业。

申请外发加工的经营企业，应向海关提交"加工贸易货物外发加工申请表"、经营企业与承揽企业签订的加工合同或协议、承揽企业营业执照复印件、"承揽企业经营状况和生产能力证明"以及其他海关需要收取的单证与材料，经海关审核后，方可外发加工。外发加工完毕后，外发加工货物应当运回经营单位，并如实填写"加工贸易外发加工货物运回清单"。

（4）加工贸易串料申请

经营企业因生产出口产品急需时，可以书面申请本企业内部进行料件串换，并同时符合以下条件：保税进口料件和保税进口料件之间以及保税进口料件和非保税进口料件串换必须是同品种、同规格、同数量。更换下来的料件由企业自行处置；保税进口料件和国产料件（不含深加工结转料件）之间串换必须是同品种、同规格、同数量、零关税且不涉及许可证管理。

（二）货物进出口报关

保税加工货物的报关主要涉及进出境货物报关、深加工结转货物报关、其他保税加工货物报关3种情形。

1. 加工贸易保税货物进出境报关

（1）报关人

保税加工货物进出境时由加工贸易经营单位或其代理人持"加工贸易登记手册"或其他准予合同备案的凭证向海关申报。

（2）报关程序

加工贸易保税货物进出境报关程序有4个环节：申报、查验、暂免纳税、提取/装运货物。特别注意的是，由于加工贸易企业在主管海关备案的情况已经在计算机系统生成电子底账，有关电子数据通过网络传输到相应的口岸海关，因此，企业在口岸海关报关时所提供的有关单证内容必须与电子底账数据相一致，只要在某一方面不一致，报关就不能通过，因此，报关数据的输入必须十分准确。

（3）涉及许可证管理

进口料件，除易制毒化学品、监控化学品、消耗臭氧层物质、原油、成品油等个别规定商品外，均免于交验进口许可证；出口成品报关时，应交验国家规定的出口许可证。

（4）进出口税收管理

料件进口时，纳税暂缓；成品出口时，全部由进口料件生产的成品免出口关税，含国产料件按下列公式比例计税，即

出口关税＝出口货物完税价格×出口关税税率×出口产（成）品中使用的国产料件和全
　　　　　部料件的价值比例

特殊产品如加工贸易出口未锻铝，一律按一般贸易出口货物征收从价关税；加工贸易出口属于列名征收出口关税的服装，出口从量征税。

2. 深加工结转货物报关

保税加工货物深加工结转，俗称"转厂"，是指加工贸易企业将保税进口料件加工的产品转至另一关区内的加工贸易企业，进一步加工后复出口的经营活动。其报关程序分为3个环节：计划备案、收发货登记、结转报关。

（1）计划备案

转出企业持"深加工结转申请表"（共四联）向转出地海关备案，后三联退给转出企业交转入企业——转入企业持"深加工结转申报表"后三联（填本企业内容并签章），自海关备案之日起20日内向转入地主管海关备案。如未报或错报未获批者，须重新从头申报。转入地海关审核，退第三、四联申请表交转入、出企业凭以办理结转收发货登记及报关手续。

（2）收发货登记

转入、转出企业办理结转计划申报手续后，应当按照"深加工结转申请表"进行实际收发货，并将每批次收发货记录在保税货物实际结转登记表上进行如实登记，加盖企业结转专用名章；退货同样登记，并注明"退货"、各自加盖企业"结转专用名章"。

（3）结转报关

转出企业、转入企业分别在各自主管海关办理结转报关手续，并可以凭借一份申请表在每批实际收发货后的90日内分批或者集中办理报关手续，同时提供申请表和登记表的原件及复印件——转入企业凭"申请表"、"登记表"办理结转进口报关手续，并于次日将报关情况通知转出企业——转出企业10日内凭"申请表"、"登记表"等办理结转出口报关手续。

转出、转入报关申报价格为结转货物的实际成交价格。结转进口报关单与结转出口报关单必须相对应，申报序号、商品编号、数量、价格、手册编号均应当一致。

3. 其他保税加工货物报关

其他保税加工货物主要有剩余料件、边角料、副产品、残次品和受灾保税货物，其特征是不能复出口。对于这些特殊货物，企业必须在手册的有效期内，选择内销、结转、退运、放弃、销毁等方式之一处理完毕。除销毁处理外，其他处理方法都必须填制报关单报关，并作为报核的必需单证。

（1）内销报关

企业凭"进口许可证"和商务主管部门签发的"内销批准证"办理料件正式进口报关手续，缴纳进口关税和缓税利息（边角料不加征缓税利息）。

如内销金额小于该加工贸易合同项下实际进口料件总额 3%及以下且总值在人民币 1 万元的，免审批和免许可证。

（2）结转报关

剩余料件经海关批准，可以结转至另一加工贸易合同生产使用，但必须符合同一经营单位、同一加工厂、同样进口料件、同一加工贸易方式 4 个条件。海关对于准予结转的剩余料件收取拟结转料件应纳税款金额的保证金或银行保函，签发"加工贸易剩余料件结转联系单"，由企业在转出手册的主管海关办理出口报关手续，在转入手册的主管海关办理进口报关手续。

（3）退运报关

企业如果将剩余料件、边角料、残次品、副产品退运出境，持"登记手册"等有关单证向口岸海关办理出口报关手续，并且留存有关报关单证，以备报核。

（4）放弃报关

企业如果将剩余料件、边角料、残次品、副产品放弃，应向海关申请，由海关处理，并在规定的时间内将放弃的货物运抵至指定的仓库，办理货物的报关手续，留存有关报关单（证）以备报核。

国家禁止和限制进口的废物与污染环境的货物以及法律、行政法规、规章规定不准许放弃的货物，海关不允许放弃，企业应当按规定做退运、征税内销或在海关监管下销毁或其他妥善处理。

（5）销毁处理

对于不予结转、放弃或涉及知识产权等原因的剩余料件、边角料、残次品、副产品，企业可以提出销毁申请，并在海关监管下销毁，凭"销毁证明"报核。

（6）受灾保税货物的报关

受灾的保税加工货物，企业应当在灾后 7 日内书面报告主管海关，并提供商务部门签注意见、主管部门的证明文件及保险公司保险赔款通知书或检验检疫证明文件。

对于因不可抗力成灾，如属许可证管理的，免交许可证，非不可抗力成灾，必须交许可证；完全无法再利用的，核准免税；尚可利用，重新审定价格，按对应进口料件适用税率，计缴进口税和缓税利息；如属关税配额进口的，按配额税率计征进口关税；需销毁的，同其他保税加工货物的销毁做相同处理。

对于非不可抗力成灾，按原进口价格审价交税；如属关税配额进口而又无关税配额证的货物，按配额外税率征税。

（三）合同报核

合同报核的具体内容如下。

1. 合同报核的含义

合同报核是指合同履行完毕或终止，在对未出口部分货物处理后，经营企业向海关申请核销、要求结案的行为。

合同核销是指海关核准加工贸易企业的报核，并解除监管的海关行政许可行为。

2. 报核的时间

经营企业应当在最后一批成品出口或者加工贸易手册到期之日起 30 日内向海关报核。

加工贸易合同因故提前终止的，应当自合同终止之日起 30 日内向海关报核。

3. 报核的单证

报核需要问海关提供的单证如下：①企业合同核销申请表；②"加工贸易登记手册"；③进出口货物报关单；④核销核算表；⑤其他海关需要的资料。

4. 企业报核的步骤

企业报核的步骤如下：①收集、整理、核对报关单和手册；②核实单耗，填制"核销核算表"；③填写"核销预录入申请单"，办理报核预录入手续；④持报核单证，到主管海关报核，并填写报核签收回联单。

5. 特殊情况的报核

1）遗失登记手册的报核。手册遗失要及时报告海关，经缉私部门处理后，企业持加工贸易手册遗失的书面报告、企业申请核销的书面材料、加工贸易货物进出口报关单、缉私部门的《行政处罚决定书》（代替手册）等单证向主管海关报核。

2）遗失进出口报关单的报核。企业凭"报关单留存联"或"报关单复印件"（报关海关签章）报核（代替报关单），出口报关单应注明备案合同编号。

3）不申领手册的 5 000 美元及以下的 78 种列名服装辅料的合同的报核。企业持进出口报关单、合同核销核算表报核。

4）合同提前撤销的报核。合同提前终止，未发生进出口而申请撤销的，企业需报商务主管部门审批，然后凭批准文件和手册报核。

5）有违规走私行为的加工贸易合同的核销。有违规走私行为，仅处罚、警告而未没收保税货物的，加工贸易企业照常报核；被没收加工贸易货物的，凭"行政处罚决定书"、"行政复议决定书"、"判决书"和"裁决书"报核。

6. 海关受理报核和核销

海关自受理企业报核之日起 20 个工作日内，应当审核完毕，情况特殊，可由直属海关关长或其授权的隶属海关关长批准，延长 10 个工作日；对不予受理的报核予以书面告知理由，要求其重新报核。

对未开台账但核销情况正常的企业，海关立即签发"核销结案通知书"；开设台账且核销正常的企业，海关签发"银行保证金台账核销联系单"，企业凭以到银行核销台账，其中"实转"的台账，企业应当在银行领回保证金和应得的利息，或撤销保函，并领取"银行保证金台账核销联系单"，凭以向海关领取核销结案通知书。

三、保税加工货物的电子账册管理

（一）保税加工货物的电子账册管理概述

保税加工货物的电子账册管理具体如下。

1. 电子账册管理的含义

电子账册管理是海关对加工贸易实施联网管理的一种监管模式。海关为加工企业建立电子底账，联网企业只设一个电子账册。根据联网生产情况和海关监管的需要确定核销周期，定期对实行电子账册管理的联网加工企业进行核销。

2. 电子账册管理的对象

电子账册管理主要针对大型加工贸易企业，其加工贸易进出口较为频繁、规模较大、原料和产品较为复杂、管理信息化程度较高、较完善。

3. 电子账册的基本管理原则

电子账册的基本原则包括一次审批、分段备案、滚动核销、控制周期、联网核查。

4. 电子账册管理的主要特点

电子账册管理主要包含以下特点：①一次性审批，不再对合同逐票审批；②分段备案（进口料件、成品出口前备案及单损耗情况的申报），不再一次备案；③用以企业为单元的电子账册取代以合同为单元的纸质手册；④对进出口保税货物的总价值（或数量），按照企业生产能力进行周转量控制；⑤企业采用计算机网络向商务主管部门和海关办理相关手续，简化复杂手册，并提高通关速度；⑥实行银行保证金台账制度；⑦纳入电子账册的加工贸易货物全额保税；⑧凭电子身份认证卡实现在全国口岸的通关。

（二）电子账册的建立

建立电子账册需要3个步骤：加工贸易经营企业联网监管的申请与审批、加工贸易业务的申请与审批、建立商品归并关系及电子账册。

1. 联网监管的申请与审批

（1）联网监管的申请资格
具备以下条件的企业才有资格申请建立电子账册：①在海关注册的中国境内具有独

立法人资格、具备加工贸易经营资格、以出口为主的生产型企业；②守法、诚信、管理规范，生产流程实行全程计算机管理；③能提供海关监管要求提供的真实、准确、完整并具有被核查功能的数据；④有足够的资金或资产为本企业实行联网监管应承担的经济责任提供总担保。

（2）联网监管申请需要提供的单证

申请联网监管需要提供以下单证：①联网监管申请表；②经营范围清单（料件与成品的名称与4位编码）；③营业执照复印件；④进出口经营资格批件；⑤上一年度经审计的会计报表。

（3）主管海关审核

主管海关通过对归并关系的预审，配置软件、硬件的审核，对符合联网监管条件的企业，主管海关制发"海关实施加工贸易联网监管通知书"。

2. 加工贸易业务的申请和审批

联网企业申请开展加工贸易业务，应提交下列单证：①营业执照复印件；②联网监管验收合格证；③外贸经营资格批件；④"加工企业状况和生产能力证明"；⑤经营范围清单；⑥企业上一年度加工贸易出口情况的证明材料。

商务主管部门审批后，签发"联网监管企业加工贸易业务批准证"。

3. 建立商品归并关系和电子账册

企业凭"联网监管企业加工贸易业务批准证"向所在地海关申请建立电子账册，海关根据企业的经营范围、年生产能力等为依据，建立电子账册，取代纸质登记手册。

电子账册包括"经营范围电子账册"和"便捷通关电子账册"。前者用于载明核准的进出口料件、成品及最大周转金额和数量，不能直接报关；后者用于加工贸易货物的备案、通关和核销。

电子账册编码为12位，"经营范围电子账册"第一、二位为标记代码"IT"，因此该账册也叫"IT"账册；"便捷通关电子账册"第一位为标记代码"E"，因此该账册也叫"E"账册。

（三）报关程序

电子账册监管下的加工贸易货物报关程序分为备案、报关、报核和核销4个环节。

1. 备案

（1）"经营范围电子账册"备案

企业可以凭商务主管部门的批准证书通过网络向海关办理"经营范围电子账册"备案。备案内容主要有：经营单位名称与代码、加工单位名称与代码、批准证书编号、加工生产能力、加工贸易进口料件和成品范围（商品编码前4位）。

如果经营范围、加工能力变更，须经商务主管部门核准才可通过网络向海关办理。

（2）"便捷通关电子账册"备案

企业可以通过网络向海关办理"经营范围电子账册"备案。备案内容主要有：企业基本情况、料件和成品情况、单耗关系。如果备案有未超出经营范围和加工能力的变更，可以通过网络，直接向海关申请变更。

2. 货物报关

（1）进出境报关

企业采用"便捷通关电子账册"办理报关手续，通过计算机形成报关清单，报送中国电子口岸，报关单经海关审核通过后，一律不得修改，申报数据与备案数据应当一致。

有关许可证和税收征管的规定与纸质手册管理下的保税加工货物进出境报关相同。

（2）深加工结转报关

与纸质手册管理下的深加工结转报关相同。

（3）其他保税加工货物的报关

经主管海关批准，企业可以按月（当月、每个核销周期结束前）集中办理完内销征税手续。

缓税利息的计息日从上期核销日的次日到开具税款缴纳书止。

联网企业以内销、结转、退运、放弃、销毁等方式处理保税进口料件、成品、副产品、残次品、边角料和受灾货物的报关手续与纸质手册的报关程序相同。

3. 报核和核销

电子账册监管下的核销实行滚动核销的方式，即对电子账册按照时间段进行核销，将某个确定的时间段内企业的加工贸易进出口情况进行平衡核算。

报核期限一般规定以180天为一个报核周期。首次报核期限，从电子账册建立之日起180天后的30天内，以后报核期限，从上次报核之日起180天后的30天内。

企业报核和海关核销的程序如下。

（1）企业预报核

企业在向海关正式申请核销前，在电子账册本次核销周期到期之日起30天内，将本核销期内的所有电子账册进出口报关数据，按海关要求的内容，包括报关单号、进出口岸、进出标志等，以电子报文形式向海关申请报核。

（2）企业正式报核

企业以预报核海关核准的报关数据为基础，准确、详细填报本期保税进口料件的应当留存数量、实际留存数量等内容，以电子数据正式向海关申请报核。

联网企业不再使用电子账册的，可申请核销，海关审核后予以注销。

（3）海关核销

海关核销的目的是掌握企业在某个时段所进口的各项保税加工料件的使用、流转、损耗的情况，确认是否符合以下平衡关系，即

进口保税料件（含深加工结转进口）＝出口成品折料（含深加工结转出口）＋

内销料件＋内销成品折料＋剩余料件＋损耗－退运成品折料

海关核销除了对书面数据进行必要的核算外，还会根据实际情况采取盘库的方式。

四、保税加工货物的电子手册管理

（一）电子手册管理含义

电子手册管理是以企业的单个加工贸易合同为单元、对保税加工货物实施联网监管。海关为联网企业建立电子底账，不再使用纸质手册。一个加工贸易合同建立一个电子手册。电子手册管理以合同（订单）为单元进行管理；实行联网审批和备案；实行银行保证金台账制度管理；对手册下的加工货物进口时实行全额保税；凭身份认证卡实现在全国口岸报关。

（二）电子手册的建立

电子手册的建立同样要经过加工贸易企业的联网监管申请和审批、加工贸易业务的申请和审批、建立商品归并关系和电子手册等3个步骤，基本程序同电子账册。

（三）报关程序

电子手册管理下的保税加工货物的报关程序如下。

1. 备案

电子手册的备案分为两种：按合同常规备案、分段式备案。

1）按合同常规备案。与纸质手册管理基本一样，但不申领纸质手册。

2）分段式备案。分为合同备案与通关备案两个环节分别备案。合同备案有表头数据、料件表和成品表3部分内容。

3）备案审核。海关主要审核企业的备案申请内容与商务主管部门出具的"加工贸易业务批准证"是否相符，备案申请数量是否超出了加工生产能力，企业的相关申请是否合法等。电子手册审核通过后，系统自动生成手册编号。

4）合同备案的变更。企业可以通过电子口岸向主管海关发送合同变更数据并提供企业变更申请与商务部门出具的"加工贸易业务批准证变更证明"及相关证明材料。

2. 货物报关

除了采用电子口岸数据中心报送相关报关资料，实行电子手册管理的企业保税加工货物的报关与纸质手册模式大体相同。

3. 报核和核销

报核是企业通过电子口岸数据中心向主管海关传送报表头、报关单、进口料件、出口成品、单损耗等 5 方面的报核数据，海关对报核的电子手册进行数据核算，最后，海关对通过核销核算的电子手册进行结案处理，并打印结案通知交付企业。

第三节　仓储保税货物的通关

仓储保税货物是指经过海关批准，未办理纳税手续进境，在境内储存后复运出境的货物，主要指存放在保税仓库、保税物流中心 A、B 型的货物。

一、保税仓库货物的通关

（一）保税仓库的含义及类型

保税仓库是指经海关批准设立，专门存放保税货物及其他未办结海关手续货物的仓库。保税仓库的功能单一，只能仓储存放进境货物，存储期限为 1 年，经主管海关批准可以延长，延期最长不超过 1 年。我国目前有 3 种保税仓库，分别如下。

1. 公用型保税仓库

经海关批准设立，由主营仓储业务的中国境内独立企业法人经营，专门向社会提供保税仓储服务。

2. 自用型保税仓库

经海关批准设立，由特定的中国境内独立企业法人经营，仅存储本企业自用的保税货物。

3. 专用型保税仓库

经海关批准设立，专门用来存储具有特定用途或特殊种类商品的保税仓库，包括液体危险品保税仓库、备料保税仓库、寄售维修保税仓库和其他专用保税仓库。

（二）保税仓库存放货物的范围

保税仓库存放的货物如下：①加工贸易进口货物；②转口货物；③供应国际航行船舶和航空器的油料、物料和维修用零部件；④供维修外国产品所进口寄售的零部件；⑤外商进境暂存货物；⑥未办结海关手续的一般贸易进口货物；⑦经海关批准的其他未办结海关手续的进境货物。

（三）保税仓库货物的通关程序

保税仓库货物的通关包括进仓报关、出仓报关和流转报关。它们的报关程序分别如下。

1. 进仓报关

除易制毒化学品、监控化学品、消耗臭氧层物质外，货物在进入保税仓库时由经营单位免证、保税办理进口报关手续。

（1）在口岸海关报关

经营单位应当按照直接转关的转关运输方式办理通关手续。

（2）在主管海关报关

如果主管海关与口岸海关不是同一直属海关的，经营单位可以按照提前报关转关的方式报关，也可以按照"属地申报、口岸验放"的模式报关；如果主管海关与口岸海关是同一直属海关的，由企业在口岸海关办理报关手续。

2. 出仓报关

（1）出口报关

仓库主管海关与口岸海关是同一直属海关的，由企业自行提取货物出仓，到口岸海关办理复运出境报关手续；也可以按照转关运输方式办理出仓手续。

（2）进口报关

保税仓库货物出仓运往境内其他地方，必须经主管海关保税监管部门的审核同意，转为正式进口。转为正式进口的同一批货物，必须填制两张报关单，一张用来办结出仓报关手续的出口报关单，一张用来办理进口申报手续的进口报关单。

（3）集中报关

集中报关须由主管海关的分管关长审批，由仓库主管海关收取保证金，报关时间根据出货的频率和数量、价值合理设定，当月出仓的货物最迟应于次月前5个工作日内办理报关手续，并不得跨年度申报。

3. 流转报关

保税仓库与其他海关特殊监管区域场及所往来的货物，按照转关运输的相关规定办理手续；保税仓库与其他海关特殊监管区域是同一直属海关的，经批准可以不按转关运输方式办理；保税仓库货物互转的，应当在各自仓库主管海关报关，按先进口后出口的顺序办理报关手续。

二、保税物流中心（A型）货物的通关

（一）保税物流中心（A型）的含义与类型

保税物流中心（A型）是指经海关批准，由中国境内企业法人经营，专门从事保税仓储物流业务的海关监管场所。可分为公用型和自用型两类。

公用型是指由中国境内企业法人经营，向社会提供专业仓储物流综合服务业务的海关监管场所。

自用型是指由中国境内企业法人经营，仅向本企业或本企业集团内部成员提供保税仓储物流服务的海关监管场所。

（二）保税物流中心（A型）存放货物的范围

保税物流中心（A型）存放的货物如下：①国内出口货物；②转口货物和国际中转货物；③外商暂存货物；④加工贸易进出口货物；⑤供应国际航行船舶和航空器的物料、维修用零部件；⑥供维修国外产品所进口寄售的零配件；⑦未办结海关手续的一般贸易进口货物；⑧经海关批准的其他未办结海关手续的货物。

（三）保税物流中心（A型）开展业务的范围

保税物流中心（A型）开展的业务如下：①保税存储进出口货物及其他未办结海关手续的货物；②对所存货物进行流通性简单加工和增值服务；③全球采购和国际分拨、配送；④转口贸易和国际中转业务；⑤经海关批准的其他国际物流业务。

保税物流中心（A型）内禁止从事下列业务：商业零售；生产和加工制造；维修、翻新和拆解；存储国家禁止进出口货物，以及危害公共安全、公共卫生或者健康、公共道德或者秩序和国家限制进出口货物；存储法律、法规明确规定不能享受保税政策的货物；其他与物流中心无关的业务。

（四）保税物流中心（A型）进出货物报关程序

保税物流中心（A型）进出货物包括与境外之间的进出货物和与境内之间的进出货物。其报关程序分别如下。

1. 物流中心与境外之间的进出货物报关

1）报关地点的选择。应当在物流中心主管海关办理相关手续。物流中心与口岸不在同一主管海关的，经主管海关批准，可以在口岸海关办理相关手续。

2）许可证件的使用。除实行出口被动配额管理和中华人民共和国参加或缔结的国际条约及国家另有明确规定外，物流中心与境外之间进出的货物不实行进出口配额、许可证件管理。

3）保税规定。属于规定存放范围的货物予以保税；属于物流中心企业进口自用的办公用品、交通运输工具、生活消费品等，以及物流中心开展综合物流服务所需进口的机器、装卸设备、管理设备等，按照进口货物的有关规定和税收政策办理相关手续。

2. 物流中心与境内之间的进出货物报关

1）货物从物流中心进入关境内地区。货物从物流中心进入关境内的其他地区视同进口，应按一般进口货物的报关程序办理。

2）货物从境内进入物流中心。货物从境内进入物流中心视同出口，应按照一般出口货物的报关程序办理。

保税物流中心（A型）内货物保税存储期限为1年，特殊情况，延期不得超过1年。

三、保税物流中心（B型）货物的通关

（一）保税物流中心（B型）的含义

保税物流中心（B型）是指经海关批准，由中国境内一家企业法人经营、多家企业进入并从事保税仓储物流业务的海关集中监管场所。

海关对其采取物理围网式监管模式，其存放货物的范围与开展业务的范围与保税物流中心（A型）相同。

（二）保税物流中心（B型）进出货物的通关程序

物流中心（B型）与关境内、外间的进出口货物报关与保税物流中心（A型）的报关情况相同。这里需要强调的是物流中心内企业之间的货物流转。

物流中心（B型）内货物可以在中心内企业之间进行转让、转移，并办理相关海关手续。未经批准，中心内企业不得擅自将所存放货物抵押、质押、留置、移作它用或进行其他处置。

物流中心（B型）经营企业不得在本中心内直接从事保税仓储物流的经营活动；物流中心内货物保税存储期限为2年，特殊情况，延期不得超过1年。

第四节　区域保税货物的通关

一、保税区货物的通关

（一）保税区的含义

保税区是指经国务院批准，在中华人民共和国境内设立的、由海关进行监管的特定区域。保税区是保税加工与保税物流功能的叠加，具有出口加工、转口贸易、商品展示、仓储运输等功能。海关对保税区监管采取物理围网监管模式。

（二）保税区货物通关程序

保税区货物通关包括货物进出境报关和进出区报关。其程序分别如下。

1. 进出境报关

保税区货物的进出境报关采用报关制和备案制相结合的运行机制。

（1）区内自用货物报关

保税区与境外之间的进出境货物，属于自用的，如保税区内企业进口自用合理数量的机器设备、管理设备、办公用品，工作人员所需自用合理数量的应税物品以及货样，由收货人或其代理人填写进口货物报关单向海关报关。

（2）区内非自用货物报关

保税区与境外之间的进出境货物，属非自用的，如加工出口、转口、仓储和展示，由收货人或其代理人填写进出境备案清单，向海关报关。

2. 进出区报关

（1）保税加工货物进出区

进区，报出口，同时具有加工贸易纸质手册或加工贸易电子账册、电子手册，填写出口货物报关单，提供有关许可证件；出口应征出口关税的商品，须缴纳出口关税；海关不签发退税证明联。出区，报进口，按不同的流向（如内销、加工贸易、特定减免税等）填写不同的进口货物报关单。

（2）进出区外发加工

经主管海关核准后，区外企业货物外发进区加工时，需提交外发加工合同向保税区海关备案，加工货物出区后核销，不填写进出口货物报关单，不缴纳税费。出区外发加工的货物，须由区外加工贸易经营企业，在加工企业所在地海关办理加工贸易备案手续，申领纸制登记手册，或建立电子账册、电子手册，需要时还要建立银行保证金台账，加工期限6个月，可延长最长6个月。备案后按保税加工货物出区进行报关。

（3）设备进出区

设备施工或投资的目的进区，均以设备清单向保税区海关备案，不缴纳出口税，海关不签发出口退税报关单证明联，如设备系从国外进口已征进口税的，不退进口税。设备退出区外，由保税区海关凭设备清单核销结案。

从非保税区进入保税区的货物，按照出口货物办理手续。出口退税按规定，货物必须实际报关离境后才能办理；保税区内的转口货物可以在区内仓库或区内其他场地进行分级、挑选、刷贴标志、更换包装等简单加工；区内加工企业加工的制成品及其在加工过程中产生的边角料运往境外时，应按照国家的有关规定，向海关办理手续，免征出口关税；区内加工企业将区内加工贸易料件及制成品，在加工过程中产生的副产品、残次品、边角料，运往非保税区时，应当按照国家有关规定向海关办理进口报关手续，并依法纳税，免予交付缓税利息；用含有境外保税进口料件加工的制成品销往非保税区时，海关对制成品中所含进口料件数量征税；如企业对所含进口料件的品名、数量、价值申报不实的，海关按照进口制成品征税。

二、出口加工区货物的通关

（一）出口加工区的含义

出口加工区是指经国务院批准，在中华人民共和国境内设立，专门从事保税加工，由海关封闭式监管的特定区域。其主要功能是保税加工。

加工区内设置加工区管理委员会、出口加工企业以及为加工企业服务的仓储企业、运输企业。区内实行 24 小时封闭监管，区内不得经营商业零售、一般贸易、转口贸易及其他与加工区无关的业务；区内不得建立营业性的生活消费设施；除安全保卫人员外，其他人员不得在出口加工区内居住。

（二）出口加工区货物的通关程序

出口加工区内企业在进出口货物前，应向出口加工区主管海关申请设立电子账册（包括"加工贸易电子账册"和"企业设备电子账册"），出口加工区货物通过电子账册办理报关手续。

1. 出口加工区与境外之间进出货物的报关

出口加工区与境外之间进出的货物报关实行备案制，由货物收发货人或其代理人通过填写进出境货物备案清单，向出口加工区海关报关。

对于跨越关区进出境的出口加工区货物，可以按照"转关运输"中的直转转关方式办理转关手续（具体程序见第六章有关内容），但是邮递物品、个人随身携带物品、跨越关区进口车辆和出区在异地口岸"拼箱"出口的货物除外。

同一直属海关的关区内进出境的出口加工区货物，可以按直通式报关。

2. 出口加工区与境内其他地区之间进出货物的报关

（1）出口加工区货物运往境内区外货物的报关

出口加工区货物运往境内区外货物由区内企业录入进口货物报关单，凭发票、装箱单、相应的许可证件等单证，向出口加工区海关办理进口报关手续。进口报关结束后，区内企业填制"出口加工区出境货物备案清单"，凭发票、装箱单、电子账册编号等，向出口加工区海关办理出区报关手续。海关放行后，向区外企业签发进口货物报关单付汇证明联，向区内企业签发"出口加工区出境货物备案清单"收汇证明联。

（2）境内区外货物运入出口加工区报关

由境内区外运入企业录入出口货物报关单，凭购销合同（协议）、发票、装箱单等单证，向出口加工区海关办理出口报关手续。

出口报关结束后，区内企业填制"出口加工区进境货物备案清单"，凭发票、装箱单、电子账册编号等，向出口加工区海关办理进区报关手续。出口加工区海关查验、放行后，向区外企业签发出口货物报关单收汇证明联，向区内企业签发"出口加工区进境货物备案清单"付汇证明联。

（3）出区深加工结转货物的报关

出口加工区企业开展深加工结转时，转出企业凭出口加工区管委会批复，向所在地的出口加工区海关办理备案手续后，才可开展货物的实际结转。结转至海关特殊监管区域外的加工贸易企业的货物，转入企业凭商务主管部门的批复办理结转手续，按照保税加工进口货物的有关规定办理手续，需要时，提交相关许可证；转入至特殊监管区域，转入企业凭其所在区管委会的批复办理结转手续，转出、转入企业分别在自己的主管海关办理结转手续；除特殊情况外，比照转关运输方式办理结转手续，不能比照转关运输方式办理结转手续的，在向海关提供相应的担保后，由企业自行运输。

区内转出的货物因质量不符等原因发生退运、退换的，转入企业为特殊监管区以外的加工贸易企业的，按照退运货物或退换货物办理相关手续。

出口加工区内企业在保税加工过程中产生的边角料、残次品、废品等，应复运出境，如因特殊情况需要运往区外时，按内销时的状态归类并征税，免予交验进口许可证；对无价值的边角料和废品，需运往区外销毁的，凭加工区管委会和环保部门的批准文件，向主管海关办理出区手续，免予纳税、免予交验进口许可证；出口加工区内的企业内销加工过程中产生的边角料或副产品，以内销价格为完税价格。

三、保税物流园区货物的通关

（一）保税物流园区的含义

保税物流园区是指经国务院批准，在保税区规划面积或者毗邻保税区的特定港区内设立的、专门发展现代国际物流的海关特殊监管区域，其功能主要是保税物流。

（二）保税物流园区开展的业务范围

保税物流园区开展的业务包括①存储进出口货物及其他未办结海关手续的货物；②对所存货物开展流通性简单加工和增值服务；③进出口贸易，包括转口贸易；④国际采购、分配和配送；⑤国际中转；⑥商品展示；⑦经海关批准的其他国际物流业务。

（三）保税物流园区的海关监管模式

海关在园区内派驻机构，通过园区与境内其他地区之间设置的卡口、围网隔离设施、视频监控系统及其他海关监管设施，依照有关法律、法规，对进出园区的货物、运输工具、个人携带物品，以及对园区内相关场所实行 24 小时监管，同时对园区内企业实行电子账册监管制度和计算机联网管理制度。

（四）保税物流园区货物的通关程序

保税物流园区的通关包括园区与境外和与境内区外之间进出货物的报关，具体程序如下。

1. 保税物流园区与境外之间进出货物的报关

海关对园区与境外之间进出货物，实行备案制管理，适用进出境备案清单。但园区自用的免税进口货物、国际中转货物除外。园区与境外之间进出货物应当向园区主管海关申报。园区货物的进出境口岸不在园区主管海关管辖区域的，经主管海关批准，可以在口岸海关办理申报手续。报关程序如下。

（1）境外运入园区

境外货物到港后，园区企业及其代理人可以先提交舱单，将货物直接运到园区，再提交"进境货物备案清单"，向园区主管海关办理申报手续，一般情况下，不实行许可证件管理。

境外运入园区的下列货物免税：①园区的基建项目所需的设备、物资等；②为开展业务所需各种设备及其维修用消耗品、零配件及工具；③园区自用合理数量的办公用品。

境外运入园区的下列货物保税：①园区企业为开展业务所需的货物及其包装物料；②加工贸易进口货物；③转口贸易货物；④外商暂存货物；⑤供应国际航行船舶和航空器的物料、维修用零部件；⑥进口寄售货物；⑦进境检测、维修货物及其零部件；⑧看样订货的展览品、样品；⑨未办结海关手续的一般贸易货物；⑩经海关批准的其他进境货物。

（2）园区运往境外

园区货物运往境外，免征出口关税，不实行许可证件管理。进境货物未经简单性加工，需原状退运出境的，园区企业可以向园区主管海关申请办理退运手续。

2. 保税物流园区与境内区外进出货物的报关

保税物流园区与境内区外进出货物，由区内企业或区外的收发货人或其代理人在园区主管海关办理申报手续。

区内企业在区外从事进出口贸易且不实际进出园区的，可以在收发货人所在地的主管海关或货物实际进出境口岸海关办理申报手续。具体报关程序如下。

（1）园区货物运往境内区外

园区货物运往园区外视同进口，海关按照货物出园区时的实际状况，按有关规定办理：①内销，按一般进口货物报关，应证交证，应税缴税；②用于加工贸易，按保税加工贸易监管，提供加工贸易登记手册（包括纸制或电子手册），继续保税；③用于享受特定减免税的货物，按特定减免税货物报关，提供"进出口货物征免税证明"和相应的许可证件，免缴进口关税及增值税。

（2）境内区外货物运入园区

区外货物运入园区，视同出口，由区内企业或区外的发货人或其代理人向园区主管海关办理出口申报手续，应证交证，应税缴税。用于办理出口退税的出口货物报关单证明联的签发手续，按国家有关规定办理。

（3）园区与其他特殊监管区域、保税监管场所之间的货物往来

园区与其他特殊监管区域、保税监管场所之间的往来货物，继续实行保税监管，不

予签发退税证明联。

园区内储存货物没有期限要求，但园区内企业自开展业务之日起，应当每年办理报核手续，园区主管海关应当自受理报核申请之日起 30 天内予以核库，企业相关账册和原始数据自核库结束之日起，至少保留 3 年。

知识拓展

电子化手册通关业务

电子手册是海关顺应当前加工贸易发展的新形势和新要求，从简化手续、方便合法进出、提高贸易效率的角度出发，运用现代信息技术和先进的管理理念，以加工贸易手册为管理对象，在加工贸易合同备案、通关、核销等环节采用"电子手册＋自动核算"的模式取代现行的纸质手册监管模式，并逐步通过与相关管理部门的数据联网，取消纸质作业单证，最终实现"电子申报、网上备案、无纸通关、无纸报核"的新监管模式。

与传统的加工贸易纸质手册相比，电子手册具有很多优势：首先，以电子手册替代纸质手册，可以实现多口岸同时通关，避免了纸质手册不能在两个及以上口岸同时通关、多口岸周转困难、易丢失等问题，提高了通关效率；其次，以企业操作员 IC 卡或 I-Key 卡作为系统操作的身份认证，提高了数据的安全性；第三，电子手册实行企业资料库管理模式，一次预归类审核，简化了手续。在电子化手册模式下，企业可以自行录入数据，利用计算机进行 24 小时电子审核，减少了企业人员往返海关的时间和费用。

（资料来源：http://www.customs.gov.cn）

小 结

保税制度是国家为鼓励发展加工生产产品出口或在境内进行特定储存而设立的一项特殊的海关监管业务制度，换言之，保税制度是海关对保税货物实施进境、储存、加工、装配、出境全过程监管的作业制度。

保税货物具有进口目的特定、纳税暂免、复运出境的特征；分为保税加工货物、仓储保税货物与区域保税货物 3 种形式；保税货物通关的基本程序包括 4 个环节：合同备案、进口货物、复运出口、核销结案。

保税加工货物主要指加工贸易货物，即经海关批准未办理纳税手续进境，在境内加工、装配后复运出境的货物；通常有来料加工和进料加工两种形式；海关对保税加工货物的监管模式主要有物理围网与非物理围网两种方式，非物理围网监管方式分别采用纸质手册和计算机联网监管形式，同时对从事保税加工贸易的企业实行分类（AA、A、B、C、D）管理，对加工贸易货物分为禁止类、限制类和允许类三级管理，并按照不同类别、等级实施银行保证金台账制度,最后按保税加工货物的实际流向分别办理海关手续。

仓储保税货物是指经过海关批准,未办理纳税手册进境,在境内储存后,复运出境的货物,主要指存放在保税仓库、保税物流中心(A、B 型)的货物。保税仓库有自用型、公用型和专用型 3 种类型;除易制毒化学品、监控化学品、消耗臭氧层物质外,货物在进入保税仓库时,由经营单位免证、保税办理进口报关手续。保税物流中心(A、B 型)是经海关批准,由中国境内企业法人经营,专门从事保税仓储物流业务的海关监管场所。

区域保税货物主要指在保税区、出口加工区、保税物流园区存储的货物。保税区是指经国务院批准,在中华人民共和国境内设立的、由海关进行监管的特定区域,其功能是保税加工与保税物流,保税区采用报关制和备案制相结合的运行机制;出口加工区是指经国务院批准、在中华人民共和国境内设立、专门从事保税加工、由海关封闭式监管的特定区域,主要功能是保税加工;保税物流园区是指经国务院批准,在保税区规划面积或者毗邻保税区的特定港区内设立的、专门发展现代国际物流的海关特殊监管区域,主要功能是保税物流。

案例分析

大连昌泰塑料制品有限公司(加工贸易 B 类管理企业)与韩国茂源株式会社签订印花塑料餐具加工合同,由茂源株式会社免费向昌泰公司提供 ABS 树脂一批,并支付加工费,成品由茂源株式会社在境外包销。昌泰公司随即向海关申领加工贸易登记手册。在加工过程中,由于没有加工设备,昌泰公司报经海关批准,将半成品交由沈阳四达胶印有限公司印花后运回。在该合同执行过程中产生了 800 千克边角料。合同执行完毕后,昌泰公司向海关报核。

思考题

1. 昌泰公司与韩国茂源株式会社是什么行为关系?昌泰公司应如何办理海关手续?

2. 昌泰公司与沈阳四达胶印有限公司是什么行为关系?昌泰公司应办理什么手续后,才能委托其进行印花工序的加工?

3. 昌泰公司最迟应于何时报核?

4. 800 千克边角料有几种处理方法?分别应如何办理海关手续?

自测题

一、选择题

1. 保税加工货物内销时,海关按规定免征缓税利息的是( )。

    A. 残次品　　　　　　　　B. 边角料

    C. 副产品　　　　　　　　D. 不可抗力受灾保税货物

2. 西安某 B 类企业与外商签订出口限制类商品的加工合同,则该企业的银行保证金台账（　　）。

  A. 实转   B. 半实转   C. 空转   D. 不转

  3. 保税物流中心不能开展的业务是（　　）。

    A. 转口贸易和国际中转业务

    B. 对所存货物开展流通性的简单加工和增值服务

    C. 维修、翻新和拆解

    D. 保税存储进出口货物及其他未办结海关手续的货物

  4. 下列进出境货物在保税区内在采用备案清单向海关报关的是（　　）。

    A. 加工出口货物 B. 转口货物   C. 仓储货物   D. 货样

  5. 下列选项中由直属海关批准的是（　　）。

    A. 保税仓库   B. 出口监管仓库

    C. 保税物流中心 A 型   D. 保税物流中心 B 型

二、判断题

  1. 凡是海关准予备案的加工贸易料件一律可以不办理纳税手续，保税进口。（　　）

  2. 保税加工进口料件在进口报关时暂缓纳税，加工成品出口报关时再征税。（　　）

  3. 保税仓库可以存放未办结海关手续的进口货物，不能存放已经办结出口海关手续的出口货物。（　　）

  4. 加工贸易企业电子账册是以企业为单元进行管理的，不实行"银行保证金台账"制度；加工贸易电子手册是以合同为单元进行管理的，与纸制加工贸易手册一样，实行"银行保证金台账"制度。（　　）

  5. 保税物流园区存储货物没有期限要求，但园区内企业自开展业务之日起，应当每年办理报核手续。（　　）

第六章
特殊货物的通关

教学目标

- 掌握各种特殊货物的含义及通关方面的具体规定

学习要点

- 掌握特定减免税货物、暂准进出境货物、进出境快件、租赁货物、无代价抵偿货物等特殊货物的报关程序与海关监管要点
- 掌握海关监管货物转关的报关程序

导入案例

　　天津宏利有限公司是一家专营玻璃加工生产的中外合资企业,该公司于 2008 年 9 月与中国香港某公司签约购买平板玻璃深加工设备一套。由于该设备属于《外商投资产业指导目录》中鼓励类进口项目,因此,该公司在进口设备抵达进境地大连前,持《外商投资企业征免税手册》和免税申请表向天津海关申请办理了《进口货物征免税证明》。该设备于 2009 年 2 月 1 日由"伊丽莎白"号轮载运在大连港进境,天津宏利有限公司随即委托大连顺通报关行于 2009 年 2 月 2 日向大连海关办理转关申请手续,货物由"渤海号"轮于 2009 年 2 月 5 日运抵天津。天津宏利有限公司于 2009 年 2 月 25 日向天津海关办理进口报关手续,由于该批货物没有在法定期限内申报。因此,在缴纳了滞报金后,该批货物由海关查验后放行。后来,由于遭遇经济危机和经营不善等原因,天津宏利有限公司申请破产,经过清算后,这套进口的平板玻璃深加工设备由合资中方按照规定补缴了税款留用。

　　学习本章后,学生可以掌握各种特殊货物通关方面的具体规定。

第一节　特定减免税货物的通关

一、特定减免税货物概述

（一）特定减免税货物的含义

特定减免税货物是指海关根据国家政策的规定，为了优先发展特定地区的经济、鼓励外商在我国直接投资、促进各项事业的发展及保护弱势群体的需要，准予减免税进口用于特定地区、特定企业、特定用途的货物。

这里的"特定地区"是指我国关境内由行政法规规定的特别限定地区，如出口加工区、保税区等。"特定企业"是指由国务院制定的行政法规专门规定的特定企业，主要包括合资企业、合营企业和外商独资企业（即三资企业）。特定用途是指国家规定可以享受减免税优惠的进口货物只能用于行政法规专门规定的用途，如国内投资项目、利用外资项目、科教用品、残疾人用品等。

（二）特定减免税货物的特征

特定减免税货物具有以下 3 个特点。

1. 特定条件下减免进口关税

减免关税是有其特定目的的，这种具有鲜明特定性的关税优惠只能在国家行政法规规定的特定地区、特定企业、特定用途的条件下才能享受。

2. 一般不豁免进口许可证件

特定减免税货物享受的仅仅是税费方面的减免待遇，对于那些属于进口许可证件管理的货物，进口时依然需要提交相应的许可证件。

但是外商独资企业在其投资总额内进口涉及机电产品自进口许可管理的物资，可以享受免于交验许可证的待遇。

3. 在特定的期限内接受海关的监管

为了确保货物进口后完全用于规定的地区、企业和用途，享受减免税的货物必须在特定的期限内接受海关的监管，不同货物监管期限不同，一般情况下，船舶、飞机监管期为 8 年；机动车辆监管期为 6 年；其他货物监管期为 5 年。

（三）减免税货物的监管要点

1）特定减免税进口的设备可以在两个享受特定减免税优惠的企业之间结转，结转手续分别向企业主管海关办理。

2）出口加工区企业进口免税的机器设备等，应当填制"出口加工区进境备案清单"，保税区企业进口免税的机器设备等，应当填制进口货物报关单。

二、特定减免税货物的通关

（一）减免税备案登记

减免税备案登记的具体内容如下。

1. 特定地区

1）保税区。保税区企业向保税区海关办理减免税备案登记时，应当提交企业批准证书、营业执照、企业合同、章程等，并将企业有关情况输入计算机系统。海关审核后准予备案的，即签发"企业征免税登记手册"，企业凭以办理货物减免税申请手续。

2）出口加工区。出口加工区企业向出口加工区海关办理减免税备案登记时，需提交出口加工区管理委员会的批准文件、营业执照等，并将企业有关情况输入海关计算机系统。海关审核后批准建立企业设备电子账册，企业凭以办理货物减免税申请手续。

2. 特定企业

特定企业（三资企业）向企业主管海关办理减免税备案登记时，需提交商务主管部门的批准文件、营业执照、企业合同、章程等，海关审核后准予备案的，即签发"外商投资企业征免税登记手册"，企业凭以办理货物减免税申请手续。

3. 特定用途

用于特定用途的货物享受减免税优惠时无须备案，凭相关部门的批准书直接申请。

（二）减免税申请

减免税申请的具体内容如下。

1. 特定地区

1）保税区。保税区企业在进口特定减免机器设备等货物以前，应向保税区海关提交"企业征免税登记手册"、发票、装箱单等，并将申请进口货物的有关数据输入海关计算机系统。海关核准后签发"进出口货物征免税证明"交申请企业。

2）出口加工区。出口加工区企业在进口特定减免税机器设备等货物以前，企业向出口加工区海关提交发票、装箱单等，海关核准后直接在企业设备电子账册中进行登记，不核发"进出口货物征免税证明"。

2. 特定企业

三资企业在进口特定减免税机器等货物以前，向主管海关提交"外商投资企业征免税登记手册"、发票、装箱单等，并将申请进口货物的有关数据输入海关计算机系统，经海关核准后签发"进出口货物征免税证明"交申请企业。

3. 特定用途

1）国内投资项目减免税申请。国内投资项目经批准以后，减免税货物进口企业需持国务院有关部门或省、自治区、直辖市人民政府签发的"国家鼓励发展的内外资项目确认书"、发票、装箱单等单证，向项目主管直属海关提出减免税申请。海关审核后签发"进出口货物征免税证明"交申请企业。

2）利用外资项目减免税申请。利用外资项目经批准后，减免税货物进口企业需持国务院有关部门或省、自治区、直辖市人民政府签发的"国家鼓励发展的内外资项目确认书"、发票、装箱单等单证，向项目主管直属海关提出减免税申请。海关审核后签发"进出口货物征免税证明"交申请企业。

3）科教用品减免税进口申请。科教单位办理科学研究和教学用品免税进口申请时，需持有关主管部门的批准文件，向单位所在地主管海关申请办理资格认定手续，经海关审核批准的，签发"科教用品免税登记手册"。科教单位在进口特定减免税科教用品以前，向主管海关提交"科教用品免税登记手册"、合同等单证，并将申请进口货物的有关数据输入海关计算机系统。海关核准后签发"进出口货物征免税证明"。

4）残疾人专用品减免税申请。残疾人在进口特定减免税专用品以前，向主管海关提交民政部门的批准文件。海关审核批准后签发"进出口货物征免税证明"。

知识拓展

"进出口货物征免税证明"的使用

"进出口货物征免税证明"的有效期为 6 个月，持证人应当在海关签发征免税证明后的 6 个月内进口经批准的特定减免税货物。如有特殊情况，可以申请延长，延长期限最长为 6 个月。"进出口货物征免税证明"实行"一证一批"的原则，即一份征免税证明上的货物只能在一个进口口岸一次性进口。如果一批特定减免税货物需要分两个及两个以上口岸进口，或者分两次及两次以上进口的，持证人需事先分别申领征免税证明。

例如，天津某外资企业从韩国进口大型成套机器设备，分三批运输进口，其中两批从大连进口，另一批从丹东进口。该企业在向海关申请办理该套设备的减免税手续时，需向天津海关分别申领三份征免税证明。

（三）出口报关

特定减免税货物与一般进口货物的报关程序基本一致，但是在具体手续方面，需要注意以下 3 点。

1. 提交进出口货物征免税证明

特定减免税货物进口报关时，除提交报关单及有关单证外，还需向海关提交"进出口货物征免税证明"。

2. 提交进口许可证件

特定减免税货物属于进出口许可证管理的，需提交进口许可证件，法律、行政法规另有规定的除外。

3. "备案号"一栏填写"进出口货物征免税证明"上的 12 位编号

特定减免税货物进口报关单的"备案号"一栏填写"进出口货物征免税证明"上的 12 位编号，用于海关计算机系统审核征免税证明电子备案是否和纸质"进出口货物征免税证明"一致，编号填错，将不能通过海关审核。

（四）申请解除监管

特定减免税货物的监管年限届满，纳税义务人需自监管年限届满之日起 1 年内，持有关单证向主管海关申请解除海关对减免税进口货物的监管，办理结关手续；海关自接到纳税义务人申请之日起 20 日内核实情况，签发"特定减免税进口货物解除监管证明"。

特定减免税货物在海关监管期限内，因特殊原因要求出售、转让、放弃，或者企业破产清算的，原减免税申请人需向海关提出有关解除监管的申请，按有关规定办理结关手续。

1. 监管期满申请解除监管的手续

特定减免税货物监管期满时，原减免税申请人需提出申请，经审核批准后，由主管海关签发"减免税进口货物解除监管证明"，至此，特定减免税进口货物办结了全部海关手续。

2. 监管期内申请解除监管

特定减免税货物因特殊原因，在监管期内要求销售、转让、放弃、退运出境的，按下列程序办理解除监管和结关手续。

（1）销售、转让的处理

特定减免税货物需要在海关监管期内销售、转让的，原征免税证明的申请人需向原签发征免税证明的海关办理缴纳进口税费的手续。海关按照使用时间审查确定完税价格征税后，签发解除监管证明书，企业即可将原减免税货物在国内销售、转让。

企业如将货物转让给同样享受进口减免税优惠的企业，接受货物的企业需先向主管海关申领"进出口货物征免税证明"，凭以办理货物的结转手续。

（2）退运出境处理

企业要求将特定减免税货物退运出境的，需向出境地海关办理货物出口退运申报手续。出境地海关监管货物出境后，签发出口货物报关单，企业持该报关单及其他有关单证向主管海关申领解除监管证明。

（3）放弃的处理

企业要求放弃特定减免税货物的，需向主管海关提交放弃货物的书面申请，经海关核准后，按照海关处理放弃货物的有关规定办理手续。海关将货物拍卖，所得款项上缴国库后签发收据，企业凭以向主管海关申领解除监管证明。

3. 破产清算中的特定减免税货物的处理

企业破产清算、变卖、拍卖处理其尚在海关监管期限内的特定减免税货物，应该事先向主管海关申请，主管海关审批同意并按规定征收税款后，签发解除监管证明；如该货物已经改变其进口时状态，经海关实际查验并做查验记录后，也可照此办理解除监管手续。

只有在解除监管后，减免税货物才可以进入破产清算、变卖、拍卖程序，对于属于许可证件管理的货物，当初未申领许可证件的，凭人民法院的判决或仲裁机关的仲裁证明，可以免予补办进口许可证件。

4. 保税区内企业免税进口货物的处理

保税区内企业免税进口货物未满海关监管年限，申请提前解除监管，需按规定缴纳进口关税，完税价格的确定视同保税区外货物，同时交验有效的许可证件。

第二节　暂准进出境货物的通关

一、暂准进出境货物概述

（一）暂准进出境货物的概念

暂准进出境货物是暂准进境货物与暂准出境货物的合称，是指为了特定目的，经海关批准，暂时进境或暂时出境，并在规定的期限内按原状复运出境或复运进境的货物。

海关监管下的暂准进出境货物主要指：在展览会、交易会、会议及类似活动中展示或者使用的货物；文化、体育交流活动中使用的表演、比赛用品；进行新闻报道或者摄制电影、电视节目使用的仪器、设备及用品；开展科研、教学、医疗活动使用的仪器、设备及用品；上述4项所列活动中使用的交通工具及特种车辆；货样；供安装、调试、检测设备时使用的仪器、工具；慈善活动使用的仪器、设备及用品；盛装货物的容器；旅游用自驾交通工具及用品；工程施工中使用的设备、仪器及用品；海关批准的其他暂时进出境货物。

（二）暂准进出境货物的类别

上述货物按照我国海关的监管方式可分为四大类：①使用 ATA 单证册报关的暂准进出境货物，指上述 12 项货物中的第 1 项即在展览会、交易会、会议及类似活动中展示或者使用的货物；②不使用 ATA 单证册报关的展览品（第 1 项货物中不使用 ATA 单证册报关的进出境展览品）；③盛装货物的容器（主要指集装箱箱体）；④暂时进出境货物（除上述 3 种方式报关外的其他暂准进出境货物）。

（三）暂准进出境货物的特征

暂准进出境货物的特征包括以下 4 点。

1. 有条件暂时免于缴纳税费

在纳税义务人向海关缴纳相当于应税款的保证金或其他担保后，暂准进出境货物在进出境申报时不必缴纳进出口税费。

2. 免于提交进出口许可证件

暂准进出境货物最终要按原状复运出境或进境，因而可以免于交验进出口许可证件，但涉及进出口检验检疫证件的货物除外。

3. 在规定期限内按原状复运进出境

暂准进出境货物需自进境或出境之日起，在 6 个月内复运出境或进境，可以申请延长期限。

4. 按货物的实际使用情况办结海关手续

暂准进出境货物需在规定的期限内，由货物的收发货人根据货物不同的使用情况向海关办理结关核销手续。

二、使用 ATA 单证册报关的暂准进出境货物的报关

（一）ATA 单证册概述

ATA 单证册的基本内容如下。

1. ATA 单证册的含义

ATA 单证册是"暂准进口单证册"的简称，又称货物免税进口护照，是国际海关组

织通过相关文件规定使用的，用于替代各个缔约方海关暂准进出境货物报关单和税费担保的国际性通关文件。作为国际上统一的暂准进出口货物报关单证，ATA 单证册通过国际担保形式，简化海关手续，大大便利了暂准进出口货物的通关。

小贴士

ATA 单证册的格式。ATA 单证册一般由 8 页单证组成：绿色封面单证 1 页、黄色出口单证 1 页、白色进口单证 1 页、白色复出口单证 1 页、蓝色过境单证 2 页、黄色复进口单证 1 页，绿色封底 1 页。我国只接受用中文或英文填写的 ATA 单证册。

2．ATA 单证册的特点

1）简化通关手续。持证人使用 ATA 单证册后，无须填写各国国内报关文件，免交税费担保，极大地简化了货物通关手续。

2）节约通关费用和时间。ATA 单证册由持证人在本国申请，可在多个国家使用，无须在外国海关办理其他手续或交纳费用，并可确保快捷通关。

3）降低持证人风险。由于实行国际联保，持证人在出境时无须为向外国海关交纳进口关税的担保而携带高额外汇。

4）可重复使用。国际公约规定该册有效期最长 1 年（我国规定为 6 个月），超过此期限的，可以申请延期，延期最长不超过 3 次，每次延长期限不超过 6 个月。其项下的货物可以在有效期内凭同一单证册在本国多次进出口，并在多个国家过境通关。

5）应用人员范围广泛。从事商务活动人员、各行专业人士均可受益于 ATA 单证册。例如，会议代表、工作人员、记者、医生、科研人员、旅游者及参展厂家、广播电视台、演艺团体等各界人士及相关机构均可为其所使用的货物或物品申办 ATA 单证册。

3．ATA 单证册的核心内容

ATA 单证册的核心内容是国际联保，即通过国际商会国际局组织管理的国际担保连环系统，由各国海关当局核准的国际商会组织作为国家担保机构共同组成，各国担保机构负责签发本国申请的 ATA 单证册，并对 ATA 单证册项下货物应付的关税及其他税费向国际商会国际局履行全面担保义务。

ATA 单证册持证人在货物出境前向本国的担保机构（国际商会组织）申请签发 ATA 单证册后，凭以就有关货物在外国入境时向该国海关申报，并按规定期限复运出境，最终将经各海关签注的 ATA 单证册交还给原出证机构，ATA 单证册的整个使用过程到此结束。

如果货物在暂准进口期限届满时仍未复运出境，则进口国海关当局可在期满后 1 年内向本国的担保机构提出 ATA 单证册索赔，要求支付该单证册项下进口货物应付税款，本国担保机构根据该国当局的索赔要求支付税款后，再通过国际商会国际局向该 ATA 单证册签发国的担保机构追偿已付的税款。

4. ATA 单证册在我国的适用范围

ATA 单证册在我国仅限于展览会、交易会、会议及类似活动项下的货物报关，海关不受理持 ATA 单证册办理其他货物的进出口报关。

5. ATA 单证册在我国的使用

我国 ATA 单证册的担保和出证机构是中国国际商会，负责签发出境 ATA 单证册，向海关报送所签发 ATA 单证册的中文电子文本，协助海关确认 ATA 单证册的真伪，并承担 ATA 单证册持有人因违反暂时进出境规定而产生的相关税费、罚款。

海关总署在北京海关设立 ATA 单证册核销中心，负责对 ATA 单证册的进出境凭证进行核销、统计及追索，并应缔约方担保人的要求，凭有关原始凭证，提供 ATA 单证册项下暂时进出境货物已经进境或从我国复运出境的证明，同时对全国海关 ATA 单证册的有关核销业务进行协调和管理。

阅 读 资 料

ATA 单证册的申请

首次申请 ATA 单证册的企事业单位应办理注册手续，提交经当地工商局盖章的营业执照复印件或相应公文；每申请一份 ATA 单证册，申请人应详细填写并提交一份申请表；填写并提交 ATA 单证册中特定格式的货物总清单，其中包括货物项号、品名、数量、重量、价值、原产地等内容。ATA 单证册项下货物是免税进口的，如果货物在进口国因被售、被赠或其他原因而未能复出口，持证人应向进口国交纳进口税费，因此，申请人应在申请时向出证机构提交符合要求的担保。

（二）使用 ATA 单证册报关的暂准进出境货物报关程序

使用 ATA 单证册报关的暂准进出境货物报关程序如下。

1. 申报

（1）进境申报

进境货物收货人或其代理人持 ATA 单证册向海关申报进境展览品时，先在海关核准的出证机构即中国国际商会以及其他商会，将 ATA 单证册上的内容预录入海关与商会联网的 ATA 单证册电子核销系统，然后向展览会主管海关提交纸质 ATA 单证册、提货单等单证。

海关在白色进口单证上签注，并留存白色进口单证正联，存根联随 ATA 单证册其他各联退还给进境货物收货人或其代理人。

（2）出境申报

出境货物发货人或其代理人持 ATA 单证册向海关申报出境展览品时，向出境地海关提交国家主管部门批准文件、纸质 ATA 单证册、装货单等单证。

海关在绿色封面单证和黄色出口单证上签注,并留存黄色出口单证正联,存根联随ATA单证册其他各联退还给出境货物发货人或其代理人。

(3)过境申报

过境货物承运人或其代理人持ATA单证册向海关申报将货物通过我国转运至第三国参加展览会的,不必填制过境货物报关单。海关在两份蓝色过境单证上分别签注后,留存蓝色过境单证正联,存根联随ATA单证册其他各联退还给运输工具承运人或其代理人。

(4)异地复运出境、复运进境申报

异地复运出境、进境的货物,ATA单证册持证人需持主管海关签章的海关单证向复运出境、复运进境地海关办理手续,货物复运出境、复运进境后,主管地海关凭复运出境、复运进境地海关签章的海关单证办理核销结案手续。

2. 结关

(1)正常结关

持证人在规定期限内将进境展览品和出境展览品复运出境或复运进境,海关在白色复出口单证和黄色复进口单证上分别签注,留存单证正联,存根联随ATA单证册其他各联退还给持证人,正式核销结关。

(2)特殊情况结关

持证人不能在规定期限内将展览品复运进出境的,我国海关向担保协会(即中国国际商会)提出追索。

ATA单证册项下的货物因不可抗力原因受损,无法按原状复运进出境,ATA单证册持证人需及时向主管海关报告,可以凭有关部门出具的证明材料办理复运进出境手续;因不可抗力原因灭失或失去使用价值的,经海关核准后,可以视同该货物已经复运进出境。

ATA单证册项下的货物因非不可抗力原因受损或灭失的,持证人需按货物进出口的有关规定办理海关手续。

三、不使用ATA单证册报关的展览品的报关

(一)不使用ATA单证册报关的展览品概述

不使用ATA单证册报关的展览品的具体内容如下。

1. 不使用ATA单证册报关的展览品的含义

暂准进出境货物范围中的第1项中,不使用ATA单证册报关的展览品,直接按照展览品填制进出口货物报关单报关,在交纳适当的担保后,海关批准其暂免纳税进出境。

2. 不使用ATA单证册报关的展览品的范围

(1)进境展览品

在展览会中展示或示范用的货物、物品;为示范展出的机器或器具所需用的物品;

展览者设置临时展台的建筑材料及装饰材料；供展览品做示范宣传用的电影片、幻灯片、录像带、录音带、说明书、广告、光盘、显示器材等。

下列在展览会期间供消耗、散发的展览用品，由海关对其数量和总值进行审定，在合理范围内的，可以免征进口关税和进口环节税：①在展览活动中免费分送给观众或者消费的小件样品；②为展出的机器或器具进行操作示范，并在示范过程中被消耗或损坏的物料；③展出者为修建、布置或装饰展台而进口的一次性廉价物品，如油漆、涂料、壁纸；④参展商免费提供并在展出中免费散发的与展出活动有关的宣传印刷品、商业目录、说明书、价目表、广告招贴、广告日历、未装框照片等；⑤供展览会使用的档案、表格及其他文件。

海关对展览用品中的酒精饮料、烟草制品及燃料一律照章纳税。参展商随身携带进境的含酒精饮料、烟叶制品，可以按进境旅客携带物品的有关规定办理通关手续。

展览会期间出售的小卖品，属于一般进口货物范围，应按照一般进口货物的报关程序报关。

（2）出境展览品

出境展览品包括国内单位赴国外举办展览会或参加国外博览会、展览会而运出的展览品，以及与之有关的宣传、布置品、招待品及其他公用物品。

与活动有关的小卖品、展卖品，可以先按展览品报关出境，如果不按规定期限复运进境，则需办理一般出口手续，应税纳税，应证交证。

3. 展览品暂准进出境的期限

展览品的暂准进出境期限是 6 个月，即自展览品进、出境之日起 6 个月内必须复运出、进境，超过 6 个月的，可以申请延期，延期最多不超过 3 次，每次不超过 6 个月，延长期满，需复运出、进境，或办理进出口报关手续。

参加展期在 24 个月以上展览会的展览品，在 18 个月延长期满后，仍需延期的，由主管地直属海关报海关总署审批。

（二）不使用 ATA 单证册报关的展览品的进出境报关程序

不使用 ATA 单证册报关的展览品的进出境程序如下。

1. 进境申报

（1）登记备案

展览品进境 20 个工作日前，展览会主办单位或办展人、参展人需将举办展览会的批准文件连同展览品清单或有关部门备案证明等相关单证一起提交给主管地海关，办理登记备案手续。

（2）进境申报应提交的单证

展览品进境申报手续可以在展出地海关办理。从非展出地海关进境的，可以申请在进境地海关办理转关运输手续，将展览品在海关监管下从进境口岸转运至展览会举办地主管海关办理申报手续。

展览会主办单位或其代理人应当向海关提交报关单、展览品清单、提货单、发票、装箱单等。展览品涉及检验检疫等管制的，还应当向海关提交有关许可证件。

（3）提供担保

展览会主办单位或其代理人应当向海关提供担保。

（4）开箱查验

海关一般在展览会举办地对展览品开箱查验。展览品开箱前，展览会主办单位或其代理人应当通知海关。海关查验时，展览品所有人或其代理人应当到场，并负责搬移、开拆、重封货物包装等。

展览会展出或使用的印刷品、音像制品及其他需要审查的物品，要经过海关的审查才能展出或使用。对我国政治、经济、道德有害的及侵犯知识产权的印刷品、音像制品，不得展出，由海关没收、退运出境或责令更改后使用。

2. 出境申报

展览品出境 20 个工作日前，展览会主办单位或办展人、参展人需将举办展览会的批准文件连同展览品清单或有关部门备案证明等相关单证一起提交给主管地海关，办理备案手续。

展览品出境申报手续应当在出境地海关办理。在境外举办展览会或参加境外展览会的企业应当向海关提交国家主管部门的批准文件、报关单、展览品清单（一式两份）等单证。

展览品属于应当缴纳出口关税的，向海关缴纳相当于税款的保证金；属于核用品、核两用品及相关技术的出口管制商品的，应当提交出口许可证。

海关对展览品开箱查验，核对展览品清单。查验完毕，海关留存一份清单，另一份封入关封交还给出口货物发货人或其代理人，凭以办理展览品复运进境申报手续。

3. 核销结关

（1）复运进出境

进境展览品和出境展览品在规定期限内复运出境或复运进境后，海关分别签发报关单证明联，展览品所有人或其代理人凭以向主管海关办理核销结关手续。

异地复运进出境的展览品，其所有人需持主管地海关签章的报关单证向复运进出境地海关办理手续。货物复运进出境后，主管海关凭复运进出境地海关签章的报关单证办理核销结案手续。

展览品未能在规定期限内复运进出境的，展览会主办单位或出境举办展览会单位应当向主管海关申请延期，在延长期内办理复运进出境手续。

（2）转为正式进出口

进境展览品在展览期间被人购买的，由展览会主办单位或其代理人向海关办理进口申报、纳税和提交许可证件等手续。

出口展览品在境外参加展览会后被销售的，由海关核对展览品清单后要求企业补办有关正式出口手续。

（3）展览品放弃或赠送

展览会结束后，进境展览品的所有人决定将展览品放弃的，由海关依法变卖后将款项上缴国库。

有单位接受放弃展览品的，应当向海关办理进口申报、纳税手续。

展览品的所有人决定将展览品赠送的，受赠人应当向海关办理进口手续，海关根据进口礼品或经贸往来赠送品的规定办理。

（4）展览品毁坏、丢失、被窃

进境展览品因毁坏、丢失、被窃等原因而不能原状复运出境的，展览会主办单位或其代理人应当及时向海关报告，可以凭有关部门出具的证明材料办理复运进出境手续。①对于毁坏的展览品，海关根据毁坏程度估价征税；只要仍有使用价值，必须交验进口许可证件；②对于丢失或被窃的展览品，海关按照进口同类货物征收进口税；凭公安部门的证明，可不再交验许可证件；③展览品因不可抗力原因遭受损毁或灭失的，海关核准后，视同该货物已经复运进出境。

四、集装箱箱体报关

（一）集装箱箱体的界定

集装箱箱体具有双重身份，既是作为盛装货物的容器的一种运输设备，又是一种可以买卖的货物。

当集装箱箱体作为货物进出境时，适用于一般的货物进出境通关手续。

当集装箱箱体作为运输设备载运货物进出境时，则适用于暂准进出境货物的通关手续。

（二）暂准进出境集装箱箱体的报关

暂准进出境的集装箱箱体报关有两种情况。

1. 境内集装箱

境内生产的集装箱及我国营运人购买进口的集装箱在投入国际运输前，营运人应当向其所在地海关办理登记手续。海关准予登记并符合规定的集装箱箱体，无论是否装载货物，海关准予暂时进境和异地出境，营运人或者其代理人无须对箱体单独向海关办理报关手续，进出境时也不受规定的期限限制。

2. 境外集装箱

境外集装箱箱体暂准进境，无论是否装载货物，承运人或者其代理人应当对箱体单独向海关申报，并应当于入境之日起6个月内复运出境。不能按期复运出境的，营运人应当向暂准进境地海关提出延期申请，经海关核准后的延长期限最长不得超过3个月，逾期应按规定向海关办理进口报关纳税手续。

五、暂时进出境货物的报关

（一）暂时进出境货物的含义

上述 12 项暂准进出境货物中，除按上述 3 种海关监管方式报关外，其余均属于暂时进出境货物。

（二）暂时进出境货物的监管期限

暂时进出境货物的监管期限是 6 个月，即自暂时进出境货物进出境之日起 6 个月内必须复运出进境；超过 6 个月的，可以申请延期，延期最多不超过 3 次，每次不超过 6 个月，延长期满，需复运出进境，或办理进出口报关手续。

国家重点工程、国家科研项目使用的暂时进出境货物，在 18 个月延长期满后仍需延期的，由主管地直属海关报海关总署审批。

（三）暂时进出境货物的报关程序

暂时进出境货物的报关程序如下。

1. 暂时进出境申请和许可

暂时进出境货物收发货人向海关提出货物暂时进出境申请时，需提交"货物暂时进/出境申请书"、暂时进出境货物清单、发票、合同或协议以及其他相关单据。

海关对其申请作出是否批准的决定后，制发"中华人民共和国海关货物暂时进/出境申请批准决定书"或"中华人民共和国海关货物暂时进/出境申请不予批准决定书"。

2. 进出境申报

（1）进境申报

暂时进境货物进境时，收货人或其代理人需向海关提交主管部门允许货物为特定目的而暂时进境的批准文件、进口报关单、商业及货运单据等，办理暂时进境申报手续。

暂时进口货物在提交相应担保后，免于缴纳进口税，除涉及检验检疫或管制措施的货物外，免于交验进口许可证件。

（2）出境申报

暂时出口货物出境时，发货人或其代理人需向海关提交主管部门允许货物为特定目的而暂时出境的批准文件、出口报关单、商业及货运单据等，办理暂时出境申报手续。

暂时出境货物中，易制毒化学品、监控化学品、消耗臭氧层物质、有关核出口、核两用品、相关技术出口管制条例管制的商品以及其他国际公约管制的商品等，需按正常出口提交有关许可证，其余商品免于交验许可证件。

（3）异地复运出、进境的申报

异地复运出、进境的暂时进出境货物，收发货人需持主管地海关签章的海关单证，向复运出、进境海关办理手续。货物复运出、进境后，主管地报关凭复运出境、复运进境地海关签章的海关单证办理核销结案手续。

3. 核销结关

（1）复运进出境

暂时出进境货物复运进出境，收发货人留存由海关签章的复运进出境的报关单，凭以办理报核手续。

（2）转为正式进出口

由于特殊情况，暂时进出境货物转为正式进出口，暂时进出境货物的收发货人需在货物复运出、进境期限届满 30 个工作日前，向主管地海关申请，经主管地直属海关批准后，按照一般进出口货物的报关程序办理海关手续。

（3）放弃

暂时进出境货物如不复运出进境的，可以向海关声明放弃，海关按放弃货物的相关规定处理。

（4）受损处理

暂时进出境货物因不可抗力原因受损，无法按原状复运出进境，收发货人需及时向主管海关报告，凭有关部门出具的证明材料办理复运出进境手续；因不可抗力原因灭失或失去使用价值的，经海关核准后，可以视同该货物已经复运出进境。

暂时进出境货物因非不可抗力原因受损或灭失的，收发货人需按进出口货物的有关规定办理海关手续。

暂时进出口货物在复运出进境、或转为正式进出口、或放弃后，收发货人向海关提交经由海关签注的进出口货物报关单或放弃货物的有关单据以及其他有关单据，申请报核。

海关审核后，情况正常的，予以退还保证金或办理其他担保销案手续，予以结关。

第三节　其他进出境货物的通关

一、过境、转运、通运货物的报关

（一）过境货物的报关

过境货物报关的具体内容如下。

1. 过境货物的含义

从境外启运，不论是否换装运输工具，通过我国境内陆路运输，继续运往境外的货物即为过境货物。在我国允许过境的货物有两种情况：一是与我国有过境货物协议、铁路联运协议的国家的过境货物；二是虽没有上述相关协议，但经国家经贸、运输主管部门批准，进境地海关备案后准予过境的货物。

以下为禁止过境的货物：①来自或运往我国停止或禁止贸易往来的国家和地区的货物；②武器、弹药、爆炸物及军需品（通过军事途径运输的除外）；③烈性毒药、麻醉品和各种毒品（如鸦片、吗啡、海洛因、可卡因等）；④我国法律、行政法规禁止过境的其他货物、物品。

2. 过境货物的监管要求

我国海关对过境货物的监管目的主要是防止过境货物滞留境内，或境内货物混装出境和禁止过境货物过境。所以海关对过境货物提出了严格的监管要求：①运输工具具备海关认可的加封条件或装置，运输部门和过境货物经营人必须负责保护海关封志的完整，任何人不得擅自开启或损毁；②过境货物经营人必须持有关主管部门的批准文件和营业执照向主管海关办理注册登记手续；③民用爆炸品、医用麻醉品应取得总署批准后方可过境；④违规违法（如伪报货名、国名）过境的，予以扣留；⑤海关有权对过境货物实施查验，查验时，经营人或承运人需到场，负责搬移、开拆、封装货物；⑥过境货物如果在境内发生毁损或灭失的（因不可抗力原因造成的除外），经营人必须负责向出境地海关补缴进口关税。

过境货物的过境期限为3个月，可以申请延期，最长可延期3个月。超过规定期限3个月仍未过境的，海关可依法提取变卖。

3. 过境货物的报关程序

（1）进境报关

过境货物进境时，过境货物经营人或报关企业需向海关递交"过境货物报关单"和其他法定单证，办理过境手续。

进境地海关将报关单和过境货物清单制作"关封"并加盖"海关监管货物"专用章，在提运单上加盖"海关监管货物"戳记，一并退还报关企业，供过境货物经营人出境时凭以验核。

（2）出境报关

过境货物经营人出境时需向海关交验进境地海关签发的"关封"和有关单证，经出境地海关审核有关单证、货物和"关封"后，加盖放行章，在海关的监管下出境。

（3）过境货物在境内的暂存与运输

①过境货物因各种原因需要在境内储存时，需经海关批准，并在海关的监管下存入指定或同意的仓库或场所；②过境货物在境内的运输，必须按照运输主管部门规定的路线运输，没有规定的，由海关指定；③海关有权根据实际情况派员押运过境货物。

（二）转运货物的报关

转运货物报关的具体内容如下。

1. 转运货物的含义

转运货物是指由境外启运，通过我国境内设立海关的地点换装运输工具，不通过境内陆路运输，继续运往境外的货物。符合下列条件之一者，即可办理转运手续：①持有转运或联运提货单的；②进口载货清单上注明是转运货物的；③持普通提货单，但在卸货前向海关声明转运的；④误卸进口货物，承运方提供证明的；⑤因特殊原因申请转运、经海关批准的货物。

海关对转运货物的监管目的在于防止转运货物在口岸换装过程中混卸进口或混装出口。转运货物在中国境内存放期间，不得进行任何加工；转运货物必须在 3 个月之内办理转运出境手续，超过规定期限 3 个月仍未转运出境或办理其他海关手续的，海关可依法提取变卖。

2. 转运货物的报关程序

对于转运货物，应由承运人持"进口载货清单"等，向主管海关申报进境；经主管海关核准后，在指定地点换装运输工具后，在规定时间内运送出境。

（三）通运货物的报关

通运货物报关的具体内容如下。

1. 通运货物的含义

通运货物是指从境外启运，不通过我国境内陆路运输，进境后由原航空器、船舶载运出境的货物。

2. 通运货物的报关程序

由承运人持注明通运货物名称、数量的"船舶进口报告书"或国际民航机使用的"进口载货舱单"向进境地海关申报；进境地海关在运输工具抵、离境时，对通运货物予以核查并监管其实际离境；运输工具需倒装或搬运货物时，应申请并在海关监管下进行。

（四）过境货物、转运货物与通用货物的区别

过境货物、转运货物与通用货物之间的区别如表 6.1 所示。

表 6.1 过境货物、转运货物与通运货物之间的区别

类 别	启 运 地	在我国境内的运输形式	在我国境内换装运输工具	目 的 地
过境货物	我国境	通过我国境内陆路运输	可换装或不换装运输工具	我国境
转运货物	外某国	不通过我国境内陆路运输	换装运输工具	外某国
通运货物	或地区	随原航空器、船舶进出境	不换装运输工具	或地区

二、进出境快件的报关

（一）进出境快件的含义

进出境快件是指进出境快件营运人（在中华人民共和国境内依法注册并在海关备案的从事进出境快件运营业务的国际货物运输代理企业），以向客户承诺的快速商业运作方式承揽、承运的进出境货物、物品。进出境快件分为以下 3 类。

1）文件类。法律、行政法规规定的、予以免税且无商业价值的文件、单据及资料。

2）个人物品类。《海关法》规定的自用、合理数量范围内的进出境旅客分离运输行李物品、亲友间相互馈赠物品和其他个人物品。

3）货物类。除文件类、物品类进出境快件以外的其他进出境快件。

阅　读　资　料

经营进出境快件业务的营运人的义务

经营进出境快件业务的营运人要及时向海关呈交快件通关所需的单证、资料，并如实申报所承运的快件；通知收、发件人或代理收、发件人缴纳快件的进出口税款，并按规定对进出境快件交纳各种手续费；除经海关准许的情况外，应当将监管时限内的快件存放于专门设立的海关监管仓库内，并妥善保管。未经海关许可，不得将监管时限内的快件进行装卸、开拆、重换包装、提取、派送、发运或进行其他作业；海关查验快件时，营运人应当派工作人员到场，并负责快件的搬移、开拆、重封包装等；海关对进出境快件中的个人物品进行开拆查验时，营运人应通知其收发货人到场，收发货人不能到场的，营运人需向海关提交其委托书，代理其承担相应的义务与法律责任。发现快件中含有禁止出境的物品，不得擅自处理，应当立即通知并协助海关进行处理。

（二）进出境快件的报关程序

进出境快件的报关和查验应当在营运人所在地海关办公时间和专门监管场所内进行。如需在海关办公时间以外或专门监管场所以外进行，需事先征得海关同意，并向海关无偿提供必需的办公场所及必备的设施。

1. 报关期限与方式

进境快件应当在运输工具申报进境之日起 14 日内，出境快件应当在运输工具离境 3 小时之前，采用纸质文件方式或电子数据交换方式，向海关办理进出境快件的报关手续。

2. 报关单证

（1）文件类快件报关

营运人持"中华人民共和国海关进出境快件 KJ1 报关单"、总运单（副本）、每一快件的分运单、发票向海关办理报关手续。

（2）个人物品类快件报关

营运人持"中华人民共和国海关进出境快件个人物品报关单"、每一快件的分运单、进出境快件收发件人的身份证复印件和其他海关需要的单证，向海关办理报关手续。

（3）货物类快件报关

进境快件的报关：①关税税额在 50 元人民币以下的货物、海关规定准予免税的货样和广告品，采用"中华人民共和国海关进出境快件 KJ2 报关单"和每一快件的分运单、发票以及其他单证向海关办理报关手续；②应予征税的货样、广告品（需提交许可证和进口付汇的除外），采用"中华人民共和国海关进出境快件 KJ3 报关单"和每一快件的分运单、发票以及其他单证向海关办理报关手续；③其他进境的货物类快件，一律按照一般进口货物的报关程序办理报关手续。

出境快件的报关：①对于货样、广告品（需提交许可证、应征出口关税、出口收汇以及出口退税的货物除外），采用"中华人民共和国海关进出境快件 KJ2 报关单"和每一快件的分运单、发票以及其他单证向海关办理报关手续；②其他出境的货物类快件，一律按照一般出口货物的报关程序办理报关手续。

三、国际租赁货物的报关

（一）国际租赁货物的概述

国际租赁货物的具体内容如下。

1. 国际租赁货物的含义

租赁是一种以一定费用为代价进行实物借贷的经济行为。在这种经济行为中，物品的所有人（出租人）将自己所拥有的某种物品交与使用人（承租人）使用，使用人（承租人）在规定的期限内支付租金并获得该种物品的使用权。

跨越国境的租赁就是国际租赁，以国际租赁方式进出境的货物为国际租赁货物。

2. 国际租赁的类型

1）金融租赁。金融租赁是由出租人根据承租人的请求，按双方的事先合同约定，向承租人指定的出卖人购买承租人指定的固定资产，在出租人拥有该固定资产所有权的前提下，以承租人支付所有租金为条件，将一个时期的该固定资产的占有、使用和收益权让渡给承租人。这种租赁具有融物与融资双重功能。金融租赁货物在租期期满后不复运出境，以很低的名义价格转让给承租人，承租人按合同规定分期支付租金，租金总额一般大于货价。

2）经营租赁。经营租赁是为了满足经营使用上的临时或季节性需要而发生的资产租赁，承租人租赁资产并没有添置资产的企图，多为短期租赁货物。经营租赁进口货物一般按合同规定期限复运出境，承租人按规定支付租金，租金总额一般小于货价。

3. 国际租赁货物完税价格的确定

进口租赁货物以海关审定的租金作为完税价格缴纳进口关税。

分期支付的租金，可以选择一次性缴纳税款，也可分期缴纳税款。若选择一次性缴纳税款，可以按照海关确定的货物价格作为完税价格，也可以按照海关审定的租金总额作为完税价格。

（二）租赁货物的报关程序

租赁货物的报关程序如下。

1. 金融租赁进口货物的报关

（1）按货物的完税价格缴纳税款

收货人或代理人持租赁合同，按进口货物的实际价格向海关申报，并提供必要的进口许可证和其他单证，按海关审定的货物完税价格缴纳进口关税和进口环节海关代征税。

海关放行后，不再对货物进行监管。

（2）按租金分期缴纳税款

收货人或代理人持租赁合同，按第一期应支付的租金和按货物的实际价格，分别填制报关单向海关申报，并提供必要的进口许可证和其他单证，按海关审定的第一期租金作为完税价格，缴纳进口关税和进口环节海关代征税。

海关放行后，对货物继续进行监管。

纳税义务人在每次支付租金后的 15 日内（含第 15 日），按支付租金额向海关申报，并缴纳进口关税和进口环节海关代征税，直到最后一期租金支付完毕。

需要后续监管的金融租赁进口货物，自租期届满之日起 30 日内，纳税义务人需将租赁进口货物退运出境；如以残值转让，则应当按照转让的价格审定完税价格，缴纳进口关税和进口环节海关代征税。

2. 经营租赁进口货物的报关

收货人或代理人持租赁合同，按第一期应支付的租金或租金总额和按货物的实际价格，分别填报关单向海关申报，并提供必要的进口许可证和其他单证，按海关审定的第一期租金或租金总额作为完税价格，缴纳进口关税和进口环节海关代征税，海关按货物的实际价格统计。

海关放行后，对货物继续进行监管。

分期缴纳税款的纳税义务人在每次支付租金后的 15 日内（含第 15 日），按支付租金额向海关申报，提供报关单证，并缴纳进口关税和进口环节海关代征税，直到最后一期租金支付完毕。

经营租赁进口货物自租期届满之日起 30 日内，纳税义务人需将租赁进口货物复运出境，或办理留购、续租的申报纳税手续。

四、进出境修理货物的报关

（一）进出境修理货物的含义

进出境修理货物是指运进（出）境维护修理后复运出（进）境的机械器具、运输工具或者其他货物以及为维护这些货物需要进口的原材料、零部件。

进出境修理包括原出（进）口货物运进（出）境修理和其他货物运进（出）境修理。

原进口货物出境修理包括原进口货物在保修期内运出境修理和原进口货物在保修期外运出境修理。

（二）进出境修理货物的报关程序

进出境修理货物的报关程序如下。

1. 进境修理货物的报关

货物进境后，收货人或其代理人持维修合同或者含有保修条款的原出口合同及申报进口需要的所有单证办理货物进口申报手续，并提供进口税款担保。

货物在境内维修期限为自进口之日起6个月，可以申请延长，延长最长不超过6个月。在境内维修期间受海管监管。

货物修理完毕复出境申报时需提供原修理货物进口申报时的报关单（留存联或复印件）。

货物修理完毕复出境后正常销案的，海关应当退还保证金或撤销担保；未复运出境部分应当办理进口申报纳税手续。

2. 出境修理货物的报关

发货人向海关提交维修合同或含有保修条款的原进口合同，以及申报出口需要的所有单证，办理出境申报手续。

货物在境外维修的期间为自出境之日起6个月，可以申请延长，延长最长不超过6个月。

货物复运进境时应当向海关申报在境外实际支付的修理费和材料费，由海关审查确定完税价格，计征进口关税和进口环节海关代征税。

超过海关规定期限复运进境的，海关按一般进口货物计征进口关税和进口环节海关代征税。

五、出料加工货物的通关

（一）出料加工货物的含义

出料加工货物是指国内现有技术手段无法或难以达到产品质量要求，为了借助国外先进的加工技术提高产品的质量和档次，运到境外进行技术加工后复运进境的货物。出料加工货物原则上不能改变原出口货物的物理形态。对完全改变原出口货物物理形态的出境加工，不属于出料加工货物，属于一般出口货物。

（二）出料加工货物的报关程序

出料加工货物的报关程序如下。

1. 备案

开展出料加工的经营企业需到主管海关办理出料加工合同的备案申请手续。海关根据有关规定对受理备案的企业核发"出料加工手册"。

2. 境外加工期限

出料加工货物自运出境之日起 6 个月内应当复运进境，经海关批准，可以延期，延长不得超过 3 个月。

3. 进出境申报

（1）出境申报

出料加工货物出境时，发货人或其代理人需向海关提交登记手册、出口货物报关单、货物单据及其他海关需要的单证申报出口，免交许可证件；属于应征出口税，应提供担保。海关对出料加工出口货物附加标志、标记或留取货样，以实现有效监管。

（2）进境申报

出料加工货物复运进境时，需向海关提交出料加工手册、进口货物报关单、货运单据及其他海关需要的单证申报进口，海关对出料加工货物复进口货物以境外加工费、材料费、复运进境的运输及其相关费用和保险费审查确定完税价格，征收进口关税和进口环节海关代征税。

4. 核销

出料加工货物未按海关规定期限复运进境，海关按一般进出口货物办理，将货物出境时收取的税款担保金转为税款。货物进境时，按一般进口货物征收进口关税和进口环节海关代征税。

出料加工货物全部复运进境后，经营人需向海关报核；海关进行核销，提供担保的，应当退还保证金，或撤销担保。

六、无代价抵偿货物的报关

（一）无代价抵偿货物概述

无代价低偿货物的具体内容如下。

1. 无代价抵偿货物的含义

无代价抵偿货物是指进出口货物在征税或免税放行后，发现货物存在残损、短少、品质不良规格不符等问题，由承运人、发货人或保险公司免费补偿或更换与原货物相同或与合同规定相符的同类货物。无代价抵偿货物主要有两种：货物发生短少的抵偿和残损、品质不良或规格不符的抵偿。

2. 进口无代价抵偿货物的期限

向海关申报进出口无代价抵偿货物，应当在原进出口合同规定的索赔期限内，同时不超过原货物进出口之日起3年。

3. 无代价抵偿货物的监管要点

海关对于无代价抵偿货物监管时免于交验进出口许可证，同时免征进出口关税和进口环节海关代征税。但是进出口与原货物或合同规定不完全相符的无代价抵偿货物，需按规定计算与原进出口货物的税款差额，高出原税额的，需征收超出部分的税款，低于原税额，如原进出口货物的承运人、发货人或保险公司同时补偿货款的，应当退还补偿部分的税款，未补偿货款的，不予退还。

（二）无代价低偿货物的报关程序

无代价抵偿货物的报关程序如下。

1. 报关需要提交的单证

除填制报关单和基本单证外，还需要提交以下特殊单证。

（1）进口

①原进口货物报关单；②买卖双方签订的索赔协议；③原进口货物税款缴纳书；或"进出口货物征免税证明"；④原进口货物退运出境的出口货物报关单，或原进口货物交由海关处理的货物放弃处理证明，或已经办理纳税手续的单证（短少抵偿的除外）。海关认为有必要时，还需提交原进口货物的检验证明或其他证明文件。

（2）出口

①原出口货物报关单；②买卖双方签订的索赔协议；③原出口货物税款缴纳书；④原出口货物退运进境的进口货物报关单，或已经办理纳税手续的单证（短少抵偿的除外）。海关认为有必要时，还需提交原出口货物的检验证明或其他证明文件。

2. 因残损、品质不良或规格不符而无代价抵偿的货物报关

（1）退运出（进）境

原进（出）口货物的收发货人或其代理人，应当先办理被更换的原进（出）口货物中残损、品质不良或规格不符货物的退运出（进）境的报关手续，被更换货物退运出（进）

境时，免征进出口关税。

（2）放弃

原进口货物中残损、品质不良或规格不符货物，如果不退运出境，原进口货物的收货人愿意放弃的，交由海关处理，海关依法处理后，向收货人提供依据，凭以申报进口无代价抵偿货物。

（3）不退运出（进）境，也不放弃

被更换的原进出口货物，如果不退运出（进）境，也不放弃，原进出口货物的收发货人需按海关接受无代价抵偿货物申报进出口之日适用的有关规定申报进出口，并缴纳进出口关税和海关代征税，同时交验许可证件。

七、退运货物和退关货物的报关

（一）退运货物的报关

退运货物报关的具体内容如下。

1. 退运货物的含义和种类

退运货物是指货物因质量不良或交货时间延误等原因，被国内外买方拒收造成的退运货物，或因错发、错运、溢装、漏卸造成退运的货物。退运货物包括以下两种。

1）一般退运货物。已经办结进出口申报手续，且海关已经放行的出口或进口退运货物。

2）直接退运货物。货物进境后，未办结海关手续前，进口货物的收货人、原运输工具负责人或其代理人申请将进口货物直接退运境外，或海关根据国家有关规定，责令直接退运境外的全部或部分货物。

2. 一般退运货物的报关程序

（1）退运进口

①原出口货物退运进境时，如果该批货物已经收汇、核销，原发货人或其代理人则应填写进口货物报关单向进境地海关申报，并同时提供原货物出口时的出口货物报关单。海关凭已经核销的"外汇核销单出口退税专用联"，或税务部门出具的"出口商品退运已补税证明"，保险公司证明，或承运人溢卸、漏卸的证明等有关资料办理退运进口，同时签发一份进口货物报关单。②原出口货物退运进口时，如果该批货物未收汇，原发货人或其代理人则需提交原出口货物报关单、出口收汇核销单、报关单退税联向进口地海关申报退运进口，并同时填写一份进口货物报关单；如果出口货物部分退运进口，海关在原出口货物报关单上批注退运的实际数量、金额后，退回企业并留存复印件，海关审核后放行。③出口货物因品质或规格原因，自出口之日起1年内原状复运进境的，经海关核实后，不予征收进口关税，原出口时已经征收的，只要重新缴纳因出口而退还的国内环节税，自缴纳出口税款之日起1年内准予退还。

（2）退运出口

①退运出口的货物，填写出口货物报关单申报出境，并提供原货物进口时的进口货物报关单、保险公司证明或承运人溢卸、漏卸的证明等有关资料办理退运出境，海关审核后放行。②因品质或规格原因，进口货物自进口之日起1年内原状复运出境的，经海关核实后，免征出口关税，已征收的，自缴纳进口税款之日起1年内准予退还。

3. 直接退运货物的报关程序

（1）可以办理直接退运手续的货物

①因国家贸易管理政策调整，收货人无法提供相关证件的；②属于错发、误卸或溢卸并能提供书面证明文件的货物；③收发货人双方协商一致同意退运，能提供双方同意退运的书面证明文件的货物；④有关贸易发生纠纷，能提供法院判决书、仲裁机构裁决书或无争议的有效货物所有权凭证的；⑤货物残损或国家检验检疫不合格，能提供国家检验检疫部门出具的相关检验证明文件的货物。

海关按照规定对申请直接退运货物作出受理或不受理决定，受理并批准直接退运的，制发"准予直接退运决定书"。

海关对已经确定查验或认为有走私违规嫌疑的货物，不予办理直接退运手续。

（2）海关责令直接退运的货物

①进口国家禁止进口并经海关依法处理后的货物；②违反国家检验检疫政策法规，经国家检验检疫部门处理并出具"检验检疫处理通知书"或其他证明文件后的货物；③未经许可，擅自进口属于限制进口的固体废物用做原料，经海关依法处理后的货物；④违反国家有关法律、行政法规，应责令直接退运的其他情形。

海关对责令直接退运的货物，制发"中华人民共和国海关责令进口货物直接退运通知书"。

（3）直接退运货物的报关程序

办理进口货物直接退运手续的当事人应当按照《报关单填制规范》填写进出口货物报关单，特别注意，要在报关单的"备注"栏中填写"准予直接退运决定书"或"责令直接退运通知书"编号，"贸易方式"栏均填写"直接退运"（代码4500）。

经海关批准、直接退运的货物免于交验进出口许可证或其他监管证件，免征各种税费及滞报金，不列入海关统计。

进口货物直接退运，须从原进境地口岸退运出境；因运输原因需要改变运输方式，或由另一口岸退运出境的，应当经由原进境地海关批准，以转关运输方式出境。

（二）退关货物的报关

退关货物报关的具体内容如下。

1. 退关货物的含义

出口货物在海关申报出口后海关放行，因故未能装上运输工具，发货单位申请将货物退运出海关监管区不再出口的货物称为退关货物，又称出口退关货物。

2. 退关货物的报关程序

①出口货物的发货人或其代理人应当在得知出口货物未装上运输工具，并决定不再出口之日起3天内，向海关申请退关；②经海关核准且撤销出口申报后方能将货物运出海关监管场所；③已缴纳出口关税的退关货物，可以在缴纳税款之日起1年内，向海关书面申请退税；④办理退关手续后，海关对所有单证予以注销，并删除有关报关电子数据。

八、溢卸、误卸、放弃货物和超期未报货物的报关

（一）溢卸货物和误卸货物的报关

溢卸货物和误卸货物的含义和报关程序如下。

1. 溢卸货物和误卸货物的含义

溢卸货物是指未列入或者多于进口载货清单、运单中的货物。误卸货物是指搞错国内或国外卸货港（站）而在本港（站）卸下的货物。

2. 溢卸货物和误卸货物的报关程序

1）溢卸货物由原收货人接受的，原收货人应填写进口货物报关单向进境地海关申报，并提供相关的溢卸货物证明；海关征收进口关税和进口环节海关代征税以及相关许可证后，放行货物。

2）运输工具负责人或其代理人要求将溢卸货物抵补短卸货物的，经原收货人同意，并限于同一运输工具、同一品种货物；非同一运输工具或同一运输工具非同一航次之间抵补的，仅限于同一运输公司、同一发货人、同一品种的进口货物。两种情况均需填写进口货物报关单向海关申报。

3）误卸货物，当事人可以向海关申请办理直接退运手续。

4）原收货人不接受或不办理溢卸、误卸货物的退运手续的，运输工具负责人可要求将其在国内销售，由购货人办理相关进口手续。

5）经海关审核确定的溢卸、误卸货物，应当自卸货之日起3个月内申请办理退运出境或申报进口手续，超出期限的，海关提取依法变卖处理。

6）不宜长期保存的溢卸、误卸货物，海关可根据实际情况，提前变卖处理。

（二）放弃货物

放弃货物的含义和处理办法如下。

1. 放弃货物的含义

放弃货物是指进口货物收货人或其所有人声明放弃并由海关依法变卖处理的货物。

除了国家禁止或限制进口的废物、对环境造成污染的货物不得声明放弃外，放弃货物包括以下 5 种情况：①没有办结海关手续的一般进口货物；②保税货物；③在监管期内的特定减免税货物；④暂准进境货物；⑤其他没有办结海关手续的进境货物。

2. 放弃货物的处理

放弃货物由海关提取依法变卖处理。

海关变卖放弃进口货物的所得价款，优先拨付变卖处理实际支出的费用后，再扣除运输、装卸、储存等费用，不足支付上述费用的，按比例扣除；变卖所得价款扣除上述费用尚有剩余的，上缴国库。

（三）超期未报关货物

超期未报关货物的含义和处理办法如下。

1. 超期未报关货物的含义

超期未报关货物是指在规定期限内未办结海关手续的海关监管货物。主要指：①自运输工具进境之日起，超过 3 个月未申报的进口货物；②在海关批准延长期满仍未办结海关手续的溢卸货物、误卸货物；③超过规定期限 3 个月未办理复运出境或其他海关手续的保税货物；④超过规定期限 3 个月未办理复运出境或其他海关手续的暂准进境货物；⑤超过规定期限 3 个月未运输出境的过境、转运和通运货物。

2. 超期未报关货物的处理

对于超期未报关货物海关采取依法提取变卖的处理方式。具体分 4 种情况：

1）列入《法检目录》的超期未报关货物，由海关提请出入境检验检疫机构进行检验检疫，费用从变卖款中扣除。

2）超期未报关货物变卖所得价款，按运输、装卸、储存等费用—进口关税—进口环节海关代征税—滞报金—的顺序扣除相关费用和税款，所得价款不足支付上述费用的，按比例支付。

3）超期未报关货物变卖后扣除上述费用尚有余款的，自货物变卖之日起 1 年内，经进口货物收货人申请可退还（属于许可证管理的，需提供许可证，否则不予发还）；不予退还的，或逾期不申请的余款上缴国库。

4）申请发还余款的申请人，需补办货物的进口申报手续。

九、海关监管货物的转关

（一）转关的含义

转关是指进出口海关监管货物需由进境地或启运地设立的海关转运至目的地或出境地海关办理某项海关手续的行为。主要包括以下范围：①由进境地入境后，向海关申请转关，运往另一设关地点办理进口报关手续的货物；②在启运地已办理出口报关手续运往出境地，由出境地海关监管放行的货物；③由境内某一设关地点转运到境内另一设关地点办理进口报关手续的货物。

（二）申请转关需具备的条件

申请转关需具备的条件包括：①转关的指运地和启运地必须设有海关机构；②转关的指运地和启运地设有经海关批准的监管场所；③转关承运人需在海关注册登记，承运车辆符合海关监管要求，并按海关规定的路线和途中运输时间的限制，将货物运往指定场所。

（三）不允许转关运输的货物

以下货物不允许转关运输：①进口固体废物（废纸除外）；②进口易制毒化学品、监控化学品、消耗臭氧层物质；③进口汽车整机，包括成套散件和二类底盘；④国家检验检疫部门规定的必须在口岸检验检疫的商品。

（四）转关运输方式

转关运输包括以下 3 种方式。

1. 提前报关转关

进口货物在指运地先申报，再到进境地办理进口转关手续；出口货物在货物未运抵启运地监管场所前先申报，货物运抵监管场所后再办理出口转关手续的转关。

2. 直转转关

进口直转转关是指进境货物在进境地海关办理转关手续，货物运抵指运地后，再在指运地海关办理申报手续的转关。

出口直转转关是指出境货物在货物运抵启运地海关监管场所报关后，在启运地海关办理出口转关手续，再到出境地海关办理出境手续的转关。

3. 中转转关

进出口中转转关是指收、发货人或其代理人向指运地或启运地海关办理进出口报关手续后，由境内承运人或其代理人批量向进境地或启运地海关办理进口或出口转关手续。

具有全程提运单，须换装境内运输工具的进出口中转货物适用中转转关方式运输。

（五）转关运输的监管与报关要点

转关运输的监管与报关要点如下。

1. 转关运输的期限

1）直转方式转关的期限。直转方式转关的进口货物应当自运输工具申报进境之日起 14 天内向进境地海关办理转关手续，在海关限定期限内运抵指运地之日起 14 天内，向指运地海关办理报关手续。逾期按规定征收滞报金。

2）提前报关方式转关的期限。①进口转关货物应在电子数据申报之日起 5 日内，向进境地海关办理转关手续，超过期限仍未到进境地海关办理转关手续的，指运地海关撤销提前报关的电子数据；②出口转关货物应于电子数据申报之日起 5 日内，运抵启运地海关监管场所，办理转关和验放等手续，超过期限的，启运地海关撤销提前报关的电子数据。

2. 转关运输申报单证的法律效力

转关货物申报的电子数据与书面单证具有同等的法律效力，对确实因为填报或传输错误的数据，有正当的理由并经海关同意，可作适当的修改或者撤销。对海关已决定查验的转关货物，则不再允许修改或撤销申报内容。

（六）转关运输的报关程序

转关运输的报关程序如下。

1. 进口货物提前报关的转关

进口货物的收货人或其代理人在进境地海关办理进口货物转关手续前，向指运地海关录入"进口货物报关单"电子数据。指运地海关提前受理电子申报，接受申报后，计算机自动生成"进口转关货物申报单"，向进境地海关传输有关数据。

提前报关的转关货物收货人或其代理人应向进境地海关提供"进口转关货物申报单"编号，并提交相关单证（"进口转关货物核放单"或广东省内公路运输的"进境汽车载货清单"、"汽车载货登记簿"或"船舶监管簿"、提货单）办理转关运输手续。

提前报关的进口转关货物，进境地海关因故无法调阅进口转关数据时，可以按直转方式办理转关手续。

2. 出口货物提前报关的转关

出口货物的发货人或其代理人在货物未运抵启运地海关监管场所前，先向启运地海关录入"出口货物报关单"电子数据，由启运地海关提前受理电子申报，生成"出口转关货物申报单"数据，传输至出境地海关，发货人或其代理人持相关单证办理出口转关手续。货物到达出境地后，发货人或其代理人持相关单证办理转关货物的出境手续。

3. 进口货物直转方式的转关

货物的收货人或其代理人在进境地录入转关申报数据，持相关单证（"进口转关货物申报单"或广东省内公路运输"进境汽车载货清单"、"汽车载货登记簿"或"船舶监管簿"）直接办理转关手续。

4. 出口货物直转方式的转关

由发货人或其代理人在货物运抵启运地海关监管场所后，向启运地海关录入"出口货物报关单"电子数据，启运地海关受理电子申报，生成"出口转关货物申报单"数据，传输至出境地海关，发货人或其代理人需持相关单证在启运地海关办理出口转关手续。货物到达出境地后，发货人或其代理人持相关单证办理转关货物的出境手续。

5. 进口货物中转方式的转关

中转方式的进口转关一般采用提前报关转关。

具有全程提运单、需要换装境内运输工具的中转转关货物的收货人或其代理人向指运地海关办理进口报关手续后，由境内承运人或其代理人向进境地海关提交"进口转关货物申报单"、"进口货物中转通知书"、按指运地目的港分列的"纸质舱单"（空运方式提交"联程运单"）等单证办理货物转关手续。

6. 出口货物中转方式的转关

具有全程提运单、需要换装境内运输工具的出口中转转关货物，货物的发货人或其代理人向启运地海关办理出口报关手续后，由承运人或其代理人向启运地海关录入并提交"出口转关货物申报单"、凭出境运输工具分列的电子或"纸质舱单"、"汽车载货登记簿"或"船舶监管簿"等单证向启运地海关办理货物出口转关手续。启运地海关核准后，签发"出口货物中转通知书"，承运人或其代理人凭以办理中转货物出境手续。

例如，南京某企业开展进料加工业务，在南京海关办理加工成品出口手续，经上海海关复核、放行后装船运往德国。由于此项加工成品复出口业务是在南京海关办理的出口手续，而出境地在上海，因此，该企业除按规定办理出口手续外，还需要办理出口转关运输手续，才能在上海出境。

（七）境内监管货物的转关

境内监管货物的转关运输，除加工贸易深加工结转按有关规定办理外，均应按进口转关方式办理。

1. 提前报关

海关监管货物的转关运输属于提前报关的，由转入地(相当于指运地)货物收货人或其代理人，在转出地（相当于进境地）海关办理监管货物转关手续前，向转入地海关录入进口货物报关单电子数据报关，由转入地海关提前受理电子申报，并生成"进口转关货物申报单"，向转出地海关传输。转入地货物收货人或其代理人应持"进口转关货物核放单"和"汽车载货登记簿"或"船舶监管簿"，并提供"进口转关货物申报单"编号，向转出地海关办理转关手续。

2. 直转

海关监管货物的转关运输属于直转的，由转入地货物收货人或其代理人在转出地录入转关申报数据，持"进口转关货物申报单"和"汽车载货登记簿"或"船舶监管簿"，直接向转出地海关办理转关手续。

货物运抵转入地后，海关监管货物的转入地收货人或其代理人向转入地海关办理货物的报关手续。

知识拓展

"在外售券，境内提货"及购买免税外汇商品的相关手续

"在外售券，境内提货"是为了方便入境旅客携带行李物品而开展的一项业务。出国人员、华侨、港澳同胞可在国外或港澳地区经营这项业务的单位（指经国务院主管部门批准的经营售券业务的单位）购买电视机、电冰箱、洗衣机、摩托车等物品，缴款后，售券单位开出货券。旅客携带货券入境时，应向海关申报，并将货券交海关验核，海关对携带此货券视同携进实物，按照对各类旅客行李物品的管理规定办理验放手续，并在货券上的"提货联"和"发货单位退海关联"处加盖验讫章，旅客凭经海关加盖验讫章的货券在境内指定的提货点办理提取有关物品的手续。

旅客提货时应出示本人护照或回乡证。如果不是旅客本人提货，代领人应凭本人居民身份证办理提货手续。发货点工作人员须将提货人的姓名、证件号码、住址批注在货券第二联背面，以备核查。

在境内免税商店购买免税外汇商品，必须具备以下条件。

1）属于符合规定的供应对象。因公出国人员、远洋船员、华侨、外籍华人、台湾同胞、出国探亲的中国公民、外国专家、外国驻华使领馆人员、外国驻华企业、新闻等机构常驻人员，均可在指定的免税商店购买外汇商品。

2）持有符合规定的有效单证。本人护照以及海关签证的"入境旅客行李申报单"或者"进口免税物品登记证"等单证。

3）持有准予购物的外币。准予购物的外币必须是从境外带入、且在入境时已向海关申报并经海关审核的。

4）符合海关对免税物品验放的规定。旅客须有准予带进免税物品的额度，并在规定物品品种、数量范围内购物。

在国内免税商店选购免税外汇商品不限次数，但必须集中一次向海关申报，并办结验放手续。海关将申报单予以注销，注销后的申报单不再作为购买凭证。

（资料来源：http://www.tywanda.cn）

小　结

　　特定减免税货物是指海关根据国家政策的规定，准予减免税进口用于特定地区、特定企业、特定用途的货物，适用于特定的通关程序；享受减免税的货物必须在特定的期限内接受海关的监管。

　　暂准进出境货物是指为了特定目的，经海关批准，暂时进境或暂时出境，并在规定的期限内按原状复运出境或复运进境的货物。分为4种情况：持ATA单证册报关的暂准进出境货物、不持ATA单证册报关的暂准进出境货物、集装箱箱体和暂时进出境货物。

　　从境外启运，不论是否换装运输工具，通过我国境内陆路运输，继续运往境外的货物即为过境货物；转运货物是指由境外启运，通过我国境内设立海关的地点换装运输工具，不通过境内陆路运输，继续运往境外的货物；通运货物是指从境外启运，不通过我国境内陆路运输，进境后由原航空器、船舶载运出境的货物，通运货物需在海关的监管下进出境。

　　进出境快件是指进出境快件营运人（在中华人民共和国境内依法注册并在海关备案的从事进出境快件运营业务的国际货物运输代理企业），以向客户承诺的快速商业运作方式承揽、承运的进出境的货物、物品，分为文件类、个人物品类和货物类3种形式。

　　跨越国境的租赁就是国际租赁，以国际租赁方式进出境的货物为国际租赁货物。进口租赁货物以海关审定的租金作为完税价格缴纳进口关税；分期支付的租金，可以选择一次性缴纳税款，也可分期缴纳税款。若选择一次性缴纳税款，可以按照海关确定的货物的价格作为完税价格，也可以按照海关审定的租金总额作为完税价格。

　　进出境修理货物是指运进（出）境维护修理后复运出（进）境的机械器具、运输工具或者其他货物以及为维护这些货物需要进口的原材料、零部件。

　　出料加工货物是指我国境内企业为了借助于国外先进的加工技术提高产品的质量和档次，运到境外进行技术加工后复运进境的货物。

　　无代价抵偿货物是指进出口货物在征税或免税放行后，发现货物有残损、短少、品质不良、规格不符等问题，而由承运人、发货人或保险公司免费补偿或更换的同类货物。

　　退运进出口货物是指货物因质量不良或交货时间延误等原因，被国内外买方拒收造成的退运货物，或因错发、错运、溢装、漏卸造成退运的货物。

　　出口货物在海关申报出口后海关放行，因故未能装上运输工具，发货单位申请将货物退运出海关监管区不再出口的货物称为退关货物，又称出口退关货物。

　　溢卸货物是指未列入或者多于进口载货清单、运单中的货物；误卸货物是指搞错国内或国外卸货港（站）而在本港（站）卸下的货物。

　　放弃货物是指进口货物收货人或其所有人声明放弃并由海关依法变卖处理的货物。

　　超期未报关货物是指在规定期限内未办结海关手续的海关监管货物。

　　海关监管货物的转关是指进出口海关监管货物需由进境地或启运地设立的海关转

运至目的地或出境地海关办理海关手续的行为，有提前报关转关、直转转关和中转转关3种方式。

案例分析

　　广州南方大学邀请美国某航天研究所一行三名专家来校讲学，同时通过货运渠道从深圳文锦渡口岸运进一批讲学必需的测试设备，其中有一套先进的多媒体演示设备。南方大学作为收货人（已在海关注册），委托广州通达报关行向广州海关办理了该批测试设备的进口手续。讲学结束后，南方大学因为教学需要，将多媒体演示设备留购，三年后，因专业调整，南方大学又将此多媒体演示设备转让给广州某会展中心。

思考题

1. 通达报关行应向广州海关就该批测试设备的进口办理何种手续？
2. 该批测试设备进口时，如何办理税费手续？
3. 该批测试设备进境后，应遵守海关的哪些监管规则？
4. 南方大学留购的多媒体演示设备应如何办理海关手续？
5. 南方大学三年后转让给会展中心的多媒体演示设备应办理何种海关手续？

自测题

一、选择题

1. 下列货物中不能向海关申请放弃的是（　　　）。
   A. 暂准进境货物　　　　　　　　B. 保税货物
   C. 捐赠进口的医疗废物　　　　　D. 在海关监管期内的特定减免税货物

2. 沈阳科迪纺织品有限公司在国内购买一批坯布运出境外某国印染，复运进境后委托某服装厂加工成服装，然后回收出口。前后两次出口适用的报关程序分别为（　　　）。
   A. 暂准出境和一般出口　　　　　B. 一般进口和进料加工
   C. 出料加工和一般出口　　　　　D. 出料加工和进料加工

3. 特定减免税货物在海关监管期内申请解除海关监管，对特定减免税货物的处理，下列选项中正确的是（　　　）。
   A. 在境内出售时，海关免征进口税
   B. 在境内转让给同样享受进口减免税优惠的企业，接受货物的企业可以凭《征免税证明》办理结转手续，继续享受特定减免税优惠政策
   C. 可以申请将特定减免税货物退运出境
   D. 可以书面申请将特定减免税货物放弃，交由海关处理。

4. 下列货物中可以按照暂准进出境货物进行管理的是（　　　）。
   A. 参加柏林博览会的出境货物

B. 百老汇大剧院来华演出运进的器材、服装、道具

C. 来华参加国际科技展览会运进的展示货物

D. 进出境修理货物

5. 下列（　　）选项属于转运货物范围。

A. 某船舶自韩国装运机器设备三套，在连云港卸下，通过铁路运输至新疆阿拉山口，运往哈萨克斯坦

B. 某船舶自日本装运大型建筑设备一套，在上海卸下，换装另一艘船舶，运往印度

C. 某国际航班飞机从新加坡装运精密仪器一台，经大连运往莫斯科

D. 某船舶自印尼运抵广州一批货物在保税区储存，在海关规定的期限内运往俄罗斯

二、判断题

1. 使用ATA单证册办理报关手续的展览会、交易会、会议及类似活动项下的货物，办理进出口报关手续时，必须向海关另行提供担保。（　　）

2. 进出境快件的申报时限是，自运输工具进境之日起14日内，出境快件在运输工具离境的3小时以内，向海关申报。（　　）

3. 进口无代价抵偿货物，不征收进口关税和进口环节代征税；被更换的原进口的残损、品质不良或规格不符货物，在办理退运出境报关手续时免征出口税。（　　）

4. 海关对超过规定期限复运进境的出境修理货物，进境时按照一般进口货物计征进口关税和进口环节代征税。（　　）

5. 有走私嫌疑，但是能够提供境外发货人错发、错运书面证明的进口货物，可以办理直接退运手续。

第七章
进出口商品归类

📥 学习目标

- 熟悉《协调制度》的产生与发展
- 掌握《协调制度》的基本结构
- 熟练掌握商品归类总规则
- 理解海关进出口商品分类目录各类、章的主要内容及其结构
- 熟悉商品归类的有关依据和申报要求

📥 学习要点

- 重点掌握商品总归类技巧
- 能够根据归类总规则，并结合进出口货物实际情况进行归类，正确查找商品编码

♻ 导入案例

自 2009 年 1 月 1 日起，我国进一步调整了进出口关税税则，主要涉及最惠国税率、年度暂定税率、协定税率、特惠税率及税则税目等方面，以促进进出口贸易的稳定增长和结构优化。据财政部介绍，在符合世界海关组织《商品名称及编码协调制度》列明原则的前提下，已对 2009 年进出口税则中的税目进行了适当增减，其中增列的税目包括木糖醇、起酥油和鞋类等出口量逐年增大、需加强进出口管理的产品，竹制品等支持农业和农村经济发展的产品，胞嘧啶等有利于发展公共卫生事业、保护人类健康的抗艾滋病病毒药品以及焊锡、单晶硅棒等高新技术和有利于环境保护的产品税目。同时，也删除了个别产品的税目。经过调整，我国 2009 年进出口税则税目总数由 2008 年的 7758 个增至 7868 个。

（资料来源：http://www.mof.gov.cn）

学习本章后，学生能够掌握《协调制度》以及商品归类总规则。

第一节　《协调制度》概述

一、《协调制度》的产生

为了简化国际贸易程序，提高工作效率，在长期的国际贸易实践中，欧洲海关合作理事会（1995 年更名为世界海关组织）与联合国分别编制了两个独立的商品分类目录，即《海关合作理事会商品分类目录》（简称 CCCN）和《国际贸易标准分类目录》（简称 SITC）。为了统一商品编码，方便国际贸易操作，海关合作理事会于 1983 年 6 月通过了《商品名称及编码协调制度公约》及其附件《商品名称及编码协调制度》，简称《协调制度》或 HS，并于 1988 年 1 月 1 日起正式生效。自 1988 年生效以来，《协调制度》共进行了 4 次修订，形成了 1988 年、1992 年、1996 年、2002 年和 2007 年共 5 个版本。同时海关合作理事会还制定了《商品名称及编码协调制度注释》（简称《协调制度注释》）来帮助人们正确理解《协调制度》。

二、《协调制度》的基本结构

《协调制度》由归类总规则，类注释、章注释及子目注释组成。主要将国际贸易涉及的各种商品按照生产部类、自然属性和不同功能用途等分为 21 类 97 章，每一章由若干品目构成，品目项下又细分出若干一级子目和二级子目。为了避免各品目和子目所列商品发生交叉归类，在类、章下加有类注、章注和子目注释。为了使每一项商品的归类具有充分的依据，设立了归类总规则，作为整个《协调制度》商品归类的总原则。

从类上看，基本上是按生产部类来划分的，如农业产品在第一、二类，化学工业在第六类，纺织工业在第十一类，冶金工业在第十五类，机电制造业在第十六类等。

从章上看，基本上按商品的自然属性或功能、用途来划分。第一章至第八十三章（第六十四章至第六十六章除外）基本上是按商品的自然属性来分章，这样分类的原因有二：一是因为这些物品往往由多种材料构成，难以将这些物品作为某一种材料制成的物品来分类；二是因为商品的价值主要体现在生产该物品的社会必要劳动时间上。

从品目的排列看，一般也是原材料先于成品，加工程度低的产品先于加工程度高的产品，列名具体的品种先于列名一般的品种。

第二节　HS 编码的归类总规则

一、归类总规则一

"类、章及分章的标题，仅为查找方便而设；具有法律效力的归类，应按品目条文和有关类注或章注确定，如品目、类注或章注无其他规定，按以下规则确定。"下面就此一一解释。

（一）类、章及分章的标题不具法律效力，仅为查找方便而设，本身不是归类的依据

类、章及分章的标题不可能一一列出所有的商品。同一类的商品在不同条件下可能有不同的分类。例如，第一章的标题是"活动物"，但实际上，马、牛、羊等活动物归入本章，而活的鱼、甲壳动物、软体动物及其他水生无脊椎动物却是归入第 3 章的。

（二）归类的法律依据应该是品目条文和有关的类注、章注

许多商品可直接按目录规定进行归类，而类注、章注在于限定类、章和品目的商品范围。例如，在第一章章注中，本章不包括品目 95.08 的动物，不包括品目 30.02 的培养微生物及其他产品。那么 95.08 的动物、30.02 的培养微生物，就不能归入本章。所以说，具有法律效力的归类应按项目条文和有关类注或章注确定。

（三）按品目条文、类注或章注仍无法确定归类的，按其他规则确定品目的归类

在确定归类时应首先考虑品目条文、相关的类注和章注的规定，其次才是其他规则规定。它们的优先顺序是：子目注释—章注—类注—归类总则。

二、归类总则二

A. 品目所列货品，应视为包括该项货品的不完整品或未制成品，只要在进口或出口时该项不完整品或未制成品具有完整品或制成品的基本特征，应视为包括该货品的完整品或制成品（或按本款可作为完整品或制成品归类的货品）在进口或出口时的未组装件或拆散件。

B. 品目中所列材料或物质，应视为包括该种材料或物质与其他材料或物质混合或组合的物品。品目所列某种材料或物质构成的货品，应视为包括全部或部分由该种材料或物质构成的货品。由一种以上材料或物质构成的货品，应按规则三归类。

上述两个规则的共同特点是扩大品目所列货品的范围。

（一）规则二 A 款有条件地将不完整品、未制成品也包括在品目所列货品范围之中

1. 具有完整或制成品基本特征的不完整品和未制成品

品目所列的货品中不仅包括完整货品，还包括具有完整品或制成品基本特征的不完整品和未制成品。

1）不完整品。指货品主要部分都已具备，缺少非关键部位。例如，缺少键盘的便携式计算机按便携式计算机归类。

2）未制成品。指货品尚未完全制成，需进一步加工才成为制成品。例如，已剪裁成型未缝制的机织面料分指手套。

只要在报检时它们具有完整品或制成品的基本特征，就可以归入该货品。

2. 完整品或制成品的未组装件或拆散件

完整品或制成品的未组装件或拆散件应归类于已组装物品的同一品目。例如，机动游览船成套部件；未组装的自行车等。

鉴于第一类至第六类各品目所及的商品范围，规则二A款规定一般不适用于这6类所包括的货品。

（二）规则二B款有条件地将该品目货品的混合物及组合物也归入该品目之中

规定品目所列材料或物质，还应该扩大到该材料或物质中可以加入其他材料或物质；但条件是加入材料或物质并不改变原来材料或物质或其所构成货品的基本特征。例如，加碘的食用盐，其并没有改变盐的基本特征和性质，仍然按食用盐来归类。

关于上述规则的使用原则是：规则二只有在品目、类注或章注无其他规定（规则一）时方可使用。

三、归类总规则三

"当货品按规则二B款或由于其他原因看起来可归入两个或两个以上品目时，按以下规则归类。

A. 列名比较具体的品目，优先于列名一般的品目。但是如果两个或两个以上品目都仅述及混合或组合货品所含的某部分材料或物质，或零售的成套货品中的某些货品，即使其中某个品目对该货品描述得更为全面、详细，这些货品在有关品目的列名应视为同样具体。

B. 混合物，不同材料构成或不同部件组成的组合物以及零售的成套货品，如果不能按照规则三A款归类时，在本款可适用的条件下，应按构成货品基本特征的材料或部件归类。

C. 货品不能按照规则三A款或B款归类时，应按号列顺序归入其可归最末一个品目。"

（一）规则运用的先后顺序

规则三专门用于有歧义的归类。在规则一和规则二不能解决归类问题的情况下，都应先按规则三进行正确的归类。不能运用规则三A款才能运用规则三B款；不能按照规则三A款和B款两款归类时，才能运用规则C款。因此，它们优先权次序为：①具体列名；②基本特征；③从后归类。

（二）具体列名归类法

具体列名归类法的主要内容如下。

1）列出品名比列出类名更为具体。例如，电动剃须刀应归入品目8510"电动剃须刀、电动毛发推剪及电动脱毛器"，而不应归入品目8509"家用电动器具"。又如，塑料碗就比塑料制品更为具体。

2）如果某一品目所列名称更为明确地述及某一货品，则该品目要比所列名称不那么明确述及该货品的其他品目更为具体。例如，用于小汽车的簇绒地毯，不应作为小汽车附件归入品目 8708 "机动车辆的零件、附件"，而应归入品目 5703 "簇绒地毯及纺织材料的其他簇绒铺地制品，不论是否制成的"，因为品目 5703 所列地毯更为具体。

如果两个或两个以上品目都仅述及混合或组合货品所含的某部分材料或物质，或零售成套货品中的某些货品，即使其中某个品目比其他品目对该货品描述得更为全面、详细，这些货品在有关品目的列名应视为同样具体。在这种情况下，货品应按规则三 B 款或 C 款的规定进行归类。

（三）基本特征归类法

如果不能按规则三 A 款归类的混合物、组合物及零售的成套货品的归类，它们应按构成货品基本特征的材料或部件归类。例如，"豆油 70%、花生油 20%、橄榄油 10% 的混合食用油"，因为豆油的含量最大，构成基本特征，从而运用规则三 B 款将其按豆油归类 15.07。根据规则一，归类的法律依据是品目条文，因此根据 "各种动、植物油混合而成的食用油"，归入品目 15.17 的品目。而本规则所称 "零售的成套货品" 必须符合以下 3 个条件。

1）由至少两种看起来可归入不同品目的货品构成。

2）为了满足某种需要或开展某项专门活动而将几件产品或物品包装在一起，在用途上可相互补充、配合使用。例如，一个礼盒，内有咖啡一瓶、咖啡伴侣一瓶、塑料杯子两只。

3）直接销售给用户而无须重新包装的。例如，成套的理发工具，由一个电动理发推子、一把梳子、一把剪子、一把刷子及一条毛巾，装于一个皮匣子内组成，符合上述的 3 个条件，所以属于 "零售的成套货品"。

（四）从后归类法

例如，由 200 克巧克力糖果和 200 克的奶糖混合而成的一袋 400 克的糖果，由于其中奶糖和巧克力糖果的含量相等，"基本特征" 无法确定，因此应从后归类，奶糖是归入 1704，巧克力糖果是归入 1806，按规则三 C 款的解释，就归入后一个品目 1806。

为了便于记忆，现将上述内容总结为以下口诀。

有列名归列名，没有列名归用途，没有用途归成分，没有成分归类别，不同成分比多少，相同成分要从后。

四、归类总规则四

"根据上述规则无法归类的货品，应归入与其最相类似的货品的品目。"

随着科技、经济的发展加速了新产品的产生，在根据《协调制度》进行分类时可能会遇到按以上规则一至规则三仍无法归类的货品,在此情况下,本规则规定用最相类似的货品的品目来替代。这里的"最相类似"指名称、待征、功能、用途、结构等因素,需要综合考虑才能确定。

例如,在进行商品税则归类时,对看起来可归入两个及两个以上税号的商品,在税目条文和注释均无规定时,其归类次序为:具体列名、基本特征、从后归类、最相类似。

五、归类总规则五

"除上述规则外,本规则适用于下列货品的归类。

A. 制成特殊形状仅适用于盛装某个或某套物品并适合长期使用的照相机套、乐器盒、枪套、绘图仪器盒、项链盒及类似容器,如果与所装物品同时进口或出口,并通常与所装物品一同出售的,应与所装物品一并归类。但本款不适用于本身构成整个货品基本特征的容器。

B. 除规则五A款规定的以外,与所装货品同时进口或出口的包装材料或包麦容器,如果通常是用来包装这类货品的,应与所装货品一并归类。但明显可重复使司的包装材料和包装容器可不受本款限制。"

本规则主要解决的是某包装材料或包装容器在什么情况下单独归类,在什么情况下与所装的物品一并归类的问题。

(一)关于能长期使用的特制容器的归类

规则五A款适用于专门制作仅适用于某种特殊物品并能长期使用的容器的归类,这些容器必须具备以下条件。

1)专门制作。该种容器必须是专门制作,用于盛装特定物品的。

2)长期使用。该容器适合长期使用的同时还起到保护物品的作用。

3)必须与所装物品一同报验。不论是为了运输方便与否,所报货物与包装必须一同报验,如装香水的瓶子。否则,单独报验的容器应归入其所应归入的品目。

4)通常与所装物品一同出售。

5)包装容器本身并不构成整个货品基本特征。

例如,与所装电动剃须刀一同报验的电动剃须刀的皮套,由于符合以上条件,因此应与电动剃须刀一并归入品目8510。但是,本款规则不适用于本身构成整个货品基本特征的容器,例如,装有茶叶的银质茶叶罐(归入银制品品目7114)。

(二)基本上无法反复使用的包装材料及容器的归类

规则五B款仅适用于同时符合以下各条规定的包装材料及包装容器。

1)属规则五A款以外的包装容器和材料。

2)通常用于包装有关货品的,并与所装物品一同报验的(单独报验的包装材料及包装容器应归入其所应归入的品目);

3)不属于明显可重复使用的。例如,装有冰箱的瓦楞纸箱,由于符合以上条件,因此应与冰箱一并归入品目 8528。

但是，如果是明显可重复使用的包装材料和包装容器，则本款规定不适用。例如 "40 升专用钢瓶装液化氮气"，由于具有明显可重复使用的特性，所以不能与氮气一并归类，而应分开归类。

六、归类总规则六

"货品在某一品目项下各子目的法定归类，应按子目条文或有关的子目注释以及以上各条规则来确定，但子目的比较只能在同一数级上进行。除条文另有规定的以外，有关的类注、章注也适用于本规则。"

本规则主要是解决如何确定品目下的子目的归类原则。在我国《进出口税则》中，税则号列的前四位数码称为品目，后四位称为子目，子目又分四级：即第五位为一级子目，又称一杠子目（因在货品栏目中用 "—" 表示，故得之）；第六位为二级子目，又称二杠子目；第七位为三级子目，又称三杠子目；第八位为四级子目，又称四杠子目。其中前六位是 HS 的法定编码，对缔约国具有法律约束力，最后两位编码是我国增加的子目，对我国具有法律约束力。在具体确定子目时，应当注意以下几点：①确定子目时，一定要按先确定一级子目，再二级子目，然后三级子目，最后四级子目的顺序进行；②确定子目时，应遵循 "同级比较" 的原则，即一级子目与一级子目比较，二级子目与二级子目比较，以此类推；③下一级子目的货品范围不得超过其上一级子目的货品范围。例如，四级子目的货品总和不能超过三级子目的货品总和，其他亦是如此。

例如 "中华绒螯蟹种苗"，在归入品目 0306 项下子目时，应按以下步骤进行。

首先，确定一级子目，即将两个一级子目 "冻的" 与 "未冻的" 进行比较后归入 "未冻的"。

其次，确定二级子目，即将二级子目 "龙虾"、"大螯虾"、"小虾及对虾"、"蟹"、"其他" 进行比较后归入 "蟹"。

最后，确定三级子目，即将两个三级子目 "种苗" 与 "其他" 进行比较后归入 "种苗"，所以中华绒螯蟹种苗应归入子目 0306.2410。

第三节　进出口商品归类的海关行政管理

将进出口的商品进行正确归类是海关执行国家关税政策、贸易管制措施和编制海关进出口统计的基础，因此做好进出口商品的归类工作意义重大。

一、进出口商品归类的依据

（一）进出口商品归类的主要依据

根据《海关法》、《关税条例》，海关总署以第 158 号总署令发布了《中华人民共和国海关进出口货物商品归类管理规定》，规范进出口货物的商品归类，保证商品归类结果的准确性和统一性。

进出口商品的归类应在遵循客观、准确、统一的原则的基础上，依据《中华人民共和国进出口税则》的相关规定，遵照协调制度归类总规则、类注、章注、子目注释、目录条文解释，参照《海关进出口税则——统计目录及商品品目注释》《新增本国子目注释》以及海关总署发布的关于商品归类的行政裁定和海关总署发布的商品归类决定。

（二）进出口商品归类的其他依据

在给进出口商品归类的过程中海关可以要求进出口货物的收发货人提供商品归类所需的有关资料并将其作为归类的依据；必要时，海关可以组织化验、检验，并将海关认定的化验结果作为商品归类的依据。

二、归类的申报要求

（一）申报要素

为了规范进出口企业申报行为，提高申报数据质量，促进贸易便利化，海关总署制定了《中华人民共和国海关进出口商品规范申报目录》（以下简称《规范申报目录》）。《规范申报目录》按我国海关进出口商品分类目录的品目顺序编写，并根据需要在品目级或子目级列出了申报要素。

例如，对于品目8528"电视接收装置，不论是否装有无线电收音装置或声音图像的录制或重放装置"的申报要素为：①品名；②用途；③品牌；④显像类型；⑤显示屏幕尺寸；⑥型号。

（二）保密内容的申报

要求海关予以保密的，应当事前向海关提出书面申请，并且具体列明需要保密的内容，海关应当依法为其保密。收发货人或者其代理人不得以商业秘密为理由拒绝向海关提供有关资料。

（三）配合海关依法行使行政职权

海关依照《海关法》和《关税条例》的规定有权查阅、复制有关单证、资料；要求收发货人或者其代理人提供必要的样品及相关商品资料；组织对进出口货物实施化验、检验，并且根据海关认定的化验、检验结果进行商品归类。海关在行使上述职权时，收发货人或者其代理人应当予以配合。

三、归类的修改

收发货人或者其代理人申报的商品编码需要修改的，应当按照《中华人民共和国海关进出口货物报关单修改和撤销管理办法》等规定向海关提出申请。海关经审核认为收发货人或者其代理人申报的商品编码不正确的,可以根据中华人民共和国海关进出口货物征税管理办法》(以下简称《征管办法》)有关规定,按照商品归类的有关规则和规定予以重新确定,并且根据《中华人民共和国海关进出口货物报关单修改和撤销管理办法》等有关规定通知收发货人或者其代理人对报关单进行修改、删除。

四、预归类制度

由于商品归类工作技术性强,有时还会涉及化验、鉴定等环节,有时需要一段时间才能得出结论,因此单纯依靠通关环节进行商品归类已不能适应实际工作的需要。为了正确地将进出口商品归类,便利合法进出口快速通关,我国海关参照了国际上的通行做法,在海关注册登记的进出口货物经营单位(以下称申请人),可以在货物实际进出口的45日前,向直属海关申请就其拟进出口的货物预先进行商品归类(简称预归类)。申请人申请预归类的,应当向拟实际进出口货物所在地的直属海关提交"中华人民共和国海关商品预归类申请表"。经直属海关审核有明确规定的,应当在接受申请之日起15个工作日内制发"中华人民共和国海关商品预归类决定书"(以下简称预归类决定书),并且告知申请人。属于没有明确规定的,应当在接受申请之日起7个工作日内告知申请人按照规定申请行政裁定。

第四节　我国海关进出口商品分类目录

一、进出口商品分类概述

经国务院批准,从1992年1月1日起,我国海关采用《协调制度》。我国现行的《中华人民共和国进出口税则》和《中华人民共和国海关统计商品目录》是以2002年版《商品名称和编码协调制度》为基础编制的。从第一章至第九十七章(第七十七章除外)的前六位数码及其商品名称与《协调制度》完全一致,第七、八两位数码是根据我国海关征税、统计及贸易管理的需要细分的。

《中华人民共和国进出口税则》中的商品号列称为税号,为征税需要,每项税号后列出了该商品的税率;《海关统计商品目录》中的商品号列称为商品编号,为统计需要,每项商品编号后列出了该商品的计量单位,并增加了第二十二类"特殊交易品及未分类商品",内分为第九十八章、第九十九章。

以《协调制度》为基础的海关进出口商品分类目录对商品进行的分类和编排是有规律可循的。以类来看,基本上是按生产部类划分的,即把属于同一部类的产品规在同一类里。章目的划分基本是按商品的属性或功能、用途划分的。而每一章各税目的排列顺序一般按动物、植物、矿物质产品或原材料、半制成品、制成品顺序排列的。进出口商品分类目录采用结构号列,即税目或品目号列不是简单的顺序号,而是有一定含义的编码。现以 0301.9110 "鳟鱼苗" 为例说明进出口编码的表示方法。

编码：0 3   0 1   9   1   1   0
位数：1 2   3 4   5   6   7   8
含义：章号   顺序号 一级子目 二级子目 三级子目 四级子目

若第 5～8 位上出现数字 "9"，则通常代表未具体列名的商品，即在 "9" 的前面一般留有空序号以便用于修订时增添新商品。如上述编码 0301.9110 中第 5 位的 "9" 代表除观赏鱼以外的其他活鱼，其中 1～9 之间的空序号可以用于将来增添新的其他需要具体列名的活鱼。

二、我国海关进出口商品分类内容

《中华人民共和国进出口税则》中的商品目录分为 21 类、97 章。《中华人民共和国海关统计商品目录》分为 22 类、99 章，其中有 21 类、97 章的内容与《中华人民共和国进出口税则》内容完全相同。现将这两个分类目录介绍如下。

（一）第一类 活动物；动物产品（第 1～5 章）

1. 内容概述

第 1 章 活动物
第 2 章 肉类和适用杂碎
第 3 章 鱼类、甲壳动物、软体动物及其他水生无脊椎动物
第 4 章 乳品；单品；天然蜂蜜；其他食用动物产品
第 5 章 其他动物产品
本类可分为三部分：活动物（第 1 章和第 3 章）；食用动物产品（第 2 章和第 4 章）；非食用动物产品（第 5 章）。某些加工程度较高的动物产品及作为一些生产行业的原材料的动物产品，不归入本类。

2. 归类时应注意的问题

（1）活动物
第 1 章包括所有活动物，但下列各项除外：①鱼、甲壳动物、软体动物及其他水生无脊椎动物；②培养微生物及其他产品；③流动马戏团、动物园或其他类似巡回展出用的动物；④在运输途中死亡的动物，而应按其鲜度是否适合供人食用分别归入第 2 章或第 5 章。
第 3 章包括各种活的或死的鱼：①上述因其种类或鲜度不适合供人食用的死动物不归入本章；②但熏制前或熏制过程中烹煮了的熏鱼及蒸过或水煮过的带壳甲壳动物仍归本章；③第 3 章的加工程度要高于第 2 章，主要包括蒸过或用水煮过的带壳的甲壳动物。例如，熏制的大西洋鲑鱼税则号为 0305.4110，而熏鱿鱼则归入第 16 章。

（2）食用动物产品

第 2 章主要包括第 1 章所列可供人食用的动物的肉及食用杂碎，以及未炼制、不论是否供人食用的不带瘦肉的肥猪肉、猪脂肪及家禽脂肪。在加工程度上，本章动物产品的加工程度仅限于鲜、冷、冻、盐腌、盐渍、干制、熏制或在面上撒糖或糖水的。本章不包括①不适合供人食用的肉及食用杂碎及其制成的细粉、粗粉；②不论是否可供人食用的动物胃、肠、膀胱（税（品）目号 0504）和动物血（税（品）目号 0511 或 3002）；③税（品）目号 0209 以外的动物脂肪（第 15 章）；④但鱼、甲壳动物、软体动物和其他水生无脊椎动物除外；⑤除了猪脂肪及家禽脂肪以外，别的脂肪，例如，牛的脂肪应该归入到第 3 类里动、植物油、脂及其分解产品.

例如，鲜整头乳猪肉（重量不足 10 千克）税则号为 0203.1110；装入肠衣的熏腌牛肉（未经绞碎、未经调味、供食用）归入第 2 章。

第 4 章包括乳（全脂乳、半脂乳和全脱脂乳）及奶油；酪乳、凝结的乳及奶油、酸乳、酸乳酒及其他发酵或酸化的乳和奶油；乳清；天然乳为基本成分的未列名产品；黄油及其他乳制得的脂和油；乳酪及凝乳。蛋品包括禽蛋及蛋黄。可以是鲜、干、蒸煮的、模制成型、冰冻或用其他方法保藏的。本章不包括①以乳品为原料制得的食品；②分离蛋品（卵清蛋白）；③天然蜂蜜与人造蜂蜜的混合物及加蜂王浆的天然蜂蜜。

（3）非食用动物产品

第 5 章包括各种未加工或仅经简单加工的各种未列名的动物产品，通常不作为食品。某些无论是否可供人食用的动物肠、膀胱、胃及动物血；未加工的人发、猪鬃、马毛、骨、角、蹄、爪、壳及供配药用的动物产品等归入本章。本章不包括①食用动物产品；②马毛及废马毛以外的动物纺织原料；③供制帚、刷用的成束、成簇的材料；④生皮及毛皮。

（二）第二类　植物产品（第 6～14 章）

1．内容概述

第 6 章　活树及其他活植物；鳞茎、根及类似品；插花及装饰用簇叶

第 7 章　食用蔬菜、根及块茎

第 8 章　食用水果及坚果，甜瓜或柑橘属水果的果皮

第 9 章　咖啡、茶、马黛茶及调味香料

第 10 章　谷物

第 11 章　制粉工业产品、麦芽、淀粉、菊粉、面筋

第 12 章　含油子仁及果实、杂项子仁及果实、工业用或药用植物、稻草、秸秆及饲料归入

第 13 章　虫胶、树胶、树脂及其他植物汁液

第 14 章　编结用植物材料、其他植物产品

本类主要包括各种活植物及经过有限度地简单加工的植物产品。归入本类的植物产

品一般按照：活植物（第 6 章）—食用植物产品（第 7 章至第 12 章）—非食用植物产品第（13 章至第 14 章）的顺序编排。

2. 归类时应注意的问题

1）第 6 章不包括未焙制的菊苣根；马铃薯、洋葱、青葱、大蒜及第 7 章的某些鳞茎、块茎、球茎、根或根茎；拼贴画或类似的装饰板。

2）第 7 章包括食用蔬菜、根及块茎；蔬菜可以加工成各种形状，如整的、切块、切片、破碎或制成粉，也可以是鲜、冷、冻、经临时保藏处理或干制的，但做进一步加工的归入第 20 章。

3）第 8 章包括通常供人食用的水果、坚果及柑橘属果皮或甜瓜皮。可以是鲜、冷、冻、经暂时保藏处理或干制的，若做进一步加工则主要归入第 20 章。

从加工程度来说，本章的水果和坚果可以是完整的，也可以切片、切丝、去核、捣浆、磨碎、去皮或去壳。加工成粉状的应归入第 11 章。不属于食用果品范围的植物果实、子仁均不归入本章，例如，第 7 章的油橄榄、番茄、黄瓜等；第 9 章的咖啡、香子兰豆、杜松子等；第 12 章的花生及其他含油果实、干椰子肉、刺槐豆、杏仁等；第 18 章的可可豆。不包括果粉；用于榨油而不适于人食用的干椰子肉；非供食用的坚果或果实。

4）第 9 章涉及产品可以是完整的，也可以捣碎或制成粉末。不包括芥子和芥末粉；啤酒花；虽能作调味香料，但多用于制造香水及药物产品；混合调味品；咖啡、茶、马黛茶的浓缩精汁，不含咖啡的烘焙咖啡代用品。

5）第 10 章中谷物不论是否成穗或带杆。除稻谷外，去壳、碾磨、磨光、上光、半熟、改良或破碎的大米归入本章；其余谷物的加工程度不能超出脱粒加工的范围。

6）第 11 章包括制粉工业产品，用碾磨或经其他方法加工第 10 章的谷物及第 7 章的甜玉米所得的产品，例如，粗粉、细粉、粗粒、团粒以及经去壳、滚压、制片、制成粒状、切片或粗磨加工的谷物；将第 10 章的谷物按本章所列方法，如麦芽发芽、提取淀粉或面筋等加工的产品，以及其他章的原料（干豆、马铃薯、果实等）用类似上述两种方法加工的细粉、粗粉或粉片。这些产品如果再进一步加工，一般归入第 19 章。

7）第 12 章包括有特殊用途的植物产品；榨油用含油子仁及果实；种植用的种子；酿啤酒用的啤酒花及蛇麻腺；榨糖用甜菜及甘蔗；稻草、秸秆及植物性饲料；工业用或药用植物；海草及其他藻类；以及主要供食用的未列名果核、果仁及其他植物产品。

8）第 13 章包括虫胶、天然树胶、树胶脂、含油树脂、香树脂和其他植物液汁、浸膏、果胶等，以及从植物产品制得的琼脂及其他胶液和增稠剂。我国禁止进口的鸦片。

9）第 14 章包括各种非供食用的植物产品。主要用于编结、制帚、制刷或做填塞、衬垫用的未加工或简单加工的植物材料；供雕刻、制扣及制其他花哨小商品用的子、核、壳、果；棉短绒及未列名的其他植物产品。

（三）第三类　动、植物油、脂及其分解产品；精制的食用油脂；动、植物蜡（第15章）

1. 内容概述

第 15 章动、植物油、脂及其油脂的分解产品；混合食用油脂；动、植物蜡；处理油脂或蜡所剩的残渣

2. 归类时应注意的问题

（1）动、植物油脂加工产品的归类
动、植物油脂根据其加工程度归类如下：

油脂（初榨、精制） $\begin{cases} 动物 \cdots\cdots 品目\ 1501\sim1506 \\ 植物 \cdots\cdots 品目\ 1507\sim1515 \end{cases}$

油脂（化学改性）·············品目 1516、1518

混合食用油脂·············品目 1517

动、植物蜡·············品目 1521

残渣·············品目 1522

例如，"初榨的豆油"、"精制的豆油"、"氢化的豆油"、"氧化的豆油"、"混合的豆油"，它们的归类应随着加工方式和加工程度的不同而分别归入子目 1507.1000、1507.9000、1516.2000、1518.0000、1517.9000。

（2）动、植物油、脂分解产品的归类
动、植物油、脂分解产品中的粗甘油归品目 1520，而脂肪酸、脂肪醇等以及经过提纯的精制甘油则要按化工品归入第六类。①未炼制的猪脂肪及家禽脂肪应归入品目 02.09；②从乳中提取的黄油及其他油、脂应归入品目 04.05；（与 1517 人造黄油区别开）。③可可油、可可脂应归入品目 18.04；④粗甘油（纯度在 95% 以下）归入 1520，若纯度在 95% 以上则归入 2905.4500 丙三醇（甘油）。

（四）第四类　食品；饮料、酒及醋；烟草、烟草及烟草代用品的制品（第16～24章）

1. 内容概述

第 16 章　以第一类的动物为原料加工得到的食品
第 17 章　糖
第 18 章　可可及可可制品
第 19 章　谷物、粮食粉、淀粉或乳的制品
第 20 章　蔬菜、水果、坚果等的产品
第 21 章　其他杂项食品
第 22 章　饮料、酒、醋
第 23 章　食品工业的残渣及废料、饲料

第 24 章 烟草及其制品

本类按照动物产品—植物产品—其他食品及嗜好品的顺序排列章次，按商品的原料属性和用途可将本类货品大致分为 5 组产品，第 16 章主要以动物产品为原料的食品；第 17～20 章主要以植物产品为原料的食品；第 21 章杂项食品；第 22 章饮料、酒及醋；第 23 章食品工业残渣及配制的动物饲料；第 24 章烟草及其制品。

2. 归类方法

（1）混合食品的归类

对于混合食品，如果动物类原料的含量在 20% 以上（其中不同的动物原料的含量可以相加）则应归入第 16 章。对于含有两种或两种以上前述产品的食品，则应按其中重量最大的产品归入第 16 章的相应品目。但是不含包馅食品，如饺子。

例如，"猪肉占 15%，牛肉占 20%，马铃薯占 65% 的罐头食品"，因为猪肉加上牛肉合计为 35%，超过了 20%，所以可归入第 16 章的品目 1602，又因为牛肉含量超过猪肉，所以应按牛肉食品归入子目 1602.5010。

（2）均化食品的归类

子目 1602.1000 的"均化食品"，是指用肉、食用杂碎或动物血经精细均化制成供婴幼儿食用或营养用的零售包装食品，每件净重不超过 250 克。为了调味、保藏或其他目的，均化食品中可以加入少量其他配料，还可以含有少量可见的肉粒或食用杂碎粒。归类时该子目优先于品目 1602 的其他子目。例如，由猪肉经精细均化制成供婴幼儿食用的净重 250 克的食品，应作为"均化食品"归入子目 1602.1000。

涉及均化食品的 2005、2007、2104 等税（品）目与之相同，区别的方法是根据第 16、20、21 章的章注和子目注释。

（3）各种糖的归类

各种糖（如蔗糖、乳糖、麦芽糖、葡萄糖及果糖），以及糖浆、人造蜜、焦糖、提取或精炼糖时所剩的糖蜜以及糖食应归入第 17 章。但是化学纯糖（蔗糖、乳糖、麦芽糖、葡萄糖及果糖除外）应归入品目 2940。

（4）可可食品即含可可的食品的归类

有些可可食品可归入本章，但是含可可的饮料不能按含可可食品归入品目 1806，而应按饮料归入品目 2202。白巧克力不含可可所以不归入本章。

（5）发酵酒的归类

发酵酒归入品目 2203～2206，而蒸馏酒归入品目 2207～2208。例如，黄酒属于发酵酒，应归入品目 2206，而威士忌酒属于蒸馏酒，应归入品目 2208。

（6）关于水的归类

普通天然水、矿泉水、冰、雪归入品目 22.01；加甜味或香料的普通水、矿泉水归入品目 22.02；海水，属于矿产品类，归入品目 25.01；蒸馏水、电导水及类似纯净水归入品目 28.51。

（五）第五类　矿产品（第25～27章）

1．内容概述

本类包括原矿及经过一定程度加工的矿产品。

第25章　盐、硫磺、泥土及石料、石膏料、石灰和水泥

第26章　矿砂、矿渣及矿灰

第27章　矿物燃料、矿物油及其蒸馏产品、沥青物质和矿物蜡

2．归类时应注意的问题

（1）第25章矿物的归类

除条文及注释四另有规定的以外，第25章各品目只包括原产状态的矿产品，或只经过洗涤（包括用化学物质清除杂质而未改变产品结构的）、破碎、磨碎、研粉、淘洗、筛分以及用浮选、磁选和其他机械——物理方法（不包括结晶法）精选过的矿产品，但不得经过焙烧、煅烧、混合或超过品目所列的加工范围。如食用盐归入2501.0011；纯的氯化钠（或者是符合化学定义的氯化钠）归入2501.0020；而氯化钠制的光学元件归入品目9001。

（2）第26章矿物的归类

本章矿物不包括全部"金属矿"。对于矿砂、矿渣及矿灰，本章包括各种冶金工业用的金属矿砂、矿渣及矿灰，也就是在商业上用于提取第71章所列的贵金属、第十五类所列的贱金属、汞及矿砂，即使这些矿砂不用于冶金工业，也包括在本章内。但不包括未焙烧的黄铁矿，菱镁矿，碱金属或碱土金属的矿物，从脉石或杂矿石中分选出来的天然金属和天然合金，稀土金属矿。

（3）第27章矿物的归类

本章的煤、石油、天然气可以进行化学提取和其他加工，但经化学提取得到的矿物能归入本章的一般是一些粗产品，如果经进一步的化学提纯，则应归入第29章。本章还包括废油。

（六）第六类　化学工业及其相关工业的产品（第28～38章）

1．内容概述

第28章　无机化工产品、贵金属、稀土金属、放射性元素及其同位素的有机及无机化合物

第29章　有机化合物

第30章　药品

第31章　肥料

第32章　鞣料浸膏及燃料浸膏、鞣酸及其衍生物；染料、颜料及其他着色材料；油漆及清漆；油灰及其他类似胶粘剂；墨水、油墨

第 33 章　精油及香膏；芳香料制品及化妆、盥洗品

第 34 章　肥皂、有机表面活性剂、洗涤剂、润滑剂、人造蜡、调制蜡、光洁剂、蜡烛及类似品、塑料用膏、"牙膏用蜡"及牙科用熟石膏制剂

第 35 章　蛋白质物质、改性淀料、胶、酶

第 36 章　炸药、烟火制品；火柴、易燃制品

第 37 章　照相及电影用品

第 38 章　杂项化工产品

2. 归类时应注意的问题

（1）化工品中的优先归类原则

① 凡符合品目 2844 或 2845 规定的货品（放射性矿砂除外），应分别归入这两个品目而不归入 HS 的其他品目。即除了放射性矿砂以外，所有的放射性化学元素、同位素及它们的化合物，即使本来可能可以归入其他品目，也应一律归入品目 2844 或 2845。②除上述①另有规定的以外，凡符合品目 2843、2846 或 2852 规定的货品，应分别归入以上品目而不归入本类的其他品目。例如，硝酸银即使已制成零售包装供摄影用，也应归入品目 2843 而不归入品目 3707。③除上述①、②外，凡由于按一定剂量或作为零售包装而可归入品目 3004、3005、3006、3212、3303、3304、3305、3306、3307、3506、3707、3808 的货品，应分别归入以上品目，而不归入 HS 的其他品目。例如，零售包装的染料应归入品目 3212。

（2）第 28 章无机化工商品的归类

仅限于单独的化学元素及单独的已有化学定义的化合物。其编目结构按商品的分子结构从简单到复杂排列。即按元素、非金属化合物、金属化合物、杂项产品顺序排列。杂质的主要类型有：未转化原料、存在于原料中的杂质、所用试剂、副产品。

（3）第 29 章有机化工商品的归类

本章分成 13 个分章，共有 42 个 4 位数税（品）目号。本章按商品分子结构从简单到复杂排列。例如，青霉素属于抗菌素，应归入品目 2941。

（4）第 30 章药品的归类

①如果是已配定剂量或已制成零售包装，则归入品目 3004；如果是未配定剂量也未制成零售包装，则要看其是未混合产品还是混合产品，前者按其成分归入第 29 章或第 28 章，后者则归入品目 3003。例如，"安乃近原药，粉状，5 千克装"，由于该商品未配定剂量也未制成零售包装，并且是未混合产品，所以应归入子目 2933.1920。②品目 3303 至 3307 的化妆盥洗品，不能作为药品归入第 30 章，而应按化妆盥洗品归入第 33 章。例如，某品牌的洗发水具有去屑止痒的功效，仍应按护发品归入品目 3305。③除供静脉摄入用的滋养品可归入本章，而营养品、糖尿病食品、强化食品、保健食品、滋补饮料及矿泉水不能作为药品归入本章，只能作为食品、饮料而归入第四类。例如，某品牌的运动饮料具有补充运动中流失的维生素和矿物质和增强体质的作用，仍应按一般饮料归入品目 2202。

（5）第31章肥料的归类

包括通常作天然或人造肥料的绝大多数产品。本章产品可分成动、植物肥料；单一肥效成分矿物或化学肥料；含有多种肥效成分的矿物或化学肥料；动植物肥料与矿物或化学肥料的混合物；制成片状及类似形状或每包毛重不超过 10 千克的本章各类货品。

（6）第33章香料的归类

天然香料，归入品目 3301，化学合成的单独化学成分的香料，则一般应归入第 29 章，例如，"天然的薄荷油"归入品目 3301，而人工合成的"薄荷醇"则应归入品目 2906；几种香料的混合物或香料与其他成分的混合物，则一般应归入品目 3302。

（7）油漆的归类

以合成聚合物或化学改性天然聚合物为基本成分制成的油漆，其中，分散于或溶于非水介质的归入品目 3208，分散于或溶于水介质的归入品目 3209，以合成聚合物或化学改性天然聚合物之外的其他原料为基本成分制成的油漆应归入品目 3210。

（8）第32章染料和颜料的归类

按染料和颜料的来源和加工归入品目 3203～3206；如果是无机颜料（不包括用做发光体的无机产品）并且是单独的符合化学定义的，则不能归入本章而应归入第 28 章，例如，二氧化钛不能归入品目 3206，而应作为无机化合物归入品目 2823。

（9）第34章各种制剂的归类

本章主要包括通过工业处理油、脂或蜡而得的具有共同特点的各种产品（如肥皂、某些润滑剂、调制蜡、光洁剂及蜡烛等）。化妆品一般按其用途归入品目 3303～3307。例如，"博士伦"隐形眼镜片专用护理液，应作为"芳香料制品及化妆盥洗品归入子目 3307.9000。而本章不包括已有化学定义的单独化合物，也不包括未混合或未经处理的天然产品。

（10）表面活性剂的归类

通常我们将具有表面活性的一类物质称为表面活性剂，但是，品目 3402 所称"有机表面活性剂"是不符合化学定义的有机化合物，是指温度在 20℃时与水混合配成 0.5% 浓度的水溶液，并在同样温度下搁置 1 小时后与下列规定相符的产品：①成为透明或半透明的液体或稳定的乳浊液而未离析出不溶解物质；②将水的表面张力减低到每厘米 45 达因及以下。

（11）洗涤用品的归类

肥皂和做肥皂用或做洁肤用的表面活性剂产品制成的洗涤用品，如果符合 3401 品目条文的规定，则应归入品目 3401；其他表面活性剂产品制成的洗涤用品，如果符合 3405 品目条文的规定，则应归入品目 3405，否则归入品目 3402；如果表面活性剂产品属于洗发剂、洁齿品、剃须膏及沐浴用制剂，则必须优先归入第 33 章的相应品目。例如，"含有表面活性剂的洗发香波"应归入品目 3305。

（12）照相用品的归类

对于未曝光的照相用品根据其基材来判断归类，如果是纸、纸板、纺织物制作的，归入品目 3703，其他材料制作的，归入品目 3701 或品目 3702；在品目 3701 与品目 3702 中，如果是平片，归入品目 3701，如果是卷片，归入品目 3702。例如，"医用 X 光卷片"，由于其基材是塑料，并且是卷片，所以应归入品目3702。

（13）农药的归类

农药按其列名归入品目3808，但如果是农药原药（未混合，未制成零售包装）则应归入第29章或第28章。例如，农药原药DV菊酸甲酯应归入子目2916.2010。

（14）杂项化工产品

本章包括广泛的化学产品及相关工业产品，各类城市垃圾、下水道淤泥、医疗废物、废有机溶剂、废的金属酸洗液、液压油、制动液和防冻液以及其他化学及相关工业废物。不包括单独的已有化学定义的化学元素及化合物，也不包括其他类、章已列名的货品。例如，用做增塑剂的邻苯二甲酸二辛酯应归入品目2917。

（七）第七类　塑料及其制品：橡胶及其制品（第39～40章）

第39章　塑料及其制品
第40章　橡胶及其制品

第39章不包括部分天然高分子化合物，例如，天然树脂归入第13章；酯树胶、再熔胶归入第38章。另外，本章包括的制品有卫生洁具、机械用塑料制品、铺地制品、塑料糊墙纸、塑料衣服及衣着零件、装饰品等。

第40章包括天然橡胶及与天然橡胶物理性质相似的产品。例如，具有一定弹性的天然胶、合成橡胶、油膏等。

（八）第八类　生皮、皮革、毛皮及其制品；鞍具及挽具；旅行用品、手提包及类似品；动物肠线（蚕胶丝除外）制品（第41～43章）

1. 内容概述

第41章　生皮和皮革
第42章　皮革制品；鞍具及挽具；旅行用品、手提包及类似容器；动物肠线（蚕胶丝除外）制品
第43章　毛皮、人造毛皮及其制品

2. 归类方法

1）第41章主要按商品的加工程度顺序排列，先生皮，后皮革，最后是皮革的边角废料、粉末和再生皮革。不包括生皮边角废料；带羽绒的整张或部分鸟皮。税(品)目号4101～4103不包括可食用的动物皮（如猪皮、鱼皮等）。可食用的动物皮未蒸煮的归入第2章或第3章，已蒸煮的归入第16章。

2）第42章中税（品）目号4202包括两部分物品。第一部分是衣箱、提箱、小手袋、公文箱、公文包、书包、眼镜盒、望远镜盒、照相机套、乐器盒、枪套及类似容器。这些容器基本上都装有固定的物品并长期使用，除第42章章注二（一）和三（二）另有规定的以外，这一部分所包括的物品可用任何材料制成。第二部分是旅行包、食品或

饮料保温包、化妆包、帆布包、手提包、购物袋、钱夹、钱包、地图盒、瓶盒、首饰盒、粉盒、刀叉餐具盒及类似容器，只能用皮革或再生皮革、塑料片、纺织材料、钢纸或纸板制成，或者全部或主要用上述材料或纸包。

3）第 43 章中"人造毛皮"是指以毛、发或其他纤维粘附或缝合于皮革、织物或其他材料之上而构成的仿毛皮，但不包括以机织或针织方法缔得的仿毛皮（一般归入税（品）目号 5801 或 6001）。

（九）第九类　木及木制品；木炭；软木及软木制品；稻草、秸秆、针茅或其他编结材料制品；篮筐及柳条编结品（第 44～46 章）

1. 内容概述

第 44 章　木及其制品
第 45 章　软木及其制品
第 46 章　各种编结材料制品

2. 归类时应注意的问题

（1）木及其制品的归类
第 44 章是按照树种及加工程度进行归类，按照加工程度由低到高排列，规律如下：
木材原料（不包括竹的原料）……………………………品目 4401～4406
经简单锯、削、刨平、端接及制成连续形状的木材……………品目 4407～4409
木质碎料板、纤维板、胶合板及强化木等……………………品目 4410～4413
木制品……………………………………………………品目 4414～4421
例如，木制的电线杆如果经过防腐处理，则归入子目 4403.10；如果没有经过类似处理，则应根据其树种材质分别归入该品目的其他子目。例如，竹制筷子归入品目 4419；竹制牙签归入品目 4421；但竹制编结材料制品则归入第 46 章；竹的原料归入第 14 章。

（2）板材的归类
一般板材按其厚度归入品目 4407 或 4408；若在端部和侧面制成连续形状（如带有槽、榫等）则归入品目 4409；若是木质碎料板、木纤维板及胶合板的端部和侧面也制成连续形状（如带有槽、榫等），则归入品目 4410～4412。品目 4411 项下的一级子目是按纤维板的生产工艺分类的。其中，子目 4411.1 的中密度纤维板（MDF）只包括用干法生产工艺获得的纤维板，按其厚度和密度进行归类；而子目 4411.9 的其他木纤维板一般是用湿法生产工艺获得的纤维板，只按其密度进行归类。

（3）木地板的归类
天然木地板（又称实木地板，其侧面带有槽和榫）归入品目 4409；碎料板制木地板（其侧面不论是否制成品目 4409 所列的连续形状）归入品目 4410；纤维板制木地板（其侧面不论是否制成品目 4409 所列的连续形状）归入品目 4411；胶合板制本地板（其侧面不论是否制成品目 4409 所列的连续形状）归入品目 4412；已拼装的拼花木地板归入品目 4418；由品目 4410～4412 为原料生产的制成品应归入品目 4418。

（4）木制品的归类

大部分木制品归入品目 4414～4421，其中品目 4421 为其他木制品，但不是所有未列名的木制品都归入此品目，必须是其他品目未列名及本章章注也未排除的。例如，木制的衣箱应归入品目 4202；木制的家具应归入第 94 章，木制衣架归入子目 4421.1000，但若是落地式木制衣架，因具有家具的特征，应归入品目 9403。

（5）编结材料制品的归类

本章包括稻草、秸秆、针茅或其他编结材料制品、篮筐及柳条编结品。本章包括稻草、秸秆、针茅或其他编结材料制品、篮筐及柳条编结品，还包括丝瓜络制品。截面尺寸不超过 1 毫米的塑料单丝及表观宽度不超过五毫米的塑料扁条制品，要按纺织品归入第 54 章。

（十）第十类　木浆及其他纤维状纤维素浆；回收（废碎）纸或纸板：纸、纸板及其制品（第 47～49 章）

1. 内容概述

第 47 章　木浆及其他纤维状纤维素浆；纸及纸板的废碎品
第 48 章　纸及纸板；纸浆、纸和纸板制品
第 49 章　书籍、报纸、印刷图画及其他印刷品；手稿、打字稿及涉及图纸

2. 归类时应注意的问题

（1）纸张的归类
第 48 章根据纸的加工程度来排列，结构规律如下：
未涂布的机制或手工纸···品目 4801～4805
未涂布但经进一步加工的纸···品目 4806～4808
经涂布的纸···品目 4809～4811
特定用途的纸及其制品···品目 4812～4823
（2）品目 4801～4805 所列的纸张不能超出本章章注三所规定的加工方法
"新闻纸"和"牛皮纸"必须符合本章章注四和章注六规定的规格和纤维含量。
（3）要判断其规格尺寸是否符合本章章注条件
一般情况下，品目 4801 和 4803～4809 仅适用于大规格尺寸的纸，即成条或成卷时宽度要大于 36 厘米；成矩形（包括正方形）时一边超过 36 厘米，另一边要超过 15 厘米（以未折叠计）。对于品目 4801 和 4803～4809 所列名的小规格尺寸的纸（即不符合本章章注八规定的尺寸要求），一般要归入 4816～4823 的相关品目。例如，宽度为 110 厘米成卷的卫生纸归入品目 4803，而宽度为 20 厘米（在 36 厘米以下）成卷的卫生纸应归入品目 4818。
（4）木浆的类别
根据加工方法的不同，木浆可分为机械浆、化学浆和化学—机械浆。如子目 4802.5

要求不含机械浆或化学—机械浆，或这些纸浆的含量不超过全部纤维含量的 10%。

（5）涂布纸的归类

涂布纸是指在纸的单面或双面施以涂料，以使纸面产生特殊的光泽或使其适合特定需要。若是涂布高岭土或其他无机物质，则归入品目 4810，如铜版纸等；若是涂布塑料、沥青、焦油、蜡或其他有机物质，则归入品目 4811，如涂塑相纸、绝缘纸和热敏纸等。

（6）壁纸的归类

只有成卷状且宽度在 45～160 厘米之间的壁纸才归入品目 4814。 若既可铺地又可做壁纸用则按铺地制品归入品目 4823。

（7）已印刷的壁纸及标签的归类

品目 4814 的壁纸及品目 4821 的纸或纸板制各种标签，即使已经印制仍归入第 48章，而不归入第 49 章。

（8）报纸、杂志的归类

一般的报纸、杂志归入品目 4902。用纸以外的材料装订成册的报纸、杂志和期刊，以及一期以上装订在同一封面里的成套报纸、杂志和期刊，应归入品目 4901，不论是否有广告材料。例如，装订成册的《半月谈》杂志全年合订本应归入子目 4901.9900。

（9）邮票的归类

我国新发行并且未经使用的邮票、印花税票及类似票证归入品目 4907；我国发行且已使用过的旧邮票归入品目 9704；外国发行我国不承认其面值且没有使用过的新邮票，外国发行我国不承认其面值且已经使用过的旧邮票归入品目 9704。

（十一）第十一类　纺织原料及纺织制品（第 50～63 章）

1. 内容概述

（1）第 50～55 章

这 6 章都按纤维类别划分，每章内又按纺织品的加工程度由低到高排列，基本按"纺织纤维—纱线—机织物"的顺序列目。

第 50 章　蚕丝及其机织物

第 51 章　羊毛、动物细毛或粗毛及其机织物

第 52 章　棉花及其机织物

第 53 章　其他植物纺织纤维、纸纱线及其机织物

第 54 章　化学纤维长丝及其机织物

第 55 章　化学纤维短纤及其机织物

（2）第 56～63 章

这 8 章内容包括以特殊的方式或工艺制成的或有特殊用途的半成品及制成品，并且除品目 5809 和 5902 外，品目所列产品一般不分纺织原料的性质。

第 56 章　絮胎、毡呢及无纺织物、绳索及其制品

第 57 章　地毯及纺织材料铺地用品

2. 归类时应注意的问题

熟悉纺织产品的分类、纺织加工工序，掌握 HS 对纺织品的归类要求是正确归类的前提。

（1）纺织材料的分类

纺织材料一般分为天然纤维和化学纤维，天然纤维主要有丝、毛、棉、麻。化学纤维又分为合成纤维和人造纤维。合成纤维是将有机单体物质加以聚合而制成聚合物，例如，聚酰胺、聚酯、聚丙夸、聚氨基甲酸酯；或通过上述加工将聚合物经化学改性制得制品，例如，聚乙酸乙烯酯水解制得的聚乙烯醇。常见的合成纤维有聚酯（俗称涤纶）和聚酰胺（俗称尼龙）等。

人造纤维是将天然有机聚合物（如纤维素）溶解或化学处理制成聚合物，例如，铜铵纤维或粘胶纤维；或将天然有机聚合物经化学改性制成聚合物，例如，醋酸纤维素纤维或藻酸盐纤维。常见的人造纤维有粘胶纤维和醋酸纤维等。

（2）混纺材料的归类

由两种或两种以上纺织材料混合制成的货品，称为混纺材料。归类时应按其中占比重最大的那种纺织材料归类；当没有一种纺织材料占较大比重时，应按可归入的有关品目中最后一个品目所列的纺织材料归类。

例如，由 35%亚麻、25%黄麻及 40%棉的加工而得的纺织材料，根据商品的名称，可以知道本商品是属于纺织材料，按照纺织纤维来归类。并且本商品属于由几种纺织纤维加工而得的，因此按照混纺纤维的归类步骤来归类。其中亚麻和黄麻都归入 53 章，因此合并计算亚麻 35%，黄麻 25%，合计 60%，比棉的含量大，因此归入 53 章。而亚麻的重量大于黄麻的重量，因此按亚麻进行归类归入 5301.2900 品目。

又如，棉 40%，已梳兔毛 25%，粗梳羊毛 35%的混纺材料。本商品属于混纺材料，由几种纤维混纺而得，因此按照混纺纤维的归类步骤来归类。羊毛和兔毛都属于 51 章，两者相加为 60%，超过了棉的含量，因此归入第 51 章。然后，又由于羊毛超过了兔毛，因此该混纺材料应按羊毛来归类。由于羊毛是粗梳羊毛，因此归入 5105.1000 品目。

（3）纱线的归类

由于第一部分（第 50～55 章）包括纱线的品目，第二部分的第 56 章也包括纱线的品目。因此，对纱线进行归类的时候，首先要确定纱线是特种纱线还是普通纱线。如果是特种纱线则归入第 56 章的相应品目。如果是普通纱线，再来判断纱线是由一种纤维制成，还是多种纤维制成。例如，"涤纶弹力丝"（非供零售用、非缝纫线），首先判断是属于特殊纱线还是普通纱线，由于不符合第 56 章特殊纱线的品目，因此按普通纱线归类。并且涤纶属于合成纤维，弹力丝一般由长丝加工而成，所以归入第 54 章的长丝，查阅 54.02 是合成纤维长丝，涤纶的学名是聚酯，因此归入 5402.3310。

（4）织物的归类

织物按制作方法分以下几种：

普通	第 50～55 章
特种	第 58 章
絮胎、毡呢、无纺织物	第 56 章
地毯	第 57 章
针织物、钩编织物	第 60 章
其他特殊加工的织物	第 58～59 章

例如，普通的棉机织物归入第 52 章，棉针织物归入第 60 章，用塑料涂布的棉机织物归入第 59 章。又如，起绒织物、绳绒织物、毛巾织物、纱罗、网眼织物、金属线织物等，属于特种织物的归入第 58 章。

（5）狭幅机织物的归类

"狭幅机织物"归入品目 5806，要符合下列条件：①幅宽不超过 30 厘米的机织物，不论是否织成或从宽幅料剪成，但两侧必须有织成的、胶粘的或用其他方法制成的布边；②压平宽度不超过 30 厘米的圆筒机织物；③折边的斜裁滚条布，其未折边时的宽度不超过 30 厘米。但是，流苏状的狭幅机织物应归入品目 5808。

（6）纺织制成品的归类

符合下列条件之一的，应作为本类所称"制成的"纺织品归类：①裁剪成除正方形或长方形以外的其他形状的；②呈制成状态，无须缝纫或其他进一步加工（或仅需剪断分隔联线）即可使用的，例如某些抹布、毛巾、台布、方披巾、毯子；③已缝边或滚边，或者在任一边带有结制的流苏，但不包括为防止剪边脱级而锁边或用其他简单方法处理的织物；④裁剪成一定尺寸并经抽纱加工的；⑤缝合、胶合或用其他方法拼合而成的（将两段或两段以上同样料子的织物首尾连接而成的匹头，以及由两层或两层以上的织物，不论中间有无胎料，层叠而成的匹头除外）；⑥针织或钩编成一定形状，不论报验时是单件还是以若干件相连成幅的。例如，仅从大块布料裁剪下来的长方形（包括正方形）物品，如果未经加工和不带剪断分隔联线形成的流苏，不应视为"制成的"纺织品；而纺织材料的服装式样则可视为"制成的"纺织品。

（7）服装及衣着附件的归类

针织或钩编归入第 61 章（品目 6212 的商品除外），非针织非钩编归入第 62 章。在第 61 章或第 62 章内，优先考虑婴儿服装及衣着附件，然后再考虑用塑料、橡胶或其他材料处理过的织物制成的服装。第 62 章还包括用毡呢、无纺布制成的服装。服装及衣着附件的结构规律，一般是由外到内，同类服装先男后女，再到不分性别的服装，然后是婴儿服装、其他服装、衣着附件。如果是套装（如西服套装、便服套装、滑雪套装）必须符合相应的章注规定、才能作为套装一并归类，否则必须分开归类。

对于服装，凡门襟为左压右的，应视为男式；右压左的，应视为女式。但本规定不适用于其式样已明显为男式或女式的服装。无法区别是男式还是女式的服装，应按女式服装归入有关品目。

（8）婴儿服装及衣着附件的归类

"婴儿服装及衣着附件"，是指用于身高不超过 86 厘米幼儿的服装；也包括婴儿尿布。针织或钩编的既可归入品目 6111，也可归入第 61 章其他品目的物品，应归入品目 6111。例如，婴儿穿着的针织袜子，应归入品目 6111。

非针织或非钩编的既可归入品目 6209，也可归入第 62 章其他品目的物品，应归入品目 6209。分子树脂的涤纶机织物面料（涂层可明显看出）制成的雨衣。应归入品目 6210。

（十二）第十二类　鞋、帽、伞、杖、鞭及其零件；已加工的羽毛及其制品；人造花；人发制品（第 64～67 章）

1. 内容概述

第 64 章　鞋靴、护腿和类似品及其零件
第 65 章　帽类及其零件
第 66 章　雨伞、阳伞、手杖、鞭子、马鞭及其零件
第 67 章　已加工羽毛、羽绒及其制品；人造花；人发制品

2. 归类时应注意的问题

（1）鞋靴的归类

当鞋面和鞋底由不同材料构成时，则鞋面的材料应以占表面面积最大的那种材料为准，而鞋底的材料应以与地面接触最广的那种材料为准。例如，尺寸为 26 码的旅游鞋，鞋面由皮革和帆布构成且皮革的表面积大于帆布的表面积，鞋底材料为橡胶。由于鞋底为橡胶，鞋面主要为皮革材料，所以该旅游鞋应归入子目 6403.9900。

（2）旧鞋的归类

明显穿用过，并且报验时呈散装、捆装、大袋装或类似大包装的（除石棉以外材料制成的鞋靴和帽类外），应归入品目 63.09；另外，石棉制的鞋靴和帽类应归入品目 68.12。

（3）滑冰鞋的归类

装有冰刀或轮子的归入第 95 章；未装有冰刀或轮子的按运动鞋靴归入第 64 章。

（4）鞋靴的零件的归类

不包括第 64 章章注二所列的货品。例如，鞋带、鞋钉等不能按鞋靴的零件归类，一般按材料属性归类。

（5）帽的归类

下列帽类不归入第 65 章，即旧的帽类归入品目 6309，石棉制的帽类归入品目 6812，玩偶用帽及其他玩具用帽或狂欢节的用品归入第 95 章。

（十三）第十三类 石料、石膏、水泥、石棉、云母及类似材料的制品；陶瓷产品；玻璃及其制品（第68～70章）

1. 内容概述

第68章 石料、石膏、水泥、石棉等制品
第69章 成形后经过烧制的陶瓷制品
第70章 各种玻璃及其制品

本类所包含的商品大都是由第五类的矿产品经进一步加工所制得的制品，商品基本上都是制成品，不包括原料。

2. 归类时应注意的问题

（1）第68章归类

该章包括石料、石膏、水泥、石棉等制品，主要来源于第五类的原料，并且一般只是对第五类的矿产品改变原来的形状，而不改变其原料的性质。品目6812包括石棉织造的服装、鞋帽，因此将石棉织造的服装按纺织品归入第十一类。

（2）陶瓷制品的归类

有些陶瓷制品已在第69章章注二被排除的，不归入本章。但也有一些陶瓷制品即使具有第十六类机器或零件的特征，仍应归入本章。例如，陶瓷泵、陶瓷水龙头等均归入本章。对属于耐火材料的陶瓷制品，如果可归入6901～6903中的一个品目，又可归入6904～6914中的一个品目，应优先归入品目6901～6903。

（3）玻璃及其制品的归类

本章既包括玻璃的半制成品（玻璃板、片、球等），也包括玻璃制品。本章的某些玻璃制品虽具专有用途，基本上是按照加工程度由浅至深的顺序，同时兼顾了制造方法、材质类别及用途的不同排列品目的。若已在本章列名，就归入本章，例如，钟表玻璃应归入章的品目7015，而不按钟表零件归入91章；玩偶等用的玻璃假眼应归入本章的品目7018，而不按玩具的零件归入第95章。

只有玻璃纤维和未经光学加工的光学元件才归入品目7019和7014，而光导纤维、经光学加工的光学元件应归入品目9001，不归入本章。

（十四）第十四类 天然或养殖珍珠、宝石或半宝石、贵金属、包贵金属及其制品；仿首饰、硬币（第71章）

1. 内容概述

第71章 天然或养殖珍珠、宝石或半宝石、贵金属、包贵金属及其制品；仿首饰、硬币

2. 归类时应注意的问题

（1）贵金属的归类

贵金属包括银、金及铂。"铂"指铂族元素，包括铂、铱、锇、钯、铑及钌。例如，品目 7110 的品目条文中的"铂"及子目 7112.92 的子目条文中的"铂"，均指铂族元素。但是子目 7110 所指的"铂"只包括铂本身，不包括铂族元素的其他元素。例如，子目 7110.1910 的"板、片"只包括铂本身这一种元素的板、片。

（2）贵金属合金的归类

只要其中一种贵金属含量达到合金重量的 2%，便视为贵金属合金，这不同于第十五类贱金属合金的归类原则（按含量较高的金属归类）。按重量计含铂量在 2% 及以上的合金，应视为铂合金。按重量计含金量在 2% 及以上的合金，应视为金合金。按重量计含银量在 2% 及以上的合金，应视为银合金。

因此，贵金属合金归类的先后顺序为：铂合金最优先，其次是金合金，最后银合金。例如，按重量计含铁 80%，含铜 15%，含银 3% 金属合金（未经锻造，非货币使用），其中银的含量占 3%，已经超过了 2%，因此按银合金进行归类，归入 7106.9190。

（3）包贵金属和镀贵金属的归类

注意区分"包贵金属"跟"表面镀贵金属的贱金属"的异同点。包贵金属是指以贱金属为底料，在其一面或多面用焊接、熔接、热轧或类似机械方法覆盖一层贵金属的材料，与镀贵金属相同之处在于表面都是贵金属，内部底料都是贱金属。两者不同的地方是制造的方法不同。包贵金属通过焊接、熔接、热轧等机械方法制得；表面镀贵金属的贱金属通过电镀的化学方法制得。

包贵金属的覆盖层无论多薄都应按贵金属归入 71 章。而表面镀贵金属的贱金属无论镀层多厚都按内部的底料来归类（7117、7118 的品目除外）。

（4）硬币的归类

7118 品目的硬币，既可以用贵金属制成，也可以用贱金属制成。

（5）首饰、金银器具的归类

首饰是指个人用小饰物（如戒指、手镯、项圈、饰针、耳环、表链、表链饰物、垂饰、领带别针、袖扣、饰扣、宗教性或其他勋章及徽章）以及通常放置在衣袋、手提包或佩带在身上的个人用品（如烟盒、粉盒、链袋、口香丸盒、念珠）。

其中完全由贵金属或包贵金属制的首饰归入品目 7113；完全由珍珠、宝石制的首饰归入品目 7116；镶嵌珍珠、宝石的贵金属或包贵金属制的首饰归入品目 7113。例如，金制的手镯归入品目 7113，玛瑙制的手镯归入品目 7116。

金银器具，包括装饰品、餐具、梳妆用具、吸烟用具及类似的家庭、办公室或宗教用的其他物品，应归入品目 7114。

（6）仿首饰的归类

"仿首饰"是用珠宝、贵金属或包贵金属以外的物品制成的，应归入品目 7117。例如，铂制的戒指归入品目 7113，而铜制的戒指应归入品目 7117。

（十五）第十五类　贱金属及其制品（第72～83章）

1. 内容概述

第72章　钢铁、锭、板、条杆及丝

第73章　钢铁制品

第74章　铜及其制品

第75章　镍及其制品

第76章　铝及其制品

第77章　空

第78章　铅及其制品

第79章　锌及其制品

第80章　锡及其制品

第81章　其他贱金属、金属陶瓷及其制品

第82章　贱金属工具、器具、利口器、餐匙、餐叉及其零件

第83章　贱金属杂项制品

2. 归类时应该注意的问题

（1）"通用零件"主要包括的内容

品目7307的钢铁制管子附件，品目7312的线、绳、索、缆，品目7315的链，品目7317或7318的各种钉及其他贱金属制的类似品；品目7320的钢铁制弹簧、弹簧片及其他贱金属制的弹簧、弹簧片；品目8301的锁等，品目8302的家具等用的五金件，品目8306的框架及贱金属镜子，品目8308的管形铆钉等，品目8310的标志牌等。

（2）合金及复合材料制品的归类

贱金属与贱金属的合金按所含重量最大的那种金属归类；本类贱金属与非本类元素（贵金属除外）构成的合金，只有本类贱金属的总重量等于或超过其他类元素的总重量时才归入本类。含有两种或两种以上贱金属的制品，应按其所含重量最大的那种贱金属的制品归类。如果合金中没有一种贵金属（银、金、铂族元素之和）的重量达到合金重量的2%，这种合金应作为贱金属归类，否则，应归入第71章。

（3）钢及钢材的分类

第72章中钢按所含元素的不同分为非合金和合金钢。一般只含碳元素的钢称为非合金钢，或称为碳钢；除碳元素外，还含有其他元素的钢称为合金钢。对第72章钢材进行归类时，应首先弄清楚所给的钢材的材料性质，来判断出该钢材应归入本章的哪个分章。其次，根据所给钢材的外形尺寸，报验状况，依据72章注一（十）条款判断是否属于平板轧材，若不属于平板轧材，再依据章注一（十一）、（十四）、（十二）判断出是不规则盘绕的热轧条、杆，还是钢丝、或者是其他条杆。最后，根据以上判断确定该钢材所归入的品目，再根据所给出的其他条件归入相应的编码。不锈钢最常见，只有符

合下列条件的合金钢才视为不锈钢：按重量计含碳量在1.2%及以下，含铬量在10.5%及以上，不论是否有其他元素。

（4）非合金钢平板轧材的归类

截面为矩形（正方形除外）并且不符合第72章章注一（九）款所述定义的下列形状实心轧制产品才能作为平板轧材归类：①层叠的卷材；②平直形状，如果其厚度在4.75毫米以下，则宽度至少是厚度的10倍；如果其厚度在4.75毫米及以上，其宽度应超过150毫米，并且至少应为厚度的2倍。平板轧材包括直接轧制而成并有凸起式样（如凹槽、肋条形、格槽、珠粒、菱形）的产品以及穿孔、抛光或制成瓦楞形的产品，但不具有其他品目所列制品或产品的特征。

（5）非合金钢条杆、型材、丝及空心材的归类

非合金钢条杆、型材、丝及空心材的归类如表7.1所示。

表7.1 非合金钢条杆、型材、丝及空心材的归类

名 称		特 点	归 类
平板轧材		符合第72章章注一（十）的要求	7208～7212
条杆类	盘条	热轧不规则盘卷状	7213
	热轧条杆	热轧直条状	7214
	冷轧条杆	冷轧直条状	7215
角材、型材及异型材		符合第72章章注（十二）的要求	7216
丝		冷加工规则盘卷状	7217
空心材	空心钻钢	用于钻探，且外形尺寸在15～52mm之间，最大内径小于最大外径的1/2	7228
	管	全长截面相同且只有一个闭合空间的同心中空产品	7304～7306
	空心异型材	不符合"管"的定义，且主要是内外截面形状不同的空心产品	7306

（6）钢铁容器的归类

盛装物料用的钢铁囤、柜、罐、桶、盒及类似容器一般按其容积的不同归入品目7309～7310，一般只包括非家用的，不是包括所有的钢铁容器；家庭或厨房用的钢铁容器，如粗腰饼干桶、茶叶罐、糖听及类似容器应归入品目7323，这些容器不能误按容积小于300升的容器归入品目7310。

（7）各种"钢铁钉"的归类

在HS中有各种"钢铁钉"，如果类型、用途不同，它们的归类也不同。普通钢铁钉、平头钉、图钉归入品目7317；订书机用的订书钉归入品目8305；带有铜或铜合金钉头的钢铁钉、平头钉归入品目7415；钢铁制螺钉、普通铆钉（实心的）归入品目7318；管形铆钉/开口铆钉（主要用于衣着、鞋帽、帐篷、皮革制品和工程技术）归入品目8308。

（8）可互换性工具及刀具的归类

机床用可互换性工具及刀具，如锻压、冲压用模具，机床上用的各种刀具，归入第十六类机器的零件，但仍要归入第82章。例如，钻床用的钻头、车床用的车刀、铣床

用的铣刀等归入品目 8207，但木工锯床用的锯片要归入品目 8202。

（9）成套工具及餐具的归类

由 8205 中不同种类的货品构成的成套货品归入此品目内，归入 8205.9000；8202～8205 中两个或多个品目所列工具组成的零售包装成套品目归入 8206；由 8211 中不同种类的刀构成的成套货品仍归入此品目内 8211.1000；由 8211 中一把或多把刀具与品目 8215 至少数量相同的物品构成的成套货品，及由 8215 中不同种类的贱金属货品构成的成套货品归入 8215。

（10）手动机械器具的归类

手动机械器具一般归入第 82 章，有的还有重量的限制。例如，手摇的钻孔工具归入品目 8205；用于加工或调制食品或饮料的手动机械器具（且重量不超过 10 千克）归入品目 8210。

（十六）第十六类　机器、机械器具、电器设备及其零件；录音机及放声机、电视图像、声音的录制和重放设备及其零件、附件（第 84～85 章）

1．内容概述

第 84 章　核反应堆、锅炉、机器、机械器具及其零件
第 85 章　电机、电气设备及其零件；录音机及放音机、电视图像、声音的录制和重放设备及其零件、附件

2．归类时应注意的问题

（1）组合机器、多功能机器的归类

组合机器是指由两部及两部以上机器装配在一起形成的机器。多功能机器是指具有两种及两种以上互补或交替功能的机器。首先按机器的主功能归类，当不能确定其主要功能时，按"从后归类"的原则归类。

例如，具有提供热、冷水功能的饮水机。该设备具有加热和制冷两种功能，其用途为提供饮用水，属于多功能机器，比较两种功能，很难确定哪一种为主功能，所以按"从后归类"的原则归入品目 8516。

（2）功能机组的归类

功能机组是由几个具有不同功能的机器（包括机组部件）结合在一起而构成的。这些机器通常由管道、传动装置、电缆或其他装置连接起来。

组合后的功能明显符合第 84 章或第 85 章某个品目，所列功能时，全部机器或部件均归入该品目，而不再分别归类。例如，番茄酱的成套加工设备，由番茄破碎设备、番茄汁浓缩设备、杀菌设备、电气控制柜等组成。这套设备的主要功能是食品加工，符合功能机组的条件，应将成套设备一并归入子目 8438.6000。

（3）家用电动器具的归类

品目 85.09 的家用器具通常是指这样的一些家用电动器具。任何重量的真空吸尘器、

地板打蜡机、食品研磨机及食品搅拌器，水果或蔬菜的榨汁器。但是有部分品目是受重量限制的（重量不超过 20 千克）。例如，绞肉机，小于、等于 20 千克的电动绞肉机归入税目 8509；大于 20 千克的电动绞肉机则按工业上用的食品加工机器归入税目 8438；不超过 10 千克的家用手摇绞肉机则应按手工工具归入 8210。

（4）动力机器及其零部件的归类

动力机器（电动机除外）归入品目 8406～8412。内燃机为最广泛的动力机器之一，点燃式内燃发动机（主要包括汽油机）归入品目 8407，而压燃式内燃发动机即柴油机归入品目 8408。液压、气压动力装置（即以液体能或压缩气体作为动力源的装置）也作为动力装置归入品目 8412。

电动机（将电能转变成机械能的动力装置）归入品目 8501。

只有"主要用于或专用于"内燃机的零部件归入品目 8409，如活塞、连杆、汽缸体、汽缸盖等。例如，别克轿车用发动机，汽缸容量为 1.8 升，发动机为点燃往复式内燃发动机，应归入子目 8407.3410。

（5）液体泵、气体泵和压缩机的归类

液体泵归入品目 8413。归入本品目的液体泵可以带有计量装置或计价装置，不要将计量泵按仪器归入第 90 章。

气泵、压缩机等归入品目 8414。本品目还包括手动或动力驱动的用以压缩空气或其他气体（如氟利昂）或抽成真空的机器设备，空气或其他气体循环用的机器（风机和风扇），如手动的打气筒也归入此品目。

（6）制冷设备的归类

制冷设备主要包括空调器和电冰箱等。空调器及其专用零件归入品目 8415，其他制冷设备及其零件归入品目 8418。

例如，家用分体式空调，具有制冷和制热功能，制冷量为 3200 大卡／小时。此空调属于分体式，归入品目 8415，根据分体式和制冷量再归入子目 8415.1021。

（7）印刷机械及打印、复印、传真等多功能机器的归类

归入本品目的机器在确定子目时，主要考虑的因素有：是否是传统的印刷机器，可与自动数据处理设备或网络（这里的网络既包括计算机网络，也包括电话网、电报网络等）相连，是否具有打印、复印、传真等多种功能。这里应注意，具有单一功能的打印机不能按自动数据处理设备的输出部件归入品目 8571，具有单一功能的传真机不能按通信设备归入品目 8517。例如，激光打印机（只有打印功能）。该打印机可与自动数据处理设备相连，归入子目 8443.3212。但是激光打印机用硒鼓作为打印机的零件，应归入子目 8443.9990。

（8）各种加工机床及零件的归类

机床的一般归类方法如下。①判断其是否符合本章章注九有关品目 8486 的设备和装置的规定，若符合则优先归入品目 8486。②判断其是否是用激光、光子束、超声波等加工各种材料的特种加工机床，若是则优先归入品目 8456；若不是，则根据加工对象的不同归类。如果是加工金属的机床归入品目 8457～8463，而加工其他材料的机床归入品

目 8464～8465。③确定某些子目时还要考虑是立式机床还是卧式机床，立式机床指机床的回转主轴为垂直方向，卧式机床指机床的回转主轴为水平方向。④品目 8464 的机床加工对象包括石料、陶瓷、混凝土、石棉水泥、玻璃等物质；品目 8465 的加工对象包括木材、软木、骨、硬质橡胶、硬质塑料等。例如，木工用刨床、钻床、铣床等应归入品目 8465。⑤只有专用于上述机床的零件、附件才归入零件专用品目 8466，如工具夹具、工件夹具及分度头等；若是在其他品目列名的零件、附件，则归入其他相关品目，例如，机床上用的刀具（如车刀、铣刀、钻头等）归入品目 8207。

（9）自动数据处理设备及零部件的归类

归入品目 8471 的自动数据处理设备要符合以下条件：存储处理程序和执行程序直接需要的起码的数据；按照用户的要求随意编辑程序；按照用户指令进行算术计算；以及在运行过程中，可无须人为干预而通过逻辑判断，执行一个处理程序，这个处理程序可改变计算机指令的执行。

自动数据处理设备的部件如果单独报验，应归入品目 8471。

（10）通用机械零部件的归类

通用机械零部件归入品目 8480～8484 及 8487，其中：①模具（包括金属铸造、玻璃热加工、陶瓷、水泥制品、橡胶、塑料制品等）归入品目 8480；②机器设备用的各种阀门及龙头归入品目 8481；③机器设备用的传动装置（如传动轴、变速箱及单个齿轮、离合器及联轴器归入品目 8483；④滚动轴承和滑动轴承都属于轴承，但前者归入品目 8481，后者归入品目 8483，安装这些轴承的轴承座归入品目 8483；⑤只有用金属片与其他材料制成或用双层或多层金属片制成的密封垫或类似接合衬垫才归入品目 8484，而用单一材料制的密封垫不归入品目 8484，应按所用材料归类，如点燃式内燃发动机用的汽缸密封垫（由两层铜片中间夹层纸板构成）是用金属片与其他材料制成的，符合品目 8484 条文的描述，所以归入子目 8484.1000；⑥本章其他品目未列名的通用机器零件归入品目 8487，如不同行业的机器上可通用的手轮就归入品目 8487。

（11）电池的归类

电池按其是否可充电分为原电池和蓄电池，一般不可充电的原电池归入品目 8506，可以充电蓄电池归入品目 8507。例如，石英手表用的扣式锂电池为不可充电电池，归入子目 8506.5000；而手机用锂电池为可充电电池，归入子目 8507.8020。但与这两类电池工作原理不同的光电池则要归入子目 8541.4000。废的原电池、蓄电池归入品目 8548。

（12）电动机械器具的归类

一般电动机械器具归入品目 8508～8510，其中真空吸尘器不论是家用还是非家用，一律归入品目 8508，而电动剃须刀归入品目 8510，其他家用的电动机械器具归入品目 8509；品目 8509 仅适用于"家用"和"电动"的器具，还应注意归入该品目的有些家用电动器具要受重量的限制（不超过 20 千克）。另外，其他品目已列名的家用电动器具不归入本品目，例如，家用洗衣机在品目 8450 已有列名。

（13）加热器具的归类

加热器具归类时一般要考虑的因素包括：工业或实验室用还是家用，是炉具还是一般加热器具，是电加热还是非电加热。一般将电加热的工业或实验室用炉具归入品目8514，而非电加热的工业或实验室用炉具归入品目8417；一般家用的电加热器具归入品目8516，家用非电热的器具归入品目8419，非家用的加热器具（不论是否为电加热）也归入品目8419。

（14）焊接设备的归类

对焊接设备归类时，首先判断其工作方式，若是以电气、激光、光子束、超声波、电子束、等离子弧等方式工作的焊接设备，归入品目8515；若是以其他方式工作的焊接设备（如气焊设备、摩擦焊设备），则归入品目8468。

（15）通信设备的归类

不论是有线通信设备还是无线通信设备，一律归入品目8517，只有在确定子目时才区分是有线通信设备还是无线通信设备。常见的通信设备包括有线电话、蜂窝网络电话或其他无线网络电话（主要指手机），基站，电话交换机，光通信用设备（如光端机等），计算机网络通信用设备（如以太网交换机、路由器、集线器等），其他声音、图像或其他数据的转换及接收设备和发送设备。这里应注意，无绳电话机不同于无线电话机，无绳电话机又称子母机，由主机和副机两部分组成，因主机与电话线相连，只是主机与副机的通信为无线方式，故无绳电话机仍属有线通信设备，而无线电话机属无线通信设备。

用于声音、图像或其他数据的发送设备不要误归入品目8525，计算机通信用的集线器等不要误按自动数据处理设备的部件归入品目8471；其他品目已列名的通信设备，不归入本品目，例如，传真机已在品目8443列名，不要误按通信设备归入本品目。

（16）音像设备及无线广播、电视接收设备的归类

音像设备主要包括声音的录制、播放设备，转化设备（话筒和喇叭）等，图像的录制播放设备，摄像机等如表7.2所示。

表7.2 音像设备及无线广播、电视接收设备的归类情况归纳

信号种类	变换方式	归类
声音	话筒和喇叭（声音＝电信号）	品目8518
	放音（记录媒体→声音）	品目8519
	录音（声音→记录媒体）	品目8519
	音（无线电广播信号→声音）	品目8527
图像	录放像（图像电信号＝记录媒体）	品目8521
	摄像（图像→记录媒体）	品目8525
	电视（无线电电视信号→图像、声音）	品目8528

（17）记录媒体的归类

记录媒体一律归入品目8523，只有在确定本国的七、八位子目时才考虑是否录制信息。目前常见的记录媒体主要包括磁性媒体、光学媒体和半导体媒体。磁性媒体常见的类型为磁带、磁盘及磁卡；光学媒体常见的类型主要是光盘；半导体媒体常见的类型有U盘、数码相机用的记忆棒、SD卡、CF卡、SM卡等。

例如，DVD光盘（内含国外获奖影片）。此光盘属光学记录媒体，归入品目1523，因它既包含声音信息，又包含图像信息，所以归入子目8523.4099。微电脑用内存条不能作为记录媒体归入品目8523，应作为自动数后处理设备的零件归入8473.3090；移动硬盘不能作为记录媒体归入品目8523，应作为自动数据处理设备的存储部件归入8471.7010。

（18）灯、灯具的归类

对灯、灯具进行归类时，一般考虑的因素包括：是否带有灯座、何种用途等。各种灯泡、白炽灯等照明装置应归入8539；带灯座的灯具归入9405（如台灯、床头灯）；机动车辆照明、信号灯，应归入8512；火车和飞机的前灯应归入9405；一些自供能源的灯应归入8513（如手电筒）；交通管理用的信号灯应归入8530（如红绿灯）；照相用的闪光灯及灯泡归入9006。

（19）通用电子元器件及简单电器装置的归类

通用电子元器件一般按其不同的特性归入品目8532～8533、8540～8542，这些元器件一般作为电气设备的零件，其中无源元件主要包括归入品目8532的电容器归入品目8533的电阻器（但加热电阻器归入品目8516）；有源元件主要包括归入8540的热电子管、冷阴极管或光阴极管，归入品目8541的半导体器件（二极管、晶体管等）。集成电路归入品目8542，然后按其用途（处理器及控制器用、存储器用、芯器用等）归入不同的子目。常见的电感元器件在前面的品目已有列名，应归入品目8504。简单的电器装置一般分为高压电器（电压>1000伏）和低压电器（电压≤1000伏），前者归入品目8535，后者归入品目8536；而由品目8535的高压电器或品目8536的低压电器组成的通常装于盘、板、台上或柜子里的组合体，应归入品目8537，如一些电器控制柜（数控装置）等。本品目同时也包含一些较为复杂的装置，如可编程序控制器等。例如，耳机插座，属于连接电路的电气装置，且为低压电器（电压小于1000伏），归入品目8536，然后按插座归入子目8536.6900。

（20）具有独立功能未列名机电产品的归类

具有独立功能且其他品目未列名的机电产品一般归入品目8479（机械设备）或8543（电气设备）。归入这两个品目的商品必须满足下列条件：第一，任何类注或章注中均未规定不包括在这两章内；第二，没有更为具体地列入HS其他各章的某一品目内；第三，根据其功能和用途均不能归入这两章以外的其他品目。例如，配有机械装置的潜水箱，应作为未列名的机械设备归入品目8479。

（十七）第十七类　车辆、航空器、船舶及有关运输设备（第86～89章）

1. 内容概述

第86章　包括各种铁道车辆
第87章　其他陆上车辆
第88章　航空器及航天器
第89章　船舶、气垫船及浮动结构体
还包括运输设备有关的具体列名的货品，如归入品目8609的集装箱。

2. 归类时应注意的问题

（1）按用途进行归类
既能在道路上又能在轨道上行驶的车辆归入第 87 章；水陆两用的机动车辆归入第87章；可兼作地面车辆的航空器归入第88章；在导轨上运行的气垫火车归入第86章；水陆两用的气垫运输工具归入第 87 章；水上航行但只能在海滩或浮码头上登陆或在冰上行驶的气垫运输工具归入第89章。

（2）运输设备零件、附件的归类
其他类已列名的零、附件不归入本类。例如，汽车发动机是车辆的一个部件，在第84章有列名，故归入第84章，不归入第87章。专用于本类设备的零件、附件与设备一并归类或归入零件专用的品目。第 89 章不包括零件、附件，只包括船舶及浮动结构体等运输设备，所以即使能确定专用于或主要用于船舶也不归入本章，一般按主要用途归入前面各章。例如，船舶用舵机作为船舶的一个部件，应归入子目 8479.8910，而不归入第89章。

（3）客车、货车的归类

客车 { 10座及以上的车辆：按发动机类型和座位数等因素归入品目 8702 下的相关子目

10座以下的车辆：按用途、发动机类型及汽缸容量等归入品目 8703 下的相关子目 }

货车按发动机类型和车辆总重量归入品目 8704 项下的相关子目。
例如，"宝莱"轿车，排气量 1.8 升客车，座位少于 10 座，根据座位先判断品目归入 8703，然后根据发动机及排气量来确定其品目。轿车发动机属于点燃式（柴油机属于压燃式），排气量为 1800 毫升，因此其品目为 8703.2314。
车辆的总重量＝车辆的自重＋最大设计载荷＋加满油的油箱重量＋驾驶员的重量
（4）特种车辆的归类
不以载人、载货为主要目的的特种车辆归入品目 8705，例如，消防车、起重车等。

用于展示、教学用而无其他用途的未剖开或已剖开的模型车辆及真实车辆不归入第87章，而归入品目9023。

以载人为主要目的的特殊用途车辆有：囚车、警车、灵车、赛车、雪地车等归入87.02～87.03，不归入87.05。

以载货为主要目的的特殊车辆有冷藏货车、运钞车、自动装卸货车等归入87.04，不归入87.05。

（5）机动车辆底盘的归类

常见的机动车辆底盘有3种类型，分别归类如下：只装有发动机的机动车辆底盘归入品目8706；装有驾驶室和发动机的机动车辆底盘，按相应的整车归入品目8702～8704；未装有驾驶室和发动机的机动车辆底盘，按机动车辆的零件归入品目8708。

（6）汽车零件、附件的归类

首先，只有确定在其他类未列名的情况下，才归入品目8708。零件的子目是按照前面整车的类型排列的，因此要先确定整车的编码，才能确定其零件。例如，变速箱（如果车辆总吨为15吨，柴油发动机）按汽车专用零件归入8708，再确定其一级子目8708.4，再根据汽车的类型，确定其编码。车辆总吨为15吨，柴油发动机，编码为8704.2240，因此其变速箱应归入8708.4050。

（7）摩托车和自行车的归类

摩托车归入品目8711，自行车归入品目8712。摩托车按发动机类型和汽缸容量归入不同的子目；自行车按用途和车轮直径（以英寸为单位）归入不同的子目。

（十八）第十八类 光学、照相、电影、计量、检验、医疗或外科用仪器及设备、精密仪器及设备；钟表；乐器；上述物品的零件、附件（第90～92章）

1. 内容概述

第90章 光学、计量、医疗仪器、精密仪器及设备等
第91章 钟表
第92章 乐器以及分列于各章的上述货品的零件、附件

2. 归类时应注意的问题

（1）光学元件的归类

未经光学加工的光学元件，按材料归入7014；经光学加工，但未装配的光学元件归入9001；已装配（带有镜筒或框架），同时还要"作为仪器装置的零件、配件"的光学元件归入9002；其他材料（如有机玻璃）制的光学元件不论是否经过光学加工，一律归入品目9001；对于玻璃制的光学元件，只有经过光学加工的光学元件（但未装配的）才归入品目9001，未经加工应按材料归入品目7014。

（2）光学仪器的归类

光学仪器一般按其功能和用途归入品目9005～9013。其中：①双筒望远镜、单筒望

远镜等普通望远镜归入品目 9005，但用于机床上的校直望远镜和坦克上的潜望镜要归入品目 9013。②印刷制版用的电子分色机、激光照相排版设备归入品目 9006，不能按制版的设备归入品目 8442。③也包括一些看起来不属于光学仪器的设备，例如，电子显微镜归入子目 9012.1000，液晶显示板归入 9013.8030。

（3）医疗器械及器具的归类

医疗器械及器具一般归入品目 9018～9022。在确定其品目时，一般要根据其工作原理、特性及用途等因素。

（4）钟表及计时器具的归类

本章的排列结构顺序为：完整品—不完整品（如钟表芯）—零件。品目 9101 与 9102 所列手表的区别：①只有表壳全部用贵金属或包贵金属制得的表才归入品目 9101；②若是表壳用贵金属或包贵金属以外的材料制成，或表壳用贵金属或包贵金属制成而表背面用钢制成，或表壳用镶嵌贵金属的贱金属制成的表均归入品目 9102。

（5）乐器的归类

各种乐器及其零件归入第 93 章。乐器归类的关键是确定其种类（弦乐器、管乐器、打击乐器、电子乐器、其他未列名乐器）。例如，普通钢琴归入品目 9201；而目前市场上销售的电钢琴，不能按普通钢琴归类，因它属于电子乐器，应归入品目 9102。

（十九）第十九类　武器、弹药及其零件、附件（第 93 章）

1. 内容概述

主要包括供军队、警察或其他有组织的机构（海关、边防等）在陆、海、空战斗中使用的各种武器，个人自卫、狩猎等用的武器等。

2. 归类时应注意的问题

归类时应注意以下问题：①装甲战斗车辆不能作为武器归入本章，应按车辆归入品目 8710；弓、箭头、击剑等不能作为武器归入本章，应作为运动用品归入第 95 章。②其他章已列名的武器及零件不应归入本章，例如，武器瞄准用的望远镜应归入第 90 章。

（二十）第二十类　杂项制品（第 94～96 章）

1. 内容概述

第 94 章　各种家具、寝具、其他章未列名灯具手动房屋等
第 95 章　各种玩具、运动或游戏用设备等
第 96 章　雕刻或模塑制品，扫把、刷子和筛，书写及办公用品，烟具，化妆品用具及其他品目未列名的物品

2. 归类时应注意的问题

（1）家具及其零件的归类

具有实用价值的落地式"可移动"的家具（如桌、椅等），落地式或悬挂的、固定在墙壁上叠摞的碗橱、书柜、其他架式家具，坐具及床归入品目9401～9403。

单独报验的组合家具各件均归入第94章，但落地灯不能按家具归类，应按灯具归入品目9405。

品目9402的医疗、外科、牙科或兽医用的家具不能带有医疗器械（设备），如带有牙科器械的牙科用椅不能归入本品目，而应按医疗器械归入品目9018。

具有特定用途或为安装特定用途的装置、设备而特制的家具，一般按特定用途的装置、设备归类。例如，有象棋棋盘桌面的桌子和桌球台归入品目9504，作为缝纫机台架用的家具归入品目8452。

品目9401～9403的家具可用木、柳条、竹、藤、塑料、贱金属、玻璃、皮三石、陶瓷等材料制成，例如，玻璃制的柜台仍归入第94章，而不按玻璃制品归类。

专用于或主要用于第94章家具的零件归入本章相应品目；单独报验的玻璃或镜子、大理石等按材料归类。

第94章也包括机动车辆、飞机等用的坐具及零件（如坐椅调角器），这些坐具及零件不能按车辆或飞机的零件归入第十七类。

（2）床上用品及寝具的归类

装有弹簧或内部填充棉花、羊毛、马毛、羽绒、合成纤维等，或以海绵橡胶或泡沫塑料制成的床上用品及寝具，如褥垫、被褥及床罩（内含填充物）、鸭绒被、棉被、枕头、靠垫、坐垫、睡袋等归入品目9404。

未装有内部填充物的床上用品及寝具，例如，床单、床罩、枕头套、鸭绒被靠垫套、毯子等则按纺织品归入第63章。

（3）玩具的归类

儿童乘骑的带轮玩具（如三轮车、踏板车、踏板汽车等），玩偶车，玩偶及其零件、附件（如玩偶用的服装、鞋、靴、帽等）和其他供儿童或成人娱乐用的各种智力玩具或其他玩具均归入品目9503，但宠物玩具不归入品目9503。

（4）体育用品和游乐场用娱乐设备的归类

一般体育用品归入品目9506或9507，游乐场用娱乐设备归入品目9508。体育用品中不同用途的球归入不同的子目，归纳如下：①可充气的足球、篮球、排球归入子目9506，6210；②草地网球归入子目9506.6100；③乒乓球归入子目9506.4010；④高尔夫球归入子目9506.3200；⑤羽毛球归入子目9506.9190。

（5）杂项制品的归类

各种纽扣归入品目9606，拉链归入品目9607，梳子归入品目9615，这些不应按制成材料归入其他类。打字机色带归入品目9612，不应按打印机的零件归入第84章。裁缝用和商品陈列或广告宣传用的人体活动模型归入品目9618，不应按专供示范型归入品目9023。

（二十一）第二十一类　艺术品、收藏品及古物（第 97 章）

1. 内容概述

一般归入本类商品的最大特点是具有一定的收藏价值，主要包括艺术品和收藏品。例如，完全手工绘制的油画、粉画，雕版画、印制画、石印画原本，雕塑品原件，邮票，动物、植物、矿物等的标本和超过 100 年的古物。

2. 归类时应注意的问题

（1）超过 100 年古物的归类

除品目 9701～9705 以外的物品，若为超过 100 年的古物则优先归入品目 9706。例如，超过 100 年的乐器不按乐器归入第 92 章，而应归入品目 9706；而品目 9701～9705 的物品即使超过 100 年，仍归入原品目。

（2）雕版画、印制画、石印画原本和雕塑品原件的归类

只有完全用手工制作的印版直接印制出的原本才归入品目 9702，而使用机器或髁稻制版方法制作的印版印制出的原本不能归入本品目；只有各种材料制的雕塑品原件才归入品目 9703，而成批生产的复制品不能归入本品目。

（3）其他艺术品、收藏品的归类

对于已装框的油画、粉画，若框架的种类、价值与作品相称，此时一并按作品归类，若框架种类、价值与作品不相称，则框架与作品应分别归类。本章邮票具有收藏价值，以收藏为主要目的；而第 49 章邮票不具有收藏价值。

（二十二）商品编码顺口溜

自然世界动植矿，一二五类在取样；三类四类口中物，矿产物料翻翻五；
化工原料挺复杂，打开六类仔细查；塑料制品放第七，橡胶聚合脂烷烯；
八类生皮合成革，箱包容套皮毛造；九类木秸草制品，框板柳条样样行；
十类木浆纤维素，报刊书籍纸品做；十一税则是大类，纺织原料服装堆；
鞋帽伞杖属十二，人发羽毛大半归；水泥石料写十三，玻璃石棉云母粘；
贵金珠宝十四见，硬币珍珠同类现；十五查找贱金属，金属陶瓷工具物；
电子设备不含表，机器电器十六找；光学仪器十八类，手表乐器别忘了；
武器弹药特别类，单记十九少劳累；杂项制品口袋相，家具文具灯具亮；
玩具游戏活动房，体育器械二十讲；二十一类物品贵，艺术收藏古物类；
余下运输工具栏，放在十七谈一谈；商品归类实在难，记住大类第一环。

知 识 拓 展

2009 年进出口税则已于元旦开始实施，海关提醒，新税则对部分税则税目进行调整。调整后，我国进出口税则税目总数为 7868 个，相关企业需引起关注。温州海关提醒如编码为"64029900"的"橡胶或塑料外底及鞋面的其他鞋靴"去年前 11 个月的加工贸易出口总额就达到 3000 多万美元，在此次调整中就以橡胶和塑料为标准划分为 64029910 和 64029920 两个海关编码，部分加工贸易企业已因上述编码调整问题而无法正常报关。加工贸易企业除需按调整后的商品编码正确归类并申请备案，还需检查税则调整前备案但未实际进出口完毕的手册，核对该手册中进出口商品的编码是否在此次调整中被取消或变化，如有被调整情况，需及时到主管加工贸易部门申请编码变更，否则在申报进出口时将因无法报关而延误货期。

（资料来源：http://kffrp.com/html/HangYe/30/）

小　结

《协调制度》是一个多用途的国际贸易商品分类目录，有其独特的基本结构与编码规律。它主要分为归类总归则、注释和编码表 3 个部分，并将各种进出口商品按照生产部类、自然属性和不同功能用途等分为 21 类 97 章，而每一种商品都有与其相对应的归类编码。

其中，六大总规则是我们对货物进行归类时应该遵循的基本原则。熟悉了这些规则，我们才能够根据进出口商品的性质等实际情况进行具体归类。

将进出口的商品进行正确归类是海关执行国家关税政策、贸易管制措施和编制海关进出口统计的基础，因此做好进出口商品的归类工作意义重大。

为规范进出口货物的商品归类，保证商品归类结果的准确性和统一性，进出口商品的归类在遵循客观、准确、统一的原则基础上，主要依据《中华人民共和国进出口税则》，包括协调制度归类总规则、类注、章注、子目注释、目录条文；《海关进出口税则——统计目录及商品品目注释》、《新增本国子目注释》、海关总署发布的关于商品归类的行政裁定和海关总署发布的商品归类决定。

由于商品归类工作技术性强，有时还会涉及化验、鉴定等环节，有时需要一段时间才能得出结论，因此单纯依靠通关环节进行商品归类已不能适应实际工作的需要。为了正确地将进出口商品归类，便利合法进出口快速通关，我国海关参照了国际上的通行做法，在海关注册登记的进出口货物经营单位（以下称申请人），可以在货物实际进出口的 45 日前，向直属海关申请就其拟进出口的货物预先进行商品归类（简称预归类）。

案例分析

有一种商品，商家自称"咖啡壶"，是个玻璃制的带有刻度的 1000 毫升玻璃杯，外面包裹着 6 条不锈钢制的钢条，起固定作用，钢条上连着一个塑料的把手，把水装进玻璃杯里烧开冲咖啡用或者连咖啡带水一起烧。

思考题

这是一把几乎每个商场都能看见的非常普通的咖啡壶。试将这款产品编码。

分析提示

首先尝试按照具体列明原则归类，然后按照用途归类，最后按照成分归类。

自测题

一、选择题

1. 下列选项中属于归类依据的是（　　　）。
   A.《进出口税则》
   B.《商品及品目注释》
   C.《本国子目注释》
   D. 海关总署发布的关于商品归类的行政裁定或决定

2. 下列叙述正确的是（　　　）。
   A. 在进行商品归类时，列名比较具体的税目优先于一般税目
   B. 在进行商品归类时，混合物可以按照其中的一种成分进行归类
   C. 在进行商品归类时，商品的包装容器应该单独进行税则归类
   D. 从后归类原则是商品归类时优先采用的原则

3. 下列关于商品归类的表述正确的是（　　　）。
   A. 商品归类是查找进出口商品在《税则》或《统计目录》、《相关手册》中的编码
   B. 只有准确归类，才能正确征税和确定所需许可证件
   C. 报关员基本技能之一就是准确填写报关单上进出口商品编码
   D. 在电子通关系统中商品编码是海关管理的基础信息

4. 对商品进行归类时，品目条文所列的商品，应包括该项商品的非完整品或未制成品，只要在进口或出口时这些非完整品或未制成品具有完整品或制成品的（　　　）。
   A. 基本功能
   B. 相同用途

C. 基本特征

D. 核心组成部件

5. 下列货品中属于 HS 归类总规则中所规定的"零售的成套货品"的是（   ）。

    A. 一个礼盒，内有咖啡一瓶、伴侣一瓶、塑料杯两只

    B. 一个礼盒，内有一瓶白兰地酒、一支打火机

    C. 一个礼盒，内有一盒巧克力和一个芭比娃娃

    D. 一碗方便面，内有一块面饼，两包调味包和一把塑料叉

二、判断题

1. 当货品看起来可归入两个或两个以上税目时，应按"从后归类"的原则。（   ）

2. 40 升专用钢瓶装液化氮气应分别归类。（   ）

3. 直属海关作出的预归类决定在本关区范围内有效。（   ）

4. 未组装的自行车应按完整品归类。（   ）

5. 豆油 70%、花生油 20%、橄榄油 10%的混合食用油应按豆油归类。（   ）

第八章
进出口税费

▣ 教学目标

● 掌握货物进出口税费的含义、种类及其征收范围
● 熟练掌握进出口货物完税价格的审定原则及进出口货物原产地确定的原则和方法
● 熟悉进出口税费的减免、缴纳和退补等内容及程序

▣ 学习要点

● 根据不同的进出口货物情况正确地计算进出口税费
● 进出口税费的减免、缴纳和退补的相关规定

♻ 导入案例

　　某公司从荷兰进口 3000 箱 "喜力" 牌啤酒，规格为 24 支×330ml/箱，成交价为 FOB 鹿特丹 HKD50/箱，运费为 HKD20000，保险费率为 0.3%。经海关审定：进口关税率为 3.5/升，消费税率为 RMB220 元/吨（1 吨＝988 升），增值税率为 17%，汇率 HKD100＝RMB106。试问该批啤酒的关税、消费税、增值税分别为多少？

　　带着这些问题学习本章后，学生可以掌握货物进出口税费征收的范围、原则和方法以及程序。

第一节　进出口税费概述

进出口税费是指在进出口环节中由海关依法征收的关税、消费税、增值税等税费。依法征收税费是海关的任务之一。依法缴纳税费是有关纳税义务人的基本义务。

一、关税

关税是国家税收的重要组成部分，是由海关代表国家按照国家制定的关税政策和有关法律、行政法规的规定，对准许进出关境的货物和物品向纳税义务人征收的一种流转税。

关税是一种国家税收，其征收主体是国家，由海关代表国家向纳税义务人征收；课税对象是进出关境的货物和物品。

关税纳税义务人亦称关税纳税人或关税纳税主体，是指依法负有直接向国家缴纳关税义务的法人或自然人。我国关税的纳税义务人是进口货物的收货人、出口货物的发货人、进出境物品的所有人。

从报关业务的角度来看，关税分为进口关税和出口关税。

（一）进口关税

进口关税的具体内容如下。

1. 进口关税的含义

进口关税是指一国海关以进境货物和物品为课税对象而征收的关税。在国际贸易中，它一直被各国公认为一种重要的经济保护手段。

2. 进口关税的种类

从征收关税的标准来看，进口关税分为从价税、从量税、复合税和滑准税。

（1）从价税

从价税是以货物价格作为计税标准，以应征税额占货物价格的百分比为税率的关税。公式为

$$从价税应征税额＝货物的完税价格×从价税税率$$

其中价格和税额呈正比例关系。我国征收进口关税主要采用此标准。

（2）从量税

从量税是以货物和物品的计量单位（如重量、数量、容量等）作为计税标准，按每一计量单位的应征税额征收的关税。公式为

$$从量税应征税额＝货物计量单位总额×从量税税率$$

我国采用此标准征收进口关税的货物有原油、啤酒、胶卷、冻鸡。

（3）复合税

复合税是在《进出口税则》中，一个税目中的商品同时使用从价、从量两种标准计税，计税时按两者之和作为应征税额征收的关税。公式为

$$复合税应征税额＝从价部分的关税额＋从量部分的关税额$$
$$＝货物的完税价格×从价税税率＋$$
$$货物计量单位总额×从量税税率$$

我国目前采用此标准征收进口关税的货物有录像机、放像机、摄像机、非家用型摄录一体机、部分数字照相机等进口商品。

（4）滑准税

滑准税是为了使该种商品的国内市场价格保持稳定，在《进出口税则》中预先按产品的价格高低分档制定若干不同的税率，然后根据进口商品价格的变动而增减进口税率的一种关税。当商品价格上涨时采用较低税率，当商品价格下跌时则采用较高税率。

2008 年我国对关税配额外进口的棉花（税号：5201.0000）实行 5%～40%的滑准税；对滑准税率低于 5%的进口棉花按 0.570 元/千克计征从量税。

（二）出口关税

出口关税是指海关以出境货物、物品为课税对象所征收的关税。征收出口关税的主要目的是限制、调控某些商品的过度、无序出口，特别是防止本国一些重要自然资源和原材料的无序出口。

我国出口关税主要以从价税为计征标准。2008 年，我国海关对鳗鱼苗、铅矿砂、锌矿砂等 94 种出口商品征收出口关税。根据实际情况，我国还在一定时期内对部分出口商品临时开征出口暂定关税，或者在不同阶段实行不同的出口暂定关税税率，或者加征特别出口关税。例如，自 2008 年 1 月 1 日至 12 月 31 日，对原粮及其制粉开征出口暂定关税（出口至中国香港、澳门、台湾地区供其自用的除外）。又如，自 2008 年 4 月 1 日至 12 月 31 日，对过磷酸钙和钾肥征收出口暂定关税等。

根据《关税条例》的规定，适用出口税率的出口货物有暂定税率的，应当适用暂定税率。除法律法规有明确规定可以免征出口关税外，对各类企业出口的应税商品，一律照章征收出口关税。

（三）暂准进出境货物进出口关税

海关按照审定进出口货物完税价格的有关规定和海关接受该货物申报进出境之日适用的计征汇率、税率，审核确定其完税价格、按月征收税款，或者在规定期限内货物复运出境或者复运进境时征收税款。暂准进出境货物在规定期限届满后不再复运出境或者复运进境的，纳税义务人应当在规定期限届满前向海关申报办理进出口及纳税手续，缴纳剩余税款。

计征税款的期限为 60 个月。不足 1 个月但超过 15 天的，按 1 个月计征；不超过 15 天的，免予计征。计征税款的期限自货物放行之日起计算。按月征收税款的计算公式为

$$每月关税税额 = 关税总额 \times \frac{1}{60}$$

$$每月进口环节代征税税额 = 进口环节代征税总额 \times \frac{1}{60}$$

二、进口环节海关代征税

进口货物办理完通关手续后，进入国内销售市场。进入国内流通领域的进口货物与国内货物一样，也要缴纳应征的国内税，包括增值税和消费税，按规定由海关在进口环节依法代征。

（一）增值税

增值税是以商品在生产、流通过程中或劳务服务过程中的各个环节所创造新增价值为课税对象的一种流转税。进口环节增值税是在货物、物品进口时，由海关依法向进口货物的法人或自然人征收的一种增值税。而国内的增值税由税务机关征收。

进口环节增值税以组成价格作为计税价格，征税时不得抵扣任何税额。进口环节的增值税的组成价格由关税完税价格加上关税税额组成，对于应征消费税的品种，其组成价格还要加上消费税税额。计算公式为

组成计税价格 = 完税价格 + 关税税额 + 消费税税额

增值税 = 组成价格 × 增值税税率

进口环节增值税的起征额为人民币 50 元，低于 50 元的免征。进口环节增值税的征收管理，适用关税征收管理的规定。

在我国境内销售货物（销售不动产或免征的除外）或提供加工、修理、修配劳务以及进口货物的单位或个人，都要依法缴纳增值税。在我国境内销售货物，是指所销售的货物的起运地或所在地都在我国境内。基本税率为 17%，其范围为：纳税人销售或者进口除适用低税率的货物以外的货物，以及提供加工、修理、修配劳务。适用 13% 低税率的有：①粮食、食用植物油；②自来水、暖气、冷气、热水、煤气、石油液化气、天然气、沼气、居民用煤炭制品；③图书、报纸、杂志；④饲料、化肥、农药、农机、农膜；⑤国务院规定的其他货物。

（二）消费税

消费税是以消费品或消费行为的流转额作为课税对象而征收的一种流转税。在中华人民共和国境内生产、委托加工和进口《消费税暂行条例》规定的消费品（以下简称应税消费品）的单位和个人，为消费税的纳税义务人。我国消费税采用从价税、从量税和复合税 3 种方法计征，并采用价内税的计税方法，即计税价格的组成中包括了消费税税额。其计算公式为

从价计征的消费税税额 = 组成计税价格 × 消费税税率

其中

$$组成计税价格 = \frac{完税价格 + 关税税额}{1 - 消费税税率}$$

$$从量计征的消费税税额 = 应征消费税消费品的数量 \times 单位税额$$

复合税则是将从价税与从量税相加。进口环节消费税的起征额为人民币 50 元，低于 50 元的免征。符合下列条件的消费品要征收消费税：①一些过度消费会对人的身体健康、社会秩序、生态环境等方面造成危害的特殊消费品，如烟、酒、酒精、鞭炮、焰火等；②奢侈品、非生活必需品，如贵重首饰及珠宝玉石、化妆品等；③高能耗的高档消费品，如小轿车、摩托车、汽车轮胎等；④不可再生和替代的资源类消费品，如汽油、柴油等。

其中葡萄酒、贵重珠宝首饰、化妆品、烟花爆竹、木制一次性筷子、实木地板、小轿车、摩托车、汽车轮胎、高尔夫球、高档手表、游艇等采用从价税计征；而啤酒、黄酒、汽油、柴油、石脑油、溶剂油、润滑油等采用从量税计征方法；白酒、卷烟则按复合税方法计征。

从 2002 年 6 月 1 日起，除加工贸易外，对于进出口的钻石统一集中到上海钻石交易所办理报关手续，其他口岸均不得进出口钻石。同时，国家可根据经济社会发展和消费政策、消费结构的变化对消费税进行调整。

三、船舶吨税

船舶吨税（简称"吨税"）是指由海关在设关口岸对进出、停靠我国港口的国际航行船舶包括外籍船舶、外商租用的中国籍船舶、中外合资企业租用的中国籍船舶以及中国企业租用的外籍船舶征收的一种使用税。

（一）吨位的计算

丈量吨位按照船舱的结构是封闭式或开放式来分别计算，封闭式为大吨位，开放式为小吨位。装货多时用大吨位，装货少时用小吨位。我国现行规定，凡同时持有大小吨位两种吨位证书的船舶，不论实际装货情况，一律按大吨位计征吨税。吨税按净吨位计算。

吨税按净吨位计征。净吨位计算公式为

$$净吨位 = \frac{船舶的有效容积 \times 吨}{立方米}$$

船舶净吨位的尾数按四舍五入，半吨以下的免征尾数，半吨以上的按 1 吨计算。不及 1 吨的小型船舶，除经海关总署特准免征者外，一律按 1 吨计征。

（二）吨税的征收和退补

吨税起征日为"船舶直接抵口之日"，即进口船舶应自申报进口之日起征收。如进境后驶达锚地的，以船舶抵达锚地之日起计算；进境后直接靠泊的，以靠泊之日起计算。

船舶抵港之日，船舶负责人或其代理人应向海关出具船舶停留时仍然有效的"船舶吨税执照"。吨税的有效期限规定为 90 天和 30 天两种，期限不同，税率也不同，由纳税人申报纳税时自行选择。并且应于海关填发的税款缴款书之日起 15 日内向指定银行缴纳税款，逾期不缴纳的，按日加征 0.5‰的滞纳金。

吨税的计算公式为

$$应纳船舶吨税税额＝注册净吨位×船舶吨税税率（元／净吨）$$

具有下列情况之一的，海关凭船舶负责人或其代理人提供的有效证明文件，在 1 年内办理船舶吨税的退补手续：①船舶负责人因不明规定而造成重复缴纳船舶吨税的；②其他原因造成错征、漏征的。

四、滞纳金

滞纳金是税收管理中的一种行政强制措施，指应纳税的单位或个人因逾期向海关缴纳税款而依法缴纳的款项。按照规定，关税、进口环节增值税、进口环节消费税、吨税等的纳税义务人或其代理人，应当自海关填发税款缴款书之日起 15 日内向指定银行缴纳税款，逾期缴纳的，按日加收滞纳税款 0.5‰的滞纳金。

海关对滞纳天数的计算规则是自发生滞纳税款之日起至进出口货物的纳税义务人缴纳税费之日止，其中的法定节假日不予扣除。缴纳期限届满日遇星期六、星期日等休息日或者法定节假日的，顺延至休息日或法定节假日之后的第一个工作日。

如果纳税义务人未在规定的 15 天缴款期限内缴纳税款，另行加收自缴款期限届满之日起至缴清税款之日止所滞纳税款的 0.5‰的滞纳金。

滞纳金的起征额为人民币 50 元，不足人民币 50 元的免予征收。其计算公式为

$$关税滞纳金金额＝滞纳关税税额×0.5‰×滞纳天数$$
$$进口环节海关代征税滞纳金金额＝滞纳进口环节海关代征税税额×0.5‰×滞纳天数$$

第二节　进出口货物完税价格的审定

一、进出口货物完税价格的含义

进出口货物完税价格是指海关对进出口货物征收从价税时审查估定的应税价格，是凭以计征进出口货物关税及进口环节代征税税额的基础。我国已加入世界贸易组织，并已全面实施世界贸易组织估价协定，这使我国对进口货物海关审价的法律法规与国际通行规则相衔接。2006 年 3 月 8 日，经海关总署署务会审议通过了《中华人民共和国海关审定进出口货物完税价格办法》并予以公布，于同年 5 月 1 日起施行。

二、进口货物完税价格的审定

进口货物完税价格的审定包括一般进口货物完税价格的审定和特殊进口货物完税价格的审定。

（一）一般进口货物完税价格的审定

海关确定进口货物完税价格共有进口货物成交价格法、相同货物成交价格法、类似货物成交价格法、倒扣价格法、计算价格法、合理方法等6种估价方法。上述估价方法应当依次采用，倒扣价格法和计算价格法例外。

1. 进口货物成交价格法

（1）完税价格与成交价格

进口货物的完税价格，由海关根据该货物的成交价格审查确定，并应包括货物运抵中华人民共和国境内输入地点起卸前的运输及相关费用、保险费。

进口货物的成交价格，是指卖方向中华人民共和国境内销售该货物时买方为进口该货物向卖方实付、应付的，并按有关规定调整后的价款总额，包括直接支付的价款和间接支付的价款。

（2）计入项目

买方支付时应计入完税价格的项目包括以下几个：①除购货佣金以外的佣金和经纪费。佣金分为购货佣金和销售佣金。购货佣金（买方佣金）不计入完税价格；销售佣金（卖方佣金）要计入完税价格；②与进口货物作为一个整体的容器费。例如，酒香水与香水瓶构成一个不可分割的整体，两者归入同一税号，如果没有包括在酒的完税价格中间，则应该计入；③包装费。既包括材料费，也包括劳务费；④协助的价值。协助的价值是指可按适当比例分摊的，由买方直接或间接免费提供或以低于成本价的方式销售给买方或有关方的，未包括在实付或应付价格中的货物或服务的价值。包括进口货物所包含的材料、部件、零件和类似货物的价值；在生产进口货物过程中使用的工具、模具和类似货物的价值；在生产进口货物过程中消耗的材料的价值；在境外完成的为生产该货物所需的工程设计、技术研发、工艺及制图等工作的价值；⑤特许权使用费。特许权使用费是指进口货物的买方为取得知识产权权利人及权利人有效授权人关于专利权、商标权、专有技术、著作权、分销权或者销售权的许可或者转让而支付的费用；⑥返回给卖方的转售收益。如果买方在货物进口之后，把进口货物的转售、处置或使用的收益的一部分返还给卖方，这部分收益的价格应该计入完税价格中。

上述各项计入完税价格中应同时满足：第一，由买方负担；第二，未包括在进口货物的实付或应付价格中；第三，有客观量化的数据资料。

（3）扣减项目

进口货物的价款中单独列明的下列费用，如果成交价格中已经包含这些项目，则将其从成交价格中扣除。如果成交价格中没有包含这些项目，则不计入该货物的完税价格。①厂房、机械或者设备等货物进口后发生的建设、安装、装配、维修或者技术援助费用，但是保修费用除外；②货物运抵境内输入地点起卸后发生的运输及其相关费用、保险费；③进口关税、进口环节代征税及其他国内税；④为在境内复制进口货物而支付的费用；⑤境内外技术培训及境外考察费用。

例如,A公司从德国进口一套机械设备,发票列明:设备价款CIF天津USD300 000,设备进口后的安装及技术服务费用USD10 000,买方佣金USD1 000,卖方佣金1 500。该批货物经海关审定后的成交价格应为 USD301 500（成交价格=机械设备价款 USD 300 000＋卖方佣金 USD 1500）。这里安装及技术服务费用不属于计入项目,买方佣金不是计入项目。而且没有说明这些费用已计入设备价款中,因此不是扣减的项目。

（4）成交价格本身须满足的条件

①买方对进口货物的处置和使用权不受限制。下列情况应视为买方对进口货物的处置和使用权受到了限制:进口货物只能用于展示;进口货物只能销售给指定的第三方等;②货物的价格不应受到导致该货物成交价格无法确定的条件或因素的影响。例如, 进口价格是以买方向卖方购买一定数量的其他产品为条件而确定的;③卖方不得直接或间接的从买方获得因转售、处置或使用进口货物而产生任何收益,除非该收益有具体量化的数据;④买卖双方之间的特殊关系不影响价格。

2. 相同及类似货物成交价格法

相同及类似货物成交价格法是海关估价中使用频率最高的一种估价方法。它是指海关以与被估货物同时或大约同时向中华人民共和国境内销售的相同货物及类似货物的成交价格为基础,审查确定进口货物完税价格的方法。

"相同货物"是指与进口货物在同一国家或者地区生产的,在物理性质、质量和信誉等所有方面都相同的货物,但是表面的微小差异允许存在。

"类似货物"是指与进口货物在同一国家或者地区生产的,虽然不是在所有方面都相同,但是却具有相似的特征、相似的组成材料、相同的功能,并且在商业中可以互换的货物。

"同时或大约同时"是指在海关接受申报之日的前后各45天以内。

海关在使用该方法确定进口完税价格时,首先使用与进口货物处于相同商业水平、进口数量基本一致的相同或类似货物的成交价格。其次才是选择处于不同商业水平、不同进口数量的相同或类似货物的成交价格。在使用和进口货物处于相同商业水平、进口数量基本一致的相同或类似货物的成交价格时,应优先使用同一生产商生产的相同或类似货物的成交价格。没有同一生产商生产的相同或类似货物的成交价格时,可以使用同一生产国或者地区其他生产商生产的相同或类似货物的成交价格。如果有多个相同或类似货物的成交价格,则以最低的成交价为基础。对进口货物与相同或类似货物之间由于运输距离和运输方式不同而在成本和其他费用方面产生的差异应进行必要的调整。

3. 倒扣价格法

倒扣价格法即以进口货物、相同或类似进口货物在境内第一环节的销售价格为基础,扣除境内发生的有关费用来估定完税价格。"第一环节"是指有关货物进口后进行的第一次转售,且转售者与境内买方之间不能有特殊关系。使用倒扣价格法的销售价格应同时符合下列条件:①在被估货物进口的同时或大约同时,将该货物、相同或类似进口货物在境内销售的价格；②按照该货物进口时的状态销售的价格；③在境内第一环节销售的价格；④向境内无特殊关系方销售的价格；⑤按照该价格销售的货物合计销售总量最大。

确定销售价格以后需要倒扣的项目包括：①该货物的同级或同种类货物在境内第一环节销售时通常支付的佣金以及利润和一般费用；②货物运抵境内输入地点之后的运输及其相关费用、保险费；③进口关税、进口环节代征税及其他国内税；④加工增值额。

4. 计算价格法

计算价格法是以发生在生产国或地区的生产成本作为基础的价格。但如果进口货物纳税义务人提出要求，并经海关同意，计算价格方法可以与倒扣价格方法颠倒顺序使用。

采用计算价格法时，进口货物的完税价格由下列各项目的总和构成：①生产该货物所使用的料件成本和加工费用；②向境内销售同等级或者同种类货物通常的利润和一般费用（包括直接费用和间接费用）；③货物运抵中华人民共和国境内输入地点起卸前的运输及其相关费用、保险费。

5. 合理方法

合理的估价方法实际上不是一种具体的估价方法，而是根据公平、统一、客观的估价原则，以客观量化的数据资料为基础规定使用方法的范围和原则。

在运用合理方法估价时，禁止使用以下6种价格：①境内生产的货物在境内的销售价格；②在两种价格中选择高的价格；③依据货物在出口地市场的销售价格；④以计算价格法规定之外的价值或者费用计算的相同或者类似货物的价格；⑤依据出口到第三国或地区货物的销售价格；⑥依据最低限价或武断、虚构的价格。

（二）特殊进口货物完税价格的审定

特殊进口货物完税价格的审定具体包括如下内容。

1. 加工贸易进口料件及其制成品完税价格的审定

对加工贸易进口货物估价主要考虑的是征税标准和征税环节的确定。具体有以下4种情况。①进口时需征税的进料加工进口料件，以该料件申报进口时的成交价格为基础确定完税价格；②内销的进料加工进口料件或其制成品（包括残次品、副产品）以料件原进口成交价格为基础审查确定完税价格。制成品因故转为内销时，以制成品所含料件原进口成交价格为基础审查确定完税价格。料件原进口成交价格不能确定的，海关以接受内销申报的同时或者大约同时进口的与料件相同或者类似的货物的进口成交价格为基础确定完税价格；③来料加工进口料件或者其制成品（包括残次品）内销时，以接受内销申报的同时或者大约同时进口的与料件相同或者类似的货物的进口成交价格确定完税价格；④加工企业内销加工过程中产生的边角料或者副产品，以海关确定的内销价格作为完税价格。

2. 保税区内加工企业内销进口料件或者其制成品完税价格的审定

保税区内加工企业内销进口料件或者其制成品完税价格的审定应从以下几方面考虑。①保税区内的加工企业内销的进口料件或者其制成品（包括残次品），海关以接受内销申报的同时或者大约同时进口的相同或者类似货物的进口成交价格为基础确定完税价格；②保税区内的加工企业内销的进料加工制成品中，如果含有从境内采购的料件，海关以制成品所含从境外购入的料件原进口成交价格为基础审查确定完税价格；③保税区内的加工企业内销的来料加工制成品中，如果含有从境内采购的料件，海关以接受内销申报的同时或者大约同时进口的与制成品所含从境外购入的料件相同或者类似货物的进口成交价格为基础确定完税价格；④保税区内的加工企业内销加工过程中产生的边角料或者副产品，以海关审查确定的内销价格作为完税价格；⑤保税区内的加工企业内销制成品（包括残次品）、边角料或者副产品的完税价格按照上述规定仍然不能确定的，由海关按照合理的方法确定完税价格。

3. 从保税区、出口加工区、保税物流园区、保税物流中心等区域、场所进入境内需要征税的货物完税价格的审定

从保税区、出口加工区、保税物流园区、保税物流中心等区域、场所进入境内需要征税的货物，以从上述区域、场所进入境内的销售价格为基础审查确定完税价格，加工贸易进口料件及其制成品除外。

4. 出境修理复运进境货物完税价格的审定

运往境外修理的机械器具、运输工具或者其他货物，出境时已向海关报明，并在海关规定的期限内复运进境的，海关以境外修理费和料件费审查确定完税价格。

5. 出境加工复运进境货物的完税价格的审定

运往境外加工的货物，出境时已向海关报明，并在海关规定期限内复运进境的，海关以境外加工费和料件费以及该货物复运进境的运输及其相关费用、保险费审查确定完税价格。

6. 暂时进境货物完税价格的审定

经海关批准留购的暂时进境货物，以海关审查确定的留购价格作为完税价格。

7. 租赁进口货物完税价格的审定

租赁进口货物完税价格的审定分以下 3 个方面。①以租金方式对外支付的租赁货物，在租赁期间以海关审定的该货物的租金作为完税价格，利息予以计入；②留购的租赁货物以海关审定的留购价格作为完税价格；③纳税义务人申请一次性缴纳税款的，可以选择申请按照规定估价方法确定完税价格，或者按照海关审查确定的租金总额作

为完税价格。

例如，某航空公司以租赁方式从美国进口一架价值 USD1 800 000 的小型飞机，租期 1 年，年租金为 USD60 000，此情况经海关审查属实。在这种情况下，海关审定该飞机的完税价格为 USD60 000。

8. 减免税货物完税价格的审定

特定减免税货物如果有特殊情况，经过海关批准可以出售、转让、移做他用，须向海关办理补税手续。海关以审定的该货物原进口时的价格，扣除折旧部分价值作为完税价格，其计算公式为

$$完税价格＝海关审定的该货物原进口时的价格×\left(1-\dfrac{征税时实际已进口的月数}{监管年限×12}\right)$$

其中，"征税时实际已进口的月数"，不足 1 个月但超过 15 日的，按照 1 个月计算；不超过 15 日的，不予计算。

9. 无成交价格货物完税价格的审定

以易货贸易、寄售、捐赠、赠送等不存在成交价格的进口货物，总体而言都不适用成交价格法，海关与纳税义务人进行价格磋商后，依照《审价办法》第六条列明的相同货物成交价格估价法、类似货物成交价格估价法、倒扣价格估价法、计算价格估价法及合理方法审查确定完税价格。

10. 软件介质的完税价格的审定

进口载有专供数据处理设备用软件的介质，有下列情形之一的，以介质本身的价值或者成本为基础审查确定完税价格。

1）介质本身的价值或者成本与所载软件的价值分列。

2）介质本身的价值或者成本与所载软件的价值虽未分列，但是纳税义务人能够提供介质本身的价值或者成本的证明文件，或者能提供所载软件价值的证明文件。

含有美术、摄影、声音、录像、影视、游戏、电子出版物的介质不适用上述规定。

（三）进口货物完税价格中运输及其相关费用、保险费的计算

进口货物完税价格中运输及其相关费有、保险费用的计算标准分别如下。

1. 运费的计算标准

进口货物的运费，按照实际支付的费用计算。进口货物的运费无法确定的，海关按照该货物的实际运输成本或者该货物进口同期运输行业公布的运费率（额）计算运费。

2. 保险费的计算标准

进口货物的保险费，按照实际支付的费用计算。如果进口货物的保险费无法确定或

或者未实际发生，海关按照"货价加运费"两者总额的3‰计算保险费，其计算公式如下

$$保险费＝（货价＋运费）×3‰$$

3. 邮运货物运费计算标准

邮运进口的货物（如快件），以邮费作为运输及其相关费用、保险费。

4. 边境口岸运费计算标准

以境外边境口岸价格条件成交的铁路或者公路运输进口货物，按照境外边境口岸价格的1%计算运输及其相关费用、保险费。

三、出口货物完税价格的审定

1. 出口货物的完税价格

出口货物的完税价格由海关以该货物的成交价格为基础审查确定，包括货物运至中华人民共和国境内输出地点装载前的运输及其相关费用、保险费。

2. 出口货物的成交价格

出口货物的成交价格，是指该货物出口销售时，卖方为出口该货物向买方直接收取或间接收取的价款总额。

3. 不计入出口货物完税价格的税收、费用

下列费用不计入出口货物完税价格：①出口关税；②在货物价款中单独列明的货物运至中华人民共和国境内输出地点装载后的运输费其相关费用、保险费；③在货物价款中单独列明由卖方承担的佣金。

4. 出口货物其他估价方法

出口货物的成交价格不能确定的，可依次以下列价格审查确定该货物的完税价格：①同时或者大约同时向同一国家或者地区出口的相同或类似货物的成交价格；②根据境内生产相同或者类似货物的成本、利润和一般费用（包括直接费用和间接费用）、境内发生的运输及其相关费用、保险费计算所得的价格；③如果出口货物的销售价格中包含了出口关税，则出口货物完税价格的计算公式为

$$出口货物完税价格＝FOB（中国境内口岸）－出口关税$$

$$＝FOB\frac{中国境内口岸}{1＋出口关税税率}$$

四、海关估价中的价格质疑与磋商

在确定完税价格过程中，海关对申报价格的真实性或准确性有疑问，或有理由

认为买卖双方的特殊关系可能影响到成交价格时，向纳税义务人或者其代理人制发"中华人民共和国海关价格质疑通知书"，将质疑的理由书面告知纳税义务人或者其代理人。

纳税义务人或者其代理人应自收到价格质疑通知书之日起 5 个工作日内，以书面形式提供相关资料或者其他证据。确有正当理由无法在规定时间内提供资料或证据的，可以在规定期限届满前以书面形式向海关申请延期。除特殊情况外，延期不得超过 10 个工作日。

价格磋商是指海关在使用除成交价格以外的估价方法时，在保守商业秘密的基础上，与纳税义务人交换彼此掌握的用于确定完税价格的数据资料的行为。

纳税义务人需自收到"中华人民共和国海关价格磋商通知书"之日起 5 个工作日内与海关进行价格磋商。纳税义务人未在规定的时限内与海关进行磋商的，视为其放弃价格磋商的权利，海关可以直接按照《审价办法》规定的方法审查确定进出口货物的完税价格。海关与纳税义务人进行价格磋商时，应当制作"中华人民共和国海关价格磋商记录表"。

下列情况海关可以不进行价格质疑和价格磋商直接确定进出口的完税价格：①同一合同项下分批进出口的货物，海关对其中一批货物已经实施估价的；②进出口货物的完税价格在人民币 10 万元以下或者关税及进口环节代征税总额在人民币 2 万元以下的；③进出口货物属于危险品、鲜活品、易腐品、易失效品、废品、旧品等的。

第三节　进口货物原产地的确定及税率的适用

在实际国际贸易业务中，原产地是指货物生产的国家（地区），就是货物的"国籍"。确定了进口货物国籍，就直接确定了其依照进口国的贸易政策所适用的关税和非关税待遇。原产地的不同决定了进口商品所享受的待遇不同。各国为执行本国关税及非关税方面的国别贸易措施，以本国立法形式制定出其鉴别货物"国籍"的标准。

一、进口货物原产地的确定

（一）原产地规则的含义

原产地规则是指一国（地区）为确定货物的原产地而实施的普遍适用的法律、法规和行政决定。从适用的对象上讲，原产地规则分为优惠原产地规则和非优惠原产地规则。

1. 优惠原产地规则

优惠原产地规则是指一国为了实施国别优惠政策而制定的法律、法规，以优惠贸易协定通过双边、多边协定形式或者由本国自主形式制定的一些特殊原产地认定标准，因此也称为协定原产地规则。

主要有以下两种实施方式：一是通过自主方式授予，如欧盟普惠制（GSP）和中国对最不发达国家的特别优惠关税待遇；二是通过协定互惠性方式授予，如北美自由贸易协定、中国—东盟自贸区协定等。

2. 非优惠原产地规则

非优惠原产地规则，是一国根据实施其海关税则和其他贸易措施的需要，由本国立法自主制定的，因此也称为自主原产地规则。适用于非优惠性贸易政策措施的原产地规则，其实施必须普遍地、无差别地适用于所有原产地为最惠国的进口货物。它包括实施最惠国待遇、反倾销和反补贴税、保障措施、数量限制或关税配额、原产地标记或贸易统计、政府采购时所采用的原产地规则。

（二）原产地认定标准

在认定货物的原产地时会出现两种情况：一种是货物完全是在一个国家（地区）获得或生产制造；另一种是货物由两个及以上的国家（地区）生产制造。无论是优惠原产地规则还是非优惠原产地规则，都要确定这两种货物的原产地认定标准。

1. 优惠原产地认定标准

我国目前使用的优惠原产地的认定标准主要有 3 个：完全获得标准、从价百分比标准和直接运输标准。

（1）完全获得标准

货物完全是在一个国家（地区）获得或生产制造，如农产品或矿产品，以产品的种植、开采或生产国为原产国，这种原则叫"完全获得标准"（wholly obtained standard）。

各个优惠贸易协定项下的完全获得标准内容基本相同，主要包括下列内容：①在该国（地区）领土或领海开采的矿产品；②在该国（地区）领土或领海收获或采集的植物产品；③在该国（地区）领土出生和饲养的活动物及从其所得产品；④在该国（地区）领土或领海狩猎或捕捞所得的产品；⑤由该国（地区）船只在公海捕捞的水产品和其他海洋产品；⑥该国（地区）加工船加工的前述第⑤项所列物品所得的产品；⑦在该国（地区）收集的仅适用于原材料回收的废旧物品；⑧该国（地区）利用上述①~⑦项所列产品加工所得的产品。

（2）从价百分比标准

从价百分比标准是指受惠国对非该国原产材料进行制造加工后的增值部分不小于一定的百分比。

目前，我国签署的优惠贸易协定主要的从价百分比标准是：①《亚太贸易协定》（由孟加拉国、印度、老挝、韩国、斯里兰卡、中国 6 个国家共同签定）规定在生产过程中所使用的非成员国原产的或者不明原产地的材料、零件或产物的总价值不超过该货物船上交货价（FOB 价）的 50%，原产于最不发达受惠国（即孟加拉国）的产品增值部分不超过 60%；②《中国-东盟合作框架协议》（东盟成员国：印度尼西亚、马来西亚、菲律宾、新加坡、泰国、文莱、越南、老挝、缅甸、柬埔寨）规定用于所获得或生产产品中的原产于任一成员方的成分不少于该货物 FOB 价的 40%；或者非中国-东盟自由贸易区原产的材料、零件或者产物的总价值不超过所获得或者生产产品 FOB 价的 60%，且最后生产工序在成员方境内完成；③港澳 CEPA 项下的原产地规则。在港澳生产或获得产品 FOB 价的比例应大于或等于 30%；④《中巴自贸协定》。该协定所用单一成员方原产成分占产品的 FOB 价的比例不小于 40%；或者，在某一成员方境内使用已获得中巴自贸区原产资格的货物作为生产享受《中华人民共和国政府与巴基斯坦伊斯兰共和国政府关于自由贸易协定早期收获计划的协议》（以下简称《早期收获协议》）协定税率的制成品的材料时，如果该制成品中原产于中国、巴基斯坦的成分累计不低于 40%，则该货物应当视为原产于该成员方；⑤ "特别优惠关税待遇"。进口货物原产地规则的从价百分比标准是指在受惠国对非该国原产材料进行制造、加工后的增值部分不小于所得货物价值的 40%；⑥《中智自贸协定》。区域价值成分不少于 40%，即在中国或智利生产或者加工的货物，所用的非成员方原产材料占该货物 FOB 价的比例小于 60%。

（3）直接运输规则

直接运输规则起源于普惠制中原产地规定的运输条件。受惠国的出口商品必须把取得优惠资格的商品直接运到给惠国，而不得在中途转卖或进行实质性的加工。

在我国，原产于其他成员国的进口货物从其他成员国直接运输到我国境内，未经任何非成员国境内；原产于其他成员国的进口货物虽经过一个或多个非成员国运输到我国境内，无论是否在这些国家转换运输工具或做临时储存，如果可以证明过境运输是由于地理原因或仅出于运输需要的考虑，产品未在这些国家进入贸易或消费领域，以及除装卸或其他为了保持产品良好状态的处理外，产品在这些国家未经其他任何加工的，视为直接运输。

中国香港 CEPA 项下的香港原产进口货物应当从香港地区直接运输至祖国内地口岸；中国澳门 CEPA 项下的进口货物不能从中国香港以外的地区或国家转运。

2. 非优惠原产地认定标准

目前，我国主要采用的非优惠原产地认定标准有完全获得标准和实质性改变标准。

（1）完全获得标准

完全在一个国家（地区）获得的货物，以该国（地区）为原产地；两个以上国家（地区）参与生产的货物，以最后完成实质性改变的国家（地区）为原产地。

以下货物视为在一国（地区）"完全获得"：①在该国（地区）出生并饲养的活的动物；②在该国（地区）野外捕捉、捕捞、搜集的动物；③从该国（地区）的活的动物获得的未经加工的物品；④在该国（地区）收获的植物和植物产品；⑤在该国（地区）采掘的矿物；⑥在该国（地区）获得的上述①～⑤项范围之外的其他天然生成的物品；⑦在该国（地区）生产过程中产生的只能弃置或者回收用做材料的废碎料；⑧在该国（地区）收集的不能修复或者修理的物品，或者从该物品中回收的零件或者材料；⑨由合法悬挂该国旗帜的船舶从其领海以外海域获得的海洋捕捞物和其他物品；⑩在合法悬挂该国旗帜的加工船上加工上述第⑨项所列物品获得的产品；⑪从该国领海以外享有专有开采权的海床或者海床底土获得的物品；⑫在该国（地区）完全从上述①～⑪项所列物品中生产的产品。

在确定货物是否在一个国家（地区）完全获得时，为运输、储存期间保存货物而作的加工或者处理，为货物便于装卸而作的加工或者处理，为货物销售而作的包装等加工或者处理等，不予考虑。

（2）实质性改变标准

当一种产品经过几个国家货物（地区）加工、制造的，以最后完成实质性加工的国家为原产国，这种标准成为"实质性改变标准"（substantial transformation standard）。它以税则归类改变为基本标准，税则归类改变不能反映实质性改变的，以从价百分比、制造或者加工工序等为补充标准。

税则归类改变，是指在某一国家（地区）对非该国（地区）原产材料进行制造、加工后，所得货物在《进出口税则》中的四位数税号一级的税则归类发生改变。

制造或者加工工序，是指在某一国家（地区）进行的赋予制造、加工后所得货物基本特征的主要工序。

从价百分比，是指在某一国家（地区）对非该国（地区）原产材料进行制造加工后的增值部分，超过所得货物价值的30%。用公式表示为

$$\frac{工厂交货价-非该国（地区）原产材料价值}{工厂交货价}\times100\%\geqslant30\%$$

上述"工厂交货价"是指支付给制造厂所生产的成品的价格；"非该国（地区）原产材料价值"是指直接用于制造或装配最终产品而进口原料、零部件的价值（含原产地不明的原料、零配件），以其进口的成本、保险费加运费价格（CIF价）计算。

（三）申报要求

申报要求主要遵守以下协议。

1.《亚太贸易协定》

1）除了按照其进口货物所需提交的单证之外，纳税义务人还应当向海关提交受惠国政府指定机构签发的原产地证书正本作为报关单随附单证。

2）如果货物经过其他非受惠国关境的，纳税义务人还应当向海关交验货物所经过的该过境国家（地区）有关部门出具的未再加工证明文件以及自受惠国起运后换装运输工具至我国的全程提（运）单等。

3）如果货物是经过香港、澳门地区的，应分别由中国检验（香港）有限公司、澳门中国检验有限公司签发的未再加工证明文件，如果货物是经过其他国家（地区）的，

由过境地海关签发未再加工证明文件。

2.《中国-东盟合作框架协议》

纳税义务人应当主动向申报地海关申明该货物适用中国—东盟协定税率。除了按照其进口货物所需提交的单证之外，纳税义务人还应当向海关提交由东盟出口国指定政府机构签发的原产地证书（包括正本和第三联）作为报关单随附单证。

如果是货物经过非东盟自由贸易区成员国（地区）关境的，除了上述单证之外，纳税义务人还应当向海关交验在东盟出口国签发的联运提单、货物所经过的该过境国家（地区）海关出具的未再加工证明文件（香港、澳门分别由中国检验（香港）有限公司、澳门中国检验有限公司签发，其他国家（地区）由过境地海关签发）。

3. 港澳 CEPA

纳税义务人应当主动向申报地海关申明该货物适用零关税税率。除了按照其进口货物所需提交的单证之外，纳税义务人还应当向海关提交符合港澳 CEPA 项下规定的有效原产地证书作为报关单随附单证。

如果是中国香港 CEPA 项下原产于中国香港的受惠商品，应当从香港地区直接运输至祖国内地口岸，除了上述单证之外，纳税义务人还可以提交承运人提供的香港海关查验报告以适用绿色关锁制度。

如果是中国澳门 CEPA 项下原产于中国澳门的受惠商品，且是经过中国香港转运至祖国内地口岸的，除了上述单证之外，纳税义务人还应当向海关交验在澳门签发的联运提单、中国检验（香港）有限公司出具的未再加工证明文件等。

4. 中国-巴基斯坦自由贸易区规则

进口货物收货人应当在向海关申报货物进口时，主动向海关申明适用中巴自贸协定税率，并在有关货物进境报关时向海关提交巴基斯坦指定的政府机构签发的原产地证书。进口货物经过一个或者多个中国和巴基斯坦之外的国家（地区）运输的，进口货物收货人应当向海关提供下列单证：在巴基斯坦签发的联运提单、巴基斯坦有关政府机构签发的原产地证书、货物的原始商业发票副本等。

5. "特别优惠关税待遇" 项下受惠进口货物

有关货物在进口报关时，进口货物收货人应当主动向进境地海关申明有关货物享受特别优惠关税。并提交出口受惠国原产地证书签发机构签发的由该国海关于出口时加盖印章的原产地证书。

6.《中智自贸协定》

货物申报进口时，进口货物收货人应当主动向海关提交智利外交部国际经济关系总司在货物出口前签发或者出口后 30 天内签发的原产地证书正本。

原产于智利的货物，价格不超过 600 美元且不属于为规避有关规定而实施或者安排的一次或者多次进口货物的，免予提交原产地证书。

（四）原产地证明书

原产地证明书是证明产品原产于某地的书面文件。它是受惠国的产品出口到给惠国时享受关税优惠的凭证，同时也是进口货物是否适用反倾销、反补贴税率及保障措施等贸易政策的参考凭证。

1. 适用优惠原产地规则的原产地证明书

（1）《亚太贸易协定》规则的原产地证明书

原产地证书的发证机构名称、发证机构的签章应与备案一致；原产地证书所列进出口商名称和地址、运输方式、货物名称、规格型号、重量、发票号及日期应与进口报关人提供的进口货物的合同、发票、装箱单及货物的实际情况等一致。

纳税义务人不能提交原产地证书的，由海关依法确定进口货物的原产地，并据以确定适用税率。货物征税放行后，纳税义务人自货物进境之日起 90 日内补交原产地证书的，经海关核实为应实施亚太贸易协定税率的，对按原税率多征的部分税款予以退还。

（2）《中国-东盟合作框架协议》规则的原产地证明书

原产地证书应当自东盟国家有关机构签发之日起 4 个月内提交我国境内申报地海关。如果是经过第三方转运，该货物的原产地证书提交期限延长为 6 个月。

如果原产于东盟国家的进口货物，每批产品的 FOB 价不超过 200 美元的，则无须提交原产地证书，但是应提交出口人对有关产品原产于该出口成员的声明。

纳税义务人不能提交原产地证书的，由海关依法确定进口货物的原产地，并据以确定适用税率。原产地证书应由东盟国家有关政府机构在产品出口时签发，但在特殊情况下，没有在货物出口时或出口后立即签发原产地证书的，原产地证书可以在货物装运之日起 1 年内补发，且应在原产地证书上注明"补发"字样，对按原税率多征的部分税款应予以退还。

（3）港澳 CEPA 的原产地证明书

一个原产地证书只适用于一批进口货物，不可多次使用：一份报关单不可涉及多份原产地证书或含非原产地证书商品。

海关因故无法进行联网核对时，应纳税义务人书面申请并经海关审批同意后，可以按照适用的最惠国税率或者暂定税率征收相当于应缴税款的等值保证金后先予放行货物，并按规定办理进口手续。

海关应当自该货物放行之日起 90 天内核定其原产地证书的真实情况，根据核查结果办理退还保证金手续或者保证金转税手续。

（4）中国-巴基斯坦自由贸易区原产地规则的原产地证明书

提交原产地证书正本必须用国际标准 A4 纸印制，所用文字为英语。原产地证书不得涂改及叠印。

原产地证书应当由巴基斯坦有关政府机构在货物出口前或出口时，或者在货物实际出口后 15 日内签发。未能在规定的日期签发原产地证书的货物，进口货物收货人可以向申报地海关提交在货物装运之日起 1 年内签发的注明"补发"字样的原产地证书。

如果原产地证书被盗、遗失或者毁坏，在该证书签发之日起 1 年之内，进口货物收货人可以要求出口货物发货人向原签证机构申请签发经证实的原产地证书真实复制本，原产地证书第 12 栏中需注明"经证实的真实复制本"。该复制本应当注明原证正本的签发日期。

除不可抗力外，原产地证书应当自签发之日起 6 个月内向我国海关提交，如果货物运输经过一个或者多个中国和巴基斯坦之外的国家（地区），上述所规定的原产地证书提交期限延长至 8 个月。

从巴基斯坦进口享受《早期收获协议》协定税率的货物在向海关申报之后，海关放行之前，目的地发生变化需要运往其他国家的，进口货物的收货人应当向海关提出书面申请，海关对原产地证书进行背书后将原产地证书返还进口人。

由巴基斯坦运至我国展览并在展览期间或者展览后销售到我国的货物，如果符合《中国-巴基斯坦自由贸易区原产地规则》的要求，可以享受《早期收获协议》协定税率。

（5）"特别优惠关税待遇"进口货物规则的原产地证明书

原产地证书有效期为自签发之日起 180 天，用国际标准 A4 纸印制，所用文字为英文。进口货物收货人向海关申报时应当提交正本及第二副本。

（6）中国-智利自由贸易区原产地规则的原产地证明书

进口货物收货人向海关提交的智利原产地证书必须符合规定格式，所用文字应当为英文，并且加盖有"正本（ORIGINAL）"字样的印章。

原产地证书上所列的一项或者多项货物应当为同一批次进口到中国的原产于智利的货物。一份原产地证书应当仅对应一份报关单。

原产地证书自签发之日起 1 年内有效。进口货物收货人应当向海关提交在有效期内的原产地证书。

2. 适用非优惠原产地规则的原产地证明书

（1）对适用反倾销、反补贴措施的进口商品的要求

对适用反倾销、反补贴措施的进口商品有以下几点要求：①进口经营单位申报进口与实施反倾销措施的被诉倾销产品（以下简称被诉倾销产品）相同的货物时，应向海关提交原产地证书；②对于加工贸易保税进口与被诉倾销产品相同的货物，进口经营单位在有关货物实际进口申报时，也应向海关提交原产地证书；③对于在反倾销措施实施之前已经申报进口的加工贸易和其他保税进口货物，因故申报内销是在反倾销措施实施期间的，进口经营单位应在申报内销时向海关提交原产地证书；④对于进口

经营单位确实无法提交原产地证书，经海关实际查验不能确定货物的原产地的，海关按与该货物相同的被诉倾销产品的最高反倾销税率或保证金征收比率征收反倾销税或现金保证金。

（2）对适用最终保障措施的进口商品的要求

自海关总署公告规定的加征关税之日起，进口企业申报进口涉案产品时，不能提供不适用最终保障措施的国家（地区）的原产地证书或尚不应加征关税的适用最终保障措施的国家（地区）的原产地证书，或者海关对其所提供的原产地证书的真实性有怀疑的，如经海关审核有关单证（包括合同、发票、提运单等）及对货物实际验估能够确定原产地的，应按照相关规定处理；如仍不能确定原产地，且进口企业也不能进一步提供能够证明原产地的其他材料的，应在现行适用的关税税率基础上，按照相应的涉案产品适用的加征关税税率加征关税。

在海关审核认定原产地期间，进口企业可在提供相当于全部税款的保证金担保后，要求先行验放货物。

原产地证书并不是确定货物原产地的唯一标准。若海关通过查验货物或审核单证认为所提供的原产地证书可能不真实的，海关将根据原产地规则标准予以确认。

（五）对原产于台湾地区的部分进口鲜水果、农产品实施零关税（台湾农产品零关税措施）

自 2005 年 8 月 1 日起，对原产于台湾地区的 15 种进口鲜（包括冷藏）水果实施零关税；自 2007 年 3 月 20 日起，对原产于台湾地区的 19 种进口农产品实施零关税。进口地海关凭经海关总署认可的台湾地区签发水果、农产品产地证明文件的有关机构和民间组织于实施日后签发的、能够证明水果或农产品原产于台湾地区的产地证明文件，办理享受零关税水果、农产品的征税验放手续。

（六）原产地预确定制度

进口货物的收货人或经营单位在有正当理由的情况下，可以向直属海关申请对其将要进口的货物的原产地进行预确定。同时应当填写"进口货物原产地预确定申请书"并提交下列文件材料：①申请人的身份证明文件；②能说明将要进口货物情况的有关文件资料，包括进口货物的商品名称、规格、型号、税则号列、产品说明书等；③说明该项交易情况的文件材料，如进口合同、意向书、询价和报价单以及发票等；④海关要求提供的其他文件资料。

海关应当在收到原产地预确定书面申请及全部必要资料之日起 150 天内，依照《原产地条例》的规定对该进口货物作出原产地预确定决定，并对外公布。

已作出原产地预确定决定的货物，自预确定决定作出之日起 3 年内实际进口时，与预确定决定所述货物相符，且原产地确定标准未发生变化的，海关不再重新确定该进口货物的原产地；不相符的，海关应当重新审核确定原产地。

二、税率的适用

（一）税率适用的规定

进出口税率的适用原则分别如下。

1. 进口税率适用原则

对于同时适用多种税率的进口货物，在选择适用的税率时，基本的原则是"从低适用"，特殊情况除外。

（1）协定税率

原产于共同适用最惠国待遇条款的 WTO 成员的进口货物，原产于与中华人民共和国签订含有相互给予最惠国待遇条款的双边贸易协定的国家或地区的进口货物，以及原产于中华人民共和国境内的复进口货物，适用最惠国税率。

原产于与中华人民共和国签订含有关税优惠条款的区域性贸易协定的国家或者地区的进口货物，适用协定税率。

原产于与中华人民共和国签订含有特殊关税优惠条款的贸易协定的国家或地区的进口货物，适用特惠税率。

（2）暂定税率

有暂定税率的进口货物，不同情况下适用的税率不同，如表 8.1 所示。

表 8.1　暂定税率的进口货物适用税率

与暂定税率同时存在的情形	适　用　税　率
适用最惠国税率的进口货物有暂定税率的	暂定税率
适用协定税率、特惠税率的进口货物有暂定税率的	从低适用税率
适用普通税率的进口货物	不适用暂定税率
无法确定原产国（地区）的进口货物	适用普通税率

（3）关税配额税率

按照国家规定实行关税配额管理的进口货物，关税配额内的，适用关税配额税率；关税配额外的，其税率的适用按其所适用的其他相关规定执行。

（4）其他税率

其他情况下适用的税率包括以下几点。

①按照有关法律、行政法规的规定对进口货物采取反倾销、反补贴、保障措施的，其税率的适用按照《反倾销条例》、《反补贴条例》和《保障措施条例》的有关规定执行；②报复性关税税率。违反与中华人民共和国签订或者共同参加的贸易协定及相关协定，对中华人民共和国在贸易方面采取禁止、限制、加征关税或者其他影响正常贸易的措施的国家或地区，对原产于该国家或地区的进口货物可以征收报复性关税，适用报复性关税税率；③原产于与我国达成优惠贸易协定的国家或地区并享受协定税率

的商品，属于我国实施反倾销或反补贴措施范围内的，应按照优惠贸易协定税率计征进口关税；属于我国采取保障措施范围内的，应在该商品全部或部分中止、撤销、修改关税减让义务后所确定的适用税率基础上计征进口关税；④执行国家有关进出口关税减征政策时，首先应当在最惠国税率基础上计算有关税目的减征税率，然后根据进口货物的原产地及各种税率形式的适用范围，将这一税率与同一税目的特惠税率、协定税率、进口暂定最惠国税率进行比较，税率从低执行，但不得在暂定最惠国税率基础上再进行减免；⑤从 2002 年起我国对部分非全税目信息技术产品的进口按 ITA 税率征税。

2. 出口税率适用原则

对于出口货物，在计算出口关税时，出口暂定税率的执行优先于出口税率。

（二）税率的实际运用

进出口货物应当适用海关接受该货物申报进口或者出口之日实施的税率。实际运用时存在以下不同情况：①进口货物到达前，经海关核准先行申报的，适用装载该货物的运输工具申报进境之日实施的税率；②进口转关运输货物，适用指运地海关接受该货物申报进口之日的税率；运抵指运地前先行申报的，适用装载该货物的运输工具抵达指运地之日实施的税率；③出口转关运输货物，适用起运地海关接受该货物申报出口之日实施的税率；④实行集中申报的进出口货物，适用海关接受该货物申报之日实施的税率；⑤因超过规定期限未申报而由海关依法变卖的进口货物，适用装载该货物的运输工具申报进境之日实施的税率；⑥纳税义务人违反规定需要追征税款的进出口货物，适用违反规定的行为发生之日实施的税率；行为发生之日不能确定的，适用海关发现该行为之日实施的税率；⑦已申报进境并放行的保税货物、减免税货物、租赁货物或者已申报进出境并放行的暂时进出境货物，有下列情形之一需缴纳税款的，应当适用海关接受纳税义务人再次填写报关单申报办理纳税及有关手续之日实施的税率：保税货物经批准不复运出境的；保税仓储货物转入国内市场销售的；减免税货物经批准转让或者移做他用的；可暂不缴纳税款的暂时进出境货物，经批准不复运出境或者进境的；租赁进口货物，分期缴纳税款的。

进出口货物关税的补征和退还，按照上述规定确定适用的税率。

第四节　进出口税费的计算

我国进出口关税一律以人民币计征，起征点为人民币 50 元，进出口货物的成交价格及有关费用以外币计价的，计算税款前海关按照该货物适用税率之日所适用的计征汇率折合为人民币计算完税价格，采用四舍五入法计算至分。

海关每月使用的计征汇率为上一个月第三个星期三（第三个星期三为法定节假日

的，顺延采用第四个星期三）中国人民银行公布的外币对人民币的基准汇率；以基准汇率币种以外的外币计价的，采用同一时间中国银行公布的现汇买入价和现汇卖出价的中间值（人民币元后采用四舍五入法保留 4 位小数）。

一、进口税费的计算

（一）从价税

1. 计算公式

$$应纳关税税额＝进口货物的完税价格×进口从价税税率$$

$$完税价格＝\frac{CIF或（FOB价格＋运费）}{1－保险费率}$$

2. 计算例题

大连某公司从日本购进某品牌轿车 15 辆，成交价格合计为 FOB osaka 120 800 美元，佣金 2%。另外，实际支付运费 5 500 美元，保险费率 0.3%。已知汽车的规格为 4 座位，汽缸容量 2 000 毫升，计算进口关税（适用中国银行的外汇折算价为 1 美元＝7.1205 元人民币）。

1）确定税则归类，汽缸容量 2 000 毫升的小轿车归入税号 8703.2314。
2）原产国日本适用最惠国税率 25%。
3）计算完税价格，即

$$完税价格＝\frac{FOB价格＋运费}{1－保险费率}$$

$$＝\frac{120\,800×7.1205＋120\,800×7.1205×2\%＋5\,500×7.1205}{1－0.3\%}$$

$$≈919\,280.12（元）$$

4）计算应纳税款，即

$$应纳进口关税税额＝919\,280.12 元×25\%≈229\,820 元$$

（二）从量税

1. 计算公式

$$应纳关税税额＝进口货物数量×单位税额$$

2. 计算例题

上海某公司从日本购进柯达彩色胶卷 40 000 卷（1 卷＝0.05775 平方米，规格为 "135/36"，价格为 CIF 上海 1.2 美元/卷，计算应征进口关税（适用中国银行的外汇折算价为 1 美元＝7.23 元人民币）。

1）经查彩色胶卷归入税号 3 702.5410。

2）原产地日本适用最惠国税率 120 元 / 平方米。

3）确定其实际进口量：40 000 卷×0.057 75 平方米 / 卷＝2 310 平方米。

4）计算应征税款

应征进口关税税额＝2 310 平方米×120 元 / 平方米＝277 200 元

（三）复合关税

1. 计算公式

应征税额＝进口货物数量×单位税额＋进口货物的完税价格×进口从价税税率

2. 计算例题

2007 年，国内某公司从日本购进广播级录像机 80 台，其中 30 台成交价格为 CIF 境内某口岸 2 300 美元 / 台，其余 50 台成交价格为 CIF 境内某口岸 1 890 美元 / 台，求应征进口关税（适用中国银行的外汇折算价为 1 美元＝8.21 元人民币）。

1）确定税则归类，该批录像机归入税号 8521.1011。

2）货物原产国日本适用最惠国税率：完税价格不高于 2 000 美元 / 台的，适用单一从价税税率 30%；完税价格高于 2 000 美元/台的，每台征收 3% 的从价税和 4 482 元的从量税。

3）计算完税价格，广播级录像机成交价格合计为 69 000 美元和 94 500 美元。

4）将外币价格折算成人民币分别为 566 490 元和 775 845 元。

5）按照计算公式分别计算进口关税税款

30 台从价进口关税税额＝货物数量×单位税额＋完税价格×关税税率

＝30 台×4 482 元/台＋566 490 元×3%

＝134 460 元＋16 994.7 元

＝151 454.7 元

50 台进口关税税额＝完税价格×进口关税税率

＝775 845 元×30%

＝232 753.5 元

80 台合计进口关税税额＝151 454.7 元＋232 753.5 元＝384 208.2 元

二、反倾销税税款的计算

1. 计算公式

反倾销税税额＝完税价格×适用的反倾销税税率

2．计算例题

国内某公司从美国购进氨纶（税则税号为 5402.4920）30 吨，成交价格为 CIF 境内某口岸 12 000 美元／吨，税则中的最惠国税率为 5%，该批货物适用 46% 的反倾销税税率。计算应缴纳的进口关税税额及反倾销税税额（适用中国银行的外汇折价为 1 美元＝7.32 元人民币）。

1）确定归入税号 5402.4920。

2）原产国美国使用最惠国税率 5%，从美国进口氨纶的反倾销税税率为 46%。

3）计算完税价格为

完税价格＝12 000 美元/吨×30 吨×7.32 元/美元＝2 635 200 元

4）应缴纳的进口关税为

应纳法定进口关税税额＝2 635 200 元×5%＝131 760 元

5）应缴纳的反倾销税为

反倾销税税额＝完税价格×反倾销税税率

＝2 635 200 元×46%

＝1 212 192 元

三、出口关税税款的计算

1．计算公式

应征出口关税税额＝出口货物完税价格×出口关税税率

$$出口货物完税价格 = \frac{FOB价格}{1+出口关税税率}$$

即出口货物是以 FOB 价成交的，应以该价格扣除出口关税后作为完税价格。如果以其他价格成交的，应换算成 FOB 价后再按上述公式计算。

2．计算例题

某进出口公司出口硫酸镁（税则税号为 2833.2100）1000 吨，申报价格 FOB 上海 95 美元/吨，当时的外汇牌价为 1 美元＝8.27 元人民币，税率为 10%，计算应纳出口关税税额。

1）确定税则归类，该批硫酸镁归入税号 2833.2100，出口税率为 10%。

2）计算成交价格并换算成人民币，算式为

1 000 吨×95 美元/吨×8.27 元/美元＝785 650 元

3）计算出口关税税额，即

$$出口关税税额 = \frac{成交价格}{1+出口关税税率} \times 出口关税税率$$

$$= \frac{785\ 650元}{1+10\%} \times 10\%$$

$$\approx 714\ 227.27元 \times 10\%$$

$$\approx 71\ 422.73元$$

四、进口环节海关代征税的计算

（一）消费税税款的计算

消费税税款的计算方法如下。

1. 计算公式

从价征收的消费税计算公式为

$$消费税组成计税价格 = \frac{进口关税完税价格 + 进口关税税额}{1 - 消费税税率}$$

$$应纳消费税税额 = 消费税组成计税价格 \times 消费税税率$$

从量征收的消费税的计算公式为

$$应纳消费税税额 = 应征消费税消费品数量 \times 消费税单位税额$$

同时实行从量、从价征收的消费税计算公式为

$$应纳消费税税额 = 应征消费税消费品数量 \times 消费税单位税额 +$$
$$消费税组成计税价格 \times 消费税税率$$

2. 计算例题

某贸易公司从日本进口了 1 000 箱啤酒，规格为 24 支/箱（400 毫升/支）（1 吨＝988 升），成交价格为 CIF 大连 1 180 美元，求该批啤酒的应纳消费税税额（适用外汇牌价为 1 美元＝7.23 元人民币）。

1）将进口货物的计量单位折算为计税单位，即

$$\frac{(1\ 000箱 \times 24支/箱 \times 400毫升/支) \times 0.001}{988升/吨} \approx 9.72吨$$

2）已知进口完税价格≥370 美元/吨的消费税税率为 250 元／吨，进口完税价格＜370 美元／吨的消费税税率为 220 元／吨。

$$单位完税价格 = \frac{1180美元}{9.72吨} \approx 121.4美元/吨 < 307 美元/吨$$

3）计算进口环节消费税

$$进口环节消费税税额 = 应征消费税消费品数量 \times 单位税额$$
$$= 9.72\ 吨 \times 220\ 元/吨$$
$$= 2\ 138.40\ 元$$

（二）增值税税款的计算

1．计算公式

$$应纳税额＝增值税组成计税价格×增值税税率$$
$$增值税组成计税价格＝进口关税完税价格＋进口关税税额＋消费税税额$$

2．计算例题

上海某汽车贸易公司从日本进口 150 辆汽车，成交价格 CIF 上海 1 020 000 日元/辆，且经上海海关审定。查该汽车的适用关税税率为 35%，增值税率为 17%，消费税率为 10%，计算应纳进口环节增值税税额（外汇牌价为 100 日元＝6.8531 元人民币）。

1）确定进口货物完税价格并折算成人民币

完税价格＝1 020 000 日元/辆×150 辆×0.068531 元/日元＝10 485 243 元

2）计算关税税额

应纳关税税额＝关税完税价格×关税税率＝10 485 243 元×35%＝3 669 835.05 元

3）计算消费税税额

$$应纳消费税税额＝\frac{完税价格＋关税税额}{1－消费税税率}×消费税税率$$
$$＝\frac{10 485 243元＋3 669 835.05元}{1－10\%}×10\%$$
$$＝1 572 786.45元$$

4）计算增值税税额

应征增值税税额 ＝（关税完税价格＋关税税额＋消费税税额）×增值税税率
$$＝（10 485 243 元＋3 669 835.05 元＋1 572 786.45 元）×17\%$$
$$≈ 2673736.97 元$$

五、滞纳金的计算

1．计算公式

$$关税滞纳金金额＝滞纳关税税额×0.5‰×滞纳天数$$
$$进口环节代征税滞纳金金额＝滞纳的进口环节海关代征税税额×0.5‰×滞纳天数$$

2．计算例题

某进出口公司进口一批货物，经海关审核其成交价格总值为 CIF 境内某口岸 US$8 000.00。已知该批货物应征关税税额为 25 140.00 元人民币，应征增值税税额为 17 273.30 元人民币。海关于 2006 年 10 月 14 日填发《海关专用缴款书》，该公司于 2006 年 11 月 9 日缴纳税款。现计算应征的滞纳金。

1）确定滞纳天数，然后再计算应缴纳的关税和增值税的滞纳金金额。

税款缴款期限为 2006 年 10 月 28 日，10 月 29～11 月 9 日为滞纳期，共滞纳 12 天。

2）计算关税滞纳金金额，即

$$关税滞纳金金额＝滞纳关税税额×0.5‰×滞纳天数$$
$$＝25\,140.00\ 元×0.5‰×12\ 天＝150.84\ 元$$

3）计算进口环节增值税滞纳金金额

$$进口环节增值税滞纳金金额＝滞纳代征税税额×0.5‰×滞纳天数$$
$$＝17\,273.30\ 元×0.5‰×12\ 天≈103.64\ 元$$

4）计算滞纳金总金额，即

$$应缴纳滞纳金总金额＝150.84\ 元＋103.64\ 元≈254.48\ 元$$

第五节 进出口税费的缴纳、减免与退补

一、税款的缴纳

（一）缴纳方式

目前，纳税义务人向海关缴纳税款主要以进出口地纳税方式，也可采取属地纳税方式。所谓的进出口地纳税方式，是指纳税义务人在货物的进出境地向海关缴纳税款；而属地纳税方式是指经海关批准纳税义务人在其所在地向其主管海关缴纳税款。由纳税义务人即持缴款书到指定银行营业柜台办理税费交付手续；也可向签有协议的银行办理电子交付税费手续。

（二）缴纳凭证

海关征收进口货物的关税、进口环节增值税、消费税、吨税等的滞纳金时，应向纳税义务人或其代理人填发"海关专用缴款书"。纳税义务人或其代理人应持凭"海关专用缴款书"向银行缴纳税款。

二、进出口税款的退还

（一）退税范围

以下情况海关应向原纳税义务人退还税款：①已缴纳进口关税和进口环节代征税税款的进口货物，因品质或者规格原因原状退货复运出境的；②已缴纳出口关税的出口货物，因品质或者规格原因原状退货复运进境，并已重新缴纳因出口而退还的国内环节有关税收的；③已缴纳出口关税的货物，因故未装运出口，已退关的；④已征税放行的散装进出口货物发生短卸、短装，如果该货物的发货人、承运人或者保险公司已对短卸、

短装部分退还或者赔偿相应货款的，纳税义务人可以向海关申请退还进口或者出口短卸、短装部分的相应税款；⑤进出口货物因残损、品质不良、规格不符的原因，由进出口货物的发货人、发运人或者保险公司赔偿相应货款的，纳税义务人可以向海关申请退还赔偿货款部分的相应税款；⑥因海关误征，致使纳税义务人多缴税款的。

（二）退税期限

纳税义务人发现多缴税款的，自缴纳税款之日起 1 年内，可以以书面形式要求海关退还多缴的税款并加算银行同期活期存款利息。

进口环节增值税已予抵缴的除国家另有规定外不予退还。已征收的滞纳金不予退还。退税必须在原征税海关办理。海关应当自受理退税申请之日起 30 日内查实并通知纳税义务人办理退还手续。纳税义务人应当自收到通知之日起 3 个月内办理有关退税手续。

（三）退税凭证

海关退还已征收的关税和进口环节代征税时，应填发"收入退还书"（海关专用），同时通知原纳税义务人或其代理人。海关将"收入退还书"（海关专用）送交指定银行划拨款项。

"收入退还书"（海关专用）第一联为"收账通知"，交收款单位；第二联为"付款凭证"，由退款国库作付出凭证；第三联为"收款凭证"，由收款单位开户银行作收入凭证；第四联为"付款通知"，由国库随收入统计表送退库海关；第五联为"报查凭证"，由国库将进口环节代征税的送当地税务机关，关税的送退库海关；第六联为"存根"，由填发海关存查。

三、进出口税费的减免

（一）含义

进出口税费减免是指海关按照国家政策、海关法和其他有关法律、行政法规的规定，对进出口货物的关税和进口环节海关代征税给予减征或免征。它可分为如下 3 种。

1）法定减免税。是指按照《海关法》、《关税条例》和其他法律、行政法规的规定，进出口货物可以享受的减免关税优惠。海关对法定减免税货物一般不进行后续管理。

2）特定减免税。是指海关根据国家规定，对特定地区、特定用途和特定企业给予的该免关税和进口环节海关代征税的优惠，也称政策性减免税。

3）临时减免税。是指法定减免税和特定减免税以外的其他减免税，国务院根据某个单位某类商品、某个时期或某批货物的特殊情况和需要，给予特别的临时性减免税优惠。一般是"一案一批"。

（二）减免税范围

减免税范围包括以下几方面内容。

1. 法定减免税的范围

以下货物属于法定减免税的范围：①关税税额在人民币 50 元以下的一票货物；②无商业价值的广告品和货样；③外国政府、国际组织无偿赠送的物资；④在海关放行前遭受损坏或者损失的货物；⑤进出境运输工具装载的途中必需的燃料、物料和饮食用品；⑥中华人民共和国缔结或者参加的国际条约规定减征、免征关税的货物、物品；⑦法律规定减征、免征关税的其他货物、物品。

2. 特定减免税范围

1）外商投资项目投资额度内进口自用设备。在中国境内依法设立的中外合资经营企业、中外合作经营企业和外资企业（以下统称外商投资企业），在投资总额内进口的自用设备及随设备进口的配套技术、配件、备件（以下简称自用设备），除《外商投资项目不予免税的进口商品目录》所列商品外，免征进口关税和进口环节增值税。投资项目符合国家重点鼓励产业条目的，除《国内投资项目不予免税的进口商品目录》所列商品外，可以免征关税和进口环节增值税。

2）外商投资企业投资总额外进口自用设备。

3）国内投资项目进口自用设备。属于国内投资项目的投资总额内的进口的自用设备，若属国家重点鼓励发展产业的，除《国内投资项目不予免税的进口商品目录》所列商品外，可以免征进口关税和进口环节增值税。

4）贷款项目进口物资。外国政府贷款和国际金融组织贷款项目进口的自用设备，除《外商投资项目不予免税的进口商品目录》所列商品外，可以免征进口关税和进口环节增值税。

5）特定区域物资。保税区、出口加工区等特定区域进口的区内生产性基础设施项目所需的机器、设备和基建物资可以免税。区内企业进口企业自用的生产、管理设备和自用合理数量的办公用品及其所需的维修零配件，生产用燃料，建设生产厂房、仓储设施所需的物资设备可以免税。行政管理机构自用合理数量的管理设备和办公用品及其所需的维修零配件可以免税。

6）科教用品。国务院规定对国务院部门和省、自治区、直辖市、计划单列市所属专门从事科学研究工作的科学研究机构和国家承认学历的实施专科及以上高等学历教育学校，或财政部会同国务院有关部门核定的其他科学研究机构和学校，以科学研究和教学为目的，在合理数量范围内进口国内不能生产或者性能不能满足需要的科学研究和教学用品，免征进口关税和进口环节增值税、消费税。

7）残疾人专用品。民政部直属企事业单位和省、自治区、直辖市民政部门所属福利机构、假肢厂、荣誉军人康复医院等，中国残疾人联合会直属事业单位和省、自治区、直辖市残联所属福利机构和康复机构进口的残疾人专用物品，免征进口关税和进口环节增值税、消费税。

8）科技开发用品。经国家有关部门核准从事科技开发的科学研究、技术开发机构，在 2010 年 12 月 31 日前,在合理数量范围内进口国内不能生产或者性能不能满足需要的科技开发用品, 免征进口关税和进口环节增值税、消费税。

9）扶贫慈善捐赠物资。境外捐赠人（指中华人民共和国关境外的自然人、法人或者其他组织）无偿向受赠人捐赠的直接用于扶贫、慈善事业（指非营利的扶贫济困、慈善救助等社会慈善和福利事业）的物资, 免征进口关税和进口环节增值税。

10）救灾捐赠物资。对外国民间团体、企业、友好人士和华侨、港澳同胞和台湾同胞无偿向我国内地受灾地区（限于新华社对外发布和民政部中国灾情信息公布的受灾地区）捐赠的直接用于救灾的物资, 在合理数量范围内, 免征关税和进口环节增值税、消费税。

3. 临时减免税

临时减免税一般采取"一案一批"制度。

四、延期纳税

纳税义务人因不可抗力或者国家税收政策调整不能按期缴纳税款的, 应当在货物进出口前向办理进出口申报纳税手续所在地直属海关提出延期缴纳税款的书面申请并随附相关材料, 同时还应当提供缴税计划。

纳税义务人在批准的延期缴纳税款期限内缴纳税款的, 不征收滞纳金; 逾期缴纳税款的, 自延期缴纳税款期限届满之日起至缴清税款之日止按日加收滞纳税款 0.5‰ 的滞纳金。货物实际进出口时, 纳税义务人要求海关先放行货物的, 应当向海关提供税款担保。延期缴纳税款的期限, 自货物放行之日起最长不超过 6 个月。

五、税款追征和补征

（一）追征、补征税款的范围

追征、补征税款的范围如下：①进出口货物放行后, 海关发现少征或者漏征税款的；②因纳税义务人违反规定造成少征或者漏征税款的；③海关监管货物在海关监管期内因故改变用途按照规定需要补征税款的。

（二）追征、补征税款的期限和要求

追征、补征税款的期限和要求如下：①进出口货物放行后, 海关发现少征或者漏征税款的, 应当自缴纳税款或者货物放行之日起 1 年内, 向纳税义务人补征税款；②因纳税义务人违反规定造成少征或者漏征税款的, 海关可以自缴纳税款或者货物放行之日起 3 年内追征税款, 并按规定加收滞纳金；③海关发现海关监管货物因纳税义务人违反规定造成少征或者漏征税款的,应当自纳税义务人应缴纳税款之日起 3 年内追征, 并按规定加收滞纳金。

（三）追征、补征税款凭证

海关追征或补征进出口货物关税和进口环节代征税时，应当向纳税义务人填发"海关专用缴款书"（含关税、进口环节代征税），同时凭"海关专用缴款书"向指定银行或开户银行缴纳税款。

知识拓展

为支持我国高新技术产业发展，鼓励企业自主创新，推动我国信息产业结构升级，进一步完善我国电子产品产业链，2009年我国进一步调整了部分电子产品及其生产用原材料暂定进口关税税率。

根据国内液晶显示板行业的生产技术发展情况及上、下游产业配套情况，为支持国内液晶显示板企业的生产技术发展，2009年我国取消了液晶显示板3%的暂定进口关税税率，恢复执行5%的法定税率；进一步降低了液晶显示屏背光模组的光学元件、液晶显示器背光模组用冷阴极灯管等2008年暂定税率；新增了液晶显示板用偏振片暂定进口关税税率；对国内暂不能生产的26英寸及以上的液晶显示屏（不含背光模组）仍维持原3%的暂定进口关税税率。进一步降低了彩色液晶投影机的照明光源等电子产品2008年暂定进口关税税率。新增了铅酸蓄电池用零件等暂定进口关税税率。

（资料来源：中国电子报.2009-02-10）

小　结

关税是国家税收的重要组成部分，是由海关代表国家按照国家制定的关税政策和有关法律、行政法规的规定，对准许进出关境的货物和物品向纳税义务人征收的一种流转税。我国关税的纳税义务人是进出口货物的收发货人和进出境物品的所有人。

进口关税是指一国海关以进境货物和物品为课税对象而征收的关税。出口关税是指一国海关以出境货物、物品为课税对象所征收的关税。增值税是以商品在生产、流通过程中或劳务服务过程中的各个环节所创造新增价值为课税对象的一种流转税。消费税是以消费品或消费行为的流转额作为课税对象而征收的一种流转税。吨税是指由海关在设关口岸对进出、停靠我国港口的国际航行船舶包括外籍船舶、外商租用的中国籍船舶、中外合资企业租用的中国籍船舶以及中国企业租用的外籍船舶征收的一种使用税。

进出口货物完税价格是海关对进出口货物征收从价税时审查估定的应税价格，是凭以计征进出口货物关税及进口环节代征税税额的基础。我国已加入世界贸易组织，并已全面实施世界贸易组织估价协定。

原产地是指货物生产的国家（地区），就是货物的"国籍"。确定了进口货物国籍，就直接确定了其依照进口国的贸易政策所适用的关税和非关税待遇。原产地的不同决定了进口商品所享受的待遇不同。各国为执行本国关税及非关税方面的国别贸易措施，以本国立法形式制定出其鉴别货物"国籍"的标准。

我国进出口关税一律以人民币计征，起征点为人民币 50 元，进出口货物的成交价格及有关费用以外币计价的，计算税款前海关按照该货物适用税率之日所适用的计征汇率折合为人民币计算完税价格，采用四舍五入法计算至分。

案例分析

入境旅客行李物品和个人邮递物品是指进入我国关境的非贸易性的应税自用物品，其中就包括馈赠物品。对这些物品征收的进口税包括关税、代征的国内增值税和消费税。该税的纳税人是入境行李物品的携带人和进口邮件的收付人。

从进口税率表中可以发现，在众多可以作为探亲礼品的物品中，如金银及其制品、包金饰品、纺织品和制成品、电器用具、照相机、手表、化妆品、录像机、烟、酒、汽车等，其进口税率各不相同，而且差异很大。有免税的，有 100%甚至 200%征税的。

思考题
你应该选择哪些馈赠物品？

分析提示
例如，您为回国探亲在国外买了 300 美元的名酒、400 美元的松下影碟机、300 美元的瑞士金表作为探亲礼物的话，那么您所负担的进口税负为

应纳税额＝$300 \times 200\% + 400 \times 150\% + 300 \times 100\% = 1500$（美元）

也就是说您为了探亲，光送礼就花了 $1000 + 1500 = 2500$（美元）。但若您带回了 400 美元的包金首饰和 600 美元的金银戒指、项链。由于金银制品及包金饰品免税，那么您所负担的税负则为零。相比之下，同样花了 1000 美元，却付出了不同的代价。

（资料来源：www.utax.com.cn）

自测题

一、选择题
1. 进口时在货物的价款中列明的下列税收、费用，不计入货物关税完税价格的有（   ）。

    A. 厂房、机械、设备等货物进口后进行建设、安装、装配、维修和技术服务的费用

    B. 进口货物运抵境内输入地点起卸后的运输及相关费用、保险费

    C. 进口关税及国内税收

D. 作为该货物向我国境内销售条件，买方必须支付的，与该货物有关的特许权使用费

2. 当进口货物的完税价格不能按照成交价格确定时，海关应当依次使用相应的方法估定完税价格，依次使用的正确顺序是（　　）。

A. 相同货物成交价格方法；类似货物成交价格方法；倒扣价格方法；计算价格方法；合理方法

B. 类似货物成交价格方法；相同货物成交价格方法；倒扣价格方法；计算价格方法；合理方法

C. 相同货物成交价格方法；类似货物成交价格方法；合理方法；倒扣价格方法；计算价格方法

D. 倒扣价格方法；计算价格方法；相同货物成交价格方法；类似货物成交价格方法；合理方法

3. 下列船舶中，应征收吨税的有（　　）。

A. 在青岛港口行使的日本油轮

B. 在厦门港口航行的美国货轮

C. 航行于广州港口被马来西亚商人以期租船方式租用的中国籍船舶

D. 航行国外兼营沿海贸易的被中国商人租用的韩国籍船舶

4. 海关于 9 月 6 日（周五）填发税款缴款书，纳税人应当最迟于（　　）到指定银行缴纳关税。

A. 9 月 20 日

B. 9 月 21 日

C. 9 月 22 日

D. 9 月 23 日

5. 某家企业从法国进口一台模具加工机床，发票分别列明：设备价款 CIF 上海 USD600 000，机器进口后的安装调试费为 USD20 000，卖方佣金 USD2000，与设备配套使用的操作系统使用费 USD 80 000。该批货物经海关审定的成交价格应为（　　）。

A. USD 702 000　　B. USD 682 000　　C. USD 680 000　　D. USD 662 000

二、判断题

1. 进出口货物完税价格是海关对进出口货物征收从关税时审查估定的应税价格，是凭以计征进出口货物关税及进口环节代征税税额的基础。（　　）

2. 进口时需征税的进料加工进口料件，以该料件申报进口时的成交价格为基础确定完税价格。（　　）

3. 保税区内的加工企业内销加工过程中产生的边角料或者副产品，以海关审查确定的内销价格作为完税价格。（　　）

4. 纳税义务人不能提交原产地证书的，由海关依法确定进口货物的原产地，并据以确定适用税率。（　　）

5. 进出口货物应当适用海关接受该货物申报进口或者出口之日实施的税率。（　　）

第九章
报关单的填制

◤ **教学目标**

- 掌握报关单的填制规范
- 了解报关单各联的用途,并能够正确填写报关单及向海关申报入境

◤ **学习要点**

- 重点掌握《进出口货物报关单》的填制规范

♻ **导入案例**

　　2006 年 3 月 21 日黑龙江省某进出口公司以 FOB 价格向海关申报进口 A 国生产的"心电图综合分析记录仪" 2 台。根据国家有关规定,该记录仪属于自动许可证管理及法定检验检疫商品。海关放行后,收货人发现其中一台出现技术指标偏差问题,经该公司与供货人协商,同意另外免费补偿一台同型号的心电图综合分析记录仪。该补偿货物于 2006 年 4 月 15 日向海关申报进口。在正常使用 8 个月后,其中一台出现故障,运到境外修理后,于 2007 年 3 月 1 向海关申报复运进口。该批货物的销售合同中免费保修期为一年。请问免费补偿的心电图综合分析记录仪在申报进口时,贸易方式应如何填报? 免费补偿的心电图综合分析记录仪申报进口时,对进口税费应如何征收? 运到境外修理的心电图综合分析记录仪,应当自出境之日起几日内复运进境?

（资料来源: http://sh.yuloo.com）

　　带着这些问题学习本章后,学生能够了解报关单各联的用途,并能掌握《进出口货物报关单》的填制规范。

第一节　进出口报关单的概述

一、进出口报关单的含义及种类

进出口货物报关单是指进出口货物的收发货人或其代理人，按照海关规定的格式就进出口货物的实际情况作出的书面说明，以此要求海关对其货物按适用的海关制度办理通关手续的法律文书。按不同的标的可将之作如下分类。

1. 按进出口状态划分

（1）进口货物报关单

进口货物报关单是在货物进境时，由进口货物的收货人或其代理人，按照海关规定的格式填制的单证。

（2）出口货物报关单

出口货物报关单是在货物出境时，由出口货物的收货人或其代理人，按照海关规定的格式填制的单证。

2. 按表现形式划分

（1）纸质报关单

纸质报关单用于传统的通关方式，出口货物纸质报关单一式六联，进口货物报关单一式五联。

（2）电子数据报关单

电子数据报关单可用于电子通关模式，与纸质报关单内容相同，效力等同。

3. 按贸易类别划分

（1）进料加工出口货物报关单（粉红色）

贸易方式如为进料加工后出口，出口申报时填写此单。

（2）来料加工及补偿贸易进（出）口货物报关单（浅绿色）。

该单的适用范围是来料加工及补偿贸易项下的货物进口。

（3）外商投资企业进（出）口货物报关单（浅蓝色）。

外商投资企业进（出）口货物时，须填写此单凭以向海关申报。

（4）一般贸易及其他贸易进（出）口货物报关单（白色）。

该单适用于进料加工、来料加工、补偿贸易及外商投资企业进（出）口货物以外的货物进出口申报。

二、进出口货物报关单各联的用途

进口货物报关单一式五联，包括海关作业联、企业留存联、海关核销联和进口付汇时使用的证明联。出口货物纸质报关单一式六联，包括海关作业联、海关留存联、企业留存联、海关核销联及分别用于出口收汇和出口退税用的证明联。

1. 海关作业联和留存联

海关作业联是报关单位和报关员配合海关查验货物、缴纳税费、提取货装运货物的重要凭证。留存联是统计部门收集整理进出口统计数据的原始凭证。

2. 付、收汇证明联

该单据是海关针对实际已经发生进出境的货物签发的证明文件。是银行和国家外汇管理部门办理售汇、付汇和收汇及核销手续的重要依据。

3. 报关单海关核销联

报关单海关核销联是指口岸海关对已实际申报进口或出口的货物所签发的证明文件，是海关办理加工贸易合同核销、结案手续的重要凭证。

4. 出口退税证明联

出口退税证明联是海关针对已实际申报出口并且已经离境的货物签发的证明文件，是国家税务部门办理出口退税的重要凭证。

三、进出口货物报关单的法律效力

进出口货物报关单是货物的收、发货人向海关报告其他进出口货物实际情况及适用海关业务制度，申请海关审查并放行货物的必备法律证书，是海关对进出口货物进行监管、征税、统计以及开展稽查、调整的重要依据。同时，进出口货物报关单是出口退税和外汇管理的重要凭证，也是海关处理进出口货物走私、违规案件及税务、外汇管理部门查处骗税、套汇犯罪活动的重要书面证据。申报人对所填报的进出口货物报关单的真实性和准确性承担法律责任。

四、海关对报关单填制的一般要求

进出境货物是由收发货人或其代理人向海关申报并向海关递交进出口货物报关单。填制报关单时必须做到真实、准确、齐全、清楚。

1. 如实填写

必须按照《海关法》、《货物申报管理规定》和《进出口货物报关单填制规范》的要求向海关如实申报。报关单的填报必须真实，做到"两个相符"：单、证相符，即报关单中所列各项与合同、发票、装箱单、提单以及批文等相符；单、货相符，即报关单中所列各项所报内容与实际进出口货物情况相符。不得伪报、瞒报、虚报。

报关单中填报的项目要逐项详细填写，要准确、齐全、完整、清楚，不允许用铅笔或红色复写纸填写。若有更正，必须在更正项目上加盖校对章。

2. 分项填报

填制报关单时，下列项目应分项填报：①商品编号不同；②商品名称不同；③原产国（地区）/最终目的国（地区）不同。

3. 分单填报

在制作报关单时，下列情况应分单填报：①不同批文或合同的货物；②同一批货物不同贸易方式；③不同备案号货物；④不同提运单货物；⑤不同征免性质的货物；⑥不同运输方式或相同运输方式但不同航次的货物；⑦一批货物中涉及多份原产地证书或含非原产地证商品；⑧一份原产地证书对应一份报关单；⑨同一份报关单的商品不能同时享受协定税率和减免税。

4. 更正的办法

向海关申报进出口货物时，如发生原填报内容与实际进出口货物不相一致而又有正当理由者，应立即向海关书面申请更正，经海关核准后，对原填报项目的内容及其相关内容进行更改。

第二节　进出口报关单的填制规范

一、进出口货物报关单主要栏目内容及其填报规范

1. 进口口岸/出口口岸

（1）含义

指设在一国关境内的对外开放的国际运输港口、国际民航航空站（港）、国际运输铁路车站、国际邮件交换局（交换站）、跨国（境）输出输入管道（线、网络）以及位于关界的国际运输公路通道等经一国政府批准的进出境地点，这里特指海关名称。

（2）填报规范

1）海关的名称及代码。本栏填报货物实际进口口岸/出口口岸海关的名称和代码。其名称和代码是指国家正式对外公布并已编入海关"关区代码表"的海关的中文名称及四位代码。"代码表中"有隶属海关的填隶属海关代码，没隶属海关代码填直属海关代码。例如，大连大窑湾海关代码为2202。

2）特殊情况下的填报。加工贸易货物，填报货物限定或指定进出口岸海关名称及代码。进口转关运输货物，填报货物进境地海关名称及代码。出口转关货物填报出境海关名称及代码。按跨关区深加工结转货物，出口报关单填转出地海关的名称及代码，进口报关单填转入地海关的名称及代码。不同出口加工区转让的货物，填报对方海关名称及代码。无法确定进出口口岸的，填报接受货物申报海关的名称及代码。

2. 备案号

（1）含义

备案号是进出口企业在海关办理报关手续时，应向海关递交的备案审批文件的编号。如加工贸易手册编号、征免税证明编号等。

（2）填报规范

1）一份报关单只允许填报一个备案号。备案号的首位代码为备案或审批文件的标记，可以区分属于何种贸易，如表9.1所示。

表9.1　备案审批文件首位代码

首位代码	备案审批文件	首位代码	备案审批文件
B	加工贸易手册（来料加工）	H	出口加工区电子账册
C	加工贸易手册（来料加工）	J	保税仓库记账式电子账册
D	加工贸易不作价设备	K	保税仓库备案式电子账册
E	加工贸易电子账册	Q	汽车零部件电子账册
F	加工贸易异地报关分册	Y	原产地证书
G	加工贸易深加工结转异地报关分册	Z	征免税证明

2）无备案审批文件的报关单，免予填报。

3）加工贸易和征免税货物必须填报；使用加工贸易手册的货物本栏目填写贸易手册编号。

4）加工贸易转为减免税进口的货物，进口报关单填报《征免税证明》编号，出口报关单填报《登记手册》编号。

5）出口加工区的保税货物，填报代码为"H"的电子账册备案号；出口加工区征免税货物，填报代码为"H"、第6位是"D"的备案号；出口加工区企业维修、测试、检验、展览及暂准进出境货物运往区外，本栏可不需填报。

6）中国香港、澳门地区CEPA项下进口货物，本栏目填报"Y"+11位原产地证书编号。

7）减免税进口设备及加工贸易设备之间的结转，转入和转出企业分别填制进、出口报关单，办栏目分别填报加工贸易手册编号、征免税证明编号或免予填报。

8）按进出口货物报关单的征免性质所对应的编号进行填报，不得为空。

9）按进出口货物报关单的监管方式所对应的编号进行填报，不得为空。

3. 进口日期/出口日期

（1）含义

"进口日期"是指运载所申报货物的运输工具申报进境的日期，必须与其运输工具申报进境的实际日期一致。"出口日期"是指运载所申报货物运输工具办结出境手续的日期。

（2）填报要求

①出口报关单出口日期以运输工具实际离境日期为准，共海关打印报关单证明联，本栏可不用填报。②日期均为 8 位，顺序为年（4 位）、月（2 位）、日（2 位）。例如，2008 年 9 月 12 日进口一批货物，运输工具申报进境日期为 9 月 12 日，"进口日期"应填报为"2008.09.12"。③无法确认相应运输工具的实际进境日期是，本栏可为空；未申报进口日期，或与运输工具负责人及其代理人所报不符时，以运输工具申报进境日期为准。④无实际进出境的货物，"进（出）口日期"栏应填报向海关办理申报手续的日期，以海关接受申报的日期为准。

4. 申报日期

（1）含义

申报日期指海关接受进（出）口货物收、发货人或其委托的报关企业申请办理货物进（出）手续的日期。

（2）填报要求

货物进口后再进行申报，出口货物是先申报再出口。因此进口货物申报日期不得早于进口日期，出口货物申报日期不得晚于出口日期。

5. 经营单位

（1）含义

经营单位指对外签订并执行进出口贸易合同的中国境内企业、单位和个人。

（2）填报要求

1）本栏目填写经营单位的中文名称及企业 10 位编码，缺一不可。其结构如下。①第 1～4 位为行政区划代码；第 1、2 位表示省，第 3、4 位表示省辖市。②第 5 位为市内经济区划代码："1"表示经济特区；"2"表示经济技术开发和上海浦东新区、海南洋浦经济开发区；"3"表示高新技术产业开发区；"4"表示保税区；"5"表示出口加工区；"9"表示其他。③第 6 位为进出口企业经济类型代码："1"表示有进出口经营权的国有企业；"2"表示中外合作企业；"3"表示中外合资企业；"4"表示外商独资企业；"5"表示有进出口经营权的集体企业；"6"表示有进出口经营权的私营企业；"7"表示有进出口经营权的个体工商户；"8"表示有报关权而没有进出口经营权的企业；"9"表示其他，包括外国驻华企事业机构、外国驻华使领馆和临时有进出口经营权的单位。④第 7～10 位为顺序号。

2）国内的企业委托有进出口经营权的企业进出口货物，经营单位应填代理方，即有进出口经营权的企业。例如，北京宇都商贸有限公司（1101250756）委托大连化工进出口公司（2102911013）与韩国签约进口电动叉车。根据填制规范应该填代理方，即经营单位栏应填：大连化工进出口公司2102911013。

3）外商投资企业委托有进出口经营权的企业进口投资设备、物品的，经营单位应填外商投资企业中文名称及编码，并在标记唛码及备注栏填上"委托××公司进口"。例如，北京宇都商贸有限公司（1101220756）委托大连化工进出口公司（2102911013）与韩国签约进口电动叉车。此处的经营单位栏应填：北京宇都商贸有限公司1101220756，并在报关单备注栏注明："委托大连化工进出口公司进口"。

4）特殊情况下经营单位的确定原则。援助、赠送、捐赠的货物，填报接受货物单位的中文名称及编码；如果对外签约，执行合同不是同一单位，则以执行合同的单位为准。例如，中国煤炭进出口总公司对外签订出口煤炭合同，而由地方煤炭进出口公司负责执行合同，经营单位是地方煤炭进出口公司及其经营单位编码；境外企业不得作为经营单位填报。委托港澳机构成交的货物，"经营单位"填报国内委托人；只有报关权而没有进出口经营权的企业（单位编码第6位为8），不得作为经营单位填报。

6. 运输方式

（1）含义

运输方式是指载运货物进出关境所使用的运输工具的分类，分为实际运输方式（江海运输、铁路运输、汽车运输、航空运输、邮件运输和其他运输）和特殊运输方式。本栏目填写相应运输方式的名称或代码，如表9.2所示。

表9.2 运输方式代码

代 码	名 称	运输方式说明
0	非保税区	非保税区运入保税库和保税区退区
1	监管仓库	境内存入保税仓库和出口监管仓库退仓
2	江海运输	
3	铁路运输	
4	汽车运输	
5	航空运输	
6	邮件运输	
7	保税区	保税区运往境内非保税区
8	保税仓库	保税仓库转内销
9	其他运输	人抗、畜驮、输水管道、书友管道、输电网等方式
W	物流中心	从智能更新外运入保税物流中心或从保税物流中心运往中心外
X	物流园区	从境内特殊监管区域之外运入园区内或从保税物流园区运往境内

代　　码	名　　称	运输方式说明
Y	保税港区	保税港区（不包括直通港区）运往区外和区外运入保税港区
Z	出口加工	出口加工区运往境内区外和区外运入出口加工区（区外企业填报）

（2）特殊情况下运输方式的填报要求

特殊情况下运输方式的填报有如下要求：①出口加工区与区外之间进出的，区内企业填"9"，区外企业填报"Z"；②出口加工区内或不同加工区之间相互结转，出口加工区与其他海关特殊监管区域之间转移等未实际进出境的货物，填报"9"；③进口转关货物按进出境时的运输工具填报；④旅客随身携带的货物，按其所乘运输工具填报；⑤非邮政方式的快件，按实际进出境方式填报。

7．运输工具名称

（1）含义

运输工具名称是指载运货物进出境的运输工具的名称或运输工具编号以及载运货物进出境的运输工具的航次编号。以江海运输为例，本栏目填：船名/航次号。

（2）填报要求

1）一份报关单只允许填报一个运输工具名称。

2）无实际进出境的货物，本栏目为空。

8．提运单号

（1）含义

提运单号是指进出口货物提单或运单的编号。

（2）填报要求

1）一份报关单只允许填报一个提、运单号，一票货物对应多个提运单号，应分单填报。

2）按实际进出境的运输方式填报。不同的运输方式有不同的填报要求，具体要求如下。

① 江海运输填报进出口提运单，如有分提运单的，填报"提运单号*分运单号"。

② 航空运输填报"总运单号_分运单号"，无分运单的填报"总运单号"即可。

③ 汽车运输免予填报。

④ 邮件运输填报包裹单号。

3）无实际进出境的货物，本栏目免填。

9．收货单位/发货单位

（1）含义

收货单位是指已知的进口货物在境内的最终消费、使用单位，包括自行从境外进口货物的单位、委托进出口企业进口货物的单位等。

发货单位是指出口货物在境内的生产或销售单位，包括自行出口货物的单位、委托进出口企业出口货物的单位等。

（2）填报要求

收货单位/发货单位的填报要求如下：①本栏目应填报收、发货单位的中文名称及编码，如果没有编码或编号，填报中文名称；②减免税报关单本栏目应与征免税证明的申请单位一致；③加工贸易报关单本栏目应与加工贸易手册的"经营企业"或"加工企业"一致；④不能确定进口货物最终消费、使用单位或出口货物的生产、销售单位时，以货物进口时预知的最终收货单位或最早发运出口货物的单位为准填报；⑤进口构成整车特征的汽车零部件，填报汽车生产企业名称；⑥收发货单位与经营单位有时是不一致的。

10. 贸易方式（监管方式）

（1）含义

是指以国际贸易中进出口货物的交易方式为基础，结合海关对进出口货物监督管理综合设定的对进出口货物的管理方式，即海关监管方式。

（2）填报要求

按照海关规定填写相应的贸易方式简称或代码。一份报关单只允许填报一种贸易方式。如我国境内有进出口经营权的企业单边进口的贸易，贸易方式填写为"一般贸易"或"0110"。

阅读资料

外资企业报关单的填制

1. 适用范围

中外合资、中外合作和外商独资企业的进口货物，均适用本报关单向海关申报。

2. 栏目填写规范

1）本报关单所需填具的栏目与《进口货物报关单》（白色）的栏目一致，填写要求基本相同。

2）"贸易方式"可根据实际情况选择填报为："外商投资企业作为投资进口的设备、物品"、"外商投资企业进口供加工内销产品的料、件"。

3）外商投资企业以"一般贸易"、"进料加工贸易"、"来料加工装配贸易"、"补偿贸易"或"租赁贸易"等方式进口的货物，应按相应贸易方式填报。

4）"外汇来源"可根据实际情况选择填报为"不支付外汇"或"其他"。

11. 征免性质

（1）含义

指海关根据《海关法》、《关税条例》及国家有关政策对进出口货物实施的征、减、免税管理的性质类别。

（2）填报要求

1）一份报关单只允许填报一种征免性质，若涉及多个征免性质的，应分单填报。按照海关核发的征免税证明中批注的征免性质填报，或根据进出口货物的实际情况，参照"征免性质代码表"相应的简称或代码填报。

2）加工贸易货物按手册中批注的征免性质填报。

3）特殊情况的填报：①外商投资企业加工内销进口料件，填"一般征税"；②加工贸易结转货物，本栏目为空；③加工贸易转内销货物，按实际征免性质填报；④料件退运出口，成品退运进口的货物填报"其他法定"。

12. 征税比例/结汇方式

（1）含义

"征税比例"仅限于原"非对口合同进料加工"贸易方式下进口料件的进口报关单，填报海关规定的征税比率，如5%填"5"。现在该栏目不需要填报。

结汇方式是指出口货物的发货人或其代理人收结外汇的方式，如信用证。各种方式代码见下表。

（2）填报要求

1）填写结汇方式代码表中的代码或结汇方式名称或英文缩写，如表9.3所示。

2）出口货物报关单结汇方式栏不能为空。

表9.3　结汇方式代码表

代　　码	结　汇　方　式	英　文　缩　写
1	信汇	M/T
2	电汇	T/T
3	票汇	D/D
4	付款交单	D/P
5	承兑交单	D/A
6	信用证	L/C
7	先出后结	
8	先结后出	
9	其他	

13. 许可证号

（1）含义

包括进（出）口许可证，两用物项和技术进（出）口许可证、纺织品临时出口许可证 3 类证件的编号。

（2）填报要求

1）报关单只允许填报一个许可证号。

2）非许可证管理商品本栏为空。

例如，中外合资沈阳贝沈钢帘线有限公司（2101232999）使用自有资金，委托上海新元五矿贸易公司（3105913429）持 2100-2003-WZ-00717 号自动进口许可证（代码 7）进口镀黄铜钢丝。则不能将自动进口许可证号"2100-2003-WZ-00717 号"，填写在许可证号栏目中（04 年的报关员考试题）。

14. 起运/运抵国(地区)

（1）含义

起运国（地区）是指在未与任何中转国发生任何商业性交易的情况下，把货物发出并运往（进口）进口国（地区）的国家或地区；如果货物在运抵进口国之前在第三国发生中转，并且发生某种商业性交易或活动，则把第三国作为起运国（地区）。

运抵国（地区），是指出口货物离开我国关境直接运抵的国家或地区，或者在运输中转国（地区）未发生任何商业性交易的情况下最后运抵的国家或地区。

（2）填报要求

1）本栏目填报起运/运抵国(地区)相应国别（地区）的中文名称或代码。国别（地区）为非中文名称时，翻译成中文名称填报或填报其相应代码。主要国别（地区）代码如表 9.4 所示。

表 9.4 主要国别（地区）代码

代 码	中 文 名 称	代 码	中 文 名 称
110	中国香港	307	意大利
116	日本	331	瑞士
121	中国澳门	344	俄罗斯联邦
132	新加坡	501	加拿大
133	韩国	502	美国
142	中国内地	601	澳大利亚
143	中国台澎金马关税区	609	新西兰
303	英国	701	国（地）别不详的
304	德国	702	联合国及机构和国际组织
305	法国	999	中性包装原产国别

2）对于中转货物，中转运输中未发生任何买卖关系的，其起运国（地区）或运抵国（地区）不变；在中转运输中发生了买卖关系的，中转地为起运国（地区）或运抵国（地区）。

3）无实际进出境的货物：①运输方式代码为"0""1""7""8""W""X""Y""Z"时，起运国（地区）或运抵国（地区）应为中国；②贸易（监管）方式代码后两位为42～46、54～58，起运国（地区）或运抵国（地区）必须为中国；③保税物流中心（A、B型）、保税区、出口加工区、保税物流园区、保税仓库、出口监管仓库等海关保税场所及保税区域之间往来的货物（监管方式代码为1200），起运国（地区）或运抵国（地区）应为中国。

15. 装货港/指运港

（1）含义

装货港（port of loading/loading port）也称装运港，指进口货物在运抵进口国关境前的最后一个境外装运港。

指运港（port of destination）亦称目的港，指拟出口货物运往境外的最终目的港。

（2）填报要求

本栏目应填报中文名称，非中文名称应翻译成中文，若最终目的港不可预知，按尽可能预知的目的港填报。

$$
\text{直接运抵货物}\begin{cases}\text{货物实际装货的港口——装货港}\\\\\text{货物直接运抵的港口——指运港}\end{cases}
$$

$$
\text{发生中转的货物}\begin{cases}\text{最后一个中转港是装货港}\\\\\text{指运港不受影响}\end{cases}
$$

无实际进出境货物应填报"中国境内"（0142）

例如，江西某进出口公司从悉尼装运澳大利亚羊毛至马来西亚的吉隆坡，再从吉隆坡转船运达广州黄埔港，这批羊毛的装货港是吉隆坡，因为，转货港是指进口货物在运抵我国关境前的最后一个境外装运港，由于羊毛在运抵我国关境前的最后一个境外装运港是吉隆坡，因此，报关单的装货港应填"吉隆坡"。

又如，大连某公司经香港中转出口一批服装至英国伦敦，在填制报关单时，报关单的指运港应填伦敦，因为，指运港是指出口货物运往境外的最终目的港，最终目的港是不可预知的，可按尽可能预知的目的港填报，货物运往境外的最终目的港是伦敦，因此，报关单的指运港应填报"伦敦"。

16. 境内目的地/境内货源地

（1）含义

境内目的地是指已知的进口货物在我国关境内的消费、使用或最终运抵的地点。境内货源地是指已知的出口货物在境内的生产地或原始发货地（包括供货地点）。

（2）填报要求

1）本栏目均按《国内地区代码表》相应国内地区名称或代码填报，代码含义与经营单位代码前 5 位的定义相同。

2）境内目的地以进口货物在境内的消费、使用地或最终运抵地为准。一般有以下几种情况：①直接接受有外贸进出口经营权的企业调拨物资的境内消费、使用单位所在地；②委托有外贸进出口经营权的企业进口货物的单位所在地；③自行从境外进口货物的单位所在地；④如难以确定进口货物的消费、使用单位，应以预知的进口货物最终运抵地区为准。

3）境内货源地以出口货物的生产地为准。如出口货物在境内多次周转，不能确定生产地的，应以最早的起运地为准。

17. 批准文号

本栏目仅用于填报出口收汇核销单上的编号；进口货物报关单免予填报。

18. 成交方式

（1）含义

本栏目应按实际成交价格条件填报。常用的成交方式有：CIF、CFR、FOB 等，但中国海关规定的报关单中填报的成交方式与《2000 年通则》解释的术语不完全一致，为了缴税便利，13 个贸易术语应填写的成交方式如表 9.5 所示。

表 9.5　《2000 通则》13 种贸易术语与报关单"成交方式"一般对应关系

组　别	E组	F组			C组				D组				
术语	EXW	FCA	FAS	FOB	CFR	CPT	CIF	CIP	DAF	DES	DEQ	DDU	DDP
成交方式	FOB				CFR				CIF				

（2）填报要求

1）本栏目应根据实际成交价格条款，按海关规定的"成交方式代码表"填写相应的成交方式名称或代码。

2）无实际进出境的，进口填报 CIF 或其代码，出口填报 FOB 或其代码。成交方式代码如表 9.6 所示。

表 9.6　成交方式代码

成交方式代码	成交方式名称	成交方式代码	成交方式名称
1	CIF	4	C&I
2	CFR（C&F/CNF）	5	市场价
3	FOB	6	垫仓

3）进口货物按 CIF 价格，出口货物按 FOB 价格办理报关手续。进口成交价不是 CIF 的或出口成交价不是 FOB 的，须按规定填报运费或保费。

19. 运费

（1）含义

指进出口货物从始发地至目的地的国际运输所需要的各种费用。

（2）填报要求

1）可选择采用运费单价、总价或运费率 3 种方式之一，并选择填报相应的币种代码；运费标记："1"表示运费率，"2"表示每吨货物的运费单价，"3"表示运费总价。是以币种—价格—标记的顺序排列的。

例如，10%运费率填报为 10；50 英镑的运费单价填报为 303/50/2；9000 日元的运输总价填报为 116/9000/3。

2）填写纸质报关单的要求。分进口和出口两种情况。

进口报关单。货物的成交方式为 CIF 进口的，则运费、保费栏目为空，不填。成交方式为 CFR 进口的，则运费栏不填，保险费栏要填。成交方式为 FOB 进口的，则运费栏、保险费栏要填。

出口报关单。货物以 FOB 成交方式出口的，运费、保费栏目不填。货物以 CFR 成交方式出口的，运费栏填；保费栏不填。货物以 CIF 成交方式出口的，运费、保费栏目要填。

3）运保费合并计算的，运保费填报在"运费"栏中。

20. 保险费

（1）含义

是指被保险人允予承保某种损失、风险而支付给保险人的对价或报酬。进出口货物报关单所列的保险费专指进出口货物在国际运输过程中，由被保险人付给保险人的保险费用。

（2）填报要求

1）本栏目用于成交价格中不包含保险费的进口货物或成交价格中含有保险费的出口货物，应填报该份报关单所包含全部货物在国际运输中的保险费用。

2）保费标记："1"表示保险费率，"3"表示保险费总价。例如，20000 港元保险费总价填报为 110／20000／3，110 为币值代码。

3）填制纸质报关单的具体要求。保费率：直接填报保费率的数值，如：3%的保险费率填报为3；5‰的保险费率填报为0.5。保费总价表示为：货币代码/保费总价的数值/保费总价标记，如：6 000美元保险费总价值为502/6000/3

4）运保费合并计算的，运保费填报在运费栏目中，本栏目免予填报。

21．杂费

（1）含义

指成交价格以外的，按规定应计入完税价格或应从完税价格中扣除的费用，如手续费、佣金、回扣等。

（2）填报要求

1）本栏目选择杂费总价或费率两种方式之一填报。 "1"表示杂费率，"3"表示杂费总价。

2）应计入的完税价格的杂费填报为正值或正率，应扣除的杂费则填报负值或负率。

杂费率：直接填报数值，杂费率标记免填。如，应计入完税价格的1.2%的杂费率填报为"1.2"；应从完税价格中扣除的2% 的回扣率填报为"–2"。

杂费总价填报杂费货币代码/杂费总价的数值/杂费总价标记，如应计入完税价格的800美元杂费总价应填报为"502/800/3"。

3）无杂费时，本栏免填。

22．合同协议号

本栏目应填报进（出）口合同或协议的编号。

23．件数

（1）含义

指有外包装的单件进出口货物的实际件数，货物可以单独计数的一个包装称为一件。

（2）填报要求

1）散装、裸装货物，填报为"1"。

2)托盘。如果有关单据仅列明托盘件数的；或既有托盘数又有单件件数的填报"托盘数"。例如："5 PALLETS 100CTNS"，件数应填报为5。

3）混装。如果有关单据有集装箱个数，又列明托盘件数、单件包装件数的填"托盘数"。

4）集装箱。如仅列明集装箱个数，未列明托盘或者单件包装件数的，则填"集装箱个数"。

24．包装种类

（1）含义

一般情况下，应以装箱单或提运单所反映的货物处于运输状态时的最外层包装或称运输包装作为"包装种类"进行申报，并相应计算件数。常见的有木箱、纸箱、桶装、裸装、散装和托盘等。

（2）填报要求

本栏目应根据进出口货物的实际外包装种类，选择填报相应的包装种类。

例如，"PACKED IN 50 CTNS"，表明共有 50 个纸箱，包装种类填报为"纸箱"。又如，"3 Unit & 6 Cartons"表明有 3 个计件单位和 6 个纸箱，件数为 9，包装种类为"件"。

25. 毛重（千克）

（1）含义

毛重指货物及其包装材料重量的加总。

（2）填报要求

1）计量单位为千克，不足 1 千克的填报为 1。

2）如毛重在 1 千克以上且非整数，小数点后保留 4 位。例如：毛重为 8.75678 千克填报为"8.7567"。

3）报关单的毛重栏不得为空，毛重应大于或等于 1。

26. 净重（千克）

（1）含义

指货物的毛重减去外包装材料后的纯重量，即商品的实际重量。

（2）填报要求

1）计量单位为千克，不足 1 千克的填报为 1。

2）以毛重作为净重计价的，可填报毛重。

3）如毛重在 1 千克以上且非整数，小数点后保留 4 位。

4）按照国际惯例以公量重计价的货物，填报公量重。

5）合同、发票等有关单证不能确定净重的货物，可以估重填报。

27. 集装箱号

（1）含义

集装箱号是在每个集装箱箱体两侧表示的全球唯一的编号。其结构为：箱主代号（3 位字母）+ 设备识别号"U"＋顺序号（6 位数字）＋校验码（1 位数字）。如 STYU5763280。

（2）填报要求

1）填报方式为：集装箱号/ 规格/ 自重。如 TEXU2597561/40/2352，表明这是一个箱号为 TEXU2597561，自重为 2352 千克的 40 英尺集装箱。

2）本栏目用于填报和打印集装箱编号和数量，非集装箱货物填报为 0。

3）填报本栏目时先在原始单据中找到 Container No.的字样，后面所对应的号就是集装箱号。

4）两个以上集装箱的，第一个填报在此栏目中，其他的集装箱号填制在"标记唛码及备注"。

28. 随附单据

（1）含义

指随进（出）口货物报关单一并向海关递交的单证或文件。包括基本单证，如：提单、发票、装箱单等；特殊单证，如：监管证件、征免税证明、外汇核销单等和合同、信用证等预备单证。

（2）填报要求

1）本栏填写"监管证件代码"":""监管证件的编号"。例如，随付的单据是入境货物通关单，通关单的编号是：442100105765857，在填制报关单的时候就填"A：442100105765857"。监管证件代码如表9.7所示。

表9.7　监管证件代码

代　码	监管证件名称	代　码	监管证件名称
1	进口许可证	2	两用物项和技术进口许可证
3	两用物项和技术出口许可证	4	出口许可证
5	纺织品临时出口许可证	6	旧机电产品禁止进口
7	自动进口许可证	8	禁止出口商品
9	禁止进口商品	A	入境货物通关单
B	出境货物通关单	D	出/入境货物通关单（毛坯钻石用）
E	濒危物种允许出口证明书	F	濒危物种允许进口证明书
G	两用物项核技术出口许可证（定向）	I	精神药物进（出）口准许证
J	金产品出口许可证或人总行进口批件	L	药品进出口准许证
O	自动进口许可证（新旧机电产品）	P	固体废物进口许可证
Q	进口药品通关单	S	进出口农药登记证明
T	银行调运现钞进出境许可证	W	麻醉药品进出口准许证
X	有毒化学品环境管理放行通知单	Y	原产地证明
Z	进口音像制品批准单或节目提取单	e	关税配额外优惠税率进口棉花配额证
s	适用ITA税率的商品用途认定证明	t	关税配额证明
v	自动进口许可证（加工贸易）	x	出口许可证（加工贸易）
y	出口许可证（边境小额贸易）		

2）合同、发票、装箱单及进出口许可证等随附单据不在本栏目填报。

3）有两个以上监管证件的，第一个填在本栏，其他填制在"标记唛码及备注"栏。

4）原产地证书的填写要求。在填写原产地证书时：①联网管理的，此栏目填"Y：+〈优惠贸易协定代码〉"，同时原产地证书的编号要填写在"备案号栏"，格式为：

"Y：＋原产地证书编号"；②未实行联网管理的，应填"Y：＋〈优惠贸易协定代码：需证商品序号〉"；备案号栏不填；③优惠贸易协定出口货物，填报原产地证书代码和编号。

5）其他填制要求。一份原产地证书职能对应一份报关单；享受协定税率和减免税的商品不能同单；涉及多份原产地证书或含非原产地证书商品的进口货物，分单填报。

29. 用途/生产厂家

（1）含义

用途是指进口货物在境内应用的范围。生产厂家是指出口货物的生产企业名称。

（2）填报要求

1）进口货物填报用途，应根据进口货物的实际用途，按海关规定的用途代码表选择填报相应的用途名称或代码。主要用途的名称和代码如表9.8所示。

表9.8　用途代码

代　码	名　　　称	代　码	名　　　称
01	外贸自营内销	07	收保证金
02	特区内销	08	免费提供
03	其他内销	09	作价提供
04	企业自用	10	货样，广告品
05	加工返销	11	其他
06	借用	13	以产顶进

2）生产厂家必要时填报。

30. 标记唛码及备注

（1）含义

标记唛码专指货物的运输标志。

备注即除按报关单固定栏目申报进出口货物有关情况外，需要备注或者说明的事项。

（2）纸质报关单的填报要求

1）填报除图形以外的所有文字和数字。

2）受外商投资企业委托代理其进口投资设备、物品的进出口企业名称，填写"委托XX公司进口"。

3）关联的备案号。

4）关联报关单号。

5）涉及多个监管证件的，除第一个监管证件以外的，其余监管证件和代码。

6）涉及多个集装箱的，除第一个集装箱以外的其余的集装箱号。

7）其他申报时必须说明的事项。

二、进出口货物报关单其他栏目的填报

1. 项号

（1）含义

项号是指申报货物在报关单中的商品排列序号及该项商品在加工贸易书册、征免税证明等备案单证中的顺序编号。

一张纸质报关单最多可打印 5 项商品（表体共有 5 栏），可另外附带 3 张纸质报关单，合计最多打印 20 项商品。

（2）填报要求

1）不同的内容应分别填写。对于商品编号不同的，商品名称不同的，原产国（区）/最终目的国（地区）不同的，征免性质不同的，都应各自占据表体的一栏。

2）分行填报。每项商品的项号分两行填报，第一行填报货物在报关单中的商品排列序号，第二行专用于加工贸易和实行原产地证书联网管理等已备案的货物，填报该项货物在加工贸易手册中的项号或对应的原产地证书上的商品项号。如：

报关单中的商品排列序号

原产地证书备案项号

例如，一张加工贸易料件进口报关单上某项商品的项号是上"01"、下"12"，说明其列此报关单申报商品的第 1 项，且对应加工贸易手册备案料件第 12 项

3）特殊情况。特殊情况下填报要求如下。①深加工结转货物，分别按照加工贸易手册中的进口料件项号和出口成品项号填报。②料件结转货物（包括料件、成品和半成品折料）的进出口报关单的项号填报为：进口报关单——按转入加工贸易手册中进口料件的项号填报；出口报关单——按转出加工贸易手册中进口料件的项号填报。③料件复出货物（包括料件、边角料、来料加工半成品折料），按照加工贸易手册中进口料件的项号填报；料件退换货物（包括料件、不包括半成品），出口报关单按照加工贸易手册中进口料件的项号填报。④成品退运货物，退运进境报关单和复运出境报关单按照加工贸易手册原出口成品的项号填报。⑤加工贸易料件转内销货物填制进口报关单，填报加工贸易手册进口料件的项号；加工贸易边角料、副产品内销，填报加工贸易手册中对应的料件项号。当边角料或副产品对应一个以上料件项号时，填报主要料件项号。⑥加工贸易成品凭征免税证明转为享受减免税进口货物的，应先办理进口报关手续。出口报关单填报加工贸易手册原出口成品项号；进口报关单填报正面证明中的项号。⑦加工贸易料件、成品放弃，填报加工贸易手册中的项号；半成品放弃的应按单耗折回料件，以料件放弃申报，填报加工贸易手册中对应的料件项号。⑧加工贸易副产品退运出口、结转出口或放弃，填报加工贸易手册中新增的变更副产

品的出口项号。⑨加工贸易联网企业申报报关清单的，应在向海关申报报关单前申报清单。一份报关清单对应一份报关单，报关单商品由报关清单归并而得，加工贸易电子账册报关单中项号、品名、规格等栏目的填制规范比照加工贸易手册。

2. 商品编号

（1）含义

商品编码是按《进出口税则》确定的税则号列，以及符合海关监管要求的附加编号。

（2）填报要求

商品编号的填报要求如下：①"商品编码"应填报《税则》8 位税则号列，有附加编号的，还应填附加的第 9、10 位附加编号；②在填报商品编码时应该按照进出口商品的实际情况填报；③加工贸易手册中商品编号与实际商品编号不符的，应按实际商品编号填报。

3. 商品名称、规格型号

（1）含义

商品名称是指进出口货物规范的中文名称，应当严格按照《规范申报目录》中的要求，填报本栏。

商品的规格型号，是指反映商品性能、品质和规格的一系列指标，如品牌、等级、成分、含量、纯度、大小、长短、粗细等。

（2）填报要求

1）"商品名称及规格型号"栏分两行填报，与所提供的商业发票相符。第一行，填进出口货物规范的中文名称。如发票中不是中文名的，应翻译成规范的中文名称填报。第二行填报规格型号。例如

氨纶弹力丝　　ELASTANE　　（第一行，规范的中文名称 + 原文）
40 DENIER TYPE 149B MERGE 17124 5KG TUBE　　（第二行，规格型号）

2）加工贸易等已备案的进出口货物。本栏填报的内容必须与已在海关备案登记中同项号下货物的名称与规格型号一致。

3）需要海关签发"货物进口证明书"的车辆。本栏应填"车辆品牌＋排气量（注明毫升数）＋车型（如越野车、小轿车）等"，底盘可不填报排气量，规格型号可填"汽油型"。

4）加工贸易边角料和副产品内销、边角料复出口的。该栏目应填其报验状态的名称和规格型号。

5）一份报关单最多填报 20 项商品。

4. 数量及单位

（1）含义

数量是指进出口商品的实际数量。

计量单位分为成交计量单位和海关法定计量单位。其中，成交计量单位是指双方在交易过程中所确定的计量单位。海关法定计量单位是指海关按照国家计量法的规定所采用的计量单位。我国海关采用国际单位制的计量单位。海关法定计量单位分为海关法定第一计量单位，海关法定第二计量单位，以《海关统计商品目录》中规定的计量单位为准。例如，毛皮衣服为千克/件。

（2）填报要求

1）如果进出口货物报关单中只有一项商品且计量单位是千克，其应与报关单表"净重"栏的重量一致。我国海关采用的是国际单位制的计量单位，进出口货物必须按海关法定计量单位和成交计量单位填报。

2）本栏不得为空或填报"0"。

3）本栏分三行填报。法定第一计量单位及数量应填报在本栏目第一行。凡列明海关第二法定计量单位的，必须填报第一及第二法定计量单位及数量，第二法定计量单位填在第二行，无第二法定计量单位的，本栏为空。以成交计量单位申报的，须填报海关法定计量单位转换后的数量，同时还需将成交计量单位及数量填报在本栏第三行。如成交计量单位与海关法定计量单位一致时，本栏为空。

4）加工贸易等已备案的货物。加工贸易等已备案的货物成交计量单位必须与备案登记中同项号下货物的计量单位一致，不一致时必须修改备案或转换一致后填报。

5）特殊情况。法定计量单位为"千克"的数量填报，特殊情况下填报要求如下：①装入可重复使用的包装容器的货物，按货物的净重填报，如罐装同位素、罐装氧气及类似品等，应扣除其包装容器的重量；②使用不可分割包装材料和包装容器的货物，按货物的净重填报（即包括内层直接包装的净重重量），如采用供零售包装的酒、罐头、化妆品及类似品等；③按照商业惯例以公量重计价的商品，应按公量重填报，如未脱脂羊毛、羊毛条等；④采用以毛重作为净重计价的货物，可按毛重填报，如粮食、饲料等价格较低的农副产品；⑤成套设备、减免税货物如需分批进口，货物实际进口时，应按实际报验状态确定数量；⑥根据 HS 归类原则，零部件按整机归类的，法定第一数量填"0.1"，有法定第二数量的，按照货物实际净重申报；⑦具有完整品或制成品基本特征的不完整品、未制成品，按照 HS 归类规则应按完整品归类，申报数量按照构成完整品的实际数量申报。

5. 单价、总价、币制

（1）含义

单价是指商品的一个计量单位以某一种货币表示的价格。包括：对外商品价值金额、计量单位、计价货币、价格术语（其中还有佣金、折扣）。

总价是指进出口货物实际成交的商品总价。

币制是指进出口货物实际成交价格的计价币种。

（2）填报要求

1）"单价"栏填报同一项号下进出口货物实际成交的商品单位价格的金额。单价如非整数，其小数点后保留 4 位，第 5 位及以后略去。无实际成交价格的，填报货值。

例如，上海某进出口公司出口服装 USD23.568/件，单价应填报为"23.568"。

2）"总价"栏填报同一项号下进出口货物实际成交的商品总价。总价如非整数，其小数点后保留 4 位，第 5 位及以后略去。无实际成交价格的，填报货值。例如，ABC 有限公司进口"铜版纸"16 314 千克，每千克 0.8049 美元，共 13 131.54105 美元."总价"栏填"13 116.541"。

3）"币制"栏根据实际成交情况按海关规定的"币制代码表"选择填报相应的币制名称或代码或符号。如"币制代码表"中无实际成交币种，需转换后填报。常用的货币代码如表 9.9 所示。

表 9.9 常用货币代码

币制代码	币制符号	币制名称	币制代码	币制符号	币制名称	币制代码	币制符号	币制名称
110	HKD	港币	116	JPY	日元	132	SGD	新加坡元
142	CNY	人民币	133	KRW	韩国圆	300	EUR	欧元
302	DKK	丹麦克朗	303	GBP	英镑	330	SEK	瑞典克朗
331	CHF	瑞士法郎	344	SUR	俄罗斯卢布	501	CAD	加拿大元
502	USD	美元	601	AUD	澳大利亚元	609	NZD	新西兰元

6. 征免

（1）含义

是指海关依照《海关法》、《进出口关税条例》及其他法律、行政法规，对进出口货物进行征税、减税、免税或特案处理的实际操作方式。同一份报关单上可以有不同的征免税方式。征减免费方式可分为照章征税、折半征税、全免、特案减免、随征免性质、保证金和保证函 7 种，征免方式代码如表 9.10 所示。

表 9.10 征免方式代码

代 码	名 称	代 码	名 称
1	照章征税	6	保证金
2	折半征税	7	保函
3	全免	8	折半补税
4	特案	9	全额退税
5	随征免性质		

（2）填报要求

1）根据海关核发的征免税证明或有关政策规定，对报关单所列每项商品选择填报海关规定的"征减免税方式代码表"中相应的征免税方式的名称。

2）加工贸易报关单应根据登记手册中备案的征免规定填报。加工贸易手册中备案的征免规定为"保金"或"保函"的，不能按备案的征免规定填报，而应填报"全免"。

7. 预录入编号

是指预录入单位录入报关单的编号，用于申报单位与海关之间引用其申报后尚未接受申报的报关单。有接受申报的海关决定编号规则，有计算机自动打印。

8. 海关编号

是指海关接受申报时给予报关单的 18 位顺序编号。由各直属海关在接受申报时确定并标志在报关单的每一联上，自动打印，无需填写。

9. 税收征收情况

本栏由海关经办人员填写。主要批注对本分（批）进出口货物的谁、费征收和见面的情况，包括税率、税额的情况。

10. 申报单位

本栏目包括申报单位，报关员，申报单位的地址等。本栏目必须按项目如实填写。

11. 海关审单批注放行日期

本栏目共分为审单、审计、征税、统计、查验、放行流向。由经办海关人员完成本任务后将本人姓名或代码手工填制在预录入报关单上。"放行"栏一般填写作出放行决定的日期（包括经办人员姓名）。

知 识 拓 展

出口商在相关的信用证以后，经审核无误就可以安排货物装运了。在货物装运的过程中，出口商要准备全套完整、详尽的报关单据顺利通关的关键。

基本的报关单据包括正本商业发票（INVOICE）、正本装箱单（PACKING LIST）、副本合同（也可是形式发票或售货确认书）、报关单、副本委托报关协议、正本核销单。根据海关对出口商品的监管条件，还须提供相应的证明，如商检证、出口许可证、熏蒸证等。此外，个别地区海关对采用信用证结汇的出口贸易，还要求提供信用证副本。对这些单据的缮制与审核，要注意以下几点。

一、单据的内容必须齐全

商业发票中需要显示的项目有：发票号、合同号、日期、买方公司名称、起运港、目的港、唛头、品名、数量、单价、总价等内容，各个项目的内容必须相互符合，正本发票不允许有涂改痕迹，特别是数量、单价、总价，否责，要加小签章证明。

装箱单中，除单价、总价不必显示外，其余各项与发票相同。另外，还有包装

知识拓展（续）

种类的件数、毛重、净重、体积，同发票要求一样，正本单据不允许涂改。

其他副本单据，如合同，必需用电脑或打字机缮制，委托报关协议必须用海关规定的格式，可向代报关单位索取。

二、单据要仔细审核

各种单据的内容必须相符，否则通关会受到影响。单据应尽早寄至代理报关单位，以便整理审核，最晚不迟于集港前两天寄到。若是拼箱货物，应不迟于集港前3天寄到报关单位，因为拼箱货物得报两次关。

三、填制报关单

报关单的内容一定要准确填写，要与其他单据严格相符，出现错误很难更改，将直接影响核销退税。特别要注意以下几点。

1）海关编号。出口单位必须在出口地海关注册备案并作过年审，否则无法从海关电脑系统中调出出口单位的海关编号。

2）成交方式。可按实际的成交方式填写。但各地海关对此项内容的要求有所不同，如天津海关，报关单在录入时必须显示FOB价，所以，从天津港出货时，应把换算出的FOB价在报关单上注明，或由代理单位，根据实际运费、保险费金额，核算标明。

3）件数。按海关的要求应填写实际最大包装的件数，例如某产品装20桶，为了加固，5桶拼一个托盘，共4托，那么填写此栏目时应填4托。

4）商品编号。根据货物性质，相应归入其类别，一定要准确，与品名相符合。正确的归类可以顺利查出其对应的监管条件，尽早安排各种检验、检疫，及有关证明的申请，货主不仅要清楚货物的品质、特性，还要熟悉其用途。如有个外贸公司业务员不了解货物用途，错将抗生素当作饲料添加剂，归入相应商品编码，等拿到报关单申请退税时，才发现出口货物归类错误，以至取得了较低退税率，与实际产品应得的退税差别很大，而恰恰商品编码这一项又属海关禁止更改报关单的几项范围之内，使工厂遭受巨大损失。

总之，无论是货主，还是代理，都要从报关单据的各个方面加以重视，以减少和避免通关过程中出现的不必要的麻烦，以加快通关速度，提高工作效率。

小　结

进出口货物报关单是指进出口货物的收发货人或其代理人，按照海关规定的格式就进出口货物的实际情况做出的书面申明，以此要求海关对其货物按适用的海关制度办理通关手续的法律文书。是海关对进出口货物进行监管、征税、统计以及开展稽查、调整的重要依据。同时，进出口货物报关单是出口退税和外汇管理的重要凭证，也是海关处理进出口货物走私、违规案件及税务、外汇管理部门查处骗税、套汇犯罪活动的重要书面证据。申报人对所填报的进出口货物报关单的真实性和准确性承担法律责任。

　　报关单的填制正确与否关系到货物能否顺利通关。填制报关单时必须做到真实、准确、齐全、清楚。向海关申报进出口货物时，如发生原填报内容与实际进出口货物不相一致而又有正当理由者，应立即向海关书面申请更正，经海关核准后，对原填报项目的内容及其相关内容进行更改。

案例分析

下面为大连万凯化工贸易公司出口货物报关单。

中华人民共和国海关出口货物报关单

预录入编号：　　　　　　　　　　　　　　　　　　海关编号：

出 口 口 岸		A 备 案 号		B 出口日期		申 报 日 期
经营单位		运输方式		运输工具名称		提运单号
发货单位		贸易方式		C 征免性质 一般征税		D 结汇方式 承兑交单
E 许可证号 05-AA-701226		F 运抵国（地区） 新加坡		G 指运港 新加坡		境内货源地
H 批准文号		I 成交方式 3	J 运费	K 保费		L 杂费 502/15606/3
合同协议号		件数	包装种类	M 毛重/kg199920		净重/kg
集装箱号		N 随附单据 CH200511818				生产厂家
O 标记唛码及备注 SINGAPORE FOR TRANSSHIPMENT TO CHITIAGONE，BANGLADESH　　　X：TE050616005 GROSSWEIGHT：094KGS CLHU3122339/20/2275 CLHU3122597/20/2275　CLHU3122881/20/2275 TAREWEIGHT：24KGS　CLHU3122827/20/2275 CLHU3122869/20/2275　CLHU3122940/20/2275 SHIPMENT NO：2　　CLHU3122961/20/2275　CLHU3122977/20/2275　CLIIU3122979/20/2275						
项号商品编号商品名称、格型号P 数量及单位Q 最终目的国（地区）R 单价S 总价币值 T 征免						
	183600 千克		新加坡		459　312120 全免	
	680 桶					

出 口 口 岸	A 备 案 号	B 出 口 日 期	申 报 日 期

税费征收情况

录入员 　录入单位	兹证明以上申报无误并承担 法律责任	海关审单批注及放行日期（签章）
报关员 　　申报单位（签单）		
单位地址		审单　　　　　审价
		征税　　　　　统计
邮编　　　电话　　　填制日期		查验　　　　　放行

大连万凯化工贸易公司

INVOICE

Invoice No.82N3430213　　　　　　　　**Dalian,23May 2005**

To: PAN-CHEM COMPOUNDS SINGAPORE LTD　　　Contract No XM2004NA266

Shipped per from DALIAN to Singapore on or about

Shipping Mark	CHLOROPCRIN 99.5%MIN	AMONT
SINGAPORE	AT USD459/DRUM FOB DALIAN	USD312,120.00
FOR TRANSHIPMENT TO	QUANTITY:680DRUMS	
CHITTAGONA	TERM:D/A60DAYSFROM B/L DATE	
BANGLADESH	BCL REF NO:02/3314	
GROSS WEIGHT:294KGS	ACIDITY:70PPM MAX	
TARE WEIGHT:24KGS	WATER:150PPM MAX	
SHIPMENT NO:2	DENSITY:1.654-1.663	
	TOXOICTY:HIGH POISONOUS	USD31,212.00
	LESS PREPAYMENT10%	USD15,606.00
	LESS DISCOUNT	
	TOTAL INVOICE VALUE	USD265,302.00

DALIAN PAN-CHEM TRADING CORPORATION

大连万凯化工贸易公司
DALIAN PAN-CHEM TRADING CORPORATION
PACKING LIST

Invoice No: 82N3430213   Dalian, 23 May 2005

COMMODITY CHLOROPCRIN 99.5%

NAME OF STEAMER: CSCL YANTIAN 0042S NO.&DATE OF B/L:ZIMUDA92705/31.0505

Shipping Mark:	183.6MT CHLOROPCRIN 99.5%MIN	
SINGAPORE	PACKING: 270KGS NET GALVANIZED IRON DRUMS	
FOR TRANSSHIPMENT TO	QUANTITY: 680DRUMS IN 170 PALLETS	
CHITTAGONA	BCL P.O.NO:02/3341	
BANGLADESH		

GROSS WEIGHT: 294KGS

TARE WEIGHT: 24KGS

SHIPMENT NO: 2

CONTAINER NO.	SEAL NO.	TYPE	TARE KGS
CLHU3122339		20'DRY	2275
CLHU3122597		20'DRY	2275
CLHU3122881		20'DRY	2275
CLHU3122827		20'DRY	2275
CLHU3122869		20'DRY	2275
CLHU3122940		20'DRY	2275
CLHU3122961		20'DRY	2275
CLHU3122977		20'DRY	2275
CLHU3122979		20'DRY	2275

DALIAN PAN-CHEM TRADING CORPORATION

思考题

上例报关单中有 20 个已填（包括空填）栏目（即标有大写英文字母的栏目），请指出其中的错误。

自测题

一、选择题

1. 北京黄河进出口公司（海关注册编码 1105951000），自行进口日本产钢材一批。其进口货物报关单上的"收货单位"应填报为（   ）。

A. 北京黄河进出口公司（1105951000）

B. 北京黄河进出口公司

C. 1105951000

D. 以上填法都正确

2. 北京中美合资电子有限公司（经营单位编码 1108339456），委托北京机械进出口公司（经营单位编码 1101910090），代为进口投资设备一批。由北京大宇报关行申报进口。其进口货物报关单上的"经营单位"应填报为（　　）。

　　A. 北京中美合资电子有限公司（1108339456）

　　B. 北京机械进出口公司（1101910090）

　　C. 大宇报关行

　　D. 上述任何一个均可

3. 我国某进出口公司(甲方)与新加坡某公司（乙方）签订一出口合同，合同中订明，甲方向乙方出售 5000 件衬衫，于 1998 年 4 月 10 日在上海装船，途经香港运往新加坡。在签订合同时甲方得知乙方还要将该批货物从新加坡运往智利。根据上述情况填写报关单时，以下填写不正确的是（　　）。

　　A. 运抵国（地区）为"香港"，最终目的国（地区）为"新加坡"

　　B. 运抵国（地区）为"新加坡"，最终目的国（地区）为"智利"

　　C. 运抵国（地区）为"香港"，最终目的国（地区）为"智利"

　　D. 运抵国（地区）为"智利"，最终目的国（地区）为"智利"

4. 我国某进出口公司从香港购进一批 SONY 牌电视机，该电视机为日本品牌，其中显像管为韩国生产，集成电路板由新加坡生产，其他零件均为马来西亚生产，最后由韩国组装成整机。该公司向海关申报进口该批电视机时，原产地应填报为(　　)。

　　A. 日本

　　B. 韩国

　　C. 新加坡

　　D. 马来西亚

5. 某公司从日本进口联合收割机 10 台及部分附件，分装 30 箱，发票注明每台单价为 CIF Shanghai US＄22400，总价为 US＄22400，附件不另计价格。进口货物报关单以下栏目正确填报的为（　　）。

　　A. 成交方式：海运

　　B. 件数：30

　　C. 商品名称:联合收割机及附件

　　D. 单价：22400

二、判断题

1. 报关单上的"杂费"指成交价格以外的、应计入完税价格或从完税价格中扣除的费用，如手续、佣金、回扣等。（　　）

2. 国内的企业委托有进出口经营权的企业进出口，经营单位应填代理方，即有进出口经营权的企业。（　　）

3. 同一份报关单上可以有不同的征免税方式。（　　）

4. 联合国世界卫生组织向我国提供援助一台德国产的医疗仪器。德国受联合国的委托将该批货物送往我国。在这种情况下，在进口报关单上应填报起运国为联合国，原产国为德国。（　　）

5. 报关单上"商品名称、规格型号"栏目，正确的填写内容应有中文商品名称、规格型号，商品的英文名称和品牌，缺一不可。（　　）

附：

中华人民共和国海关进口货物报关单

预录入编号：　　　　　　　　　　　　　　　　海关编号：

进 口 口 岸	备 案 号		进 口 日 期	申 报 日 期
经营单位	运输方式		运输工具名称	提运单号
收货单位	贸易方式		征免性质	征税比例
许可证号	起运国（地区）		装货港	境内目的地
批准文号	成交方式	运费	保费	杂费
合同协议号	件数	包装种类	毛重/kg	净重/kg
集装箱号	随附单据			用途
标记唛码及备注				
项号 商品编号 商品名称、规格型号 数量及单位 原产国（地区） 单价 总价 币值 征免				
税费征收情况				

录入员　录入单位	兹证明以上申报无误并承担 法律责任 报关员 单位地址　　申报单位（签单） 邮编　　电话　　填制日期	海关审单批注及放行日期（签章）
		审单　　　　审价
		征税　　　　统计
		查验　　　　放行

第十章

与通关工作有关的法律法规

▷ **教学目标**

● 熟悉与通关有关的法律法规

▷ **学习要点**

● 重点了解海关统计、海关稽查、知识产权海关保护方面法律法规的具体内容
● 重点了解海关行政许可、处罚、复议及裁定等方面法律法规的具体内容

♻ **导入案例**

　　上海兴顺进出口公司于 2007 年 11 月 12 日向上海吴淞海关申报进口一批日本产 CD 机，CIF 价格为 35 000 美元，由"中外运"的"吉祥"号轮运进，海关在申报后的第三天到集装箱堆场开箱查验，上海兴顺进出口公司的代表积极配合查验，该批货物于 2007 年 11 月 18 日纳税后通关放行。2009 年 3 月 26 日，有人举报上海兴顺进出口公司该批货物申报价格不实，存在欺瞒行为，海关随即对其展开稽查。经过对上海兴顺进出口公司的会计账簿、报关单（证）及进口货物等进行调查后发现：上海兴顺进出口公司与日本出口商订有协议，双方向对方出口货物均折价逃税。

　　上述客观事实清楚，海关除了责令上海兴顺进出口公司补缴应纳税款外，还从缴纳税款之日起按日加收征税款 0.5‰的滞纳金。

　　学习本章后，学生可以掌握与通关工作有关的法律法规。

第一节　有关海关统计的法律法规

一、海关统计工作的法律法规概述

（一）海关统计的含义及其法律依据

《中华人民共和国海关统计条例》第二条明确规定：海关统计是海关依法对进出口贸易的统计，是国民经济统计的组成部分。具体地说，海关统计是海关通过搜集、整理、分析我国对外贸易进出口货物的原始资料，获得反映我国对外贸易情况的数据和资料，从而为我国制定对外贸易政策和检查、监督政策执行情况及进行宏观经济调控提供主要依据，为研究对外贸易发展和国际经济关系提供重要资料。

海关统计是国家赋予海关的一项重要职能，也是海关的四大任务之一。我国海关统计工作主要依据的法律法规有：《中华人民共和国统计法》、《中华人民共和国统计法实施细则》《中华人民共和国海关统计条例》、《中华人民共和国海关统计工作管理规定》等。

（二）海关统计的特点

海关统计通过提供全面的数据资料及有益的分析，在我国正确的制定对外贸易政策、对经济进行有效的宏观经济调控方面发挥了巨大的作用。因而海关统计具有以下特点。

1. 范围全面

《海关法》明确规定，所有进出中华人民共和国国境的货物、运输工具及物品必须向海关如实申报，并依法接受海关的监督管理。因此，海关统计涵盖范围全面。

2. 准确可靠

海关统计数据来源于海关实际监管并经确认的进出口货物原始报关单及有关单据，是海关监管过程和监管结果的真实记录，因此，其统计数据准确、可靠。

3. 国际可比

海关统计工作全面采用国际标准，统计方法与统计口径与世界各国通行的做法相一致，因此，海关的统计数据具有国际可比性。

（三）海关统计的作用

1. 国家制定宏观经济管理与宏观经济调控政策的主要依据

海关通过现代计算机技术和科学的统计方法获得的探究数据，不仅客观、真实、及时、准确地反映了国家对外贸易的总体情况，而且在一定程度上及时、准确地反映了国内外市场的供求变化情况。因此，海关统计有助于国家及时掌握对外贸易情况，适时制定和调整对外贸易政策，进行宏观调控；帮助政府及管理部门运用经济杠杆调控市场需求，纠正市场上的主观盲动行为；有利于经济实体知己知彼，有效组织生产和经营活动。

2. 国家制定引进与利用外资政策的重要依据

引进并利用外资是我国改革开放需要长期坚持的一项重要政策，海关统计能够及时、准确地反映出我国进出口物资的实际情况，从而为国家适时调整外资政策提供有力的依据。

3. 国家对进出口情况进行监测、预警的工具

通过对海关采集的统计数据的整合、分析，可以反映出进出口环节的一些异常现象，继而引起政府有关部门的高度重视，从而制定出相应的政策、采取相应的措施。所以海关统计是进一步加强管理与调控、督促企业守法经营、规范进出口秩序的有效工具。

4. 海关进行业务管理、执法监控的手段

通过对不同阶段内的海关统计数据的监控分析，运用海关执法评估系统和预警监测系统，可以发现进出境货物、运输工具及其物品以及外贸企业的各种异常、反常情况，从而帮助查处各种走私、违法、违规等情况，进一步加强海关对进出口的监管。

二、海关统计的范围

根据联合国关于国际贸易统计的原则，我国将进出口统计货物分为3类。

（一）列入海关统计的进出口货物

列入海关统计的进出口货物包括以下7个方面：①我国境内法人和其他组织以一般贸易、易货贸易、加工贸易、补偿贸易、寄售代销贸易等方式进出口的货物；②保税区和保税仓库进出境货物；③租赁期1年及以上的租赁进出口货物；④边境小额贸易货物；⑤国际援助物资或捐赠品；⑥溢卸货物；⑦无进出口经营权的单位经批准临时进出口的货品。

此外，超过自用、合理数量的进出境物品，必须列入海关统计。

（二）不列入海关统计的货物

以下为不列入海关统计的货物：①过境货物、转运货物和通运货物；②暂时进出口货物；③租赁期在1年以下的租赁货物；④由于货物残损、短少、品质不良或规格不符而由该进出口货物的承运人、发货人或保险公司免费补偿或者更换的同类货物；⑤退运货物；⑥无商业价值的货样或者广告品；⑦海关特殊监管区域之间、保税监管场所之间以及海关特殊监管区域和保税监管场所之间转移的货物。

（三）不列入海关统计，但实施单项统计的货物

下列货物的统计数值不列入国家进出口海外贸易统计的总值，但是，海关实施单项统计：①免税品；②进料加工与来料加工以产顶进货物；③进料加工与来料加工转内销货物；④加工贸易转内销设备；⑤进料与来料加工深加工结转货物及其余料；⑥加工贸易结转设备；⑦退运货物；⑧进料与来料加工复出口料件。

三、海关统计项目

在进行海关统计的时候，一般按以下项目来统计：①品名及编码；②数量、价格；③经营单位；④贸易方式；⑤运输方式；⑥进口货物的原产国（地区、）、启运国（地区）、境内目的地；⑦出口货物的最终目的国（地区）、运抵国（地区）、境内货源地；⑧进出口日期；⑨国别以及海关总署规定的其他统计项目。

四、《海关统计条例》赋予海关统计的权利与义务

（一）海关统计的权利

海关统计权包括以下权利。

1. 查询权利

海关对当事人依法应当申报的项目有疑问的，可以向当事人提出查询，当事人应当及时作出答复。

2. 行政处罚权利

对依法应当申报的项目未申报或者申报不实影响海关统计准确性的，海关应当责令当事人予以更正，需要予以行政处罚的，依照《中华人民共和国海关行政处罚实施条例》的规定予以处罚。

（二）海关统计的义务

海关统计应承担如下义务。

1. 定期无偿提供资料

海关总署应当定期、无偿地向国务院有关部门提供有关综合统计资料；直属海关应当定期、无偿地向所在地省、自治区、直辖市人民政府有关部门提供有关综合统计资料。

2. 建立统计资料定期公布制度

海关应当建立统计资料定期公布制度，向社会公布海关统计信息。海关可以根据社会公众的需要，提供统计服务。

3. 保密义务

海关统计人员对在统计过程中所涉及的国家秘密、商业秘密负有保密义务。

4. 解答义务

当事人有权在保存期限内查询自己申报的海关统计原始资料及相关信息，对查询结果有疑问的，可以向海关申请核实，海关应当予以核实，并解答有关问题。

第二节　海关稽查的法律法规

一、海关稽查的法律法规概述

（一）海关稽查的含义及主要的法律依据

《中华人民共和国海关稽查条例》第二条明确规定，海关稽查是指海关自进出口货物放行之日起3年内或者在保税货物、减免税进口货物的海关监管期限内，对被稽查人的会计账簿、会计凭证、报关单证以及其他有关资料（以下统称账簿、单证等有关资料）和有关进出口货物进行核查，监督被稽查人进出口活动的真实性和合法性。海关稽查的主要法律依据有：《海关法》；《中华人民共和国海关稽查条例》等。

（二）海关稽查的方式

海关稽查时，主要采用以下3种方式。第一，常规稽查。海关根据关区的实际情况，结合企业特点，从海关的后续管理的整体需要出发，采取计划选取与随机抽取相结合的方式，对企业开展的全面性稽查。第二，专项稽查。海关根据关区的实际情况，结合企业特点，从海关的后续管理的整体需要出发，对某些企业、某些商品实施重点稽查的后续管理工作模式，包括行业式、重点式和通关式稽查。第三，验证稽查。海关对申请评为A类或AA类管理的企业开展的准入稽查；对已评为A类或AA类管理的企业实施的监控稽查。

（三）海关稽查的对象

海关稽查对象包括两个方面，一是海关稽查企业的范围，二是海关稽查企业的进出口活动的范围。

1. 海关稽查的企业、单位

根据《中华人民共和国海关稽查条例》第三条的规定，海关对下列与进出口活动直接有关的企业、单位实施海关稽查：①从事对外贸易的企业、单位；②从事对外加工贸易的企业；③经营保税业务的企业；④使用或者经营减免税进口货物的企业、单位；⑤从事报关业务的企业；⑥海关总署规定的从事与进出口活动直接有关的其他企业、单位。

2. 海关稽查的进出口活动范围

根据《〈中华人民共和国海关稽查条例〉实施办法》的规定，海关对以下活动实施稽查：①进出口申报；②进出口关税和其他税费的缴纳；③进出口许可证的交验；④与进出口货物有关资料的记载、保管；⑤保税货物的进口、使用、加工、销售、运输、展示和复出口；⑦转关运输货物的承运、管理；⑧暂准进出境货物的使用、管理；⑨其他进出口活动。

（四）海关稽查对企业的账簿、单证等有关资料的管理要求

根据《中华人民共和国海关稽查条例》的规定，企业对账簿、单证等有关资料应进行规范管理：①与进出口活动直接有关的企业、单位所设置、编制的会计账簿、会计凭证、会计报表和其他会计资料，应当真实、准确、完整地记录和反映进出口业务的有关情况；②与进出口活动直接有关的企业、单位应当依照有关法律、行政法规规定的保管期限，保管会计账簿、会计凭证、会计报表和其他会计资料，报关单证、进出口单证、合同以及与进出口业务直接有关的其他资料，应当自进出口货物放行之日起保管3年；③与进出口活动直接有关的企业、单位会计制度健全，能够通过计算机正确、完整地记账、核算的，其计算机储存和输出的会计记录视同会计资料，但是应当打印成书面记录并依照本条例的规定完整保管；④与进出口活动直接有关的企业、单位应当按照海关要求，报送有关进出口货物的购买、销售、加工、使用、损耗和库存情况的资料。

二、海关稽查的基本程序

（一）制定稽查计划

海关应当按照海关监管的要求，根据进出口企业、单位和进出口货物的具体情况，确定海关稽查重点，制定年度海关稽查工作计划。

（二）下发稽查通知

海关进行稽查时，应当在实施稽查的3日前，书面通知被稽查企业、单位（以下简称被稽查人）。在特殊情况下，经海关关长批准，海关可以不事先通知进行稽查，但进行稽查时应制发稽查通知书。

（三）海关实施稽查

海关进行稽查时，应当组成稽查组，稽查组的组成人员不得少于两人。海关进行稽

查时，海关工作人员应当出示由海关总署统一制发的"中华人民共和国海关稽查证"。如果海关工作人员与被稽查人有直接利害关系的，应当回避。

（四）提出稽查报告

海关稽查后，应提出稽查报告并征求被稽查人的意见，然后向海关提交稽查报告。被稽查人应当自接到稽查报告之日起 7 天内将自己的书面意见送达海关。海关自接到稽查报告之日起 30 日内，作出海关稽查结论并送达被稽查人。

三、海关对稽查问题的处理

1）经海关稽查，发现关税或者其他进口环节的税收少征或者漏征的，由海关依照《海关法》和有关税收法律、行政法规的规定向被稽查人补征；因被稽查人违反规定而造成少征或者漏征的，由海关依照《海关法》和有关税收法律、行政法规的规定追征。被稽查人在海关规定的期限内仍未缴纳税款的，海关可以依照《海关法》第三十七条第一款的规定采取强制执行措施。

2）封存的有关进出口货物，经海关稽查排除违法嫌疑的，海关应当立即解除封存；经海关稽查认定违法的，由海关依照《海关法》和《海关法行政处罚实施细则》的规定处理。

3）经海关稽查，认定被稽查人有违反海关监管的行为的，由海关依照《海关法》和《〈海关法〉行政处罚实施细则》的规定处理。

4）经海关稽查，发现被稽查人有走私行为，构成犯罪的，依法追究刑事责任；尚不构成犯罪的，由海关依照《海关法》和《〈海关法〉行政处罚实施细则》的规定处理。

5）海关通过稽查决定补征或者追征的税款、没收的走私货物和违法所得以及收缴的罚款，全部上缴国库。

6）被稽查人同海关发生纳税争议的，依照《海关法》第四十六条的规定办理。

四、被稽查人的法律责任

1）被稽查人有下列行为之一的，由海关责令限期改正，逾期不改正的，处 1 万元以上 3 万元以下的罚款；情节严重的，取消其报关资格；对负有直接责任的主管人员和其他直接责任人员处 1 000 元以上 5 000 元以下的罚款：①向海关提供虚假情况或者隐瞒重要事实的；②拒绝、拖延向海关提供账簿、单证等有关资料；③转移、隐匿、篡改、毁弃账簿、单证等有关资料的。

2）被稽查人未按照规定设置或者编制账簿、单证等有关资料的，由海关责令限期改正，逾期不改正的，处 1 万元以上 5 万元以下的罚款；情节严重的，取消其报关资格；对负有直接责任的主管人员和其他直接责任人员处 1 000 元以上 5 000 元以下的罚款。

第三节 海关事务担保的法律法规

一、海关事务担保概述

（一）海关事务担保的含义及法律依据

海关事务担保是指公民、法人或其他组织，为本人或他人办理特定的海关事务或者从事海关特许的经营业务，经海关同意，以特定的方式，保证在规定期限内履行业务或者承担责任的法律行为。海关事务担保的法律依据是：《海关法》、《中华人民共和国海关事务担保条例（征求意见稿）》等。

（二）担保人主体资格

具有履行海关事务担保能力的法人、其他组织或者公民，可以作为海关事务的担保人。法律、行政法规规定不得成为担保人的除外。国家机关以及学校、幼儿园、医院等以公益为目的的事业单位、社会团体不得为他人提供担保。

（三）担保金额

海关事务担保金额应与当事人依法履行的法律义务相适应，按下列标准确定：①为提前放行货物，补征、追征税款提供或收取担保的，担保金额不得低于可能承担的最高税（费）款总额；②为办理特定业务提供担保的，担保金额不得低于海关规定的金额；③为行政处罚收取担保的，担保金额不得低于法律、行政法规规定的最低处罚金额；④为扣留或收缴货物、物品、运输工具收取担保的，担保金额不得低于有关货物、物品、运输工具的等值价款。

二、海关事务担保的范围

（一）通关担保范围

有下列情形之一的，当事人可以在办结海关手续前向海关申请提供担保放行货物：①进出口货物的商品归类、完税价格、原产地尚未确定的；②有效报关单证尚未提供的；③在纳税期限内尚未缴纳税款的；④滞报金尚未缴纳的；⑤其他海关手续尚未办结的。

（二）特定业务担保范围

当事人申请办理下列特定海关业务的，应当按照海关要求提供担保：①办理货物、物品暂时进出境手续；②运输企业承担来往香港、澳门公路货物运输、境内公路运输海关监管货物等特定经营业务；③将海关未放行的货物暂时存放在海关监管区外场所；

④以特定减免税进口货物向金融机构设立抵押贷款；⑤办理集中申报手续；⑥办理租赁货物进口手续；⑦法律、行政法规、规章规定当事人提供担保可以申请办理的其他业务；⑧进口实施临时反倾销措施、临时反补贴措施货物的。

（三）强制收取担保的范围

有下列情形之一的，由海关依法收取担保：①进出口货物的纳税义务人在规定的纳税期限内有明显的转移、藏匿应税货物以及其他财产迹象的；②海关在调查违法行为过程中，有违法嫌疑应当扣留的货物、物品、运输工具无法或者不便扣留的；③受海关处罚的当事人或者其法定代表人、主要负责人未缴清罚款、违法所得和依法追缴的货物、物品、走私运输工具的等值价款前出境的；④海关稽查或办理案件过程中对有违法嫌疑的货物无法或者不便封存以及需追征、补征税款的；⑤海关行政处罚案件需要对当事人处罚款或者追征、补征漏缴税款的；⑥法律、行政法规规定应当收取担保的其他情形。

（四）海关事务不予担保的范围

国家对进出境货物、物品有限制性规定，应当提供许可证件而不能提供的，以及法律、行政法规规定不得担保的其他情形，海关不予办理担保放行；应当扣留的货物、物品、运输工具属于禁止进出境的、必须以原物作为证据的或者应当予以没收的货物、物品、运输工具的，不适用担保。

例如，A公司在报关时因故不能提供该进口货物的发票，该单位可以向海关提供担保，要求海关先放行货物后补交发票；B独资企业经批准进口机器设备一批，该设备的特定减免税手续正在办理中，该单位可以向海关提供保函担保，要求海关先放行货物后补交《征免税证明》；某项进口货物被国家商务部初裁，决定对该货物采取反倾销措施，该货物的收货人可以提供保函担保后，要求海关先放行货物。但是，如果某单位进口汽车15辆，属于自动许可管理，其《自动进口许可证》正在申领之中，则该单位不能向海关提供担保而先行提取货物，海关也不受理该担保。

三、海关事务担保的方式

《中华人民共和国海关事务担保条例（征求意见稿）》第九条规定，担保人可按海关要求以下列财产、权利向海关提供担保：①人民币、可自由兑换的货币；②银行或者非银行金融机构的保函；③专业担保机构的保函；④汇票、本票、支票、债券、存单；⑤海关依法认可的其他财产、权利。

四、海关事务担保的基本程序

（一）申请提前放货的担保程序

当事人申请提供担保提前放行货物的，应当向海关提出书面申请，提交有关文件，并在书面申请中对拟提交担保的财产、金额、期限等进行说明。海关接受申请后，应当对有关担保内容进行核定，核定之后通知当事人办理担保手续。申请不符合条件不能办理提前放货手续的，海关应当书面说明理由，并告知当事人享有依法申请行政复议或者提起行政诉讼的权利。

（二）特定业务担保的担保程序

海关批准当事人办理特定海关业务并要求提供担保的，当事人应当按照海关的要求办理有关担保手续。当事人未按照海关要求提供担保的，不得办理有关海关业务。

（三）强制担保程序的启动

海关依法向当事人收取担保的，应当经直属海关关长或其授权的隶属海关关长批准，由海关书面通知当事人。当事人应当在海关规定的期限内向海关提供担保。当事人拒不提供担保的，经直属海关关长或其授权的隶属海关关长批准，由海关通知开户银行或其他金融机构暂停支付当事人相当于担保额的存款。

海关能够当场决定接受担保，并且当事人能够当场办结担保手续的，海关直接办结担保手续，不再书面通知当事人。

五、海关事务担保的法律责任

（一）当事人的法律责任

当事人违反海关事物担保法律法规规定的，应依法承担如下法律责任：①担保人、被担保人采取欺骗、隐瞒等手段提供担保的，由海关责令其继续向海关履行义务，并处1000元以上万元以下罚款；②影响国家税款征收的，处漏缴税款30%以上2倍以下罚款；情节严重的，可以暂停其从事有关业务，直至撤销注册；③与担保人、被担保人通谋为其实施虚假海关事务担保提供方便的，由海关依法予以处罚。

（二）海关工作人员的法律责任

海关工作人员如违反本条例规定，对符合担保条件的不按规定予以办理有关手续；对不符合担保条件的，违法予以办理致使国家利益遭受损失；违法私分、挪用担保财产以及其他违法行为，根据情节轻重给予处分；构成犯罪的，依法追究刑事责任。

第四节　知识产权海关保护的法律法规

一、知识产权海关保护的法律法规概述

（一）知识产权海关保护的含义及法律依据

《中华人民共和国知识产权海关保护条例》将知识产权海关保护定义为：海关对与

进出口货物有关并受中华人民共和国法律、行政法规保护的商标专用权、著作权和与著作权有关的权利、专利权（以下统称知识产权）实施的保护。我国禁止侵犯知识产权的货物进出口。我国进行知识产权海关保护的法律依据主要有：《海关法》；《中华人民共和国知识产权海关保护条例》；WTO协议框架下的《与贸易有关的知识产权协议》等。

知识拓展

知识产权海关保护的范围

WTO《与贸易有关的知识产权协议》将与贸易有关的知识产权范围确定为：版权与著作权、商标权、地理标志权、工业品外观设计权、专利权、集中电路布图设计权、未披露过的信息专有权。

（二）知识产权海关保护的意义

知识产权海关保护有以下几点意义。

1. 履行 WTO 成员国的义务

制定和完善知识产权的海关保护法律法规，并在通关实践中严格加以执行，既符合国际通行做法，又严格遵守了 WTO《与贸易有关的知识产权协议》的有关规定，是履行 WTO 成员国义务的具体体现。

2. 规范进出口秩序

随着国家开放程度的不断加大，越来越多的企业甚至个人加入了国际贸易的行业，为了获得高额利润，一些企业不惜采取低价竞销和冒用他人注册商标的手段出口劣质商品，造成了极其恶劣的影响。国家通过立法授权海关在进出境环节保护知识产权，不仅给开展国际科技、经济、文化等方面的合作与交流创造了一个良好的环境，而且有效地规范了进出口秩序。

3. 保护知识产权权利人的合法利益

知识产权是公民、法人或其他组织对其在科学技术和文学等领域内，基于脑力劳动创造完成的智力成果所依法享有的专有权利，理应获得尊重与保护。知识产权的海关保护，从法律角度保护知识产权权利人的合法利益。

二、知识产权海关保护的基本环节

（一）知识产权海关保护的备案申请

知识产权海关保护的备案申请包括以下内容。

1. 备案申请的内容

申请备案时需要提交的备案申请书应当包括下列内容：①知识产权权利人的名称或者姓名、注册地或者国籍等；②知识产权的名称、内容及其相关信息；③知识产权许可行使状况；④知识产权权利人合法行使知识产权的货物的名称、产地、进出境地海关、进出口商、主要特征、价格等；⑤已知的侵犯知识产权货物的制造商、进出口商、进出境地海关、主要特征、价格等。申请书内容有证明文件的，知识产权权利人应当附送证明文件。

2. 知识产权海关保护备案申请的随附文件、证据

知识产权权利人在提交备案申请时，应当随附个人身份证、工商营业执照、商标注册证等与备案相关的复印件，并缴纳备案费每件800元人民币。

3. 知识产权海关保护备案申请的受理

海关总署应当自收到全部申请文件之日起30个工作日内作出是否准予备案的决定，并书面通知申请人；不予备案的，应当说明理由。

4. 知识产权海关保护备案的时效

知识产权海关保护备案自海关总署准予备案之日起生效，有效期为10年。知识产权有效的前提条件下，知识产权权利人可以在知识产权海关保护备案有效期届满前6个月内，向海关总署申请续展备案。每次续展备案的有效期为10年。知识产权海关保护备案有效期届满而不申请续展或者知识产权不再受法律、行政法规保护的，知识产权海关保护备案随即失效。

（二）扣留侵权嫌疑货物的申请

扣留侵权嫌疑货物的申请包括以下两个方面。

1. 知识产权权利人发现侵权嫌疑货物的扣留申请

知识产权权利人发现侵权嫌疑货物并请求海关扣留侵权嫌疑货物的，应当提交申请书及相关证明文件，并提供足以证明侵权事实明显存在的证据。申请书应当包括下列主要内容：知识产权权利人的名称或者姓名、注册地或者国籍等；知识产权的名称、内容及其相关信息；侵权嫌疑货物收货人和发货人的名称；侵权嫌疑货物名称、规格等；侵权嫌疑货物可能进出境的口岸、时间、运输工具等。知识产权权利人递交扣留申请的同时，还要向海关提供不超过货物等值的担保。

2. 知识产权权利人接到海关发现侵权嫌疑货物通知的扣留申请

海关发现嫌疑侵犯已在海关总署备案的知识产权的进出口货物，应立即书面通知知识产权权利人，知识产权权利人应在接到海关发现侵权嫌疑货物通知送达之日起 3

个工作日内予以答复是否申请予以扣留；要求扣留的，应该按照以下规定向海关提供担保：①货物价值不足 2 万元人民币的，提供相当于货物价值的担保；②货物价值为 2 万元至 20 万元人民币的，提供相当于货物价值 50% 的担保，但担保金额不得少于人民币 2 万元；③货物价值超过 20 万元人民币的，提供人民币 20 万元的担保；④请求扣留货物的总担保。

知识产权权利人逾期未提出申请或者未提供担保的，海关不得扣留货物。

（三）被扣留的侵权嫌疑货物的放行

有下列情形之一的，海关应当放行被扣留的侵权嫌疑货物：①海关依照本条例第十五条的规定扣留侵权嫌疑货物，自扣留之日起 20 个工作日内未收到人民法院协助执行通知的；②海关依照本条例第十六条的规定扣留侵权嫌疑货物，自扣留之日起 50 个工作日内未收到人民法院协助执行通知，并且经调查不能认定被扣留的侵权嫌疑货物侵犯知识产权的；③涉嫌侵犯专利权的收货人或者发货人在向海关提供与货物等值的担保金后，请求海关放行其货物的；④海关认为收货人或者发货人有充分的证据证明其货物未侵犯知识产权权利人的知识产权的。

（四）被没收的侵权货物的处理

被扣留的侵权嫌疑货物，经海关调查后认定侵犯知识产权的，由海关予以没收。被没收的侵犯知识产权货物的处理按照以下规定执行：①可以用于社会公益事业的，海关应当转交给有关公益机构用于社会公益事业；②知识产权权利人有收购意愿的，海关可以有偿转让给知识产权权利人；③无法用于社会公益事业且知识产权权利人无意收购的，海关可以在消除侵权特征后依法拍卖，侵权特征无法消除的，海关应当予以销毁。

三、知识产权海关保护的法律责任

个人携带或者邮寄进出境的物品，超出自用合理数量、并侵犯知识产权的，由海关予以没收；海关接受知识产权保护备案和采取知识产权保护措施的申请后，因知识产权权利人未提供确切情况而未能发现侵权货物、未能及时采取保护措施或者采取保护措施不力的，由知识产权权利人自行承担责任；进口或者出口侵犯知识产权货物，构成犯罪的，依法追究刑事责任；海关工作人员在实施知识产权保护时，玩忽职守、滥用职权、徇私舞弊，构成犯罪的，依法追究刑事责任；尚不构成犯罪的，依法给予行政处分。

阅 读 资 料

有数据显示，目前全世界每年知识产权侵权货物贸易额约 5000 亿美元，占世界贸易额的 5%～7%。侵权商品进口或出口必须通过海关，如果企业的知识产权在海关有备案，海关发现进出境货物有侵犯在海关备案的知识产权嫌疑的，海关有权主动予以扣留侵权嫌疑货物。我国海关于 2007 年建立出口侵权货物黑名单制度，对列入黑名单的企业向海关申报的货物，海关在一定期限内提高查验率。该系统的建立将实现全国海关的知识产权案

第五节　海关行政工作的法律法规

一、海关行政工作的法律依据

海关在处理日常行政事务主要依据的法律法规主要有：《海关法》、《中华人民共和国海关实施〈中华人民共和国行政许可法〉办法》、《中华人民共和国海关行政处罚实施条例》、《中华人民共和国海关行政复议办法》、《中华人民共和国海关行政裁定管理暂行办法》等。

二、海关行政许可制度

（一）海关行政许可的含义及归口管理

《中华人民共和国海关实施〈中华人民共和国行政许可法〉办法》中明确指出，海关行政许可是指海关根据公民、法人或者其他组织（以下简称申请人）的申请，经依法审查，准予其从事与海关进出关境监督管理相关的特定活动的行为。其归口管理部门为海关法制部门。

1. 海关总署法制部门的职责

海关总署法制部门是海关总署关于海关行政许可的归口管理部门，具体承办下列事项：①对海关行政许可项目进行审查、登记、评估；②根据法律、行政法规、海关总署规章的规定，收集、汇总、处理关于海关行政许可的立法建议；③受理、核实公民、法人、其他组织关于海关行政许可的申诉、举报、意见建议，解答咨询；④承办公民、法人、其他组织关于海关总署行政许可的行政复议、行政应诉案件，指导各级海关有关海关行政许可的行政复议、行政应诉事宜；⑤对各级海关实施海关行政许可的情况进行监督检查；⑥指导、协调各级海关实施海关行政许可的工作；⑦法律、行政法规、海关总署规章规定的其他应由海关总署负责的海关行政许可综合管理事项。

2. 直属海关法制部门的职责

各直属海关法制部门是各级海关关于海关行政许可的归口管理部门，具体承办：①根据法律、行政法规、海关总署规章的规定，承办收集、汇总、上报关于海关行政许可的立法建议、本关区关于海关行政许可的实施情况等事宜；②受理、核实公民、法人、其他组织关于本关区实施海关行政许可的申诉、举报、意见建议，解答咨询；③受理公民、法人、其他组织关于隶属海关实施海关行政许可的行政复议；④承办或指导公民、法人、其他组织关于本关区实施海关行政许可的行政应诉事宜；⑤对本关区实施海关行政许可的情况进行监督检查；⑥组织本关区关于海关行政许可的听证事宜；⑦指导、协调本关区海关行政许可的实施工作；⑧法律、行政法规、海关总署规章规定的其他应由直属海关负责的海关行政许可综合管理事项。

3. 海关行政许可的原则

海关实施行政许可，应当遵循公开、公平、公正、便民的原则。海关有关行政许可的规定应当公开。海关行政许可的实施和结果，除涉及国家秘密、商业秘密或者个人隐私的外，也应当公开。

知识拓展

海关行政许可的范围

法律、行政法规设定的海关行政许可项目：①报关企业注册登记；②报关员资格核准及注册登记；③出口监管仓库、保税仓库设立批准；④进出境运输工具改、兼营境内运输审批；⑤海关监管货物仓储审批；⑥免税商店设立审批；⑦加工贸易备案（变更）、外发加工、深加工结转、余料结转、核销、放弃核销；⑧进出口货物免验审批；⑨暂时进出口货物的核准；⑩报关单修改、撤销审批。

以国务院决定方式公布的海关行政许可项目：①海关派员驻厂监管的保税工厂资格审批；②常驻机构及非居民长期旅客公私用物品进出境核准；③小型船舶往来香港、澳门进行货物运输备案；④承运境内海关监管货物的运输企业、车辆注册；⑤制造、改装、维修集装箱、集装箱式货车车厢工厂核准；⑥外国在华常驻机构和常驻人员免税进境机动交通工具出售、转让或移作他用审批；⑦获准入境定居旅客安家物品审批；⑧进境货物直接退运核准；⑨高新技术企业适用海关便捷通关措施审批；⑩长江驳运船舶转运海关监管的进出口货物审批。

（二）海关行政许可的基本程序

海关行政许可证的基本程序如下。

1. 申请与受理

1）申请。公民、法人或者其他组织从事与海关进出境监督管理相关的特定活动，依法需要取得海关行政许可的，应当向海关提出申请。海关行政许可申请可以由申请人到海关办公场所提出，也可以通过信函、电报、电传、传真、电子数据交换和电子邮件等方式提出。申请人可以委托代理人提出海关行政许可申请。

2）受理。海关对申请人提出的海关行政许可申请分别作出如下处理：①申请事项依法不需要取得海关行政许可的，应当即时告知申请人；②申请事项依法不属于本海关职权范围的，应当即时作出不予受理的决定，并告知申请人向其他海关或者有关行政机关申请；③申请人不具备海关行政许可申请资格的，应当作出不予受理的决定；④申请材料不齐全或者不符合法定形式的，应当当场或者在签收申请材料后 5 日内一次告知申请人需要补正的全部内容，逾期不告知的，自收到申请材料之日起即为受理；⑤申请材料仅存在文字性、技术性或者装订等可以当场更正的错误的，应当允许申请人当场更正，并由申请人对更正内容予以签章确认；⑥申请事项属于本海关职权范围，申请材料齐全、符合法定形式，或者申请人按照本海关的要求提交全部补正申请材料的，应当受理海关行政许可申请。

决定受理或者不予受理海关行政许可申请的，海关应当制发相应的《海关行政许可申请告知书》、《海关行政许可申请受理决定书》、《海关行政许可申请不予受理决定书》，并加盖本海关行政许可专用印章。

对有数量限制的海关行政许可事项，应当在《海关行政许可申请受理决定书》中注明受理的先后顺序。

2. 审查与决定

1）审查。海关受理海关行政许可申请后，根据法律、行政法规、海关总署规章规定的条件和程序，对申请材料的内容和申请人是否具备准予海关行政许可的条件进行核实。核查时，海关应当指派两名以上工作人员共同进行，核查人员应当根据核查的情况制作核查记录，并由核查人员与被核查方共同签字确认。被核查方拒绝签字的，核查人员应予注明。

2）决定。申请人提交的申请材料齐全、符合法定形式，能够当场作出决定的，应该当场作出书面的海关行政许可决定，并当场制发决定书，并加盖本海关印章，注明日期，同时不再制发《海关行政许可申请受理决定书》。

除当场作出海关行政许可决定的外，海关应当自受理海关行政许可申请之日起 20 日内作出决定。20 日内不能作出决定的，经本海关负责人批准，可以延长 10 日，并应当制发《延长海关行政许可审查期限通知书》，将延长期限的理由告知申请人。

法律、行政法规另有规定的，依照其规定。海关作出准予海关行政许可的决定，需要颁发海关行政许可证件的，应当自作出决定之日起 10 日内向申请人颁发加盖本海关印章的海关行政许可证件。

三、海关行政处罚制度

（一）海关行政处罚制度概述

海关行政处罚是指海关根据法律授予的行政权力，对公民、法人或其他组织违反海关法律、行政法规，依法不追究刑事责任的走私行为以及违反海关监管规定的行为，以及法律、行政法规规定由海关实施行政处分的行为所实施的一种行政制裁。

1. 海关行政处罚的管辖权的归属

海关在日常监管工作中，如发现违法行为，海关可以行使行政处罚权。海关行政处罚可由发现违法行为的海关管辖，也可以由违法行为发生地海关管辖；对于2个以上海关都有管辖权的案件，由最先发现违法行为的海关管辖；管辖不明确的案件，由有关海关协商确定；协商不成的，报请共同的上级海关指定管辖；对于重大、复杂的案件，可以由海关总署指定管辖。

2. 海关行政处罚的形式

海关实行行政处罚的形式可以根据情节的轻重分别采取警告；罚款；没收走私货物、物品、运输工具及违法所得；撤销报关企业和海关准予从事海关监管货物的运输、存储、加工、装配、寄售、展示等业务的企业的注册登记，取消报关从业资格，暂停从事有关业务或者执业；取缔未经注册登记和未取得报关从业资格从事报关业务的企业和人员的有关活动。

（二）海关行政处罚的范围

海关行政处罚的范围如下。

1. 依法不追究刑事责任的走私行为

《中华人民共和国海关行政处罚实施条例》规定：违反海关法及其他有关法律、行政法规，逃避海关监管，偷逃应纳税款、逃避国家有关进出境的禁止性或者限制性管理，有下列情形之一的，是走私行为：①未经国务院或者国务院授权的机关批准，从未设立海关的地点运输、携带国家禁止或者限制进出境的货物、物品或者依法应当缴纳税款的货物、物品进出境的；②经过设立海关的地点，以藏匿、伪装、瞒报、伪报或者其他方式逃避海关监管，运输、携带、邮寄国家禁止或者限制进出境的货物、物品或者依法应当缴纳税款的货物、物品进出境的；③使用伪造、变造的手册、单证、印章、账册、电子数据或者以其他方式逃避海关监管，擅自将海关监管货物、物品、进境的境外运输工具，在境内销售的；④使用伪造、变造的手册、单证、印章、账册、电子数据或者以伪报加工贸易制成品单位耗料量等方式，致使海关监管货物、物品脱离监管的；⑤以藏匿、伪装、瞒报、伪报或者其他方式逃避海关监管，擅自将保税区、出口加工区等海关特殊监管区域内的海关监管货物、物品运出区外的；⑥有逃避海关监管，构成走私的其他行为的。

2. 等同走私行为的

有下列行为之一的，按走私行为论处：①明知是走私进口的货物、物品，直接向走私人非法收购的；②在内海、领海、界河、界湖，船舶及所载人员运输、收购、贩卖国家禁止或者限制进出境的货物、物品，或者运输、收购、贩卖依法应当缴纳税款的货物，没有合法证明的。

3. 违反海关监管规定的行为

违反海关法及其他有关法律、行政法规和规章但不构成走私行为的，是违反海关监管规定的行为。违反海关监管规定的行为有很多，其中主要有：①违反国家进出口管理规定，进出口国家禁止进出口的货物的；②违反国家进出口管理规定，进出口国家限制进出口的货物，进出口货物的收发货人向海关申报时不能提交许可证件的；③违反国家进出口管理规定，进出口属于自动进出口许可管理的货物，进出口货物的收发货人向海关申报时不能提交自动许可证明的；④进出口货物的品名、税则号列、数量、规格、价格、贸易方式、原产地、启运地、运抵地、最终目的地或者其他应当申报的项目未申报或者申报不实的；⑤未经海关许可，擅自将海关监管货物开拆、提取、交付、发运、调换、改装、抵押、质押、留置、转让、更换标记、移作他用或者进行其他处置的；⑥经营海关监管货物的运输、储存、加工、装配、寄售、展示等业务，有关货物灭失、数量短少或者记录不真实，不能提供正当理由的，等等。

（三）海关行政处罚的基本程序

海关行政处罚的基本程序如下。

1. 立案调查

海关发现公民、法人或者其他组织有依法应当由海关给予行政处罚的行为的，应当立案调查。海关调查、收集证据时，海关工作人员不得少于 2 人，并应当向被调查人出示证件。调查、收集的证据涉及国家秘密、商业秘密或者个人隐私的，海关应当保守秘密。

2. 检查

海关依法检查走私嫌疑人的身体，应当在隐蔽的场所或者非检查人员的视线之外，由 2 名以上与被检查人同性别的海关工作人员执行；走私嫌疑人应当接受检查，不得阻挠；海关依法检查运输工具和场所，查验货物、物品，应当制作检查、查验记录。

3. 扣留

海关依法扣留走私犯罪嫌疑人，应当制发扣留走私犯罪嫌疑人决定书。对走私犯罪嫌疑人，扣留时间不超过 24 小时，在特殊情况下可以延长至 48 小时。海关应当在法定扣留期限内对被扣留人进行审查。排除犯罪嫌疑或者法定扣留期限届满的，应当立即解除扣留，并制发解除扣留决定书。有违法嫌疑的货物、物品、运输工具无法或者不便扣留的，当事人或者运输工具负责人应当向海关提供等值的担保，未提供等值担保的，海关可以扣留当事人等值的其他财产。

4. 解除扣留

有下列情形之一的，海关应当及时解除扣留：排除违法嫌疑的；扣留期限、延长期限届满的；已经履行海关行政处罚决定的；法律、行政法规规定应当解除扣留的其他情形。

5. 处罚决定的作出

案件调查终结，海关关长应当对调查结果进行审查，根据不同情况，依法作出决定。对情节复杂或者重大违法行为给予较重的行政处罚，应当由海关案件审理委员会集体讨论决定。行政处罚决定书应当依照有关法律规定送达当事人。

6. 对当事人不履行处罚的处理

对到期不缴纳罚款的，通常采用以下 3 种做法：第一，每日按罚款数额的 3%加处罚款；第二，根据海关法规定，将扣留的货物、物品、运输工具变价抵缴，或者以当事人提供的担保抵缴；第三，申请人民法院强制执行。

四、海关行政复议制度

（一）海关行政复议的含义及范围

海关行政复议的含义和范围如下。

1. 海关行政复议的含义

海关行政复议是指公民、法人或者其他组织不服海关工作人员的具体行政行为，认为该行为侵犯了其合法权益，依法向海关复议机关提出复议申请，请求重新审查并纠正原具体行政行为，海关复议机关按照法定程序对上述具体行政行为的合法性和适当性（合理性）进行审查并作出决定的海关法律制度。海关行政复议机关受理行政复议申请，不得向申请人收取任何费用。

公民、法人或者其他组织认为海关具体行政行为侵犯其合法权益的，可以自知道该具体行政行为之日起 60 日内提出行政复议申请。

2. 海关行政复议范围

有下列情形之一的，公民、法人或者其他组织可以向海关申请行政复议：①对海关作出的警告，罚款，没收货物、物品、运输工具和特制设备，追缴无法没收的货物、物品、运输工具的等值价款，没收违法所得，暂停从事有关业务或者执业，撤销注册登记，取消报关从业资格及其他行政处罚决定不服的；②对海关作出的收缴有关货物、物品、违法所得、运输工具、特制设备决定不服的；③对海关作出的限制人身自由的行政强制措施不服的；④对海关作出的扣留有关货物、物品、运输工具、账册、单证或者其他财产，封存有关进出口货物、账簿、单证等行政强制措施不服的；⑤对海关收取担保的具体行政行为和对海关采取的强制执行措施不服的；⑥对海关确定纳税义务人、确定完税价格、商品归类、确定原产地、适用税率或者汇率、减征或者免征税款、补税、退税、征收滞纳金、确定计征方式以及确定纳税地点等其他涉及税款征收的具体行政行为有异议的（以下简称纳税争议）；⑦认为符合法定条件，申请海关办理行政许可事项或者行政审批事项，海关未依法办理的；⑧对海关检查运输工具和场所，查验货物、物品或者采取其他监管措施不服的；⑨对海关作出的责令退运、不予放行、责令改正、责令拆毁和变卖等行政决定不服的；⑩对海关稽查决定或者其他稽查具体行政行为不服的；⑪对海关作出的企业分类决定以及按照该分类决定进行管理的措施不服的；⑫认为海关未依法采取知识产权保护措施，或者对海关采取的知识产权保护措施不服的；⑬认为海关未依法办理接受报关、放行等海关手续的；认为海关违法收取滞报金或者其他费用，违法要求履行其他义务的；⑭认为海关没有依法履行保护人身权利、财产权利的法定职责的；⑮认为海关在政府信息公开工作中的具体行政行为侵犯其合法权益的；⑯认为海关的其他具体行政行为侵犯其合法权益的。

（二）海关行政复议的基本程序

海关行政复议的基本程序如下。

1. 海关行政复议申请

申请人书面申请行政复议的，可以采取当面递交、邮寄、传真、电子邮件等方式递交行政复议申请书，必要时，申请人应当提供相应的证明材料。

海关行政复议机关应当通过海关公告栏、互联网门户网站公开接受行政复议申请书的地址、传真号码、互联网邮箱地址等，方便申请人选择不同的书面申请方式。

海关行政复议机关收到行政复议申请后，应当在5日内进行审查。

2. 海关行政复议受理

属于海关受理的行政复议申请，自海关行政复议机构收到之日起即为受理。

申请人就同一事项向两个或者两个以上有权受理的海关申请行政复议的，由最先收到行政复议申请的海关受理；同时收到行政复议申请的，由收到行政复议申请的海关在10日内协商确定；协商不成的，由其共同上一级海关在10日内指定受理海关。协商确定或者指定受理海关所用时间不计入行政复议审理期限。

3. 海关行政复议答复

海关行政复议机构应当自受理行政复议申请之日起7日内，将行政复议申请书副本或者行政复议申请笔录复印件以及申请人提交的证据、有关材料的副本发送被申请人。

被申请人应当自收到申请书副本或者行政复议申请笔录复印件之日起10日内，向海关行政复议机构提交《行政复议答复书》，并且提交当初作出具体行政行为的证据、依据和其他有关材料。《行政复议答复书》应当加盖被申请人印章。

4. 海关行政复议审理

海关行政复议案件实行合议制审理。合议人员为不得少于3人的单数。合议人员由海关行政复议机构负责人指定的行政复议人员或者海关行政复议机构聘任或者特邀的其他具有专业知识的人员担任。

被申请人所属人员不得担任合议人员。对海关总署作出的具体行政行为不服向海关总署申请行政复议的，原具体行政行为经办部门的人员不得担任合议人员。

对于事实清楚、案情简单、争议不大的海关行政复议案件，也可以不适用合议制，但是应当由 2 名以上行政复议人员参加审理。

5. 海关行政复议听证

有下列情形之一的，海关行政复议机构可以采取听证的方式审理：申请人提出听证要求的；申请人、被申请人对事实争议较大的；申请人对具体行政行为适用依据有异议的；案件重大、复杂或者争议的标的价值较大的；海关行政复议机构认为有必要听证的其他情形。

6. 海关行政复议决定

海关复议机关对案件依法审理后，提出处理意见，经海关行政复议机关负责人审查批准后，作出复议决定，并制作《行政复议决定书》，送达申请人、被申请人和第三人。

五、海关行政裁定制度

（一）海关行政裁定含义

根据《中华人民共和国海关行政裁定管理暂行办法》的规定，海关行政裁定是指海关在货物实际进出口前，应对外贸易经营者的申请，依据有关海关法律、行政法规和规章，对与实际进出口活动有关的海关事务作出的具有普遍约束力的决定。

海关行政裁定主要有 3 个方面的作用。第一，海关行政裁定便于统一和规范各海关的执法活动，避免不同的对外贸易经营者在不同的海关、由于不同的时间受到不同的待遇。第二，便利对外贸易经营者办理海关手续，方便合法进出口，提高通关效率。第三，限制海关的自由裁量权，避免执法失误与腐败。

列入海关行政裁定事务范围的有：进出口商品的归类；进出口货物原产地的确定；禁止进出口措施和许可证件的适用；海关总署决定适用本办法的其他海关事务。

例如，广州某企业计划从我国香港特别行政区进口一批设备，该企业认为这批设备可以享受 CEPA 项下的税收优惠政策。为了确定该批设备是否属于香港原产从而享受 CEPA 项下的税收优惠政策，该企业可以在进口的 3 个月以前向海关提供这批设备的进口情况材料，申请海关行政裁定。

（二）海关行政裁定的基本程序

海关行政裁定的基本程序如下。

1. 海关行政裁定的申请

海关行政裁定的申请人应当是在海关注册登记的进出口货物经营单位。申请人可以自行向海关提出申请，也可以委托他人向海关提出申请。除特殊情况外，海关行政裁定的申请人，应当在货物拟作进口或出口的 3 个月前向海关总署或者直属海关提交书面申请。

一份申请只应包含一项海关事务。申请人对多项海关事务申请行政裁定的，应当逐项提出。申请人不得就同一项海关事务向两个或者两个以上海关提交行政裁定申请。

2. 提供海关行政裁定的证据

申请人应当按照海关要求提供足以说明申请事项的资料，包括进出口合同或意向书的复印件、图片、说明书、分析报告等。申请书所附文件如为外文，申请人应同时提供外文原件及中文译文。

3. 海关行政裁定的受理

收到申请的直属海关对申请资料进行初审。对符合规定的申请，自接受申请之日起 3 个工作日内移送海关总署或总署授权机构。

申请资料不符合有关规定的，海关应当书面通知申请人在 10 个工作日内补正。申请人逾期不补正的，视为撤回申请。

海关总署或授权机构应当自收到申请书之日起 15 个工作日内，审核决定是否受理该申请，并书面告知申请人。对不予受理的应当说明理由。

4. 海关行政裁定的审查

海关审查时，可以要求申请人补充提供相关资料或货物样品，申请人在规定期限内未能提供有效、完整的资料或样品，影响海关作出行政裁定的，海关可以终止审查。

申请人主动向海关提供新的资料或样品作为补充的，应当说明原因。海关审查决定是否采用。

申请人可以在海关作出行政裁定前以书面形式向海关申明撤回其申请。

5. 作出海关行政裁定

海关应当自受理申请之日起 60 日内作出行政裁定。海关作出的行政裁定应当书面通知申请人，并对外公布，裁定自公布之日起在中华人民共和国关境内统一适用。进口或者出口相同情形的货物，应适用相同的行政裁定。

知识拓展

知 识 产 权

根据 1994 年关税及贸易总协定乌拉圭回合达成的《与贸易有关的知识产权协议》的规定，与贸易有关的知识产权包括以下 7 项：版权和版权的邻接权；商标权；地理标志权；专利权；工业品外观设计权；集成电路布图设计权和未披露过的信息专有权。

在上述知识产权中，版权和版权的邻接权、专利权、工业品外观设计权、集成电路布图设计权和未披露过的信息专有权等与人类的智力创造有关，被称为创造性的知识产权；而商标权、地理标志权主要是被用于识别不同生产经营者的标记，被称为识别性的知识产权。此外，专利权、工业品外观设计权、商标权、商业名称权、地理标志权等与工业生产密切相关，又被称为工业产权。

知识产权的产生有两种方式：一是经过登记注册产生；二是自动产生。商标专用权和专利权必须依照国家法律规定在向有关主管部门履行了登记注册或者授权手续后才能产生；而著作权、商业秘密和地理标志等无须经过登记注册或者授权产生，而是随着有关作品、技术秘密和地理标志的完成和形成而自动产生的。

正确认识知识产权的产生对保护自己的知识产权或者避免侵犯他人的知识产权都有重要意义。例如，如果你为自己的产品设计了一个商标，而且想要禁止他人使用相同的商标，就必须事先按照法律规定向国家商标局办理商标注册。否则，尽管你可以使用该商标，但无权禁止他人使用这个商标。

知识产权最主要的特征是其专有性。知识产权的专有性，也称垄断性和独占性。知识产权权利人根据国家法律规定，对其权利的客体享有占有、使用、收益和处分的权利。权利人有权许可或禁止他人使用其权利。他人未经其许可使用则构成侵权。所以，在进出口活动中，如果客户要求你在自己生产或者代为加工的产品上使用某个商标，你首先应当要求对方提供合法使用该商标的文件，否则你就有可能因为生产加工的产品侵犯了他人的知识产权而承担侵权的法律责任。

知识产权是依照各国法律而产生、受到保护和消亡，因而知识产权也只能在其依法产生的国家管辖范围内有效。这就是知识产权的地域性。

许多进出口企业因为不了解知识产权的地域性而遭受巨大的经济损失。例如，在接受外商订单时，因为外商提供了在其他国家注册商标的证明文件，就误以为自己为其加工带有该商标的产品也就合法了。其实，只要你生产加工的产品使用他人商标未得到在中国商标局注册的商标权人的许可，就有可能被追究侵权责任。

大多数知识产权具有法定的保护期限，保护期满则进入公有领域。根据我国法律规定，发明专利的法律保护期限为 20 年且不可续展；实用新型和外观设计专利的法律保护期限为 10 年且不可续展；注册商标的法律保护期限为 10 年但可以续展；著作权的法律保护期限最长可为作品作者去世后 50 年。

如果你在生产经营活动中需要使用某项专利技术或者某个作品，必须事先了解该专利技术或者作品的法律保护期是否期满，是否已经进入了公有领域。如果仍然在法律保护期限内，就应当向有关专利权人或者著作权人获取使用的授权许可。

（资料来源：http://China-customs.com.）

小　结

海关对进出境的货物、运输工具以及物品的管理是依据一定的法律法规进行的，因此，进出口货物的收发货人及其代理人，或者从事监管工作的海关工作人员，熟悉并掌握相关的法律法规是十分必要的。

海关依法对进出口贸易的统计，是国民经济统计的组成部分。海关统计通过海关搜集、整理、分析我国对外贸易进出口货物的原始资料，获得反映我国对外贸易情况的数据和资料，从而为我国制定对外贸易政策和检查、监督政策执行情况及进行宏观经济调控提供主要依据，为研究对外贸易发展和国际经济关系提供重要资料。其主要法律依据是《中华人民共和国海关统计条例》。

海关稽查是指海关自进出口货物放行之日起3年内或者在保税货物、减免税进口货物的海关监管期限内，对被稽查人的会计账簿、会计凭证、报关单证以及其他有关资料（以下统称账簿、单证等有关资料）和有关进出口货物进行核查，监督被稽查人进出口活动的真实性和合法性。其主要法律依据是《中华人民共和国海关稽查条例》。

海关事务担保是指公民、法人或其他组织，为本人或他人办理特定的海关事务或者从事海关特许的经营业务，经海关同意，以特定的方式，保证在规定期限内履行业务或者承担责任的法律行为。其主要法律依据是《中华人民共和国海关事务担保条例（征求意见稿）》。

《中华人民共和国知识产权海关保护条例》规定了知识产权海关保护的范围：海关对与进出口货物有关并受中华人民共和国法律、行政法规保护的商标专用权、著作权和与著作权有关的权利、专利权实施的保护。受到侵权的知识产权权利人可以向海关申请扣留侵权进出口货物。

《中华人民共和国海关实施〈中华人民共和国行政许可法〉办法》中明确指出，海关行政许可是指海关根据公民、法人或者其他组织的申请，经依法审查，准予其从事与海关进出关境监督管理相关的特定活动的行为。海关行政许可的归口管理部门为海关法制部门。

海关行政处罚是指海关根据法律授予的行政权力，对公民、法人或其他组织违反海关法律、行政法规，依法不追究刑事责任的走私行为以及违反海关监管规定的行为，以及法律、行政法规规定由海关实施行政处分的行为所实施的一种行政制裁。其主要法律依据是《中华人民共和国海关行政处罚实施条例》。

海关行政复议是指公民、法人或者其他组织不服海关工作人员的具体行政行为，认为该行为侵犯了其合法权益，依法向海关复议机关提出复议申请，请求重新审查并纠正原具体行政行为，海关复议机关按照法定程序对上述具体行政行为的合法性和适当性（合理性）进行审查并作出决定的海关法律制度。海关行政复议机关受理行政复议申请，不得向申请人收取任何费用，其主要法律依据是《中华人民共和国海关行政复议办法》。

根据《中华人民共和国海关行政裁定管理暂行办法》的规定，海关行政裁定是指海关在货物实际进出口前，应对外贸易经营者的申请，依据有关海关法律、行政法规和规章，对与实际进出口活动有关的海关事务作出的具有普遍约束力的决定。

案例分析

2009 年 1 月 5 日，天津飞跃责任有限公司向天津海关申报出口一批"白云"牌自行车，价值 5 万元人民币。"白云"牌已于 2006 年由上海白云责任有限公司向海关总署申请了知识产权备案。该批货物申报出口前，一直追踪、调查该批货物的上海白云责任有限公司已经查实了天津飞跃责任有限公司的侵权行为，遂于该公司申报出口时，向天津海关申请扣留该批自行车。经过海关工作人员的核实查验，认定天津飞跃责任有限公司出口的该批"白云"牌自行车全部为假冒商品，侵犯了上海白云责任有限公司的商标专用权，海关依法对天津飞跃责任有限公司进行了处罚，并没收了该批自行车。

思考题

1. 我国知识产权海关保护的范围有哪些？

2. 按照我国法律的相关规定，上海白云责任有限公司要获得知识产权的海关保护，前提是什么？

3. 上海白云责任有限公司向天津海关提交的扣留申请书应当包括哪些内容？

4. 上海白云责任有限公司向天津海关申请扣留该批货物时，按规定应该提供多少担保？

5. 被海关没收的该批侵权货物应该怎样处理？

自测题

一、选择题

1. 担保人可以凭（　　）向海关提供担保。

    A. 债券   B. 可自由兑换的外币

    C. 中国人民银行的保函   D. 海关依法认可的其他财产、权利

2. 下列进出口货物中，列入海关统计的是（　　）。

    A. 退运货物   B. 租赁期一年及以上的租赁进出口货物

    C. 溢卸货物   D. 边境小额贸易货物

3. 海关对于被扣留的侵权嫌疑货物，可以采取的措施有（　　）。

    A. 可以有偿转让给知识产权权利人

    B. 可以转交给有关公益事业

    C. 予以销毁

D. 在消除侵权特征后依法拍卖

4. 海关行政处罚的种类有（　　　）。

A. 罚款　　　　　　　　　　　B. 警告

C. 没收　　　　　　　　　　　D. 对从事走私犯罪的嫌疑人依法追究刑事责任

5. 自进出口货物放行之日起（　　　）年内，海关可以对与进出口货物直接有关的企业、单位和会计凭证、报关单证等进行稽查。

A. 5　　　　　　　B. 3　　　　　　　C. 2　　　　　　　D. 1

二、判断题

1. 海关行政裁定的申请人应当是在海关注册登记的进出口货物经营单位，申请人必须自行向海关提出申请，不得委托他人办理。（　　　）

2. 海关行政复议案件实行合议制审理。合议人员为不得少于 5 人的单数。（　　　）

3. 海关实施行政许可，应当遵循公开、公平、公正、便民的原则。（　　　）

4. 国家机关以及学校、幼儿园、医院等以公益为目的的事业单位、社会团体不得为他人提供海关担保。（　　　）

5. 海关进行稽查时，应当在实施稽查的 10 日前，书面通知被稽查人。（　　　）

自测题参考答案

第一章

一、选择题

1. B　　　2. ACD　　　3. ABCD　　　4. B　　　5. ABCD

二、判断题

1. ×　　　2. √　　　3. √　　　4. √　　　5. √

第二章

一、选择题

1. ABC　　　2. ABCD　　　3. ABC　　　4. ABC　　　5. B

二、判断题

1. √　　　2. √　　　3. √　　　4. √　　　5. √

第三章

一、选择题

1. ABCD　　　2. C　　　3. C　　　4. ABCD　　　5. C

二、判断题

1. ×　　　2. ×　　　3. ×　　　4. ×　　　5. √

第四章

一、选择题

1. C   2. C   3. AC   4. AC   5. ABD

二、判断题

1. √   2. ×   3. ×   4. ×   5. ×

第五章

一、选择题

1. B   2. C   3. C   4. ABC   5. AB

二、判断题

1. √   2. ×   3. √   4. ×   5. √

第六章

一、选择题

1. C   2. C   3. BCD   4. ABC   5. BD

二、判断题

1. ×   2. ×   3. √   4. √   5. ×

第七章

一、选择题

1. ABCD   2. A   3. ABCD   4. C   5. AD

二、判断题

1. ✕　　　2. ✓　　　3. ✓　　　　4. ✓　　　5. ✓

第八章

一、选择题

1. ABC　2. A　　3. ABCD　　4. D　　5. B（600 000 + 2 000 + 80 000 = 682 000）

二、判断题

1. ✕　　　2. ✓　　　3. ✓　　　　4. ✓　　　5. ✓

第九章

一、选择题

1. A　　　2. A　　　3. ACD　　4. B　　5. BCD

二、判断题

1. ✓　　　2. ✓　　　3. ✕　　　4. ✕　　5. ✕

第十章

一、选择题

1. ABCD　2. BCD　　3. ABCD　　4. ABC　5. B

二、判断题

1. ✕　　　2. ✕　　　3. ✓　　　4. ✓　　5. ✕

附录 A 中华人民共和国对外贸易法

（1994 年 5 月 12 日第八届全国人民代表大会常务委员会第七次会议通过，2004 年 4 月 6 日第十届全国人民代表大会常务委员会第八次会议修订。）

第一章 总 则

第一条 为了扩大对外开放，发展对外贸易，维护对外贸易秩序，保护对外贸易经营者的合法权益，促进社会主义市场经济的健康发展，特制定本法。

第二条 本法适用于对外贸易以及与对外贸易有关的知识产权保护。

本法所称对外贸易，是指货物进出口、技术进出口和国际服务贸易。

第三条 国务院对外贸易主管部门依照本法主管全国对外贸易工作。

第四条 国家实行统一的对外贸易制度，鼓励发展对外贸易，维护公平、自由的对外贸易秩序。

第五条 中华人民共和国根据平等互利的原则，促进和发展同其他国家和地区的贸易关系，缔结或者参加关税同盟协定、自由贸易区协定等区域经济贸易协定，参加区域经济组织。

第六条 中华人民共和国在对外贸易方面根据所缔结或者参加的国际条约、协定，给予其他缔约方、参加方最惠国待遇、国民待遇等待遇，或者根据互惠、对等原则给予对方最惠国待遇、国民待遇等待遇。

第七条 任何国家或者地区在贸易方面对中华人民共和国采取歧视性的禁止、限制或者其他类似措施的，中华人民共和国可以根据实际情况对该国家或者该地区采取相应的措施。

第二章 对外贸易经营者

第八条 本法所称对外贸易经营者，是指依法办理工商登记或者其他执业手续，依照本法和其他有关法律、行政法规的规定从事对外贸易经营活动的法人、其他组织或者个人。

第九条 从事货物进出口或者技术进出口的对外贸易经营者，应当向国务院对外贸易主管部门或者其委托的机构办理备案登记；但是，法律、行政法规和国务院对外贸易主管部门规定不需要备案登记的除外。备案登记的具体办法由国务院对外贸易主管部门规定。对外贸易经营者未按照规定办理备案登记的，海关不予办理进出口货物的报关验放手续。

第十条 从事国际服务贸易，应当遵守本法和其他有关法律、行政法规的规定。

从事对外工程承包或者对外劳务合作的单位，应当具备相应的资质或者资格。具体办法由国务院规定。

第十一条　国家可以对部分货物的进出口实行国营贸易管理。实行国营贸易管理货物的进出口业务只能由经授权的企业经营；但是，国家允许部分数量的国营贸易管理货物的进出口业务由非授权企业经营的除外。实行国营贸易管理的货物和经授权经营企业的目录，由国务院对外贸易主管部门会同国务院其他有关部门确定、调整并公布。

违反本条第一款规定，擅自进出口实行国营贸易管理的货物的，海关不予放行。

第十二条　对外贸易经营者可以接受他人的委托，在经营范围内代为办理对外贸易业务。

第十三条　对外贸易经营者应当按照国务院对外贸易主管部门或者国务院其他有关部门依法作出的规定，向有关部门提交与其对外贸易经营活动有关的文件及资料。有关部门应当为提供者保守商业秘密。

第三章　货物进出口与技术进出口

第十四条　国家准许货物与技术的自由进出口。但是，法律、行政法规另有规定的除外。

第十五条　国务院对外贸易主管部门基于监测进出口情况的需要，可以对部分自由进出口的货物实行进出口自动许可并公布其目录。

实行自动许可的进出口货物，收货人、发货人在办理海关报关手续前提出自动许可申请的，国务院对外贸易主管部门或者其委托的机构应当予以许可；未办理自动许可手续的，海关不予放行。

进出口属于自由进出口的技术，应当向国务院对外贸易主管部门或者其委托的机构办理合同备案登记。

第十六条　国家基于下列原因，可以限制或者禁止有关货物、技术的进口或者出口：

（一）为维护国家安全、社会公共利益或者公共道德，需要限制或者禁止进口或者出口的；

（二）为保护人的健康或者安全，保护动物、植物的生命或者健康，保护环境，需要限制或者禁止进口或者出口的；

（三）为实施与黄金或者白银进出口有关的措施，需要限制或者禁止进口或者出口的；

（四）国内供应短缺或者为有效保护可能用竭的自然资源，需要限制或者禁止出口的；

（五）输往国家或者地区的市场容量有限，需要限制出口的；

（六）出口经营秩序出现严重混乱，需要限制出口的；

（七）为建立或者加快建立国内特定产业，需要限制进口的；

（八）对任何形式的农业、牧业、渔业产品有必要限制进口的；

（九）为保障国家国际金融地位和国际收支平衡，需要限制进口的；

（十）依照法律、行政法规的规定，其他需要限制或者禁止进口或者出口的；

（十一）根据我国缔结或者参加的国际条约、协定的规定，其他需要限制或者禁止进口或者出口的。

第十七条 国家对与裂变、聚变物质或者衍生此类物质的物质有关的货物、技术进出口，以及与武器、弹药或者其他军用物资有关的进出口，可以采取任何必要的措施，维护国家安全。

在战时或者为维护国际和平与安全，国家在货物、技术进出口方面可以采取任何必要的措施。

第十八条 国务院对外贸易主管部门会同国务院其他有关部门，依照本法第十六条和第十七条的规定，制定、调整并公布限制或者禁止进出口的货物、技术目录。

国务院对外贸易主管部门或者由其会同国务院其他有关部门，经国务院批准，可以在本法第十六条和第十七条规定的范围内，临时决定限制或者禁止前款规定目录以外的特定货物、技术的进口或者出口。

第十九条 国家对限制进口或者出口的货物，实行配额、许可证等方式管理；对限制进口或者出口的技术，实行许可证管理。

实行配额、许可证管理的货物、技术，应当按照国务院规定经国务院对外贸易主管部门或者经其会同国务院其他有关部门许可，方可进口或者出口。

国家对部分进口货物可以实行关税配额管理。

第二十条 进出口货物配额、关税配额，由国务院对外贸易主管部门或者国务院其他有关部门在各自的职责范围内，按照公开、公平、公正和效益的原则进行分配。具体办法由国务院规定。

第二十一条 国家实行统一的商品合格评定制度，根据有关法律、行政法规的规定，对进出口商品进行认证、检验、检疫。

第二十二条 国家对进出口货物进行原产地管理。具体办法由国务院规定。

第二十三条 对文物和野生动物、植物及其产品等，其他法律、行政法规有禁止或者限制进出口规定的，依照有关法律、行政法规的规定执行。

第四章 国际服务贸易

第二十四条 中华人民共和国在国际服务贸易方面根据所缔结或者参加的国际条约、协定中所作的承诺，给予其他缔约方、参加方市场准入和国民待遇。

第二十五条 国务院对外贸易主管部门和国务院其他有关部门，依照本法和其他有关法律、行政法规的规定，对国际服务贸易进行管理。

第二十六条 国家基于下列原因，可以限制或者禁止有关的国际服务贸易：

（一）为维护国家安全、社会公共利益或者公共道德，需要限制或者禁止的；

（二）为保护人的健康或者安全，保护动物、植物的生命或者健康，保护环境，需要限制或者禁止的；

（三）为建立或者加快建立国内特定服务产业，需要限制的；

（四）为保障国家外汇收支平衡，需要限制的；

（五）依照法律、行政法规的规定，其他需要限制或者禁止的；

（六）根据我国缔结或者参加的国际条约、协定的规定，其他需要限制或者禁止的。

第二十七条　国家对与军事有关的国际服务贸易，以及与裂变、聚变物质或者衍生此类物质的物质有关的国际服务贸易，可以采取任何必要的措施，维护国家安全。

在战时或者为维护国际和平与安全，国家在国际服务贸易方面可以采取任何必要的措施。

第二十八条　国务院对外贸易主管部门会同国务院其他有关部门，依照本法第二十六条、第二十七条和其他有关法律、行政法规的规定，制定、调整并公布国际服务贸易市场准入目录。

第五章　与对外贸易有关的知识产权保护

第二十九条　国家依照有关知识产权的法律、行政法规，保护与对外贸易有关的知识产权。

进口货物侵犯知识产权，并危害对外贸易秩序的，国务院对外贸易主管部门可以采取在一定期限内禁止侵权人生产、销售的有关货物进口等措施。

第三十条　知识产权权利人有阻止被许可人对许可合同中的知识产权的有效性提出质疑、进行强制性一揽子许可、在许可合同中规定排他性返授条件等行为之一，并危害对外贸易公平竞争秩序的，国务院对外贸易主管部门可以采取必要的措施消除危害。

第三十一条　其他国家或者地区在知识产权保护方面未给予中华人民共和国的法人、其他组织或者个人国民待遇，或者不能对来源于中华人民共和国的货物、技术或者服务提供充分有效的知识产权保护的，国务院对外贸易主管部门可以依照本法和其他有关法律、行政法规的规定，并根据中华人民共和国缔结或者参加的国际条约、协定，对与该国家或者该地区的贸易采取必要的措施。

第六章　对外贸易秩序

第三十二条　在对外贸易经营活动中，不得违反有关反垄断的法律、行政法规的规定实施垄断行为。

在对外贸易经营活动中实施垄断行为，危害市场公平竞争的，依照有关反垄断的法律、行政法规的规定处理。有前款违法行为，并危害对外贸易秩序的，国务院对外贸易主管部门可以采取必要的措施消除危害。

第三十三条　在对外贸易经营活动中，不得实施以不正当的低价销售商品、串通投标、发布虚假广告、进行商业贿赂等不正当竞争行为。

在对外贸易经营活动中实施不正当竞争行为的，依照有关反不正当竞争的法律、行政法规的规定处理。

有前款违法行为，并危害对外贸易秩序的，国务院对外贸易主管部门可以采取禁止该经营者有关货物、技术进出口等措施消除危害。

第三十四条　在对外贸易活动中，不得有下列行为：

（一）伪造、变造进出口货物原产地标记，伪造、变造或者买卖进出口货物原产地证书、进出口许可证、进出口配额证明或者其他进出口证明文件；

（二）骗取出口退税；

（三）走私；

（四）逃避法律、行政法规规定的认证、检验、检疫；

（五）违反法律、行政法规规定的其他行为。

第三十五条　对外贸易经营者在对外贸易经营活动中，应当遵守国家有关外汇管理的规定。

第三十六条　违反本法规定，危害对外贸易秩序的，国务院对外贸易主管部门可以向社会公告。

第七章　对外贸易调查

第三十七条　为了维护对外贸易秩序，国务院对外贸易主管部门可以自行或者会同国务院其他有关部门，依照法律、行政法规的规定对下列事项进行调查：

（一）货物进出口、技术进出口、国际服务贸易对国内产业及其竞争力的影响；

（二）有关国家或者地区的贸易壁垒；

（三）为确定是否应当依法采取反倾销、反补贴或者保障措施等对外贸易救济措施，需要调查的事项；

（四）规避对外贸易救济措施的行为；

（五）对外贸易中有关国家安全利益的事项；

（六）为执行本法第七条、第二十九条第二款、第三十条、第三十一条、第三十二条第三款、第三十三条第三款的规定，需要调查的事项；

（七）其他影响对外贸易秩序，需要调查的事项。

第三十八条　启动对外贸易调查，由国务院对外贸易主管部门发布公告。

调查可以采取书面问卷、召开听证会、实地调查、委托调查等方式进行。

国务院对外贸易主管部门根据调查结果，提出调查报告或者作出处理裁定，并发布公告。

第三十九条　有关单位和个人应当对对外贸易调查给予配合、协助。

国务院对外贸易主管部门和国务院其他有关部门及其工作人员进行对外贸易调查，对知悉的国家秘密和商业秘密负有保密义务。

第八章　对外贸易救济

第四十条　国家根据对外贸易调查结果，可以采取适当的对外贸易救济措施。

第四十一条　其他国家或者地区的产品以低于正常价值的倾销方式进入我国市场，对已建立的国内产业造成实质损害或者产生实质损害威胁，或者对建立国内产业造成实质阻碍的，国家可以采取反倾销措施，消除或者减轻这种损害或者损害的威胁或者阻碍。

第四十二条　其他国家或者地区的产品以低于正常价值出口至第三国市场，对我国已建立的国内产业造成实质损害或者产生实质损害威胁，或者对我国建立国内产业造成实质阻碍的，应国内产业的申请，国务院对外贸易主管部门可以与该第三国政府进行磋商，要求其采取适当的措施。

第四十三条　进口的产品直接或者间接地接受出口国家或者地区给予的任何形式的专向性补贴，对已建立的国内产业造成实质损害或者产生实质损害威胁，或者对建立国内产业造成实质阻碍的，国家可以采取反补贴措施，消除或者减轻这种损害或者损害的威胁或者阻碍。

第四十四条　因进口产品数量大量增加，对生产同类产品或者与其直接竞争的产品的国内产业造成严重损害或者严重损害威胁的，国家可以采取必要的保障措施，消除或者减轻这种损害或者损害的威胁，并可以对该产业提供必要的支持。

第四十五条　因其他国家或者地区的服务提供者向我国提供的服务增加，对提供同类服务或者与其直接竞争的服务的国内产业造成损害或者产生损害威胁的，国家可以采取必要的救济措施，消除或者减轻这种损害或者损害的威胁。

第四十六条　因第三国限制进口而导致某种产品进入我国市场的数量大量增加，对已建立的国内产业造成损害或者产生损害威胁，或者对建立国内产业造成阻碍的，国家可以采取必要的救济措施，限制该产品进口。

第四十七条　与中华人民共和国缔结或者共同参加经济贸易条约、协定的国家或者地区，违反条约、协定的规定，使中华人民共和国根据该条约、协定享有的利益丧失或者受损，或者阻碍条约、协定目标实现的，中华人民共和国政府有权要求有关国家或者地区政府采取适当的补救措施，并可以根据有关条约、协定中止或者终止履行相关义务。

第四十八条　国务院对外贸易主管部门依照本法和其他有关法律的规定，进行对外贸易的双边或者多边磋商、谈判和争端的解决。

第四十九条　国务院对外贸易主管部门和国务院其他有关部门应当建立货物进出口、技术进出口和国际服务贸易的预警应急机制，应对对外贸易中的突发和异常情况，维护国家经济安全。

第五十条　国家对规避本法规定的对外贸易救济措施的行为，可以采取必要的反规避措施。

第九章 对外贸易促进

第五十一条 国家制定对外贸易发展战略，建立和完善对外贸易促进机制。

第五十二条 国家根据对外贸易发展的需要，建立和完善为对外贸易服务的金融机构，设立对外贸易发展基金、风险基金。

第五十三条 国家通过进出口信贷、出口信用保险、出口退税及其他促进对外贸易的方式，发展对外贸易。

第五十四条 国家建立对外贸易公共信息服务体系，向对外贸易经营者和其他社会公众提供信息服务。

第五十五条 国家采取措施鼓励对外贸易经营者开拓国际市场，采取对外投资、对外工程承包和对外劳务合作等多种形式，发展对外贸易。

第五十六条 对外贸易经营者可以依法成立和参加有关协会、商会。

有关协会、商会应当遵守法律、行政法规，按照章程对其成员提供与对外贸易有关的生产、营销、信息、培训等方面的服务，发挥协调和自律作用，依法提出有关对外贸易救济措施的申请，维护成员和行业的利益，向政府有关部门反映成员对于对外贸易的建议，开展对外贸易促进活动。

第五十七条 中国国际贸易促进组织按照章程开展对外联系，举办展览，提供信息、咨询服务和其他对外贸易促进活动。

第五十八条 国家扶持和促进中小企业开展对外贸易。

第五十九条 国家扶持和促进民族自治地方和经济不发达地区发展对外贸易。

第十章 法 律 责 任

第六十条 违反本法第十一条规定，未经授权擅自进出口实行国营贸易管理的货物的，国务院对外贸易主管部门或者国务院其他有关部门可以处五万元以下罚款；情节严重的，可以自行政处罚决定生效之日起三年内，不受理违法行为人从事国营贸易管理货物进出口业务的申请，或者撤销已给予其从事其他国营贸易管理货物进出口的授权。

第六十一条 进出口属于禁止进出口的货物的，或者未经许可擅自进出口属于限制进出口的货物的，由海关依照有关法律、行政法规的规定处理、处罚；构成犯罪的，依法追究刑事责任。

进出口属于禁止进出口的技术的，或者未经许可擅自进出口属于限制进出口的技术的，依照有关法律、行政法规的规定处理、处罚；法律、行政法规没有规定的，由国务院对外贸易主管部门责令改正，没收违法所得，并处违法所得一倍以上五倍以下罚款，没有违法所得或者违法所得不足一万元的，处一万元以上五万元以下罚款；构成犯罪的，依法追究刑事责任。

自前两款规定的行政处罚决定生效之日或者刑事处罚判决生效之日起，国务院对外贸易主管部门或者国务院其他有关部门可以在三年内不受理违法行为人提出的进出口配额或者许可证的申请，或者禁止违法行为人在一年以上三年以下的期限内从事有关货物或者技术的进出口经营活动。

第六十二条　从事属于禁止的国际服务贸易的，或者未经许可擅自从事属于限制的国际服务贸易的，依照有关法律、行政法规的规定处罚；法律、行政法规没有规定的，由国务院对外贸易主管部门责令改正，没收违法所得，并处违法所得一倍以上五倍以下罚款，没有违法所得或者违法所得不足一万元的，处一万元以上五万元以下罚款；构成犯罪的，依法追究刑事责任。

国务院对外贸易主管部门可以禁止违法行为人自前款规定的行政处罚决定生效之日或者刑事处罚判决生效之日起一年以上三年以下的期限内从事有关的国际服务贸易经营活动。

第六十三条　违反本法第三十四条规定，依照有关法律、行政法规的规定处罚；构成犯罪的，依法追究刑事责任。

国务院对外贸易主管部门可以禁止违法行为人自前款规定的行政处罚决定生效之日或者刑事处罚判决生效之日起一年以上三年以下的期限内从事有关的对外贸易经营活动。

第六十四条　依照本法第六十一条至第六十三条规定被禁止从事有关对外贸易经营活动的，在禁止期限内，海关根据国务院对外贸易主管部门依法作出的禁止决定，对该对外贸易经营者的有关进出口货物不予办理报关验放手续，外汇管理部门或者外汇指定银行不予办理有关结汇、售汇手续。

第六十五条　依照本法负责对外贸易管理工作的部门的工作人员玩忽职守、徇私舞弊或者滥用职权，构成犯罪的，依法追究刑事责任；尚不构成犯罪的，依法给予行政处分。

依照本法负责对外贸易管理工作的部门的工作人员利用职务上的便利，索取他人财物，或者非法收受他人财物为他人谋取利益，构成犯罪的，依法追究刑事责任；尚不构成犯罪的，依法给予行政处分。

第六十六条　对外贸易经营活动当事人对依照本法负责对外贸易管理工作的部门作出的具体行政行为不服的，可以依法申请行政复议或者向人民法院提起行政诉讼。

第十一章　附　　则

第六十七条　与军品、裂变和聚变物质或者衍生此类物质的物质有关的对外贸易管理以及文化产品的进出口管理，法律、行政法规另有规定的，依照其规定。

第六十八条　国家对边境地区与接壤国家边境地区之间的贸易以及边民互市贸易，采取灵活措施，给予优惠和便利。具体办法由国务院规定。

第六十九条　中华人民共和国的单独关税区不适用本法。

第七十条　本法自 2004 年 7 月 1 日起施行。

附录 B 中华人民共和国海关法

（1987 年 1 月 22 日第六届全国人民代表大会常务委员会第十九次会议通过，根据 2000 年 7 月 8 日第九届全国人民代表大会常务委员会第十六次会议《关于修改〈中华人民共和国海关法〉的决定》修正）

第一章 总 则

第一条 为了维护国家的主权和利益，加强海关监督管理，促进对外经济贸易和科技文化交往，保障社会主义现代化建设，特制定本法。

第二条 中华人民共和国海关是国家的进出关境（以下简称进出境）监督管理机关。海关依照本法和其他有关法律、行政法规，监管进出境的运输工具、货物、行李物品、邮递物品和其他物品（以下简称进出境运输工具、货物、物品），征收关税和其他税、费，查缉走私，并编制海关统计和办理其他海关业务。

第三条 国务院设立海关总署，统一管理全国海关。国家在对外开放的口岸和海关监管业务集中的地点设立海关。海关的隶属关系，不受行政区划的限制。海关依法独立行使职权，向海关总署负责。

第四条 国家在海关总署设立专门侦查走私犯罪的公安机构，配备专职缉私警察，负责对其管辖的走私犯罪案件的侦查、拘留、执行逮捕、预审。海关侦查走私犯罪公安机构履行侦查、拘留、执行逮捕、预审职责，应当按照《中华人民共和国刑事诉讼法》的规定办理。

海关侦查走私犯罪公安机构根据国家有关规定，可以设立分支机构。各分支机构办理其管辖的走私犯罪案件，应当依法向有管辖权的人民检察院移送起诉。地方各级公安机关应当配合海关侦查走私犯罪公安机构依法履行职责。

第五条 国家实行联合缉私、统一处理、综合治理的缉私体制。海关负责组织、协调、管理查缉走私工作。有关规定由国务院另行制定。

各有关行政执法部门查获的走私案件，应当给予行政处罚的，移送海关依法处理；涉嫌犯罪的，应当移送海关侦查走私犯罪公安机构、地方公安机关依据案件管辖分工和法定程序办理。

第六条 海关可以行使下列权力。

（一）检查进出境运输工具，查验进出境货物、物品；对违反本法或者其他有关法律、行政法规的，可以扣留。

（二）查阅进出境人员的证件；查问违反本法或者其他有关法律、行政法规的嫌疑人，调查其违法行为。

（三）查阅、复制与进出境运输工具、货物、物品有关的合同、发票、账册、单据、记录、文件、业务函电、录音录像制品和其他资料；对其中与违反本法或者其他有关法律、行政法规的进出境运输工具、货物、物品有牵连的，可以扣留。

（四）在海关监管区和海关附近沿海沿边规定地区，检查有走私嫌疑的运输工具和有藏匿走私货物、物品嫌疑的场所，检查走私嫌疑人的身体；对有走私嫌疑的运输工具、货物、物品和走私犯罪嫌疑人，经直属海关关长或者其授权的隶属海关关长批准，可以扣留；对走私犯罪嫌疑人，扣留时间不超过二十四小时，在特殊情况下可以延长至四十八小时。

在海关监管区和海关附近沿海沿边规定地区以外，海关在调查走私案件时，对有走私嫌疑的运输工具和除公民住处以外的有藏匿走私货物、物品嫌疑的场所，经直属海关关长或者其授权的隶属海关关长批准，可以进行检查，有关当事人应当到场；当事人未到场的，在有见证人在场的情况下，可以径行检查；对其中有证据证明有走私嫌疑的运输工具、货物、物品，可以扣留。

海关附近沿海沿边规定地区的范围，由海关总署和国务院公安部门会同有关省级人民政府确定。

（五）在调查走私案件时，经直属海关关长或者其授权的隶属海关关长批准，可以查询案件涉嫌单位和涉嫌人员在金融机构、邮政企业的存款、汇款。

（六）进出境运输工具或者个人违抗海关监管逃逸的，海关可以连续追至海关监管区和海关附近沿海沿边规定地区以外，将其带回处理。

（七）海关为履行职责，可以配备武器。海关工作人员佩带和使用武器的规则，由海关总署会同国务院公安部门制定，报国务院批准。

（八）法律、行政法规规定由海关行使的其他权力。

第七条　各地方、各部门应当支持海关依法行使职权，不得非法干预海关的执法活动。

第八条　进出境运输工具、货物、物品，必须通过设立海关的地点进境或者出境。在特殊情况下，需要经过未设立海关的地点临时进境或者出境的，必须经国务院或者国务院授权的机关批准，并依照本法规定办理海关手续。

第九条　进出口货物，除另有规定的外，可以由进出口货物收发货人自行办理报关纳税手续，也可以由进出口货物收发货人委托海关准予注册登记的报关企业办理报关纳税手续。

进出境物品的所有人可以自行办理报关纳税手续，也可以委托他人办理报关纳税手续。

第十条　报关企业接受进出口货物收发货人的委托，以委托人的名义办理报关手续的，应当向海关提交由委托人签署的授权委托书，遵守本法对委托人的各项规定。

报关企业接受进出口货物收发货人的委托，以自己的名义办理报关手续的，应当承担与收发货人相同的法律责任。

委托人委托报关企业办理报关手续的，应当向报关企业提供所委托报关事项的真实情况；报关企业接受委托人的委托办理报关手续的，应当对委托人所提供情况的真实性进行合理审查。

第十一条　进出口货物收发货人、报关企业办理报关手续，必须依法经海关注册登记。报关人员必须依法取得报关从业资格。未依法经海关注册登记的企业和未依法取得报关从业资格的人员，不得从事报关业务。

报关企业和报关人员不得非法代理他人报关，或者超出其业务范围进行报关活动。

第十二条　海关依法执行职务，有关单位和个人应当如实回答询问，并予以配合，任何单位和个人不得阻挠。

海关执行职务受到暴力抗拒时，执行有关任务的公安机关和人民武装警察部队应当予以协助。

第十三条　海关建立对违反本法规定逃避海关监管行为的举报制度。

任何单位和个人均有权对违反本法规定逃避海关监管的行为进行举报。

海关对举报或者协助查获违反本法案件的有功单位和个人，应当给予精神的或者物质的奖励。海关应当为举报人保密。

第二章　进出境运输工具

第十四条　进出境运输工具到达或者驶离设立海关的地点时，运输工具负责人应当向海关如实申报，交验单证，并接受海关监管和检查。

停留在设立海关的地点的进出境运输工具，未经海关同意，不得擅自驶离。

进出境运输工具从一个设立海关的地点驶往另一个设立海关的地点的，应当符合海关监管要求，办理海关手续，未办结海关手续的，不得改驶境外。

第十五条　进境运输工具在进境以后向海关申报以前，出境运输工具在办结海关手续以后出境以前，应当按照交通主管机关规定的路线行进；交通主管机关没有规定的，由海关指定。

第十六条　进出境船舶、火车、航空器到达和驶离时间、停留地点、停留期间更换地点以及装卸货物、物品时间，运输工具负责人或者有关交通运输部门应当事先通知海关。

第十七条　运输工具装卸进出境货物、物品或者上下进出境旅客，应当接受海关监管。

货物、物品装卸完毕，运输工具负责人应当向海关递交反映实际装卸情况的交接单据和记录。

上下进出境运输工具的人员携带物品的，应当向海关如实申报，并接受海关检查。

第十八条　海关检查进出境运输工具时，运输工具负责人应当到场，并根据海关的要求开启舱室、房间、车门；有走私嫌疑的，并应当开拆可能藏匿走私货物、物品的部位，搬移货物、物料。

海关根据工作需要，可以派员随运输工具执行职务，运输工具负责人应当提供方便。

第十九条　进境的境外运输工具和出境的境内运输工具，未向海关办理手续并缴纳关税，不得转让或者移作他用。

第二十条　进出境船舶和航空器兼营境内客、货运输，需经海关同意，并应当符合海关监管要求。进出境运输工具改营境内运输，需向海关办理手续。

第二十一条　沿海运输船舶、渔船和从事海上作业的特种船舶，未经海关同意，不得载运或者换取、买卖、转让进出境货物、物品。

第二十二条　进出境船舶和航空器，由于不可抗力的原因，被迫在未设立海关的地点停泊、降落或者抛掷、起卸货物、物品，运输工具负责人应当立即报告附近海关。

第三章　进出境货物

第二十三条　进口货物自进境起到办结海关手续止，出口货物自向海关申报起到出境止，过境、转运和通运货物自进境起到出境止，应当接受海关监管。

第二十四条　进口货物的收货人、出口货物的发货人应当向海关如实申报，交验进出口许可证件和有关单证。国家限制进出口的货物，没有进出口许可证件的，不予放行，具体处理办法由国务院规定。进口货物的收货人应当自运输工具申报进境之日起十四日内，出口货物的发货人除海关特准的外应当在货物运抵海关监管区后、装货的二十四小时以前，向海关申报。进口货物的收货人超过前款规定期限向海关申报的，由海关征收滞报金。

第二十五条　办理进出口货物的海关申报手续，应当采用纸质报关单和电子数据报关单的形式。

第二十六条　海关接受申报后，报关单证及其内容不得修改或者撤销；确有正当理由的，经海关同意，方可修改或者撤销。

第二十七条　进口货物的收货人经海关同意，可以在申报前查看货物或者提取货样。需要依法检疫的货物，应当在检疫合格后提取货样。

第二十八条　进出口货物应当接受海关查验。海关查验货物时，进口货物的收货人、出口货物的发货人应当到场，并负责搬移货物，开拆和重封货物的包装。海关认为必要时，可以径行开验、复验或者提取货样。

经收发货人申请，海关总署批准，其进出口货物可以免验。

第二十九条　除海关特准的外，进出口货物在收发货人缴清税款或者提供担保后，由海关签印放行。

第三十条　进口货物的收货人自运输工具申报进境之日起超过三个月未向海关申报的，其进口货物由海关提取依法变卖处理，所得价款在扣除运输、装卸、储存等费用和税款后，尚有余款的，自货物依法变卖之日起一年内，经收货人申请，予以发还；其中属于国家对进口有限制性规定，应当提交许可证件而不能提供的，不予发还。逾期无人申请或者不予发还的，上缴国库。确属误卸或者溢卸的进境货物，经海关审定，由原运输工具负责人或者货物的收发货人自该运输工具卸货之日起三个月内，办理退运或者进口手续；必要时，经海关批准，可以延期三个月。逾期未办手续的，由海关按前款规定处理。

前两款所列货物不宜长期保存的，海关可以根据实际情况提前处理。

收货人或者货物所有人声明放弃的进口货物，由海关提取依法变卖处理；所得价款在扣除运输、装卸、储存等费用后,上缴国库。

第三十一条 经海关批准暂时进口或者暂时出口的货物,应当在六个月内复运出境或者复运进境;在特殊情况下,经海关同意,可以延期。

第三十二条 经营保税货物的储存、加工、装配、展示、运输、寄售业务和经营免税商店,应当符合海关监管要求,经海关批准,并办理注册手续。保税货物的转让、转移以及进出保税场所,应当向海关办理有关手续,接受海关监管和查验。

第三十三条 企业从事加工贸易,应当持有关批准文件和加工贸易合同向海关备案,加工贸易制成品单位耗料量由海关按照有关规定核定。

加工贸易制成品应当在规定的期限内复出口。其中使用的进口料件,属于国家规定准予保税的,应当向海关办理核销手续;属于先征收税款的,依法向海关办理退税手续。

加工贸易保税进口料件或者制成品因故转为内销的,海关凭准予内销的批准文件,对保税的进口料件依法征税;属于国家对进口有限制性规定的,还应当向海关提交进口许可证件。

第三十四条 经国务院批准在中华人民共和国境内设立的保税区等海关特殊监管区域,由海关按照国家有关规定实施监管。

第三十五条 进口货物应当由收货人在货物的进境地海关办理海关手续,出口货物应当由发货人在货物的出境地海关办理海关手续。

经收发货人申请,海关同意,进口货物的收货人可以在设有海关的指运地、出口货物的发货人可以在设有海关的启运地办理海关手续。上述货物的转关运输,应当符合海关监管要求;必要时,海关可以派员押运。

经电缆、管道或者其他特殊方式输送进出境的货物,经营单位应当定期向指定的海关申报和办理海关手续。

第三十六条 过境、转运和通运货物,运输工具负责人应当向进境地海关如实申报,并应当在规定期限内运输出境。海关认为必要时,可以查验过境、转运和通运货物。

第三十七条 海关监管货物,未经海关许可,不得开拆、提取、交付、发运、调换、改装、抵押、质押、留置、转让、更换标记、移作他用或者进行其他处置。

海关加施的封志,任何人不得擅自开启或者损毁。

人民法院判决、裁定或者有关行政执法部门决定处理海关监管货物的,应当责令当事人办结海关手续。

第三十八条 经营海关监管货物仓储业务的企业,应当经海关注册,并按照海关规定,办理收存、交付手续。

在海关监管区外存放海关监管货物,应当经海关同意,并接受海关监管。

违反前两款规定或者在保管海关监管货物期间造成海关监管货物损毁或者灭失的,除不可抗力外,对海关监管货物负有保管义务的人应当承担相应的纳税义务和法律责任。

第三十九条 进出境集装箱的监管办法、打捞进出境货物和沉船的监管办法、边境小额贸易进出口货物的监管办法,以及本法未具体列明的其他进出境货物的监管办法,由海关总署或者由海关总署会同国务院有关部门另行制定。

第四十条 国家对进出境货物、物品有禁止性或者限制性规定的,海关依据法律、行政法规、国务院的规定或者国务院有关部门依据法律、行政法规的授权做出的规定实施监管。具体监管办法由海关总署制定。

第四十一条 进出口货物的原产地按照国家有关原产地规则的规定确定。

第四十二条 进出口货物的商品归类按照国家有关商品归类的规定确定。

海关可以要求进出口货物的收发货人提供确定商品归类所需的有关资料;必要时,海关可以组织化验、检验,并将海关认定的化验、检验结果作为商品归类的依据。

第四十三条 海关可以根据对外贸易经营者提出的书面申请,对拟作进口或者出口的货物预先作出商品归类等行政裁定。进口或者出口相同货物,应当适用相同的商品归类行政裁定。海关对所作出的商品归类等行政裁定,应当予以公布。

第四十四条 海关依照法律、行政法规的规定,对与进出境货物有关的知识产权实施保护。需要向海关申报知识产权状况的,进出口货物收发货人及其代理人应当按照国家规定向海关如实申报有关知识产权状况,并提交合法使用有关知识产权的证明文件。

第四十五条 自进出口货物放行之日起三年内或者在保税货物、减免税进口货物的海关监管期限内及其后的三年内,海关可以对与进出口货物直接有关的企业、单位的会计账簿、会计凭证、报关单证以及其他有关资料和有关进出口货物实施稽查。具体办法由国务院规定。

第四章 进出境物品

第四十六条 个人携带进出境的行李物品、邮寄进出境的物品,应当以自用、合理数量为限,并接受海关监管。

第四十七条 进出境物品的所有人应当向海关如实申报,并接受海关查验。海关加施的封志,任何人不得擅自开启或者损毁。

第四十八条 进出境邮袋的装卸、转运和过境,应当接受海关监管。邮政企业应当向海关递交邮件路单。邮政企业应当将开拆及封发国际邮袋的时间事先通知海关,海关应当按时派员到场监管查验。

第四十九条 邮运进出境的物品,经海关查验放行后,有关经营单位方可投递或者交付。

第五十条 经海关登记准予暂时免税进境或者暂时免税出境的物品,应当由本人复带出境或者复带进境。过境人员未经海关批准,不得将其所带物品留在境内。

第五十一条 进出境物品所有人声明放弃的物品、在海关规定期限内未办理海关手续或者无人认领的物品,以及无法投递又无法退回的进境邮递物品,由海关依照本法第三十条的规定处理。

第五十二条 享有外交特权和豁免的外国机构或者人员的公务用品或者自用物品进出境,依照有关法律、行政法规的规定办理。

第五章　关　税

第五十三条　准许进出口的货物、进出境物品，由海关依法征收关税。

第五十四条　进口货物的收货人、出口货物的发货人、进出境物品的所有人，是关税的纳税义务人。

第五十五条　进出口货物的完税价格，由海关以该货物的成交价格为基础审查确定。成交价格不能确定时，完税价格由海关依法估定。进口货物的完税价格包括货物的货价、货物运抵中华人民共和国境内输入地点起卸前的运输及其相关费用、保险费；出口货物的完税价格包括货物的货价、货物运至中华人民共和国境内输出地点装载前的运输及其相关费用、保险费，但是其中包含的出口关税税额，应当予以扣除。进出境物品的完税价格，由海关依法确定。

第五十六条　下列进出口货物、进出境物品，减征或者免征关税：

（一）无商业价值的广告品和货样；

（二）外国政府、国际组织无偿赠送的物资；

（三）在海关放行前遭受损坏或者损失的货物；

（四）规定数额以内的物品；

（五）法律规定减征、免征关税的其他货物、物品；

（六）中华人民共和国缔结或者参加的国际条约规定减征、免征关税的货物、物品。

第五十七条　特定地区、特定企业或者有特定用途的进出口货物，可以减征或者免征关税。特定减税或者免税的范围和办法由国务院规定。

依照前款规定减征或者免征关税进口的货物，只能用于特定地区、特定企业或者特定用途，未经海关核准并补缴关税，不得移作他用。

第五十八条　本法第五十六条、第五十七条第一款规定范围以外的临时减征或者免征关税，由国务院决定。

第五十九条　经海关批准暂时进口或者暂时出口的货物，以及特准进口的保税货物，在货物收发货人向海关缴纳相当于税款的保证金或者提供担保后，准予暂时免纳关税。

第六十条　进出口货物的纳税义务人，应当自海关填发税款缴款书之日起十五日内缴纳税款；逾期缴纳的，由海关征收滞纳金。纳税义务人、担保人超过三个月仍未缴纳的，经直属海关关长或者其授权的隶属海关关长批准，海关可以采取下列强制措施：

（一）书面通知其开户银行或者其他金融机构从其存款中扣缴税款；

（二）将应税货物依法变卖，以变卖所得抵缴税款；

（三）扣留并依法变卖其价值相当于应纳税款的货物或者其他财产，以变卖所得抵缴税款。

海关采取强制措施时，对前款所列纳税义务人、担保人未缴纳的滞纳金同时强制执行。

进出境物品的纳税义务人，应当在物品放行前缴纳税款。

第六十一条　进出口货物的纳税义务人在规定的纳税期限内有明显的转移、藏匿其应税货物以及其他财产迹象的，海关可以责令纳税义务人提供担保；纳税义务人不能提供纳税担保的，经直属海关关长或者其授权的隶属海关关长批准，海关可以采取下列税收保全措施：

（一）书面通知纳税义务人开户银行或者其他金融机构暂停支付纳税义务人相当于应纳税款的存款；

（二）扣留纳税义务人价值相当于应纳税款的货物或者其他财产。纳税义务人在规定的纳税期限内缴纳税款的，海关必须立即解除税收保全措施；期限届满仍未缴纳税款的，经直属海关关长或者其授权的隶属海关关长批准，海关可以书面通知纳税义务人开户银行或者其他金融机构从其暂停支付的存款中扣缴税款，或者依法变卖所扣留的货物或者其他财产，以变卖所得抵缴税款。采取税收保全措施不当，或者纳税义务人在规定期限内已缴纳税款，海关未立即解除税收保全措施，致使纳税义务人的合法权益受到损失的，海关应当依法承担赔偿责任。

第六十二条　进出口货物、进出境物品放行后，海关发现少征或者漏征税款，应当自缴纳税款或者货物、物品放行之日起一年内，向纳税义务人补征。因纳税义务人违反规定而造成的少征或者漏征，海关在三年以内可以追征。

第六十三条　海关多征的税款，海关发现后应当立即退还；纳税义务人自缴纳税款之日起一年内，可以要求海关退还。

第六十四条　纳税义务人同海关发生纳税争议时，应当缴纳税款，并可以依法申请行政复议；对复议决定仍不服的，可以依法向人民法院提起诉讼。

第六十五条　进口环节海关代征税的征收管理，适用关税征收管理的规定。

第六章　海关事务担保

第六十六条　在确定货物的商品归类、估价和提供有效报关单证或者办结其他海关手续前，收发货人要求放行货物的，海关应当在其提供与其依法应当履行的法律义务相适应的担保后放行。法律、行政法规规定可以免除担保的除外。法律、行政法规对履行海关义务的担保另有规定的，从其规定。国家对进出境货物、物品有限制性规定，应当提供许可证件而不能提供的，以及法律、行政法规规定不得担保的其他情形，海关不得办理担保放行。

第六十七条　具有履行海关事务担保能力的法人、其他组织或者公民，可以成为担保人。法律规定不得为担保人的除外。

第六十八条　担保人可以以下列财产、权利提供担保：

（一）人民币、可自由兑换货币；

（二）汇票、本票、支票、债券、存单；

（三）银行或者非银行金融机构的保函；

（四）海关依法认可的其他财产、权利。

第六十九条　担保人应当在担保期限内承担担保责任。担保人履行担保责任的，不免除被担保人应当办理有关海关手续的义务。

第七十条　海关事务担保管理办法，由国务院规定。

第七章　执法监督

第七十一条　海关履行职责，必须遵守法律，维护国家利益，依照法定职权和法定程序严格执法，接受监督。

第七十二条　海关工作人员必须秉公执法，廉洁自律，忠于职守，文明服务，不得有下列行为：

（一）包庇、纵容走私或者与他人串通进行走私；

（二）非法限制他人人身自由，非法检查他人身体、住所或者场所，非法检查、扣留进出境运输工具、货物、物品；

（三）利用职权为自己或者他人谋取私利；

（四）索取、收受贿赂；

（五）泄露国家秘密、商业秘密和海关工作秘密；

（六）滥用职权，故意刁难，拖延监管、查验；

（七）购买、私分、占用没收的走私货物、物品；

（八）参与或者变相参与营利性经营活动；

（九）违反法定程序或者超越权限执行职务；

（十）其他违法行为。

第七十三条　海关应当根据依法履行职责的需要，加强队伍建设，使海关工作人员具有良好的政治、业务素质。海关专业人员应当具有法律和相关专业知识，符合海关规定的专业岗位任职要求。海关招收工作人员应当按照国家规定，公开考试，严格考核，择优录用。

海关应当有计划地对其工作人员进行政治思想、法制、海关业务培训和考核。海关工作人员必须定期接受培训和考核，经考核不合格的，不得继续上岗执行职务。

第七十四条　海关总署应当实行海关关长定期交流制度。海关关长定期向上一级海关述职，如实陈述其执行职务情况。海关总署应当定期对直属海关关长进行考核，直属海关应当定期对隶属海关关长进行考核。

第七十五条　海关及其工作人员的行政执法活动，依法接受监察机关的监督；缉私警察进行侦查活动，依法接受人民检察院的监督。

第七十六条　审计机关依法对海关的财政收支进行审计监督，对海关办理的与国家财政收支有关的事项，有权进行专项审计调查。

第七十七条　上级海关应当对下级海关的执法活动依法进行监督。上级海关认为下级海关做出的处理或者决定不适当的，可以依法予以变更或者撤销。

第七十八条　海关应当依照本法和其他有关法律、行政法规的规定，建立健全内部监督制度，对其工作人员执行法律、行政法规和遵守纪律的情况，进行监督检查。

第七十九条　海关内部负责审单、查验、放行、稽查和调查等主要岗位的职责权限应当明确，并相互分离、相互制约。

第八十条　任何单位和个人均有权对海关及其工作人员的违法、违纪行为进行控告、检举。收到控告、检举的机关有权处理的，应当依法按照职责分工及时查处。收到控告、检举的机关和负责查处的机关应当为控告人、检举人保密。

第八十一条　海关工作人员在调查处理违法案件时，遇有下列情形之一的，应当回避：

（一）是本案的当事人或者是当事人的近亲属；

（二）本人或者其近亲属与本案有利害关系；

（三）与本案当事人有其他关系，可能影响案件公正处理的。

第八章　法　律　责　任

第八十二条　违反本法及有关法律、行政法规，逃避海关监管，偷逃应纳税款、逃避国家有关进出境的禁止性或者限制性管理，有下列情形之一的，是走私行为：

（一）运输、携带、邮寄国家禁止或者限制进出境货物、物品或者依法应当缴纳税款的货物、物品进出境的；

（二）未经海关许可并且未缴纳应纳税款、交验有关许可证件，擅自将保税货物、特定减免税货物以及其他海关监管货物、物品、进境的境外运输工具，在境内销售的；

（三）有逃避海关监管，构成走私的其他行为的。有前款所列行为之一，尚不构成犯罪的，由海关没收走私货物、物品及违法所得，可以并处罚款；专门或者多次用于掩护走私的货物、物品，专门或者多次用于走私的运输工具，予以没收，藏匿走私货物、物品的特制设备，责令拆毁或者没收。

有第一款所列行为之一，构成犯罪的，依法追究刑事责任。

第八十三条　有下列行为之一的，按走私行为论处，依照本法第八十二条的规定处罚：

（一）直接向走私人非法收购走私进口的货物、物品的；

（二）在内海、领海、界河、界湖，船舶及所载人员运输、收购、贩卖国家禁止或者限制进出境的货物、物品，或者运输、收购、贩卖依法应当缴纳税款的货物，没有合法证明的。

第八十四条　伪造、变造、买卖海关单证，与走私人通谋为走私人提供贷款、资金、账号、发票、证明、海关单证，与走私人通谋为走私人提供运输、保管、邮寄或者其他方便，构成犯罪的，依法追究刑事责任；尚不构成犯罪的，由海关没收违法所得，并处罚款。

第八十五条　个人携带、邮寄超过合理数量的自用物品进出境，未依法向海关申报的，责令补缴关税，可以处以罚款。

第八十六条　违反本法规定有下列行为之一的，可以处以罚款，有违法所得的，没收违法所得：

（一）运输工具不经设立海关的地点进出境的；

（二）不将进出境运输工具到达的时间、停留的地点或者更换的地点通知海关的；

（三）进出口货物、物品或者过境、转运、通运货物向海关申报不实的；

（四）不按照规定接受海关对进出境运输工具、货物、物品进行检查、查验的；

（五）进出境运输工具未经海关同意，擅自装卸进出境货物、物品或者上下进出境旅客的；

（六）在设立海关的地点停留的进出境运输工具未经海关同意，擅自驶离的；

（七）进出境运输工具从一个设立海关的地点驶往另一个设立海关的地点，尚未办结海关手续又未经海关批准，中途擅自改驶境外或者境内未设立海关的地点的；

（八）进出境运输工具，未经海关同意，擅自兼营或者改营境内运输的；

（九）由于不可抗力的原因，进出境船舶和航空器被迫在未设立海关的地点停泊、降落或者在境内抛掷、起卸货物、物品，无正当理由，不向附近海关报告的；

（十）未经海关许可，擅自将海关监管货物开拆、提取、交付、发运、调换、改装、抵押、质押、留置、转让、更换标记、移作他用或者进行其他处置的；

（十一）擅自开启或者损毁海关封志的；

（十二）经营海关监管货物的运输、储存、加工等业务，有关货物灭失或者有关记录不真实，不能提供正当理由的；

（十三）有违反海关监管规定的其他行为的。

第八十七条　海关准予从事有关业务的企业，违反本法有关规定的，由海关责令改正，可以给予警告，暂停其从事有关业务，直至撤销注册。

第八十八条　未经海关注册登记和未取得报关从业资格从事报关业务的，由海关予以取缔，没收违法所得，可以并处罚款。

第八十九条　报关企业、报关人员非法代理他人报关或者超出其业务范围进行报关活动的，由海关责令改正，处以罚款，暂停其执业；情节严重的，撤销其报关注册登记、取消其报关从业资格。

第九十条　进出口货物收发货人、报关企业、报关人员向海关工作人员行贿的，由海关撤销其报关注册登记，取消其报关从业资格，并处以罚款；构成犯罪的，依法追究刑事责任，并不得重新注册登记为报关企业和取得报关从业资格证书。

第九十一条　违反本法规定进出口侵犯中华人民共和国法律、行政法规保护的知识产权的货物的，由海关依法没收侵权货物，并处以罚款；构成犯罪的，依法追究刑事责任。

第九十二条　海关依法扣留的货物、物品、运输工具，在人民法院判决或者海关处罚决定做出之前，不得处理。但是，危险品或者鲜活、易腐、易失效等不宜长期保存的货物、物品以及所有人申请先行变卖的货物、物品、运输工具，经直属海关关长或者其授权的隶属海关关长批准，可以先行依法变卖，变卖所得价款由海关保存，并通知其所有人。

人民法院判决没收或者海关决定没收的走私货物、物品、违法所得、走私运输工具、特制设备，由海关依法统一处理，所得价款和海关决定处以的罚款，全部上缴中央国库。

第九十三条　当事人逾期不履行海关的处罚决定又不申请复议或者向人民法院提起诉讼的，做出处罚决定的海关可以将其保证金抵缴或者将其被扣留的货物、物品、运输工具依法变价抵缴，也可以申请人民法院强制执行。

第九十四条　海关在查验进出境货物、物品时，损坏被查验的货物、物品的，应当赔偿实际损失。

第九十五条　海关违法扣留货物、物品、运输工具，致使当事人的合法权益受到损失的，应当依法承担赔偿责任。

第九十六条　海关工作人员有本法第七十二条所列行为之一的，依法给予行政处分；有违法所得的，依法没收违法所得；构成犯罪的，依法追究刑事责任。

第九十七条　海关的财政收支违反法律、行政法规规定的，由审计机关以及有关部门依照法律、行政法规的规定做出处理；

对直接负责的主管人员和其他直接责任人员，依法给予行政处分；构成犯罪的，依法追究刑事责任。

第九十八条　未按照本法规定为控告人、检举人、举报人保密的，对直接负责的主管人员和其他直接责任人员，由所在单位或者有关单位依法给予行政处分。

第九十九条　海关工作人员在调查处理违法案件时，未按照本法规定进行回避的，对直接负责的主管人员和其他直接责任人员，依法给予行政处分。

第九章　附　　则

第一百条　本法下列用语的含义：

直属海关，是指直接由海关总署领导，负责管理一定区域范围内的海关业务的海关；隶属海关，是指由直属海关领导，负责办理具体海关业务的海关。

进出境运输工具，是指用以载运人员、货物、物品进出境的各种船舶、车辆、航空器和驮畜。

过境、转运和通运货物，是指由境外启运、通过中国境内继续运往境外的货物。其中，通过境内陆路运输的，称过境货物；

在境内设立海关的地点换装运输工具，而不通过境内陆路运输的，称转运货物；由船舶、航空器载运进境并由原装运输工具载运出境的，称通运货物。

海关监管货物，是指本法第二十三条所列的进出口货物，过境、转运、通运货物，特定减免税货物，以及暂时进出口货物、保税货物和其他尚未办结海关手续的进出境货物。

保税货物，是指经海关批准未办理纳税手续进境，在境内储存、加工、装配后复运出境的货物。

海关监管区，是指设立海关的港口、车站、机场、国界孔道、国际邮件互换局（交换站）和其他有海关监管业务的场所，以及虽未设立海关，但是经国务院批准的进出境地点。

第一百零一条　经济特区等特定地区同境内其他地区之间往来的运输工具、货物、物品的监管办法，由国务院另行规定。

第一百零二条　本法自 1987 年 7 月 1 日起施行。1951 年 4 月 18 日中央人民政府公布的《中华人民共和国暂行海关法》同时废止。

附录 C 中华人民共和国进出口关税条例

（2003 年 10 月 29 日国务院第 26 次常务委员会通过，自 2004 年 1 月 1 日起施行）

第一章 总 则

第一条 为了贯彻对外开放政策，促进对外经济贸易和国民经济的发展，根据《中华人民共和国海关法》（以下简称《海关法》）的有关规定，制定本条例。

第二条 中华人民共和国准许进出口的货物、进境物品，除法律、行政法规另有规定外，海关依照本条例规定征收进出口关税。

第三条 国务院制定《中华人民共和国进出口税则》（以下简称《税则》）、《中华人民共和国进境物品进口税税率表》（以下简称《进境物品进口税税率表》），规定关税的税目、税则号列和税率，作为本条例的组成部分。

第四条 国务院设立关税税则委员会，负责《税则》和《进境物品进口税税率表》的税目、税则号列和税率的调整和解释，报国务院批准后执行；决定实行暂定税率的货物、税率和期限；决定关税配额税率；决定征收反倾销税、反补贴税、保障措施关税、报复性关税以及决定实施其他关税措施；决定特殊情况下税率的适用，以及履行国务院规定的其他职责。

第五条 进口货物的收货人、出口货物的发货人、进境物品的所有人，是关税的纳税义务人。

第六条 海关及其工作人员应当依照法定职权和法定程序履行关税征管职责，维护国家利益，保护纳税人合法权益，依法接受监督。

第七条 纳税义务人有权要求海关对其商业秘密予以保密，海关应当依法为纳税义务人保密。

第八条 海关对检举或者协助查获违反本条例行为的单位和个人，应当按照规定给予奖励，并负责保密。

第二章 进出口货物关税税率的设置和适用

第九条 进口关税设置最惠国税率、协定税率、特惠税率、普通税率、关税配额税率等税率。对进口货物在一定期限内可以实行暂定税率。

出口关税设置出口税率。对出口货物在一定期限内可以实行暂定税率。

第十条 原产于共同适用最惠国待遇条款的世界贸易组织成员的进口货物，原产于与中华人民共和国签订含有相互给予最惠国待遇条款的双边贸易协定的国家或者地区的进口货物，以及原产于中华人民共和国境内的进口货物，适用最惠国税率。

原产于与中华人民共和国签订含有关税优惠条款的区域性贸易协定的国家或者地区的进口货物，适用协定税率。

原产于与中华人民共和国签订含有特殊关税优惠条款的贸易协定的国家或者地区的进口货物，适用特惠税率。

原产于本条第一款、第二款和第三款所列以外国家或者地区的进口货物，以及原产地不明的进口货物，适用普通税率。

第十一条　适用最惠国税率的进口货物有暂定税率的，应当适用暂定税率；适用协定税率、特惠税率的进口货物有暂定税率的，应当从低适用税率；适用普通税率的进口货物，不适用暂定税率。

适用出口税率的出口货物有暂定税率的，应当适用暂定税率。

第十二条　按照国家规定实行关税配额管理的进口货物，关税配额内的，适用关税配额税率；关税配额外的，其税率的适用按照本条例第十条、第十一条的规定执行。

第十三条　按照有关法律、行政法规的规定对进口货物采取反倾销、反补贴、保障措施的，其税率的适用按照《中华人民共和国反倾销条例》、《中华人民共和国反补贴条例》和《中华人民共和国保障措施条例》的有关规定执行。

第十四条　任何国家或者地区违反与中华人民共和国签订或者共同参加的贸易协定及相关协定，对中华人民共和国在贸易方面采取禁止、限制、加征关税或者其他影响正常贸易的措施的，对原产于该国家或者地区的进口货物可以征收报复性关税，适用报复性关税税率。

征收报复性关税的货物、适用国别、税率、期限和征收办法，由国务院关税税则委员会决定并公布。

第十五条　进出口货物，应当适用海关接受该货物申报进口或者出口之日实施的税率。

进口货物到达前，经海关核准先行申报的，应当适用装载该货物的运输工具申报进境之日实施的税率。

转关运输货物税率的适用日期，由海关总署另行规定。

第十六条　有下列情形之一，需缴纳税款的，应当适用海关接受申报办理纳税手续之日实施的税率：

（一）保税货物经批准不复运出境的；

（二）减免税货物经批准转让或者移做他用的；

（三）暂准进境货物经批准不复运出境，以及暂准出境货物经批准不复运进境的；

（四）租赁进口货物，分期缴纳税款的。

第十七条　补征和退还进出口货物关税，应当按照本条例第十五条或者第十六条的规定确定适用的税率。

因纳税义务人违反规定需要追征税款的，应当适用该行为发生之日实施的税率；行为发生之日不能确定的，适用海关发现该行为之日实施的税率。

第三章　进出口货物完税价格的确定

第十八条　进口货物的完税价格由海关以符合本条第三款所列条件的成交价格以及该货物运抵中华人民共和国境内输入地点起卸前的运输及其相关费用、保险费为基础审查确定。

进口货物的成交价格，是指卖方向中华人民共和国境内销售该货物时买方为进口该货物向卖方实付、应付的，并按照本条例第十九条、第二十条规定调整后的价款总额，包括直接支付的价款和间接支付的价款。

进口货物的成交价格应当符合下列条件：

（一）对买方处置或者使用该货物不予限制，但法律、行政法规规定实施的限制、对货物转售地域的限制和对货物价格无实质性影响的限制除外；

（二）该货物的成交价格没有因搭售或者其他因素的影响而无法确定；

（三）卖方不得从买方直接或者间接获得因该货物进口后转售、处置或者使用而产生的任何收益，或者虽有收益但能够按照本条例第十九条、第二十条的规定进行调整；

（四）买卖双方没有特殊关系，或者虽有特殊关系但未对成交价格产生影响。

第十九条　进口货物的下列费用应当计入完税价格：

（一）由买方负担的购货佣金以外的佣金和经纪费；

（二）由买方负担的在审查确定完税价格时与该货物视为一体的容器的费用；

（三）由买方负担的包装材料费用和包装劳务费用；

（四）与该货物的生产和向中华人民共和国境内销售有关的，由买方以免费或者以低于成本的方式提供并可以按适当比例分摊的料件、工具、模具、消耗材料及类似货物的价款，以及在境外开发、设计等相关服务的费用；

（五）作为该货物向中华人民共和国境内销售的条件，买方必须支付的、与该货物有关的特许权使用费；

（六）卖方直接或者间接从买方获得的该货物进口后转售、处置或者使用的收益。

第二十条　进口时在货物的价款中列明的下列税收、费用，不计入该货物的完税价格：

（一）厂房、机械、设备等货物进口后进行建设、安装、装配、维修和技术服务的费用；

（二）进口货物运抵境内输入地点起卸后的运输及其相关费用、保险费；

（三）进口关税及国内税收。

第二十一条　进口货物的成交价格不符合本条例第十八条第三款规定条件的，或者成交价格不能确定的，海关经了解有关情况，并与纳税义务人进行价格磋商后，依次以下列价格估定该货物的完税价格。

（一）与该货物同时或者大约同时向中华人民共和国境内销售的相同货物的成交价格。

（二）与该货物同时或者大约同时向中华人民共和国境内销售的类似货物的成交价格。

（三）与该货物进口的同时或者大约同时，将该进口货物、相同或者类似进口货物在第一级销售环节销售给无特殊关系买方最大销售总量的单位价格，但应当扣除本条例第二十二条规定的项目。

（四）按照下列各项总和计算的价格：生产该货物所使用的料件成本和加工费用，向中华人民共和国境内销售同等级或者同种类货物通常的利润和一般费用，该货物运抵境内输入地点起卸前的运输及其相关费用、保险费。

（五）以合理方法估定的价格。纳税义务人向海关提供有关资料后，可以提出申请，颠倒前款第（三）项和第（四）项的适用次序。

第二十二条 按照本条例第二十一条第一款第（三）项规定估定完税价格，应当扣除的项目是指：

（一）同等级或者同种类货物在中华人民共和国境内第一级销售环节销售时通常的利润和一般费用以及通常支付的佣金；

（二）进口货物运抵境内输入地点起卸后的运输及其相关费用、保险费；

（三）进口关税及国内税收。

第二十三条 以租赁方式进口的货物，以海关审查确定的该货物的租金作为完税价格。

纳税义务人要求一次性缴纳税款的，纳税义务人可以选择按照本条例第二十一条的规定估定完税价格，或者按照海关审查确定的租金总额作为完税价格。

第二十四条 运往境外加工的货物，出境时已向海关报明并在海关规定的期限内复运进境的，应当以境外加工费和料件费以及复运进境的运输及其相关费用和保险费审查确定完税价格。

第二十五条 运往境外修理的机械器具、运输工具或者其他货物，出境时已向海关报明并在海关规定的期限内复运进境的，应当以境外修理费和料件费审查确定完税价格。

第二十六条 出口货物的完税价格由海关以该货物的成交价格以及该货物运至中华人民共和国境内输出地点装载前的运输及其相关费用、保险费为基础审查确定。

出口货物的成交价格，是指该货物出口时卖方为出口该货物应当向买方直接收取和间接收取的价款总额。

出口关税不计入完税价格。

第二十七条 出口货物的成交价格不能确定的，海关经了解有关情况，并与纳税义务人进行价格磋商后，依次以下列价格估定该货物的完税价格。

（一）与该货物同时或者大约同时向同一国家或者地区出口的相同货物的成交价格。

（二）与该货物同时或者大约同时向同一国家或者地区出口的类似货物的成交价格。

（三）按照下列各项总和计算的价格：境内生产相同或者类似货物的料件成本、加工费用，通常的利润和一般费用，境内发生的运输及其相关费用、保险费。

（四）以合理方法估定的价格。

第二十八条　按照本条例规定计入或者不计入完税价格的成本、费用、税收，应当以客观、可量化的数据为依据。

第四章　进出口货物关税的征收

第二十九条　进口货物的纳税义务人应当自运输工具申报进境之日起 14 日内，出口货物的纳税义务人除海关特准的外，应当在货物运抵海关监管区后、装货的 24 小时以前，向货物的进出境地海关申报。进出口货物转关运输的，按照海关总署的规定执行。

进口货物到达前，纳税义务人经海关核准可以先行申报。具体办法由海关总署另行规定。

第三十条　纳税义务人应当依法如实向海关申报，并按照海关的规定提供有关确定完税价格、进行商品归类、确定原产地以及采取反倾销、反补贴或者保障措施等所需的资料；必要时，海关可以要求纳税义务人补充申报。

第三十一条　纳税义务人应当按照《税则》规定的目录条文和归类总规则、类注、章注、子目注释以及其他归类注释，对其申报的进出口货物进行商品归类，并归入相应的税则号列；海关应当依法审核确定该货物的商品归类。

第三十二条　海关可以要求纳税义务人提供确定商品归类所需的有关资料；必要时，海关可以组织化验、检验，并将海关认定的化验、检验结果作为商品归类的依据。

第三十三条　海关为审查申报价格的真实性和准确性，可以查阅、复制与进出口货物有关的合同、发票、账册、结付汇凭证、单据、业务函电、录音录像制品和其他反映买卖双方关系及交易活动的资料。

海关对纳税义务人申报的价格有怀疑并且所涉关税数额较大的，经直属海关关长或者其授权的隶属海关关长批准，凭海关总署统一格式的协助查询账户通知书及有关工作人员的工作证件，可以查询纳税义务人在银行或者其他金融机构开立的单位账户的资金往来情况，并向银行业监督管理机构通报有关情况。

第三十四条　海关对纳税义务人申报的价格有怀疑的，应当将怀疑的理由书面告知纳税义务人，要求其在规定的期限内书面做出说明、提供有关资料。

纳税义务人在规定的期限内未作说明、未提供有关资料的，或者海关仍有理由怀疑申报价格的真实性和准确性的，海关可以不接受纳税义务人申报的价格，并按照本条例第三章的规定估定完税价格。

第三十五条　海关审查确定进出口货物的完税价格后，纳税义务人可以以书面形式要求海关就如何确定其进出口货物的完税价格做出书面说明，海关应当向纳税义务人做出书面说明。

第三十六条　进出口货物关税，以从价计征、从量计征或者国家规定的其他方式征收。

从价计征的计算公式为：应纳税额＝完税价格×关税税率从量计征的计算公式为：

应纳税额＝货物数量×单位税额

第三十七条　纳税义务人应当自海关填发税款缴款书之日起 15 日内向指定银行缴纳税款。纳税义务人未按期缴纳税款的，从滞纳税款之日起，按日加收滞纳税款万分之五的滞纳金。

海关可以对纳税义务人欠缴税款的情况予以公告。

海关征收关税、滞纳金等，应当制发缴款凭证，缴款凭证格式由海关总署规定。

第三十八条　海关征收关税、滞纳金等，应当按人民币计征。

进出口货物的成交价格以及有关费用以外币计价的，以中国人民银行公布的基准汇率折合为人民币计算完税价格；以基准汇率币种以外的外币计价的，按照国家有关规定套算为人民币计算完税价格。适用汇率的日期由海关总署规定。

第三十九条　纳税义务人因不可抗力或者在国家税收政策调整的情形下，不能按期缴纳税款的，经海关总署批准，可以延期缴纳税款，但是最长不得超过 6 个月。

第四十条　进出口货物的纳税义务人在规定的纳税期限内有明显的转移、藏匿其应税货物以及其他财产迹象的，海关可以责令纳税义务人提供担保；纳税义务人不能提供担保的，海关可以按照《海关法》第六十一条的规定采取税收保全措施。

纳税义务人、担保人自缴纳税款期限届满之日起超过 3 个月仍未缴纳税款的，海关可以按照《海关法》第六十条的规定采取强制措施。

第四十一条　加工贸易的进口料件按照国家规定保税进口的，其制成品或者进口料件未在规定的期限内出口的，海关按照规定征收进口关税。

加工贸易的进口料件进境时按照国家规定征收进口关税的，其制成品或者进口料件在规定的期限内出口的，海关按照有关规定退还进境时已征收的关税税款。

第四十二条　经海关批准暂时进境或者暂时出境的下列货物，在进境或者出境时纳税义务人向海关缴纳相当于应纳税款的保证金或者提供其他担保的，可以暂不缴纳关税，并应当自进境或者出境之日起 6 个月内复运出境或者复运进境；经纳税义务人申请，海关可以根据海关总署的规定延长复运出境或者复运进境的期限：

（一）在展览会、交易会、会议及类似活动中展示或者使用的货物；

（二）文化、体育交流活动中使用的表演、比赛用品；

（三）进行新闻报道或者摄制电影、电视节目使用的仪器、设备及用品；

（四）开展科研、教学、医疗活动使用的仪器、设备及用品；

（五）在本款第（一）项至第（四）项所列活动中使用的交通工具及特种车辆；

（六）货样；

（七）供安装、调试、检测设备时使用的仪器、工具；

（八）盛装货物的容器；

（九）其他用于非商业目的的货物。

第一款所列暂准进境货物在规定的期限内未复运出境的，或者暂准出境货物在规定的期限内未复运进境的，海关应当依法征收关税。

第一款所列可以暂时免征关税范围以外的其他暂准进境货物，应当按照该货物的完税价格和其在境内滞留时间与折旧时间的比例计算征收进口关税。具体办法由海关总署规定。

第四十三条　因品质或者规格原因，出口货物自出口之日起 1 年内原状复运进境的，不征收进口关税。

因品质或者规格原因，进口货物自进口之日起 1 年内原状复运出境的，不征收出口关税。

第四十四条　因残损、短少、品质不良或者规格不符原因，由进出口货物的发货人、承运人或者保险公司免费补偿或者更换的相同货物，进出口时不征收关税。被免费更换的原进口货物不退出境或者原出口货物不退运进境的，海关应当对原进出口货物重新按照规定征收关税。

第四十五条　下列进出口货物，免征关税：

（一）关税税额在人民币 50 元以下的一票货物；

（二）无商业价值的广告品和货样；

（三）外国政府、国际组织无偿赠送的物资；

（四）在海关放行前损失的货物；

（五）进出境运输工具装载的途中必需的燃料、物料和饮食用品。

在海关放行前遭受损坏的货物，可以根据海关认定的受损程度减征关税。

法律规定的其他免征或者减征关税的货物，海关根据规定予以免征或者减征。

第四十六条　特定地区、特定企业或者有特定用途的进出口货物减征或者免征关税，以及临时减征或者免征关税，按照国务院的有关规定执行。

第四十七条　进口货物减征或者免征进口环节海关代征税，按照有关法律、行政法规的规定执行。

第四十八条　纳税义务人进出口减免税货物的，除另有规定外，应当在进出口该货物之前，按照规定持有关文件向海关办理减免税审批手续。经海关审查符合规定的，予以减征或者免征关税。

第四十九条　需由海关监管使用的减免税进口货物，在监管年限内转让或者移作他用需要补税的，海关应当根据该货物进口时间折旧估价，补征进口关税。

特定减免税进口货物的监管年限由海关总署规定。

第五十条　有下列情形之一的，纳税义务人自缴纳税款之日起 1 年内，可以申请退还关税，并应当以书面形式向海关说明理由，提供原缴款凭证及相关资料：

（一）已征进口关税的货物，因品质或者规格原因，原状退货复运出境的；

（二）已征出口关税的货物，因品质或者规格原因，原状退货复运进境，并已重新缴纳因出口而退还的国内环节有关税收的；

（三）已征出口关税的货物，因故未装运出口，申报退关的。

海关应当自受理退税申请之日起 30 日内查实并通知纳税义务人办理退还手续。纳税义务人应当自收到通知之日起 3 个月内办理有关退税手续。

按照其他有关法律、行政法规规定应当退还关税的，海关应当按照有关法律、行政法规的规定退税。

第五十一条　进出口货物放行后，海关发现少征或者漏征税款的，应当自缴纳税款或者货物放行之日起 1 年内，向纳税义务人补征税款。但因纳税义务人违反规定造成少征或者漏征税款的，海关可以自缴纳税款或者货物放行之日起 3 年内追征税款，并从缴纳税款或者货物放行之日起按日加收少征或者漏征税款万分之五的滞纳金。

海关发现海关监管货物因纳税义务人违反规定造成少征或者漏征税款的，应当自纳税义务人应缴纳税款之日起 3 年内追征税款，并从应缴纳税款之日起按日加收少征或者漏征税款万分之五的滞纳金。

第五十二条　海关发现多征税款的，应当立即通知纳税义务人办理退还手续。

纳税义务人发现多缴税款的，自缴纳税款之日起 1 年内，可以以书面形式要求海关退还多缴的税款并加算银行同期活期存款利息；海关应当自受理退税申请之日起 30 日内查实并通知纳税义务人办理退还手续。

纳税义务人应当自收到通知之日起 3 个月内办理有关退税手续。

第五十三条　按照本条例第五十条、第五十二条的规定退还税款、利息涉及从国库中退库的，按照法律、行政法规有关国库管理的规定执行。

第五十四条　报关企业接受纳税义务人的委托，以纳税义务人的名义办理报关纳税手续，因报关企业违反规定而造成海关少征、漏征税款的，报关企业对少征或者漏征的税款、滞纳金与纳税义务人承担纳税的连带责任。

报关企业接受纳税义务人的委托，以报关企业的名义办理报关纳税手续的，报关企业与纳税义务人承担纳税的连带责任。

除不可抗力外，在保管海关监管货物期间，海关监管货物损毁或者灭失的，对海关监管货物负有保管义务的人应当承担相应的纳税责任。

第五十五条　欠税的纳税义务人，有合并、分立情形的，在合并、分立前，应当向海关报告，依法缴清税款。纳税义务人合并时未缴清税款的，由合并后的法人或者其他组织继续履行未履行的纳税义务；纳税义务人分立时未缴清税款的，分立后的法人或者其他组织对未履行的纳税义务承担连带责任。

纳税义务人在减免税货物、保税货物监管期间，有合并、分立或者其他资产重组情形的，应当向海关报告。按照规定需要缴税的，应当依法缴清税款；按照规定可以继续享受减免税、保税待遇的，应当到海关办理变更纳税义务人的手续。

纳税义务人欠税或者在减免税货物、保税货物监管期间，有撤销、解散、破产或者其他依法终止经营情形的，应当在清算前向海关报告。海关应当依法对纳税义务人的应缴税款予以清缴。

第五章　进境物品进口税的征收

第五十六条　进境物品的关税以及进口环节海关代征税合并为进口税，由海关依法征收。

第五十七条　海关总署规定数额以内的个人自用进境物品，免征进口税。

超过海关总署规定数额但仍在合理数量以内的个人自用进境物品，由进境物品的纳税义务人在进境物品放行前按照规定缴纳进口税。

超过合理、自用数量的进境物品应当按照进口货物依法办理相关手续。

国务院关税税则委员会规定按货物征税的进境物品，按照本条例第二章至第四章的规定征收关税。

第五十八条　进境物品的纳税义务人是指，携带物品进境的入境人员、进境邮递物品的收件人以及以其他方式进口物品的收件人。

第五十九条　进境物品的纳税义务人可以自行办理纳税手续，也可以委托他人办理纳税手续。接受委托的人应当遵守本章对纳税义务人的各项规定。

第六十条　进口税从价计征。进口税的计算公式为：进口税税额＝完税价格×进口税税率

第六十一条　海关应当按照《进境物品进口税税率表》及海关总署制定的《中华人民共和国进境物品归类表》、《中华人民共和国进境物品完税价格表》对进境物品进行归类、确定完税价格和确定适用税率。

第六十二条　进境物品，适用海关填发税款缴款书之日实施的税率和完税价格。

第六十三条　进口税的减征、免征、补征、追征、退还以及对暂准进境物品征收进口税参照本条例对货物征收进口关税的有关规定执行。

第六章　附　　则

第六十四条　纳税义务人、担保人对海关确定纳税义务人、确定完税价格、商品归类、确定原产地、适用税率或者汇率、减征或者免征税款、补税、退税、征收滞纳金、确定计征方式以及确定纳税地点有异议的，应当缴纳税款，并可以依法向上一级海关申请复议。对复议决定不服的，可以依法向人民法院提起诉讼。

第六十五条　进口环节海关代征税的征收管理，适用关税征收管理的规定。

第六十六条　有违反本条例规定行为的，按照《海关法》、《中华人民共和国海关法行政处罚实施细则》和其他有关法律、行政法规的规定处罚。

第六十七条　本条例自2004年1月1日起施行。1992年3月18日国务院修订发布的《中华人民共和国进出口关税条例》同时废止。

附录 D 本书涉及的其他法规条目

《海关进出口税则——统计目录及商品品目注释》

《新增本国子目注释》

《中华人民共和国海关保税核查办法》海关总署 2008 第 173 号令

《中华人民共和国海关关于加工贸易保税货物跨关区深加工结转的管理办法》海关总署 2004 第 109 号令

《中华人民共和国海关关于加工贸易边角料、剩余料件、残次品、副产品和受灾保税货物的管理办法》海关总署 2003 年第 111 号令

《中华人民共和国海关稽查条例》海关总署第 2000 年第 79 号令

《中华人民共和国海关进出口货物报关单修改和撤销管理办法》海关总署 2005 年第 143 号令

《中华人民共和国海关进出口货物商品归类管理规定》海关总署 2007 年第 158 号令

《中华人民共和国海关进出口货物征税管理办法》2005 年 3 月 1 日起施行

《中华人民共和国海关进出口商品规范申报目录》海关总署 2008 年第 51 号令

《中华人民共和国海关企业分类管理办法》海关总署 2008 年第 170 号令

《中华人民共和国海关事务担保条例（征求意见稿）》

《中华人民共和国海关统计工作管理规定》海关总署 2006 年第 153 号令

《中华人民共和国海关统计条例》国务院 2006 年第 454 号令

《中华人民共和国海关行政裁定管理暂行办法》海关总署 2001 年第 92 号令

《中华人民共和国海关行政处罚实施条例》中华人民共和国 2004 年国务院第 420 号令

《中华人民共和国海关行政复议办法》海关总署 2007 年第 166 号令

《中华人民共和国统计法》1996 年第 65 号主席令

《中华人民共和国统计法实施细则》2000 年 6 月 15 日国家统计局发布

《中华人民共和国知识产权海关保护条例》海关总署 2004 年第 114 号令

主要参考文献

报关员资格全国统一考试命题研究专家组. 2008. 年报关员资格全国统一考试同步辅导与强化训练练习题集. 北京：中国人民大学出版社.

海关总署报关员资格考试教材编写委员会. 2007. 2004~2006年报关员资格全国统一考试试题新解. 北京：中国海关出版社.

海关总署报关员资格考试教材编写委员会. 2007. 报关员资格全国统一考试试题新解. 北京：中国海关出版社.

海关总署报关员资格考试教材编写委员会. 2008. 2008年版报关员资格全国统一考试教材. 北京：中国海关出版社.

海关总署监管司. 2005. 中国海关通关指南. 北京：中国海关出版社.

海关总署政策法规司. 2006. 中国海关报关实用手册. 北京：中国海关出版社.

胡波. 2006. 海关报关实训. 北京：对外经济贸易大学出版社.

黄中鼎，颜逊. 2007. 报关与报检实务. 北京：中国物资出版社.

冷柏军. 2005. 国际贸易实务. 北京：对外经济贸易大学出版社.

刘丽. 2006. 国际物流报关实务. 上海：立信会计出版社.

罗兴武，文妮佳. 2006. 通关实务. 北京：机械工业出版社.

宋兰芬. 2007. 报关与通关实务. 北京：机械工业出版社.

谢国娥. 2001. 海关报关实务. 上海：华东理工大学出版社.

谢国娥. 2006. 海关报关实务习题精讲. 上海：华东理工大学出版社.

余根深. 2006. 报关原理与实务. 上海：同济大学出版社.

愈学伟. 2007. 报关实务教程. 北京：化学工业出版社.

张兵. 2006. 进出口报关实务. 北京：清华大学出版社.

郑俊田，刘文丽，徐晨. 2007. 报关员考试分章练习与模拟试题. 北京：对外经济贸易大学出版社.

钟昌元. 2006. 进出口商品归类教程. 上海：世纪出版集团上海人民出版社.

仲鸿生，战勇，毛筠. 2006. 世界贸易组织规则. 大连：东北财经大学出版社.

邹忠全. 2007. 中国对外贸易概论. 大连：东北财经大学出版社.

http://sh.yuloo.com

http://vip.chinalawinfo.com

http://www.baoguan.com

http://www.baoguanyuan.net

http://www.China-customs.gov.cn

http://www.customs.

http://www.cuslomslawyer.cn

http://www.mof.gov.cn

http://www.mofcom.

http://www.safe.gov.

http://vip.utax.com.cn